Orgulho e Preconceito

Jane Austen

PandorgA

Copyright © 2023 Pandorga
All rights reserved.
Todos os direitos reservados.
Editora Pandorga
1ª Edição | 2023

Diretora Editorial	Silvia Vasconcelos
Coordenador Editorial	Michael Sanches
Capa	Rafaela Villela
Projeto gráfico e Diagramação	Rafaela Villela e Lilian Guimarães
Tradução	Giovana Mattoso
Revisão	Mariana Cardoso e Paola Caputo
Impressão	Plena Print

Dados Internacionais de Catalogação na Publicação (CIP) de acordo com ISBD

A933o   Austen, Jane

Orgulho & Preconceito / Jane Austen ; traduzido por Giovana Mattoso; ilustrado por Hugh Thomson. - Cotia, SP : Pandorga, 2023.
384 p. : il. ; 14cm x 21cm.

Tradução de: Pride & Prejudice
Inclui índice.
ISBN: 978-65-5579-193-8

1. Literatura inglesa. 2. Romance. I. Mattoso, Giovana. II. Thomson, Hugh. III. Título.

2022-2721   CDD 823
                                                         CDU 821.111-31

Elaborado por Odilio Hilario Moreira Junior - CRB-8/9949
Índices para catálogo sistemático:
1. Literatura inglesa : Romance 823
2. Literatura inglesa : Romance 821.111-31

Apresentação

Como uma das histórias mais encantadoras da literatura inglesa, *Orgulho e Preconceito,* da autora Jane Austen, tornou-se um *best-seller* por várias razões. Escrito no final do século XVIII e publicado no início do século XIX, o livro captura tanto o panorama dos costumes da corte inglesa da virada do século, como também se mostra visionário ao subverter o papel passivo da mulher diante de uma sociedade com tão pouca mobilidade social e tão regida pelas normas patriarcais da aristocracia inglesa.

A frase que inicia o livro já prepara o leitor para as tramas que ele se deparará ao longo desses sessenta e um capítulos: "É uma verdade conhecida mundialmente que um homem solteiro em posse de uma grande fortuna deve buscar uma esposa". Apesar dela resumir o tema que perpassa o livro todo, o modo como essa frase se desenrola ao longo do enredo quebrou tanto as expectativas do leitor contemporâneo de Austen, habituado com a tradição engessada das mais altas classes da corte inglesa, como também surpreendeu o gosto do público moderno, que continuou a lê-lo por tratar de assuntos universais como: o conflito de classes, o amor romântico em oposição ao status nobiliárquico, o casamento como uma instituição social para angariar alianças e um *modus operandi* de enriquecimento econômico pessoal.

O amor romântico, na verdade, enquanto conceito, era um sentimento relativamente novo, pois somente com o avanço das reflexões sobre a individualização do ser, precisamente nessa virada do século XVIII para o XIX, é que foi possível separar os interesses — sendo eles os mais diversos: econômico, social, familiar etc. — de um sentimento romântico. E é exatamente esse o conflito das duas filhas mais velhas da família Bennet.

Elizabeth e Jane são as irmãs mais velhas das cinco que fazem parte da família Bennet. Elas se diferenciam do resto de suas irmãs, bem como de boa parte do resto da sociedade em que vivem, por nutrirem uma vontade de casar com homens os quais amem de verdade. A saga em prol disso também se torna, em certa medida, a saga da mulher em busca de seu direito de escolha e do seu direito de viver como e com quem bem entender.

Além dessa batalha contra as tradições já impostas pela sociedade, todas as irmãs Bennet, assim como quase todos os outros personagens do livro, se depararão com uma luta interna que parece ecoar durante todas as páginas do romance de Austen: qual é o limite entre o orgulho e a vaidade? Já nas primeiras páginas, Mary, a irmã Bennet mais afeita ao mundo intelectual, coloca: "A vaidade e o orgulho são coisas diferentes, embora as palavras sejam muitas vezes usadas como sinônimos". Todavia, o limite entre esses dois sentimentos é muito tênue e, quando essas fronteiras forem extrapoladas, as encantadoras personagens de *Orgulho e Preconceito* sentirão todas as consequências desses atos. Vire a página e permita-se embarcar para Meryton a fim de viver todos esses sentimentos com as irmãs Bennet!

Capítulo I

É uma verdade conhecida mundialmente que um homem solteiro em posse de uma grande fortuna deve buscar uma esposa.

Contudo, poucos conhecem os sentimentos ou vislumbres que tal homem pode ter em sua primeira vez em uma vizinhança. Tal verdade é tão bem apregoada nas mentes das famílias circundantes, que algumas o consideram propriedade de direito de alguma de suas filhas.

— Meu caro Sr. Bennet — disse sua senhora a ele um dia —, soube que Netherfield Park foi finalmente alugada?

Sr. Bennet respondeu que não sabia.

— Pois bem — replicou ela —; Sra. Long acabou de nos deixar, e me contou tudo sobre isso.

Sr. Bennet não respondeu.

— Não quer saber quem a locou? — gritou sua mulher impacientemente.

— Você quer me contar, e não tenho objeção em ouvi-la.

Essa abertura bastou.

— Ora, meu bem, deve saber que a Sra. Long disse que Netherfield está locada a um jovem homem de larga fortuna, do norte da Inglaterra, e que ele veio na segunda-feira à charrete com mais quatro pessoas para ver o lugar e ficou tão maravilhado com ele que concordou com Sr. Morris imediatamente. Deve se acomodar antes da festa de São Miguel, e alguns de seus empregados devem estar na casa até o final da próxima semana.

— Qual o nome dele?

— Bingley.

— É casado ou solteiro?

— Oh! Solteiro, meu querido, com certeza! Um homem solteiro com larga fortuna, quatro ou cinco mil por ano. Que excelente para nossas meninas!

— De que forma? Como isso as afeta?

— Meu caro Sr. Bennet — respondeu sua esposa —, como você pode ser tão enfadonho! Deve saber que estou imaginando uma delas se casando com ele.

— É este o propósito da estadia dele aqui?

— Propósito! Bobagem, como pode falar disso! Mas é muito provável que ele *possa* se apaixonar por uma delas, portanto você deve visitá-lo tão logo ele se instale.

— Não vejo motivo para isso. Você e as meninas devem ir, ou você deve mandá-las por conta própria, o que talvez seja ainda melhor, pois você é tão formosa quanto qualquer uma delas, e o Sr. Bingley pode te achar a mais bela do grupo.

— Meu bem, fico lisonjeada. Certamente *tive* minha porção de beleza, mas não tenho pretensão de ser nem um pouco extraordinária agora. Quando uma mulher tem cinco filhas crescidas, ela deve se abster de pensar na própria beleza.

— Em tais casos, uma mulher poucas vezes tem tanta beleza para se pensar.

— Mas, meu bem, você realmente deve visitar o Sr. Bingley quando ele chegar à nossa vizinhança.

— Isso é mais do que posso me comprometer, te asseguro.

— Mas pense em suas filhas. Apenas pense o quão bom seria para uma delas. Sir William e Lady Lucas estão determinados em ir, apenas por conta disso, pois você sabe que eles geralmente não visitam recém-chegados. Certamente deve ir, pois será impossível para *nós* o visitarmos, se não o fizer.

— Com certeza você é mais solícita. Ouso dizer que o Sr. Bingley ficará muito contente em vê-la, e eu mandarei algumas linhas por você para assegurá-lo do meu profundo consentimento em seu casamento com quem ele escolher entre as meninas, embora devamos ter uma boa conversa se escolher minha pequena Lizzy.

— Eu desejo que não faça tal coisa. Lizzy não é nem um pouco melhor do que as outras, e estou certa de que ela não possui nem metade da beleza de Jane, nem metade do bom humor de Lydia. Mas você sempre dá preferência a *ela*.

— Elas não possuem nada a ser recomendado — replicou —, são todas bobas e ignorantes como outras moças, mas Lizzy tem uma inteligência maior que a das irmãs dela.

— Sr. Bennet, como pode destratar suas próprias filhas de tal forma? O senhor tem prazer em me irritar. Não tem compaixão por meus pobres nervos.

— Você se engana, meu bem. Eu possuo um alto respeito por seus nervos. Eles são meus velhos amigos. Ouço você falar deles com consideração há pelo menos vinte anos.

— Ah! Você não sabe o que eu sofro.

— Mas espero que supere, e viva para ver muitos jovens rapazes, pelos próximos quatrocentos anos, se instalarem em nossa vizinhança.

— Não nos servirá de nada, se vinte desses vierem e o senhor não os visitar.

— Não conte com isso, minha querida, pois quando houver vinte, visitarei todos eles.

O Sr. Bennet era uma mistura tão estranha de sagacidade, humor sarcástico, reserva e capricho, que a experiência de vinte e três anos tinha sido insuficiente para fazer sua esposa entender seu caráter. A mente *dela* era menos difícil de compreender. Era uma mulher de inteligência medíocre, pouca informação e temperamento incerto. Quando descontente, ela se dizia nervosa. O negócio de sua vida era o casamento de suas filhas; seu consolo eram as visitas e as notícias.

II

O Sr. Bennet foi um dos primeiros a se encontrar com o Sr. Bingley. Ele sempre teve a intenção de visitá-lo, embora sempre assegurasse à sua esposa que não iria, e, até a noite após sua visita, ela não tinha conhecimento disso. Foi então divulgado da seguinte maneira. Observando sua segunda filha ocupada, reformando um chapéu, de repente se dirigiu a ela:

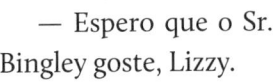

— Espero que o Sr. Bingley goste, Lizzy.

— Não podemos saber *do que* o Sr. Bingley gosta — disse sua mãe ressentida —, já que não o visitaremos.

— Mas você se esquece, mamãe — disse Elizabeth —, que vamos encontrá-lo nas festas, e que a Sra. Long prometeu apresentá-lo a nós.

— Não acredito que a Sra. Long faça tal coisa. Ela tem duas sobrinhas. É uma mulher egoísta e hipócrita, e eu não tenho uma opinião boa sobre ela.

— Muito menos eu — disse o Sr. Bennet —, e eu estou feliz em descobrir que você não depende dela para servir-lhe.

A Sra. Bennet dignou-se a não responder, mas, incapaz de se conter, começou a repreender uma de suas filhas.

— Não continue tossindo assim, Kitty, pelo amor de Deus! Tenha um pouco de compaixão pelos meus nervos. Você irá despedaçá-los.

— Kitty não pode conter sua tosse — disse seu pai —, não tem como planejá-la.

— Não tusso por divertimento — respondeu Kitty irritada. — Quando será o seu próximo baile, Lizzy?

— Em duas semanas a partir de amanhã.

— Sim, que seja — gritou sua mãe —, e a Sra. Long não volta até o dia anterior. Desta forma, será impossível para ela apresentá-lo a nós, pois ela mesma não o conhecerá.

— Então, minha querida, você pode ter a vantagem de sua amiga, e apresentar o Sr. Bingley para *ela*.

— Impossível, Sr. Bennet, impossível, quando eu não estou familiarizada com ele. Como você pode ser tão irritante?

— Eu honro sua cautela. Uma amizade de duas semanas é certamente muito pouco. Não se pode saber quem um homem realmente é no final de uma quinzena. Mas se *nós* não nos aventurarmos, alguém vai. Além do mais, a Sra. Long e suas sobrinhas devem ter sua chance, e, portanto, como ela vai pensar nisso como um ato de bondade, se você recusar o ofício, eu mesmo o assumo.

As meninas encararam seu pai. A Sra. Bennet disse apenas:

— Bobagem, bobagem!

— Qual pode ser o significado dessa exclamação enfática? — gritou ele. — Você considera as formas de apresentação, e o estresse que é colocado sobre elas, uma bobagem? Eu não posso concordar com você *nisso*. O que me diz, Mary? Pois é uma jovem de profunda reflexão, eu sei, que lê grandes livros e faz resumos.

Mary desejava dizer algo muito sensato, mas não sabia como.

— Enquanto Mary está ajustando seus pensamentos — ele continuou —, vamos voltar para o Sr. Bingley.

— Estou farta do Sr. Bingley — gritou sua esposa.

— Lamento ouvir *isso*. Mas por que não me disse isso antes? Se eu soubesse disso esta manhã, certamente não o teria visitado. É muito azar, mas como eu realmente o visitei, não podemos escapar da amizade agora.

O espanto das moças era exatamente o que ele desejava. O da Sra. Bennet talvez tenha ultrapassado o do resto, embora quando o primeiro tumulto de alegria acabou, ela começou a declarar que era o que ela esperava o tempo todo.

— Quanta bondade em você, meu caro Sr. Bennet! Mas eu sabia que iria finalmente persuadi-lo. Tinha certeza de que você amava muito suas meninas para negligenciar tal apresentação. Bem, como estou satisfeita! E foi uma piada muito boa, também, você ter ido esta manhã, e não ter dito uma palavra sobre isso até agora.

— Agora, Kitty, você pode tossir tanto quanto quiser — disse o Sr. Bennet. E, enquanto falava, deixava o quarto, cansado com a euforia de sua esposa.

— Que pai excelente vocês têm, meninas — disse ela, quando a porta estava fechada. — Eu não sei como vocês o agradecerão por sua bondade, nem mesmo eu, por esse assunto. Na nossa idade, não é tão agradável, posso dizer-lhes, fazer novas amizades todos os dias. Mas para o bem de vocês, faríamos qualquer coisa. Lydia, meu amor, embora *seja* a mais nova, ouso dizer que o Sr. Bingley dançará contigo no próximo baile.

— Oh! — disse Lydia resoluta — Eu não tenho medo. Pois embora *seja* a mais jovem, sou a mais alta.

O resto da noite foi gasto em conjecturar quão cedo ele pagaria a visita do Sr. Bennet e em determinar quando deveriam convidá-lo para jantar.

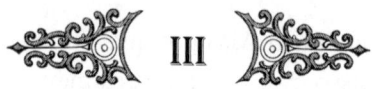

III

Nem tudo o que a Sra. Bennet, mesmo com a ajuda de suas cinco filhas, poderia perguntar sobre o assunto foi suficiente para tirar do marido qualquer descrição satisfatória do Sr. Bingley. Elas o atacaram de várias maneiras, com perguntas descaradas, fantasias engenhosas e suposições distantes, mas ele iludiu a habilidade de todas, e foram finalmente obrigadas a aceitar as informações de segunda mão de sua vizinha, Lady Lucas. O relatório dela foi muito favorável. Sir William estava encantado com ele. Ele era muito jovem, maravilhosamente bonito, extremamente agradável e, para coroar tudo, pretendia estar com um grande grupo na próxima festa. Nada poderia ser mais agradável! Gostar de dançar era um passo certo para se apaixonar. E as esperanças muito vivas sobre o coração do Sr. Bingley foram entretidas.

— Se eu puder apenas ver uma de minhas filhas feliz, estabelecida em Netherfield — disse a Sra. Bennet a seu marido —, e todas as outras igualmente bem casadas, não desejaria mais nada.

Em poucos dias, o Sr. Bingley retribuiu a visita do Sr. Bennet, e sentou-se cerca de dez minutos com ele em sua biblioteca. Alimentara esperanças de ser admitido à vista das moças, de cuja beleza ouvira muito, mas viu apenas o pai. As moças foram um pouco mais afortunadas, pois tinham a vantagem de observar a partir de uma janela superior que ele usava um casaco azul e montava um cavalo preto.

Um convite para jantar foi logo depois despachado, e a Sra. Bennet já tinha planejado os pratos para fazer jus à sua cozinha, quando chegou uma resposta que adiava tudo. O Sr. Bingley foi obrigado a estar na cidade no dia seguinte, e consequentemente incapaz de aceitar a honra de seu convite. A Sra. Bennet estava bastante desconcertada. Não podia imaginar que negócios ele poderia ter na cidade tão logo após sua chegada em Hertfordshire. Começou a temer que ele pudesse estar sempre indo de um lugar para outro, e nunca se estabelecesse em Netherfield, como deveria ser. Lady Lucas acalmou seus medos um pouco, sugerindo que ele estivesse indo para Londres apenas para obter um grande cortejo para o baile. E o discurso logo se seguiu de que o Sr. Bingley foi para trazer doze moças e sete senhores com ele para o baile. As meninas se entristeceram com tal número de moças, mas foram confortadas no dia anterior ao baile por ouvir que, em vez de doze, ele tinha trazido apenas seis com ele de Londres, suas cinco irmãs e um primo. E quando o grupo entrou no salão de festas, consistia em apenas cinco. Sr. Bingley, suas duas irmãs, o marido da mais velha, e outro jovem.

O Sr. Bingley era bonito e cavalheiro. Tinha um semblante agradável, boas e inabaláveis maneiras. Suas irmãs eram belas mulheres, com um ar de maneira decidida. Seu cunhado, o Sr. Hurst, apenas olhava para o cavalheiro, mas seu amigo, Sr. Darcy, logo chamou a atenção da sala por sua pessoa alta, bela, com ar de nobreza, e pelo boato que estava em circulação geral dentro de cinco minutos após sua entrada, de receber dez mil por ano. Os cavalheiros disseram que ele era uma homem de bela figura, as senhoras declararam que era muito mais bonito do que o Sr. Bingley, e foi olhado com grande admiração por aproximadamente metade da noite, até que suas maneiras deram um desgosto que mudaram a maré de sua popularidade. Pois foi descoberto que ele era orgulhoso, que estava acima de sua companhia, e acima de estar satisfeito. E nem toda a sua grande propriedade em Derbyshire poderia

então salvá-lo de ter um rosto muito proibitivo, desagradável, sendo indigno de ser comparado com o seu amigo.

O Sr. Bingley logo se familiarizou com todas as principais pessoas no salão. Ele estava alegre e sem reservas, dançava todas as vezes, ficou bravo pelo baile acabar tão cedo, e falou de dar um a si mesmo em Netherfield. Tais qualidades amáveis devem falar por si. Que contraste entre ele e seu amigo! O Sr. Darcy dançou apenas uma vez com a Sra. Hurst e uma vez com a Srta. Bingley, recusou ser apresentado a qualquer outra moça e passou o resto da noite andando pela sala, falando ocasionalmente com alguém de seu próprio grupo. Seu caráter foi decidido. Ele era o homem mais orgulhoso, mais desagradável do mundo, e todos esperavam que ele nunca mais voltasse lá. Entre os mais violentos contra ele estava a Sra. Bennet, cuja aversão ao seu comportamento geral foi aguçada pelo ressentimento particular de ele ter desprezado uma de suas filhas.

Elizabeth Bennet tinha sido obrigada, pela escassez de cavalheiros, a sentar-se por duas danças. E durante parte desse tempo, o Sr. Darcy estava perto o suficiente para que ela ouvisse uma conversa entre ele e o Sr. Bingley, que saiu da dança por alguns minutos, para pressionar o amigo a juntar-se a ele.

— Venha, Darcy — disse ele —, devo fazê-lo dançar. Eu odeio ver você de pé sozinho desta maneira estúpida. Você dança muito melhor.

— Eu certamente não irei. Sabe como detesto isso, a menos que eu esteja particularmente familiarizado com minha parceira. Numa festa como esta, seria insuportável. Suas irmãs estão comprometidas, e não há outra mulher na sala a quem não seria um castigo para mim acompanhar.

— Eu não seria tão exigente como você — exclamou Sr. Bingley —, nem por um reino! Pela minha honra, eu nunca encontrei tantas donzelas agradáveis em minha vida, como encontrei esta noite. E muitas delas são incomumente bonitas, como pode ver.

— *Você* está dançando com a única moça bonita do salão — disse Sr. Darcy, olhando para a Srta. Bennet mais velha.

— Oh! Ela é a criatura mais bonita que eu já vi! Mas há uma de suas irmãs sentada logo atrás de você, que é muito bonita, e, ouso dizer, muito agradável. Deixe-me pedir ao meu parceiro para te apresentar.

— O que quer dizer? — E virando-se, olhou por um momento para Elizabeth, até chamar sua atenção, ele se retirou e friamente disse: — Ela é tolerável, mas não bonita o suficiente para *me* tentar. E não estou em humor no momento para dar esperanças para jovens damas que são desprezadas por outros homens. É melhor você voltar para a sua parceira e desfrutar dos sorrisos dela, porque está perdendo o seu tempo comigo.

O Sr. Bingley seguiu seu conselho. O Sr. Darcy foi embora, e Elizabeth permaneceu com sentimentos não muito cordiais em relação a ele. Ela contou a história, no entanto, com grande animação entre os seus amigos, pois tinha uma disposição animada, lúdica, que se deleitava com qualquer coisa ridícula.

A noite que passou fora agradável à família inteira. A Sra. Bennet tinha visto sua filha mais velha ser muito admirada pelo grupo de Netherfield. O Sr. Bingley havia dançado com ela duas vezes, e ela tinha sido bem tratada por suas irmãs. Jane ficou muito satisfeita com isso, assim como sua mãe estava, embora de uma forma mais silenciosa. Elizabeth alegrou-se com o prazer de Jane. Mary ouviu a Srta. Bingley mencioná-la como a moça mais talentosa da vizinhança. E Catherine e Lydia tiveram a sorte de nunca ficarem sem parceiros, que era tudo o que tinham aprendido a se preocupar num baile. Elas voltaram, portanto, com bom humor para Longbourn, a vila onde viviam e eram os principais residentes. Encontraram o Sr. Bennet ainda acordado. Com um livro, ele estava alheio ao tempo. E na presente ocasião, tinha uma boa dose de curiosidade quanto ao evento de uma noite que tinha levantado tais esplêndidas expectativas. Ele esperava que todas as opiniões de sua esposa sobre o estranho fossem desapontadas, mas logo descobriu que tinha uma história muito diferente para ser ouvida.

— Oh! Meu querido Sr. Bennet — disse, enquanto ela entrava na sala —, tivemos uma noite muito agradável, um baile excelente. Gostaria que você estivesse lá. Jane foi tão admirada que ninguém podia ser como ela. Todos diziam como estava linda, e o Sr. Bingley a achou muito bonita, dançou com ela duas vezes! Pense apenas *nisso*, meu querido; ele realmente dançou com ela duas vezes! E ela foi a única criatura na sala que ele convidou uma segunda vez. Em primeiro lugar, ele pediu à Srta. Lucas. Fiquei tão aborrecida ao vê-lo levantar-se com ela! Mas, no entanto, ele não a admirou em tudo. De fato, ninguém pode, você sabe, e ele parecia bastante impressionado com Jane enquanto ela dançava. Então, ele perguntou quem ela era, foi apresentado, e convidou-a para as próximas duas danças. Então, as duas seguintes ele dançou com a Srta. King, e as outras duas com Maria Lucas, e duas outras com Jane novamente, e outras duas com Lizzy, e *Boulanger*...

— Se ele tivesse tido alguma compaixão por *mim* — exclamou seu marido impacientemente —, não teria dançado tanto! Pelo amor de Deus, não fale mais das parceiras dele. Oh! Que ele torcesse seu tornozelo na primeira dança!

— Oh! Meu querido — continuou a Sra. Bennet —, estou muito satisfeita com ele. Ele é tão excessivamente bonito! E suas irmãs são mulheres encantadoras. Eu nunca na minha vida vi coisa mais elegante do que seus vestidos. Ouso dizer que o laço em cima do vestido da Sra. Hurst...

Aqui ela foi interrompida novamente. Sr. Bennet protestou contra qualquer descrição de finura. Ela foi, portanto, obrigada a procurar outro ramo do assunto, e relatou, com muita amargura de espírito e algum exagero, a rudeza chocante do Sr. Darcy.

— Mas posso assegurar-lhe — acrescentou — que Lizzy não perde muito por não se adequar aos desejos *dele*. Pois ele é o homem mais desagradável, horrível, que não vale a pena agradar. Tão alto e tão vaidoso que não havia como aturá-lo! Ele andou aqui, e ele andou lá, imaginando-se tão bom! Sem ser bonito suficiente para que alguém quisesse dançar com ele! Eu gostaria que você estivesse lá, meu querido, para colocá-lo em seu lugar. Eu detesto aquele homem.

IV

Quando Jane e Elizabeth estavam sozinhas, a primeira, que tinha sido antes cautelosa em seu louvor ao Sr. Bingley, expressou para sua irmã o quanto o admirava.

— Ele é exatamente como um jovem deve ser — disse ela —, sensato, bem-humorado, animado... e eu nunca vi tais boas maneiras! Tão excelentes, com uma criação tão perfeita!

— Ele também é bonito — respondeu Elizabeth —, o que um jovem também deve ser, se puder. Seu caráter é, assim, completo.

— Fiquei muito lisonjeada por ele me pedir para dançar uma segunda vez. Não esperava tal elogio.

— Você não? *Eu* esperava por você. Mas essa é uma grande diferença entre nós. Os elogios sempre te pegam de surpresa, e nunca a *mim*. O que poderia ser mais natural do que ele lhe pedir novamente? Ele não podia deixar de ver que você era cerca de cinco vezes mais bonita do que qualquer outra mulher na sala. Não graças à sua bravura por isso. Bem, ele certamente é muito agradável, e eu lhe dou licença para gostar dele. Você já gostou de muitos outros mais estúpidos.

— Céus, Lizzy!

— Oh! Você é muito disposta, sabe, para gostar de pessoas em geral. Você nunca vê uma falha em ninguém. Todo mundo é bom e agradável aos seus olhos. Nunca na minha vida ouvi você falar mal de um ser humano.

— Eu gostaria de não ser precipitada ao censurar alguém, mas sempre falo o que penso.

— Eu sei que você fala. E é isso o que cria a maravilha. Com *seu* bom senso, em ser tão honestamente cega para as loucuras e tolices dos outros! O efeito da franqueza é comum o suficiente. Alguém o encontra em todos os lugares. Mas ser sincero sem ostentação ou desígnio, para tomar o bem do caráter de cada um e torná-lo ainda melhor, e dizer nada do mal, pertence a você somente. E assim, você também gosta das irmãs deste homem, não é? As maneiras delas não são iguais às dele.

— Certamente não, no início. Mas elas são mulheres muito agradáveis quando você conversa com elas. A senhorita Bingley vive com seu irmão e mantém sua casa. E estarei muito errada se nós não a acharmos uma vizinha muito charmosa.

Elizabeth ouviu em silêncio, mas não estava convencida. O comportamento delas no baile não tinha sido calculado para agradar em geral, e com mais sagacidade e menos flexibilidade de temperamento do que sua irmã, e com um julgamento muito desaconselhado por qualquer atenção para si mesma, ela estava muito pouco disposta a aprová-las. Eram de fato moças muito finas, não lhes faltava bom humor quando estavam satisfeitas, nem a habilidade de serem agradáveis quando queriam, mas orgulhosas e vaidosas. Elas eram muito bonitas, tinham sido educadas em um dos principais colégios particulares na cidade, tinham uma fortuna de vinte mil libras, estavam habituadas a gastar mais do que deveriam e de associar-se com as pessoas de classe, e, portanto, tinham todo o direito de pensar bem de si mesmas, e mesquinhamente dos outros. Eram de uma família respeitável no norte da Inglaterra, uma circunstância mais profundamente impressa em suas memórias do que o fato de que suas próprias fortunas, e a de seu irmão, terem sido adquiridas pelo comércio.

O Sr. Bingley herdou a quantia de quase cem mil libras de seu pai, que tinha a intenção de comprar uma propriedade, mas não viveu para fazê-lo. O Sr. Bingley pretendeu-o do mesmo modo, e por vezes pensou em adquiri-la em seu próprio condado. Mas como fora agora provido com uma casa boa e a liberdade de um solar, muitos daqueles que melhor conheciam a facilidade de seu temperamento se perguntavam se ele não passaria o resto de seus dias em Netherfield e deixaria a compra para a próxima geração.

Suas irmãs estavam muito ansiosas para ele ter um imóvel próprio. Mas embora ele estivesse agora estabelecido apenas como inquilino, Srta. Bingley não estava de forma alguma relutante em sentar à sua mesa, nem a Sra. Hurst, que havia se casado com um homem de mais fama do que fortuna, menos disposto a considerar a casa dele como a casa dela quando lhe convinha. Depois de dois anos, o Sr. Bingley foi tentado por uma recomendação acidental a olhar para uma casa em Netherfield. Ele a olhou por dentro e por fora por meia hora, ficou contente com sua condição e a dos quartos principais, satisfeito com o que o proprietário disse em seu louvor, e tomou-a imediatamente.

Entre ele e Darcy havia uma amizade muito constante, apesar de uma grande oposição de caráter. Bingley era estimado por Darcy pela facilidade, abertura, flexibilidade de seu temperamento, embora nenhuma disposição pudesse oferecer um contraste maior à sua própria, e embora com sua própria nunca tenha parecido insatisfeito. Pela força da consideração de Darcy, Bingley tinha a mais firme confiança, e de seu julgamento, a mais alta opinião. Em sua compreensão, Darcy era o superior. Bingley não era ignorante, mas Darcy era inteligente. Ele era ao mesmo tempo arrogante, reservado e fastidioso, e suas maneiras, embora bem-criado, não eram convidativas. Nesse aspecto, seu amigo tinha grande vantagem. Bingley estava certo de ser amado onde quer que aparecesse, Darcy continuamente ofendia os outros.

A maneira pela qual falavam do baile de Meryton era suficientemente característica. Bingley nunca tinha se encontrado com pessoas mais agradáveis ou moças mais bonitas na sua vida. Cada uma tinha sido mais gentil e atenta a ele, não havia nenhuma formalidade, nenhuma rigidez, ele logo se sentiu familiarizado com todo o salão. E quanto à Srta. Bennet, não podia conceber um anjo mais belo. Darcy, ao contrário, tinha visto uma coleção de pessoas em quem havia pouca beleza e nenhuma fama, por nenhuma das quais ele sentiu o menor interesse, e de ninguém recebeu atenção ou prazer. A Srta. Bennet ele reconheceu ser bonita, mas sorria demais.

A Sra. Hurst e sua irmã concordaram com isso, mas ainda assim a admiravam e gostavam dela, e disseram ser uma menina doce, e uma a quem elas não faziam objeção em conhecer mais. Srta. Bennet ficou, portanto, conhecida como uma menina doce, e seu irmão se sentiu autorizado por tal recomendação a pensar nela como bem entendesse.

Não muito distante de Longbourn, vivia uma família da qual os Bennets eram particularmente íntimos. Sir William Lucas tinha sido um comerciante em Meryton, onde fez uma fortuna considerável e lhe foi dada a honra de ser um cavaleiro, por proclamação do rei, durante o período em que foi prefeito. A distinção tinha sido talvez sentida muito fortemente. Tinha-lhe dado um desgosto a seu negócio e sua residência em uma cidade pequena de comércio. E, desistindo de ambos, levou sua família a uma casa a aproximadamente um quilômetro e meio de Meryton, denominada a partir de então Lucas Lodge, onde poderia pensar em sua própria importância como quisesse e, livre dos negócios, ocupar-se apenas com a sociedade. Pois, embora exaltado por sua posição, ela não o tornou arrogante. Pelo contrário, ele dava atenção a todos. Por natureza inofensivo, amigável e prestativo, sua apresentação em St. James o tornou cortês.

Lady Lucas era uma mulher muito gentil, não tão astuta para ser uma vizinha valiosa para a Sra. Bennet. Eles tinham muitos filhos. A mais velha, uma jovem moça sensível e inteligente, com cerca de vinte e sete anos, era amiga íntima de Elizabeth.

Que a senhorita Lucas e a senhorita Bennet se encontrassem para falar sobre um baile era absolutamente necessário. E a manhã após o baile trouxe a primeira à Longbourn para se conversarem a respeito.

— *Você* começou a noite bem, Charlotte — disse a Sra. Bennet com um autocontrole cortês à Senhorita Lucas. — *Você* foi a primeira escolha do Sr. Bingley.

— Sim, mas ele pareceu gostar mais de sua segunda escolha.

— Oh! Você diz Jane, suponho, porque ele dançou com ela duas vezes. Com certeza isso *fez* parecer que ele a admirasse mais. De fato, prefiro crer que o *fez*; ouvi algo sobre isso, mas não lembro o que... algo sobre o Sr. Robinson.

— Talvez queira dizer o que ouvi entre ele e o Sr. Robinson... não lhe contei? O Sr. Robinson o questionava se ele gostava das nossas festas em Meryton, e se ele não achava que havia muitas mulheres bonitas na sala, e *qual* ele achava a mais bonita? E sua resposta imediata à última pergunta foi: "Oh! A mais velha senhorita Bennet, sem dúvida, não pode haver divergência nisso".

— Dou minha palavra! Bem, isso de fato estava decidido... parece que... Mas, de qualquer forma, pode dar em nada, sabe.

— *Meus* ouvidos foram mais aguçados do que os *seus*, Eliza — disse Charlotte. — O Sr. Darcy não vale tanto a pena ser ouvido como o amigo dele, *não é*? Pobre Eliza! Ser apenas *tolerável*.

— Eu imploro que não coloque isso na cabeça de Lizzy para se aborrecer por seus maus-tratos, pois ele é um homem tão desagradável que seria uma grande desgraça ser apreciada por ele. A Sra. Long disse me ontem à noite que ele se sentou perto dela durante meia hora sem sequer abrir os lábios.

— Tem certeza, senhora? Não há um pequeno engano? — disse Jane. — Tenho certeza de que vi o Sr. Darcy falando com ela.

— Sim. Porque ela perguntou a ele se estava gostando de Netherfield, e ele não conseguiu evitar respondê-la. Mas ela disse que ele parecia muito zangado por ser incomodado.

— A senhorita Bingley me falou — disse Jane — que ele nunca fala muito, a menos que seja de seu círculo íntimo. Com *eles*, é notavelmente agradável.

— Não acredito numa palavra, minha querida. Se ele tivesse sido tão agradável, teria falado com a Sra. Long. Mas posso imaginar como foi. Todos dizem que ele é farto de orgulho, e ouso dizer que ele tinha ouvido, de alguma forma, que a Sra. Long não tem uma carruagem, e tinha vindo para o baile em uma charrete alugada.

— Não me importo que ele não fale com a Sra. Long — disse a senhorita Lucas —, mas gostaria que ele tivesse dançado com Eliza.

— Outra hora, Lizzy — disse sua mãe. — Eu não dançaria com *ele*, se fosse você.

— Eu acredito, senhora, posso lhe prometer *jamais* dançar com ele.

— Seu orgulho — disse a senhorita Lucas — não *me* ofende tanto quanto o orgulho geralmente me ofende, pois existe uma razão por trás dele. Ninguém pode imaginar que um jovem tão fino, com família, fortuna, tudo a seu favor, não pense auspiciosamente sobre si. Se me permitem, ele tem o *direito* de ser orgulhoso.

— Isso é verdade — respondeu Elizabeth —, e eu poderia perdoar facilmente *seu* orgulho, se ele não tivesse ferido o *meu*.

— Orgulho — observou Mary, que despertava a si mesma com a solidez de suas reflexões —, creio que seja uma falha bastante comum. Por tudo o que já li, estou convencida de que é muito comum, de fato, que a natureza humana é particularmente propensa a ele, e que há muito poucos de nós que não valorizam um sentimento de autossuficiência sobre a pontuação de alguma qualidade ou outra, real ou imaginária. A vaidade e o orgulho são coisas diferentes, embora as palavras sejam muitas vezes usadas como sinônimos. Uma pessoa pode ser orgulhosa sem ser vã.

O orgulho relaciona-se mais com a nossa opinião de nós mesmos; a vaidade, com o que gostaríamos que os outros pensassem de nós.

— Se eu fosse tão rico quanto o Sr. Darcy — exclamou um jovem Lucas que veio com suas irmãs —, eu não deveria me importar com o quão orgulhoso eu soaria. Eu criaria uma matilha de cães de caça e beberia uma garrafa de vinho por dia.

— Então você beberia muito mais do que deveria — disse a Sra. Bennet —, e se eu o visse, certamente lhe tiraria a garrafa.

O menino protestou que ela não deveria fazer isso, ela continuou a declarar que faria, e a discussão terminou apenas com o fim da visita.

VI

As moças de Longbourn esperaram pelas de Netherfield. A visita foi retribuída na forma devida. As maneiras agradáveis da senhorita Bennet cresciam com a boa vontade da Sra. Hurst e da Srta. Bingley. E, embora a mãe fosse considerada intolerável e não valesse a pena conversar com as irmãs mais novas, um desejo de conhecê-los melhor foi expresso às duas mais velhas. Por Jane esta atenção foi recebida com o maior prazer, mas Elizabeth ainda via arrogância no tratamento delas para com todos, quase nem sua irmã era exceção, e não conseguia gostar delas, embora a sua bondade para Jane, tal como era, tivesse um valor alto, provavelmente, da influência da admiração do irmão delas. Era evidente a todos, sempre que eles se encontravam, que ele *de fato* a admirava. E para *ela* era igualmente evidente que Jane estava cedendo à preferência que tinha começado a nutrir por ele desde o primeiro encontro, e estava, de certa forma, muito apaixonada. Mas ela considerou com prazer que não seria provável que isso fosse descoberto por todos, uma vez que Jane uniu, com grande força de sentimento, uma compostura de temperamento e uma uniforme satisfação na mesma medida, que a guardavam das suspeitas dos impertinentes. Ela mencionou isso à sua amiga, senhorita Lucas.

— Talvez seja agradável — respondeu Charlotte — ser capaz de se abrir às pessoas, em tal caso. Mas às vezes é uma desvantagem ser tão bem reservada. Se uma mulher esconde sua afeição com a mesma habilidade do objeto dela, pode perder a oportunidade de conquistá-lo, e então será apenas um pobre consolo acreditar que o mundo igualmente não desconfiava. Há tanta gratidão ou vaidade em quase todos os apegos, que não é seguro deixar nada para sua própria sorte. Podemos *começar* livremente, uma ligeira preferência é natural o suficiente. Mas há pouquíssimos de nós que têm coração suficiente para ser sincero no amor sem encorajamento. A cada dez casos, em nove uma mulher demonstra *mais* afeto do que ela sente. Bingley gosta de sua irmã, sem dúvida, mas ele nunca pode fazer mais do que gostar dela, se ela não o ajudar com isso.

— Mas ela o ajuda, tanto quanto sua natureza permite. Se *eu* posso perceber a consideração dela por ele, ele deve ser um tolo, de fato, para não a descobrir também.

— Lembre-se, Eliza, que ele não conhece o temperamento de Jane como você.

— Mas se uma mulher tem preferência por um homem, e não se esforça para esconder, ele deve descobrir isso.

— Talvez ele deva, se a vir o suficiente. Mas embora Bingley e Jane se encontrem com certa frequência, nunca passam muitas horas juntos. E como eles sempre se veem em grandes grupos, é impossível que cada momento seja ocupado com uma conversa conjunta. Jane deve, portanto, aproveitar ao máximo cada meia hora em que ela pode ter sua atenção. Quando ela estiver comprometida com ele, haverá tempo para se apaixonar tanto quanto ela quiser.

— Seu plano é bom — respondeu Elizabeth —, em que nada mais está em jogo além do desejo de estar bem casada. E se eu estivesse determinada a obter um marido rico, ou qualquer marido, ouso dizer que deveria adotá-lo. Mas estes não são os sentimentos de Jane. Ela não está agindo por intento. Até agora, ela não pode sequer ter certeza do grau de suas próprias afeições, nem de sua razoabilidade. Ela o conhece há apenas uma quinzena. Ela dançou quatro danças com ele em Meryton, o viu uma manhã em sua própria casa, e desde então jantou em companhia dele quatro vezes. Isso não é suficiente para fazê-la conhecer sua pessoa.

— Não como você descreve. Tivesse ela meramente *jantado* com ele, poderia apenas ter descoberto se ele tem um bom apetite. Mas você deve se lembrar que quatro noites também foram passadas juntos, e quatro noites podem significar muito.

— Sim, estas quatro noites permitiram-lhes verificar que ambos gostam mais de jogar *Vingt-un* do que *Commerce*. Mas a respeito de todas as outras características principais, não imagino que muito tenha sido descoberto.

— Bem — disse Charlotte —, eu desejo sucesso a Jane, de todo o meu coração. E se ela se casar com ele amanhã, pensaria que ela teria uma boa chance de felicidade, como se tivesse estudado sua pessoa por doze meses. A felicidade no casamento é uma questão de acaso. Mesmo se as disposições das partes sejam bem conhecidas umas das outras, ou sejam semelhantes de antemão, isso não corresponde à felicidade. Sempre continuam a crescer suficientemente diferentes, para depois ter a sua quota de aborrecimento. E é melhor conhecer o mínimo possível dos defeitos da pessoa com quem você vai passar a sua vida.

Você me faz rir, Charlotte, mas não é o que parece. Você sabe que não é o que parece, e que você nunca agiria desta forma você mesma.

Ocupada em observar as atenções do Sr. Bingley à sua irmã, Elizabeth estava longe de suspeitar que ela mesma estava se tornando um objeto de algum interesse aos olhos de seu amigo. Sr. Darcy mal admitiu que ela fosse bonita. Olhou para ela sem admiração durante o baile, e, quando eles se conheceram, olhou-a apenas para criticar. Mas assim que deixou claro para si mesmo e para seus amigos que ela não tinha nenhuma boa feição em seu rosto, começou a descobrir que se tornou invulgarmente notória pela bela expressão de seus olhos escuros. A esta descoberta sucederam algumas outras igualmente mortificantes. Embora ele tenha detectado com um olhar crítico mais de uma falha de simetria perfeita em sua forma, foi forçado a reconhecer sua figura leve e agradável. E, apesar de sua afirmação de que suas maneiras não eram as do mundo da moda, foi conquistado por sua ludicidade marota. Disso ela era perfeitamente inconsciente — para ela, ele era apenas o homem que não se fez agradável em lugar algum e que não tinha pensado que ela era bonita o suficiente para dançar com ele.

Ele começou a desejar saber mais sobre ela, e como um modo de poder falar com ela pessoalmente, acompanhou a conversa dela com os outros. Seu ato fez com que ela o notasse. Foi na propriedade de Sir William Lucas, onde um grande grupo se reunia.

— O que o Sr. Darcy queria — perguntou ela a Charlotte — ao ouvir minha conversa com Coronel Forster?

— Essa é uma pergunta que apenas o Sr. Darcy pode responder.

— Mas se ele fizer isso mais uma vez, certamente lhe direi que vejo o que ele está fazendo. Ele tem um olhar muito satírico, e se eu não começar a ser impertinente, em breve terei medo dele.

Ao se aproximar deles logo depois, embora sem parecer ter qualquer intenção de falar, a senhorita Lucas desafiou sua amiga a mencionar tal assunto a ele, o que imediatamente provocou Elizabeth a fazê-lo; esta se virou para ele e disse:

— Você não acha, Sr. Darcy, que eu me expressei muito bem agora, quando eu estava provocando o Coronel Forster a nos dar uma festa em Meryton?

— Com muita animação. Mas é um assunto que sempre torna uma dama animada.

— Você é severo conosco.

— Logo chegará a vez *dela* de ser provocada — disse a senhorita Lucas. — Vou abrir o piano, Eliza, e você sabe o que acontece depois.

— Você é uma criatura muito perversa para uma amiga! Sempre querendo que eu toque e cante diante de qualquer um! Se a minha vaidade tivesse tomado um rumo musical, você teria sido inestimável, mas como não é o caso, realmente prefiro não me sentar diante daquelas que devem ter o hábito de ouvir os melhores artistas. — Com a perseverança de senhorita Lucas, no entanto, ela acrescentou — Pois bem! Se é para ser assim, que seja. — E, olhando seriamente para o Sr. Darcy — Há um velho ditado, ao qual todos aqui são naturalmente familiarizados, que diz: "Guarde seu sopro para esfriar seu mingau". E eu vou guardar o meu para cantar.

Seu desempenho foi agradável, embora de forma alguma grandioso. Depois de uma canção ou duas, e antes que ela pudesse responder às várias súplicas por outra música, foi ansiosamente sucedida no piano por sua irmã Mary, que, por ser a única sem atrativos na família, trabalhou duro para ter conhecimento e realizações e estava sempre impaciente para se exibir.

Mary não tinha temperamento nem gosto. E, embora a vaidade lhe tivesse dado dedicação, deu-lhe igualmente um ar pedante e postura convencida, o que a teria ferido em um grau mais elevado de excelência do que ela de fato alcançou. Elizabeth, leve e espontânea, tinha sido ouvida com muito mais prazer, embora não tocasse tão bem. E Mary, no final de um longo concerto, estava feliz por tirar elogios e agradecimentos por algumas árias escocesas e irlandesas, pedidas por suas irmãs mais novas, que com alguns dos Lucas e dois ou três oficiais se uniram ansiosamente na dança no fundo do salão.

O Sr. Darcy estava perto delas em silenciosa indignação, de tal forma a passar a noite, com exceção a toda conversa prévia, e ficou muito absorto em seus próprios pensamentos para perceber que Sir William Lucas estava ao seu lado, até que Sir. William começou:

— Que diversão encantadora para os jovens isso é, Sr. Darcy! Afinal, não há nada como dançar. Eu considero-o como um dos primeiros refinamentos de sociedades educadas.

— Certamente, Sir. E tem a vantagem de também estar em

voga nas sociedades menos educadas do mundo. Qualquer selvagem pode dançar.

Sir William apenas sorriu.

— Sua amiga toca de forma adorável — continuou após uma pausa, ao ver Bingley se juntar ao grupo — e eu não duvido que o senhor mesmo seja um adepto da arte, Sr. Darcy.

— Viu-me dançar em Meryton, creio eu, Sir.

— Sim, de fato, e não obtive considerável prazer da vista. Dança muito em St. James?

— Nunca, senhor.

— Não acha que seria um elogio adequado para o lugar?

— Elogio o qual eu nunca presto a lugar algum, se puder evitar.

— Tem uma casa na cidade, concluo eu?

O Sr. Darcy assentiu.

— Eu mesmo já considerei me fixar na cidade, pois tenho apreço pela sociedade superior, mas não estou certo de que o ar de Londres faria bem à Lady Lucas.

Ele parou na esperança de uma resposta, mas seu companheiro não estava disposto a dá-la, e Elizabeth, naquele instante, se movia em direção a eles. Foi tomado pelo desejo de fazer uma coisa muito galante e a chamou.

— Minha querida senhorita Eliza, por que não está dançando? Sr. Darcy, permita-me apresentar-lhe esta jovem como uma parceira desejável. Não poderia se recusar a dançar, tenho certeza, quando tal beleza está diante de ti. — E, pegando a mão da moça, entregou-a ao Sr. Darcy, que, embora extremamente surpreso, não estava indisposto a recebê-la, quando ela instantaneamente se afastou e disse com alguma descompostura a Sir William:

— Na verdade, Sir, não tenho a mínima intenção de dançar. Rogo-lhe que não suponha que agi desta forma para implorar por um parceiro.

Sr. Darcy, com grande decoro, pediu permissão pela honra de sua mão, mas em vão. Elizabeth estava determinada. Nem Sir William abalou seu propósito em sua tentativa de persuadi-la.

— Você se sobressai tanto na dança, senhorita Eliza, que é cruel negar-me a felicidade de vê-la. E embora este cavalheiro não goste da diversão em geral, não pode ter nenhuma objeção, estou certo, em se prestar a nós por meia hora.

— O Sr. Darcy é muito educado — disse Elizabeth, sorrindo.

— Ele é, de fato. Mas, considerando a tentação, minha querida senhorita Eliza, não é surpresa a disposição dele. Pois quem se oporia a tal parceira?

Elizabeth desviou o olhar e se virou. Sua resistência não havia ferido os pensamentos do cavalheiro sobre sua pessoa, que pensava nela com alguma complacência quando foi abordado pela senhorita Bingley:

— Posso adivinhar o assunto do seu devaneio.

— Eu imagino que não.

— Está considerando o quão insuportável seria passar muitas noites desta maneira, em tal sociedade. E, na verdade, concordo muito com sua opinião. Nunca fiquei mais irritada! A insipidez e o barulho. O nada e a presunção de todas essas pessoas! O que eu daria para ouvir suas restrições sobre elas!

— Sua especulação está totalmente errada, lhe asseguro. Minha mente estava mais agradavelmente ocupada. Tenho meditado sobre o grande prazer que um par de belos olhos no rosto de uma mulher bonita pode conceder.

A senhorita Bingley imediatamente fixou seus olhos no rosto de Darcy e desejou que ele lhe dissesse qual dama teria o crédito de lhe inspirar tais reflexões. Sr. Darcy respondeu com grande intrepidez:

— Senhorita Elizabeth Bennet.

— Senhorita Elizabeth Bennet! — repetiu a senhorita Bingley. — Estou totalmente surpresa. Por quanto tempo ela é uma favorita? E, diga-me, quando devo lhe parabenizar?

— Essa é exatamente a pergunta que eu esperava que fizesse. A imaginação de uma dama é muito rápida. Ela salta da admiração para o amor, e do amor para o matrimônio em um momento.

Sabia que estaria me parabenizando.

— Bem, se é tão sério quanto a isso, devo considerar que o assunto já está resolvido. Você terá uma sogra encantadora, com certeza, e é claro que ela sempre estará em Pemberley com vocês.

Ele a ouviu com perfeita indiferença, enquanto ela escolheu entreter-se desta maneira, e como sua compostura convenceu-a de que tudo estava certo, a imaginação da dama fluiu por muito tempo.

VII

A renda do Sr. Bennet consistia quase que inteiramente em uma propriedade que rendia cerca de dois mil por ano, que, infelizmente para as suas filhas, estava legada, na falta de herdeiros masculinos, a uma relação distante. E a fortuna de sua mãe, embora ampla para a sua

situação na vida, mal poderia suprir a deficiência da dele. O pai da Sra. Bennet foi advogado em Meryton e tinha lhe deixado quatro mil libras.

Ela tinha uma irmã casada com um Sr. Phillips, que foi um empregado de seu pai, e sucedeu-lhe no negócio, e um irmão que se estabeleceu em Londres, em uma linha respeitável de comércio.

A vila de Longbourn ficava a um quilômetro e meio de Meryton, uma distância mais conveniente para as jovens damas, que faziam o trajeto três ou quatro vezes na semana, para visitar sua tia e a loja do chapeleiro que ficava no caminho. As duas mais novas da família, Catherine e Lydia, eram particularmente frequentes nestas atenções. Suas mentes eram mais vagas do que as de suas irmãs, e quando nada melhor se oferecia, uma caminhada a Meryton era necessária para suas horas da manhã e para fornecer assunto para as conversas de noite. Entretanto, por menores que sejam as notícias do interior, sempre as ouviam da tia. No momento, com efeito, foram bem supridas com a notícia e a alegria da chegada recente de um regimento da milícia na vizinhança. Deviam permanecer o inverno inteiro, e Meryton era o quartel general.

Suas visitas à Sra. Phillips eram agora produtivas da forma mais interessante. Todos os dias acrescentavam algo ao seu conhecimento dos nomes e conexões dos oficiais. Seus alojamentos não permaneceram em segredo por muito tempo, e finalmente elas começaram a conhecer os próprios oficiais. O Sr. Phillips visitou todos eles e deu a suas sobrinhas uma fonte de felicidade antes desconhecida. Elas não podiam falar de nada além de oficiais, e a grande fortuna do Sr. Bingley, cuja menção dava animação à sua mãe, era inútil aos seus olhos quando colocada ao lado dos regimentos de um pavilhão.

Depois de ouvir uma manhã as efusões sobre este assunto, Sr. Bennet observou friamente:

— De tudo o que pude coletar do seu jeito de falar, devem ser duas das garotas mais tolas do país. Já suspeitava há algum tempo, mas agora estou convencido.

Catherine ficou desconcertada e não deu resposta. Mas Lydia, com total indiferença, continuou a expressar sua admiração pelo Capitão Carter e sua esperança de vê-lo no decorrer do dia, já que ele ia para Londres na manhã seguinte.

— Estou surpresa, meu bem — disse a Sra. Bennet —, que você consiga pensar tão prontamente nas suas filhas como tolas. Se eu desejasse pensar de forma desprezível dos filhos de qualquer um, não seria dos meus próprios.

— Se minhas filhas são tolas, espero sempre ter ciência disso.

— Sim. Mas, por acaso, todas elas são muito espertas.

— Este é o único ponto, eu me lisonjeio, em que não estamos de acordo. Eu esperava que os nossos sentimentos coincidissem em cada um deles, mas sou obrigado agora a diferir de você para pensar que as nossas duas filhas mais novas são invulgarmente tolas.

— Meu caro Sr. Bennet, você não deve esperar que tais meninas tenham a razão do pai e da mãe delas. Quando elas chegarem à nossa idade, ouso dizer que não vão pensar em oficiais mais do que nós. Lembro-me do tempo em que gostava muito bem de uma farda vermelha. Na verdade, ainda o faço em meu coração. E se um jovem coronel inteligente, com cinco ou seis mil por ano, quiser uma das minhas meninas, não direi "não" a ele. E eu pensava que o Coronel Forster lhe parecia muito bem a você, na outra noite no Sir William.

— Mamãe — exclamou Lydia —, minha tia diz que o Coronel Forster e o Capitão Carter não vão tão frequentemente à casa da senhorita Watson como quando vieram aqui pela primeira vez. Ela os vê agora muitas vezes na biblioteca dos Clarke.

A Sra. Bennet foi impedida de responder pela entrada do lacaio com uma nota para a senhorita Bennet. Veio de Netherfield, e o criado esperava por uma resposta. Os olhos da Sra. Bennet brilhavam de prazer, e ela perguntava ansiosamente, enquanto sua filha lia:

— Bem, Jane, de quem é? Sobre o que é? O que diz? Jane, se apresse e nos diga. Se apresse, meu amor.

— É da senhorita Bingley — disse Jane, então a leu em voz alta.

Minha cara amiga,

Se não tiver compaixão para jantar comigo e com Louisa, corremos o risco de nos odiarmos para o resto da vida, pois um dia inteiro de conversa entre duas mulheres nunca pode acabar sem uma discussão. Venha o mais rápido que puder quando receber esta nota. Meu irmão e os senhores jantarão com os oficiais. Sempre sua,

Caroline Bingley.

— Com os oficiais — exclamou Lydia. — Acho que titia não contou *isso*.

— Jantar fora — disse a Sra. Bennet —, que infortúnio.

— Posso ir de carruagem? — disse Jane.

— Não, minha querida, é melhor ir a cavalo, pois parece que vai chover, e você deve passar a noite lá.

— Esse seria um bom plano — disse Elizabeth —, se tivesse certeza de que eles não se ofereceriam para trazê-la de volta para casa.

— Oh! Mas os cavalheiros terão a charrete do Sr. Bingley para ir a Meryton, e os Hursts não têm cavalos para si.

— Preferia ir à carruagem.

— Mas, minha querida, seu pai não pode poupar os cavalos, tenho certeza. Eles são quistos na fazenda, Sr. Bennet, não são?

— Eles são muito mais quistos na fazenda do que posso obtê-los.

— Mas se os tiver hoje — disse Elizabeth —, o objetivo de minha mãe será alcançado.

Ela finalmente forçou o pai a reconhecer que os cavalos estavam ocupados. Jane foi, portanto, obrigada a ir a cavalo, e sua mãe a acompanhou até a porta com muitos prognósticos alegres de mau tempo. Suas esperanças foram respondidas. Jane mal havia saído antes que chovesse duramente. Suas irmãs estavam preocupadas com ela, mas sua mãe estava encantada. A chuva continuou a noite inteira sem intervalo. Jane certamente não poderia voltar.

— Esta foi uma ótima ideia minha, de fato! — disse a Sra. Bennet, mais de uma vez, como se o crédito de fazer chover fosse todo seu. Até a manhã seguinte, no entanto, ela não estava ciente de toda a felicidade de sua invenção. O café da manhã mal havia acabado quando um criado de Netherfield trouxe a seguinte nota para Elizabeth:

Minha querida Lizzy,

Encontro-me muito indisposta esta manhã, o que, suponho, deve estar relacionado ao fato de ter me encharcado ontem. Minhas queridas amigas não permitirão meu regresso até estar melhor. Elas insistem também em que eu veja o Sr. Jones, portanto, não fiquem alarmados se ouvirem que ele esteve comigo, e, com exceção de uma dor de garganta e cabeça, não há muito problema comigo.

Sua, Etc.

— Bem, minha querida — disse o Sr. Bennet, quando Elizabeth leu a nota em voz alta —, se a sua filha tivesse uma doença grave, se ela morresse, seria um conforto saber que foi tudo para conquistar o Sr. Bingley, e sob as suas ordens.

— Oh! Eu não estou com medo de sua morte. As pessoas não morrem de pequenos resfriados insignificantes. Ela será bem cuidada. Contanto que fique lá, está tudo muito bem. Eu iria vê-la, se eu pudesse usar a carruagem.

Elizabeth, sentindo-se muito ansiosa, estava determinada a ir até ela, embora a carruagem não pudesse ser usada. E como ela não era uma amazona, caminhar era sua única alternativa. Ela declarou a sua decisão.

— Como pode ser tão tola — exclamou sua mãe — em pensar em tal coisa com toda essa lama! Você não estará em condições de ser vista quando chegar lá.

— Estarei em condições de ver Jane, que é tudo o que quero.

— Isto é uma indireta para mim, Lizzy — disse seu pai —, para chamar os cavalos?

— Não, de maneira alguma. Eu não desejo evitar a caminhada. A distância não é nada, quando se tem um motivo. Apenas um quilômetro e meio. Estarei de volta ao jantar.

— Admiro a atividade de sua benevolência — observou Mary —, mas todo impulso de sentimento deve ser guiado pela razão e, na minha opinião, o esforço deve ser sempre proporcional ao que é necessário.

— Iremos até Meryton com você — disseram Catherine e Lydia. Elizabeth aceitou a companhia delas, e as três jovens partiram juntas.

— Se nos apressarmos — disse Lydia, enquanto caminhavam —, talvez possamos ver o Capitão Carter antes que ele parta.

Elas se separaram em Meryton. As duas mais novas seguiram aos alojamentos de uma das esposas dos oficiais, e Elizabeth continuou sua caminhada sozinha, cruzando campo após campo em um ritmo rápido, saltando sobre cercas e pulando poças com impaciência. E encontrou-se, finalmente, à vista da casa, com tornozelos doloridos, meias sujas, e um rosto resplandecente com o calor do exercício.

Apresentou-se na sala do café da manhã, onde todos, exceto Jane, se reuniam, e onde sua aparição gerou muita surpresa. Que ela tivesse andado um quilômetro e meio tão cedo no dia, em tal tempo lamacento, e sozinha, foi quase incrível para a Sra. Hurst e senhorita Bingley. E Elizabeth estava convencida de que elas a desprezaram por isso. Ela foi recebida, no entanto, muito educadamente por elas. E nos modos de seu irmão havia algo melhor do que a polidez, havia bom humor e bondade. O Sr. Darcy disse muito pouco, e o Sr. Hurst, nada. O primeiro estava dividido entre a admiração do brilho que o exercício tinha dado à sua tez e a dúvida quanto à ocasião de justificar a sua vinda tão longe sozinha. Sr. Hurst estava pensando apenas em seu café da manhã.

Suas perguntas sobre sua irmã não tiveram respostas muito favoráveis. A senhorita Bennet tinha dormido doente e, apesar de estar acordada, estava muito febril e não estava bem o suficiente para sair do quarto. Elizabeth ficou contente ao ser levada imediatamente até ela. E Jane, que tinha sido retida de expressar em sua nota o quanto ansiava por tal visita pelo medo de alarme ou inconveniência, ficou encantada com sua chegada. Ela não estava igualmente disposta, no entanto, a muita conversa, e quando a senhorita Bingley as deixou juntas, pôde dizer pouco além de expressões de gratidão pela extraordinária bondade com que foi tratada. Elizabeth a assistiu silenciosamente.

Quando o café da manhã acabou, as irmãs se juntaram a elas, e Elizabeth começou a gostar delas quando viu quanto carinho e solicitude mostravam por Jane. O boticário veio, e tendo examinado sua paciente, disse, como poderia ser suposto, que ela tinha pegado um resfriado violento, e que elas deveriam se esforçar para sua melhora. Aconselhou-a a voltar para a cama e prometeu-lhe alguns remédios. O conselho foi seguido prontamente, pois os sintomas febris aumentavam, e sua cabeça doía agudamente. Elizabeth não saiu de seu quarto momento algum, nem as outras senhoras ficaram muito ausentes. Com os cavalheiros fora, elas não tinham de fato nada para fazer em outro lugar.

Quando o relógio bateu ás três, Elizabeth sentiu que deveria ir e muito relutantemente o disse. A senhorita Bingley ofereceu-lhe a carruagem, e foi necessária apenas uma leve pressão para ser aceita quando Jane demonstrou tal preocupação em se separar da irmã, que a senhorita Bingley foi obrigada a converter a oferta da carruagem em um convite para que permanecesse em Netherfield pela noite. Elizabeth felizmente consentiu, e um empregado foi enviado a Longbourn para notificar a família de sua estadia e trazer um suprimento de roupas.

VIII

Às cinco horas, as duas damas se retiraram para se vestir, e às seis e meia Elizabeth foi chamada para jantar. Para as muitas perguntas que, em seguida, se derramaram, e entre as quais ela teve o prazer de distinguir a solicitude muito superior do

Sr. Bingley, não podia dar uma resposta muito favorável. Jane não estava melhor. As irmãs, ao ouvirem isso, repetiram três ou quatro vezes o quanto estavam tristes, o quão chocante era ter um resfriado ruim, e o quanto elas não gostavam de estar doentes. E então não pensaram mais no assunto: e sua indiferença para com Jane, quando não estava diante delas, restauraram em Elizabeth o prazer de considerá-las antipáticas como antes.

Seu irmão, de fato, era o único do grupo que ela poderia considerar com alguma complacência. Sua ansiedade por Jane era evidente, e seus cuidados com ela eram muito agradáveis e impediram que ela se sentisse tão intrusa quanto ela acreditava que os outros a considerassem. Ela teve pouca atenção de todos, exceto a dele. A senhorita Bingley estava absorta pelo Sr. Darcy; sua irmã, pouco menos. E quanto ao Sr. Hurst, ao lado de quem Elizabeth se sentou, era um homem indolente, que vivia apenas para comer, beber e jogar cartas, que quando descobriu sua preferência por um prato simples a um ragu, nada mais tinha a dizer a ela.

Quando o jantar acabou, Elizabeth voltou diretamente para Jane, e a senhorita Bingley começou a zombar dela assim que ela saiu do salão. Suas maneiras eram consideradas muito ruins, de fato, uma mistura de orgulho e impertinência. Ela não tinha prosa, nenhum estilo, nenhuma beleza. A Sra. Hurst pensou o mesmo e acrescentou:

— Ela não tem nada, em suma, para recomendá-la, exceto ser uma excelente andarilha. Jamais me esquecerei de sua aparência esta manhã. Ela realmente parecia quase selvagem.

— Ela parecia, de fato, Louisa. Eu mal pude manter o meu semblante. Muito absurdo vir até aqui! Qual o motivo de vir andando pelo campo só porque sua irmã pegou um resfriado? Seu cabelo tão sujo, tão desgrenhado!

— Sim, e sua anágua. Espero que tenha visto sua anágua, quinze centímetros ensopados de lama, estou absolutamente certa. E o vestido, que tinha sido puxado para baixo para escondê-la, não cumpriu seu ofício.

— Sua descrição pode ser muito precisa, Louisa — disse Bingley —, mas me passou despercebido, achei que a senhorita Elizabeth Bennet parecia notavelmente bem, quando veio ao quarto esta manhã. Sua anágua suja escapou completamente da minha atenção.

— *O senhor* a observou, Sr. Darcy, estou certa — disse a senhorita Bingley —, e estou inclinada a pensar que não desejaria ver *sua irmã* se exibir de tal forma.

— Certamente não.

— Andar um, ou dois, ou três quilômetros, que seja, sobre os pés em lama, e sozinha, completamente sozinha! O que ela poderia querer com isso? Parece-me mostrar uma espécie abominável de independência presunçosa, uma indiferença mais rural ao decoro.

— Mostra que seu afeto por sua irmã é muito agradável — disse Bingley.

— Receio, Sr. Darcy — observou a senhorita Bingley, em voz baixa —, que tal aventura tenha modificado sua admiração por seus belos olhos.

— De maneira alguma — respondeu —, eles foram iluminados pelo exercício. — Uma pequena pausa seguiu sua declaração, e a Sra. Hurst retomou.

— Eu tenho uma consideração excessiva pela Srta. Jane Bennet, ela é realmente uma menina muito doce, e queria com todo o meu coração que ela tivesse um bom casamento. Mas com tais pai e mãe e suas conexões baixas, receio que não haja nenhuma chance de isso acontecer.

— Acho que te ouvi dizer que o tio delas é advogado em Meryton.

— Sim, e elas têm outro, que vive em algum lugar perto de Cheapside.

— Isso é importante — acrescentou sua irmã, e ambas riram copiosamente.

— Se elas tivessem tios o suficiente para preencher *toda* Cheapside — exclamou Bingley —, não as tornaria nenhum pouco menos agradável.

— Mas deve diminuir muito consideravelmente suas chances de se casar com homens de qualquer importância no mundo — respondeu Darcy.

A esta declaração Bingley não deu nenhuma resposta, mas suas irmãs deram-lhe seu profundo consentimento e se divertiram por algum tempo na conta das relações vulgares de sua cara amiga.

Com uma renovação de ternura, entretanto, retornaram ao seu quarto ao sair da sala de jantar e sentaram-se com ela até que foram chamadas para o café. Jane ainda estava muito mal, e Elizabeth não a deixaria, até tarde da noite, quando teve o conforto de vê-la dormindo, e quando lhe pareceu mais certo do que agradável, desceu as escadas. Ao entrar na sala de estar, encontrou todo o grupo a jogar *loo*, e foi imediatamente convidada a se juntar a eles. Mas suspeitando que eles estivessem apostando alto, ela recusou, e fazendo de sua irmã uma desculpa, disse que iria se divertir pelo pouco tempo que poderia ficar ali com um livro. O Sr. Hurst olhou para ela com espanto.

— Prefere ler a jogar cartas? — disse. — Isso é, no mínimo, singular.

— Senhorita Eliza Bennet — disse a senhorita Bingley — despreza cartas. É uma exímia leitora e não tem prazer em nada mais.

— Eu não mereço tal louvor nem tal censura — exclamou Elizabeth. — *Não sou* uma grande leitora e tenho prazer em muitas coisas.

— Em cuidar de sua irmã, tenho certeza de que tem prazer — disse Bingley — e espero que em breve seja recompensada ao vê-la muito bem.

Elizabeth agradeceu-lhe de coração, e depois caminhou em direção a uma mesa na qual alguns livros estavam postos. Ele imediatamente se ofereceu para buscar-lhe outros. Tudo o que sua biblioteca oferecia.

— E eu gostaria que a minha coleção fosse maior para o seu benefício e meu próprio crédito, mas sou um sujeito preguiçoso, e, embora não tenha muitos, tenho mais do que já li.

Elizabeth assegurou-lhe que ela poderia se entreter perfeitamente com aqueles na sala.

— Estou surpresa — disse a senhorita Bingley — que meu pai tenha deixado tão pequena coleção de livros. Que biblioteca maravilhosa você tem em Pemberley, Sr. Darcy!

— Deveria mesmo ser boa — respondeu —, pois tem sido o trabalho de muitas gerações.

— E você adicionou tanto a ela, está sempre comprando livros.

— Não consigo compreender a negligência que dão às bibliotecas familiares hoje em dia.

— Negligência! Tenho certeza de que você não negligencia nada que possa acrescentar às belezas daquele lugar nobre. Charles, quando você construir *sua* casa, desejo que possa ser quase tão deliciosa quanto Pemberley.

— Desejo que seja.

— Mas eu realmente o aconselho a fazer sua compra naquela vizinhança e tomar Pemberley como uma espécie de modelo. Não há condado melhor na Inglaterra do que Derbyshire.

— De coração, comprarei a própria Pemberley se Darcy a vender.

— Estou falando de possibilidades, Charles.

— Tem minha palavra, Caroline; creio que seja mais possível obter Pemberley por compra do que por imitação.

Elizabeth foi tão tomada pelo que acontecia, que deixou muito pouca atenção para o seu livro, e logo o colocou inteiramente de lado, aproximando-se da mesa de cartas, e se colocando entre o Sr. Bingley e sua irmã mais velha, para observar o jogo.

— A senhorita Darcy cresceu muito desde a primavera? — disse a senhorita Bingley — Será tão alta como eu?

— Eu acho que será. Ela tem agora a altura da senhorita Elizabeth Bennet, ou um pouco mais.

— Como desejo vê-la de novo! Nunca me encontrei com ninguém que me deleitasse tanto. Tamanha fisionomia, tão boas maneiras! E tão extremamente habilidosa para sua idade! Sua performance no piano é requintada.

— É incrível para mim — disse Bingley —, como as jovens damas podem ter paciência para serem tão habilidosas, como todas são.

— Todas as jovens damas habilidosas! Querido Charles, o que quer dizer?

— Sim, todas elas, creio eu. Todas pintam mesas, tricotam enxovais e tramam bolsas. Eu mal conheço alguma que não possa fazer tudo isso, e tenho certeza de que nunca ouvi falar de uma jovem senhora, pela primeira vez, sem ser informado de que ela não fosse muito habilidosa.

— Sua lista das habilidades comuns — disse Darcy — tem muita verdade. A palavra "habilidosa" é aplicada a muitas mulheres que não a merecem de outra forma que não seja por tramas de uma bolsa ou tricôs de enxovais. Mas estou muito longe de concordar com você na sua avaliação das damas em geral. Não posso me gabar de conhecer mais de meia dúzia, em toda a gama de meu conhecimento, que são realmente habilidosas.

— Nem eu, tenho certeza — disse a senhorita Bingley.

— Então — observou Elizabeth —, vocês devem contar muitos fatores em seu ideal de mulher habilidosa.

Sim, conto muitos fatores nisso.

— Oh! Certamente — exclamou sua assistente fiel —, ninguém pode ser realmente estimado habilidoso, que não ultrapasse muito do que seja normalmente atendido. Uma mulher deve ter um conhecimento profundo da música, do canto, do desenho, da dança e das línguas modernas para merecer a palavra. E, além de tudo isto, deve possuir algo em seu ar e maneira de andar, no tom de sua voz, em seu discurso e expressões, ou a palavra será apenas meio merecida.

— Tudo isso ela deve possuir — acrescentou Darcy —, e a tudo isso ainda deve acrescentar algo mais substancial na melhoria de sua mente por extensa leitura.

— Já não estou surpresa com o seu conhecimento de *apenas* seis mulheres habilidosas. Estou surpresa de que conheça apenas *uma*.

— É tão severa com o seu próprio sexo, que duvida da possibilidade de tudo isto?

— *Eu* nunca conheci tal mulher. *Eu* nunca presenciei tamanha capacidade, e gosto, e aplicação, e elegância, como descrevem, combinados.

A Sra. Hurst e a Srta. Bingley gritaram contra a injustiça de sua dúvida implícita, e estavam ambas protestando que conheciam muitas mulheres que correspondiam a esta descrição, quando o Sr. Hurst as chamou à ordem, com queixas amargas de sua desatenção ao que estava acontecendo. Como toda a conversa estava ao fim, Elizabeth saiu da sala logo depois.

— Elizabeth Bennet — disse a senhorita Bingley, quando a porta se fechava nela — é uma daquelas jovens damas que procuram recomendar-se ao outro sexo, subestimando o seu próprio. E com muitos homens, ouso dizer, ela consegue. Mas, na minha opinião, é uma artimanha insignificante, uma arte muito má.

— Sem dúvida — respondeu Darcy, a quem a observação foi dirigida principalmente —, há maldade em *todas* as artes que as damas às vezes condescendem em empregar por fascinação. Qualquer coisa que tiver afinidade com astúcia é desprezível.

Senhorita Bingley não ficou tão inteiramente satisfeita com esta resposta para continuar o assunto.

Elizabeth se juntou a eles novamente apenas para dizer que sua irmã estava pior e que não podia deixá-la. Bingley pediu que o Sr. Jones fosse enviado imediatamente, enquanto suas irmãs, convencidas de que nenhum parecer do interior poderia ser útil, recomendaram um expresso à cidade para um dos mais eminentes médicos. Isso Elizabeth não quis, mas não relutou em aceitar a proposta do irmão, e ficou decidido que o Sr. Jones deveria ser enviado no início da manhã, se a senhorita Bennet não estivesse decididamente melhor. Bingley estava bastante preocupado, suas irmãs declararam que estavam desoladas. Elas consolaram a sua miséria, no entanto, com duetos após a ceia, enquanto ele não poderia encontrar melhor alívio para os seus sentimentos do que dando instruções a sua governanta de que toda a atenção possível deveria ser dada à dama doente e sua irmã.

IX

Elizabeth passou a noite no quarto de sua irmã, e na manhã teve o prazer de ser capaz de dar uma resposta favorável às perguntas que muito cedo recebeu do Sr. Bingley através de uma criada e, algum tempo depois, das duas senhoras elegantes que serviam suas irmãs. Apesar dessa alteração, no entanto, ela pediu que uma nota fosse enviada a Longbourn, desejando que sua mãe visitasse Jane e formasse seu próprio julgamento sobre sua situação. A nota foi imediatamente enviada, e seu conteúdo foi rapidamente cumprido. A Sra. Bennet, acompanhada das suas duas filhas mais novas, chegou a Netherfield pouco depois do café da manhã em família.

Se ela encontrasse Jane em qualquer perigo aparente, a Sra. Bennet estaria muito infeliz. Mas estando satisfeita em ver que sua doença não era alarmante, não tinha nenhum desejo de sua recuperação imediata, já que sua restauração à saúde provavelmente a removeria de Netherfield. Ela não ouviria, portanto, a proposta de sua filha de ser levada para casa, nem o boticário, que chegou ao mesmo tempo, achou que seria aconselhável. Depois de se sentar um pouco com Jane, a presença e o convite da senhorita Bingley convenceram a mãe e as três filhas a comparecerem à sala de café da manhã. Bingley encontrou-as com esperanças de que a Sra. Bennet não tivesse achado a senhorita Bennet pior do que esperava.

— Na verdade, eu encontrei, senhor — foi a resposta dela. — Ela está muito doente para ser levada. O Sr. Jones diz que não devemos pensar em levá-la. Temos de abusar um pouco mais da sua bondade.

— Levá-la! — exclamou Bingley. — Não se deve pensar nisto. Minha irmã, tenho certeza, não quer que seja levada.

— Você pode contar com isso, senhora — disse a senhorita Bingley, com fria polidez. — A senhorita Bennet receberá toda a atenção possível enquanto permanecer conosco.

A Sra. Bennet foi profusa em seus agradecimentos.

— Tenho certeza — acrescentou. — Se não fosse por tão bons amigos, não sei o que seria dela, pois está muito doente, de fato, e sofre muito, embora com a maior paciência do mundo, que é sempre o caminho com ela, pois tem, sem exceção, o temperamento mais doce que já conheci. Digo frequentemente a minhas outras meninas que não são nada comparadas a *ela*. Você tem um belo quarto aqui, Sr. Bingley, e uma vista encantadora para a entrada principal. Não conheço um lugar no campo que seja igual a Netherfield. Você não deve pensar em partir tão cedo, eu espero, embora tenha feito apenas um curto contrato de locação.

— Tudo que eu faço é feito com pressa — respondeu ele — e, portanto, se resolver sair de Netherfield, provavelmente deva sair em cinco minutos. Atualmente, no entanto, considero-me bastante fixo aqui.

— Isso é exatamente o que eu imaginaria de você — disse Elizabeth.

— Você já está começando a me entender, não? — exclamou ele, virando-se para ela.

— Oh! Sim. Compreendo-o perfeitamente.

— Eu gostaria de tomar isso como um elogio, mas ser tão facilmente compreendido, creio que seja lamentável.

— É assim que geralmente acontece, mas isso não significa necessariamente que um caráter profundo e complexo seja mais ou menos estimável do que o seu.

— Lizzy — exclamou sua mãe —, lembre-se de onde está e não se precipite como você faz em casa.

— Eu não poderia saber de antemão — continuou Bingley imediatamente — que você era uma estudiosa de caráter. Deve ser um estudo divertido.

— Sim, mas caráteres complexos são os *mais* divertidos. Eles têm pelo menos essa vantagem.

— O interior — disse Darcy — pode em geral fornecer poucos objetos para tal estudo. Em um bairro rural você se move em uma sociedade muito confinada e invariável.

— Mas as pessoas se alteram tanto, que sempre há algo novo a ser observado nelas.

— Sim, de fato — exclamou a Sra. Bennet, ofendida por sua maneira de mencionar um bairro rural. — Eu lhe asseguro que há tanto *disso* acontecendo no campo quanto na cidade.

Todos foram surpreendidos, e Darcy, depois de olhar para ela por um momento, virou-se silenciosamente. A Sra. Bennet, que imaginava que tinha ganhado uma vitória completa sobre ele, continuou o seu triunfo.

— Não vejo que Londres tenha alguma grande vantagem sobre o interior, por minha parte, exceto as lojas e os locais públicos. O interior é muito mais agradável, não é, Sr. Bingley?

— Quando estou no campo — ele respondeu —, eu nunca quero deixá-lo. E quando estou na cidade é praticamente o mesmo. Eles têm cada uma as suas vantagens, e eu posso ser igualmente feliz em ambos.

— Sim, isso é porque você tem a disposição certa. Mas aquele cavalheiro — olhando para Darcy — parece pensar que o interior não seja nada.

— Na verdade, mamãe, você está enganada — disse Elizabeth, corando por sua mãe. — Você confundiu bastante o Sr. Darcy. Ele só quis dizer que não havia tanta variedade de pessoas para se encontrar no campo como na cidade, o que você deve reconhecer que é verdade.

— Certamente, minha querida, ninguém disse que havia. Mas quanto a não se encontrar com muitas pessoas nesta vizinhança, acredito que há poucas vizinhanças maiores. Sei que nos damos com vinte e quatro famílias.

Nada além de preocupação com Elizabeth poderia permitir que Bingley mantivesse seu semblante. Sua irmã era menos delicada e dirigiu seus olhos para o Sr. Darcy com um sorriso muito expressivo. Elizabeth, para dizer algo que poderia desviar os pensamentos de sua mãe, agora perguntou a ela se Charlotte Lucas estava em Longbourn desde que *ela* foi embora.

— Sim, ela se foi ontem com o pai dela. Que homem agradável Sir William é, não é, Sr. Bingley? Um homem tão na moda! Tão gentil e tão divertido! Ele tem sempre algo a dizer a todos. *Essa* é minha ideia de boa criação. E as pessoas que se imaginam muito importantes e nunca abrem a boca, confundem bastante o assunto.

— Charlotte jantou com vocês?

— Não, ela foi para casa. Imagino que ela foi requisitada por causa das tortas. De minha parte, Sr. Bingley, *eu* sempre mantenho empregados que possam fazer seu próprio trabalho. *Minhas* filhas são criadas de forma diferente. Mas cada um deve julgar por si mesmo, e as Lucas são muito boas meninas, eu lhe asseguro. É uma pena que elas não sejam bonitas! Não que *eu* pense que Charlotte seja *tão* feia, mas é nossa amiga íntima.

— Ela parece ser uma jovem agradável — disse Bingley.

— Oh! Querido, sim. Mas você deve saber que ela não é muito bela. Lady Lucas tem dito isso muitas vezes, e invejou-me a beleza de Jane. Não gosto de me gabar da minha própria filha, mas com certeza Jane... não se vê frequentemente alguém mais bonita que ela. É o que todos dizem. Não confio na minha parcialidade.

Quando ela tinha apenas quinze anos, havia um cavalheiro da cidade do meu irmão Gardiner tão apaixonado por ela, que minha cunhada tinha certeza de que ele lhe faria uma oferta antes que saíssemos de lá. Mas, no entanto, ele não a fez. Talvez tenha pensado que ela fosse muito jovem. No entanto, ele escreveu alguns versos sobre ela, e eles eram muito bonitos.

— E assim terminou a sua afeição — disse Elizabeth impacientemente. — Houve muitos, imagino, superados da mesma forma. Eu me pergunto quem primeiro descobriu a eficácia da poesia em afastar o amor!

— Eu costumo considerar a poesia como o *alimento* do amor — disse Darcy.

— De um bom, robusto, saudável amor, pode ser. Qualquer coisa nutre o que já é forte. Mas se for apenas uma ligeira e fina inclinação, estou convencida de que um bom soneto a fará desaparecer.

Darcy apenas sorriu, e a pausa geral que se seguiu fez Elizabeth tremer para que sua mãe não se expusesse novamente. Ela desejava falar, mas não conseguia pensar em nada para dizer, e depois de um breve silêncio, a Sra. Bennet começou a repetir seus agradecimentos ao Sr. Bingley por sua bondade para com Jane, com um pedido de desculpas por perturbá-lo também com Lizzy. O Sr. Bingley foi sinceramente cortês em sua resposta e forçou sua irmã mais nova a ser também, e dizer o que a ocasião exigia. Ela fez sua parte sem muita graciosidade, mas a Sra. Bennet ficou satisfeita e logo depois chamou sua carruagem. Após este sinal, a mais nova de suas filhas se apresentou. As duas moças estavam sussurrando umas às outras durante toda a visita, e o resultado foi que a mais nova devia cobrar o Sr. Bingley por ter prometido, na sua primeira vinda ao interior, dar um baile em Netherfield.

Lydia era uma menina robusta e bem crescida de quinze anos, com uma aparência fina e um rosto bem-humorado. Uma das favoritas de sua mãe, cuja afeição a havia introduzido à sociedade em uma idade precoce. Ela tinha um espírito selvagem elevado e uma espécie de presunção natural, que as atenções dos oficiais, a quem os bons jantares de seu tio e suas próprias maneiras leves recomendaram, tinham alçado a uma segurança. Ela era muito segura, portanto, para abordar o Sr. Bingley sobre o assunto do baile e abruptamente lembrou-lhe de sua promessa, acrescentando que seria a coisa mais vergonhosa do mundo se ele não o oferecesse. A resposta dele a este súbito ataque foi agradável para o ouvido de sua mãe.

— Estou perfeitamente pronto, lhe asseguro, para manter meu compromisso. E quando sua irmã estiver recuperada, você deve, por favor, escolher o próprio dia do baile. Mas você não gostaria de dançar enquanto ela estiver doente.

Lydia declarou-se satisfeita.

— Oh! Sim, seria muito melhor esperar até que a Jane esteja bem, e nessa altura, provavelmente o Capitão Carter estará em Meryton novamente. E quando você der *seu* baile — acrescentou, — insistirei que ele dê um também. Direi ao Coronel Forster que será uma pena se não o fizer.

A Sra. Bennet e suas filhas então partiram, e Elizabeth retornou instantaneamente a Jane, deixando seu próprio comportamento e o de sua família à mercê das observações das duas damas e do Sr. Darcy. O último, no entanto, não pôde ser persuadido a se juntar a elas para censurar Elizabeth, apesar de todas as piadas da senhorita Bingley sobre seus *belos olhos*.

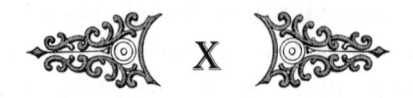

X

O dia passou muito parecido com o dia anterior. Sra. Hurst e senhorita Bingley passaram algumas horas da manhã com a enferma, que continuou, embora lentamente, a melhorar, e à noite Elizabeth se juntou ao grupo na sala de estar. Não houve, contudo, mesa de *loo*. Sr. Darcy estava escrevendo, e senhorita Bingley, sentada perto dele, estava assistindo o progresso de sua carta, e repetidamente chamando sua atenção com mensagens à sua irmã. O Sr. Hurst e o Sr. Bingley jogavam Piquet, e a Sra. Hurst estava observando o jogo deles.

Elizabeth começou a bordar e divertiu-se bastante com o que aconteceu entre Darcy e sua companheira. Os elogios perpétuos da dama, quer por sua caligrafia, ou pela uniformidade de suas linhas, ou pela extensão de sua carta, em contraste com a perfeita despreocupação com que seus elogios eram recebidos, formaram um diálogo curioso, que confirmou sua opinião a respeito dos dois.

— Como a senhorita Darcy ficará encantada por receber tal carta!

Ele não respondeu.

— O senhor escreve incomumente rápido.

— Está errada. Escrevo de forma bastante lenta.

— Quantas cartas você deve ter a oportunidade de escrever ao longo do ano! Cartas de negócios também! Quão odioso deve ser escrevê-las!

— É uma sorte, então, que elas fiquem sob minha incumbência, em vez de sob a sua.

— Por favor, diga à sua irmã que desejo vê-la.

— Já disse a ela uma vez, por desejo seu.

— Creio que não goste de sua pena. Deixe-me arrumá-la para você. Remendo penas como ninguém.

— Obrigada, mas sempre arrumo minha própria pena.

— Como consegue escrever tão bem?

Ele estava em silêncio.

Diga à sua irmã que estou encantada por saber que ela melhorou na harpa, e por favor, deixe-a saber que estou em êxtase com o seu belo pequeno projeto de uma mesa, e acho-o infinitamente superior ao da senhorita Grantley.

— Permita-me que adie seus êxtases até que a escreva novamente? No momento não tenho espaço para fazer-lhes justiça.

— Oh! Não tem importância. Eu a verei em janeiro. Mas você sempre escreve cartas tão encantadoras para ela, Sr. Darcy?

— São geralmente longas, mas se são sempre encantadoras, não cabe a mim dizer.

— Tenho comigo que uma pessoa que escreve uma carta longa com facilidade não pode escrever mal.

— Isso não é um elogio a Darcy, Caroline — exclamou seu irmão —, porque ele *não* escreve com facilidade. Ele estuda demais para encontrar palavras de quatro sílabas. Não é, Darcy?

— Meu estilo de escrita é muito diferente do seu.

— Oh! — exclamou a senhorita Bingley — Charles escreve da maneira mais descuidada imaginável. Ele deixa de fora metade de suas palavras e mancha o resto.

— As minhas ideias fluem tão rapidamente que não tenho tempo para as expressar, o que significa que minhas cartas às vezes não transmitem ideia alguma aos meus correspondentes.

— Sua humildade, Sr. Bingley — disse Elizabeth —, deve desarmar a reprovação.

— Nada é mais enganoso — disse Darcy — do que a aparência de humildade. Muitas vezes é apenas descuido de opinião, e às vezes uma ostentação indireta.

— E em qual dessas duas você colocaria *minha* recente pequena demonstração de modéstia?

— A ostentação indireta. Pois você é realmente orgulhoso de seus defeitos de escrita, pois os considera como procedendo de uma rapidez de pensamento e descuido de execução, que, se não for estimável, pensa ser pelo menos altamente interessante. O poder de fazer qualquer coisa com rapidez é sempre muito valorizado por quem o tem, e muitas vezes sem qualquer atenção à imperfeição do desempenho. Quando disse à Sra. Bennet esta manhã que, se decidisse sair de Netherfield, seria em cinco minutos, queria que fosse uma espécie de apologia, de elogio a si mesmo e, no entanto, o que há de tão louvável em uma precipitação que deve deixar negócios muito necessários por fazer e não pode ser de nenhuma vantagem real para si mesmo ou qualquer outro?

— Não — exclamou Bingley —, isso é demais, lembrar à noite

de todas as coisas tolas que foram ditas pela manhã. E ainda assim, pela minha honra, acredito que o que disse de mim mesmo era verdade, e acredito nisso neste momento. Pelo menos, portanto, não assumi o caráter de precipitação desnecessária meramente para me aparecer diante das damas.

— Atrevo-me a dizer que acreditou nisso, mas não estou convencido de que iria embora com tanta celeridade. Sua conduta seria tão dependente do acaso quanto a de qualquer homem que eu conheço. E se, enquanto você montasse seu cavalo, um amigo lhe dissesse, "Bingley, é melhor você ficar até a próxima semana," provavelmente o faria, provavelmente não iria e, em outras palavras, poderia ficar por mais um mês.

— Você só provou por isso — exclamou Elizabeth — que o Sr. Bingley não fez justiça à sua própria disposição. Mostrou-se lhe agora muito mais do que ele mesmo o fez.

— Estou extremamente satisfeito — disse Bingley — ao converter o que o meu amigo diz num elogio pela doçura do meu temperamento. Mas temo que esteja dando uma intenção que aquele cavalheiro não pretendia de forma alguma, pois ele certamente pensaria melhor de mim, se sob tal circunstância eu desse uma negação simples e cavalgasse o mais rápido possível.

— O Sr. Darcy consideraria então a precipitação da sua intenção original perdoada pela sua obstinação em aderir a ela?

— Dou-lhe minha palavra que não sei o que ele quis dizer, Darcy deve falar por si mesmo.

— Você espera que eu responda por opiniões que resolveu chamar de minhas, mas que não as reconheço. Admitindo que o caso, no entanto, fique de acordo com a sua representação, deve lembrar-se, senhorita Bennet, que o amigo que supostamente deseja que Bingley fique e adie seus planos, apenas o desejou, pediu-lhe sem oferecer um argumento a favor do seu pedido.

— Ceder pronta e facilmente à *persuasão* de um amigo não é mérito a seu ver?

— Ceder sem convicção não é um elogio ao bom senso de

nenhum dos dois.

— Parece-me, Sr. Darcy, que não concede nada à influência da amizade e do afeto. Uma consideração pelo solicitante muitas vezes faz com que alguém prontamente ceda a um pedido, sem esperar por argumentos para raciocinar. Não estou falando de um caso como o que supôs sobre o Sr. Bingley. Podemos esperar, talvez, até que as circunstâncias ocorram, antes de discutirmos sobre o acerto do seu comportamento. Mas em casos gerais e comuns entre amigos, onde um deseja que o outro mude uma resolução sem muita importância, você deve pensar mal dessa pessoa por cumprir o desejo, sem esperar ser persuadido por tal?

— Não seria aconselhável, antes de prosseguirmos com este assunto, organizar com um pouco mais de precisão o grau de importância que deve pertencer a este pedido, bem como o grau de intimidade que subsiste entre as partes?

— Certamente — exclamou Bingley —, vamos ouvir todos os detalhes, não esquecendo de comparar tamanho e peso, pois isso é mais importante para o argumento, senhorita Bennet, do que você pensa. Asseguro-lhe que se Darcy não fosse tão alto, em comparação a mim, não lhe trataria com tanto respeito. Declaro que não conheço pessoa mais temível do que Darcy, em ocasiões particulares e em lugares particulares. Em sua própria casa, especialmente, e numa noite de domingo, quando ele não tem nada para fazer.

O Sr. Darcy sorriu, mas Elizabeth pensou perceber que ele estava bastante ofendido e, portanto, conteve seu riso. A senhorita Bingley ressentiu-se calorosamente da indignidade que ele tinha recebido, censurou seu irmão pelos absurdos que dissera.

— Vejo sua intenção, Bingley — disse seu amigo. — Você não gosta de uma discussão e quer acabar com esta.

— Talvez sim. Discussões são muito parecidas com disputas. Se o senhor e a senhorita Bennet adiarem-na até eu sair da sala, serei muito grato, e então poderão dizer o que quiser de mim.

— O que pede — disse Elizabeth — não é sacrifício de minha

parte, e quanto ao Sr. Darcy, creio que precise terminar sua carta.

O Sr. Darcy seguiu seu conselho e terminou sua carta.

Quando sua ocupação acabou, ele pediu um pouco de música à senhorita Bingley e Elizabeth. A senhorita Bingley se dirigiu com entusiasmo ao pianoforte, e, após um pedido educado que Elizabeth tocasse primeiro, o qual fora negado educada e sinceramente, posicionou-se e começou a tocar.

A Sra. Hurst cantava com sua irmã, e, enquanto elas estavam ocupadas, Elizabeth não podia deixar de observar, virando alguns livros de música que estavam no instrumento, a frequência na qual os olhos do Sr. Darcy se fixavam nela. Ela mal teria como supor que poderia ser um objeto de admiração para um homem tão notável. E ainda por cima o fato de ele olhar para ela, por não gostar dela, era ainda mais estranho. Ela só podia imaginar, no entanto, que ela chamara a sua atenção, porque havia algo mais errado e repreensível em sua pessoa, de acordo com suas ideias do que era certo, em contraste com os outros presentes. A suposição não a magoou. Ela gostava muito pouco dele para se importar com sua aprovação.

Depois de tocar algumas músicas italianas, a senhorita Bingley variou o clima para uma animada ária escocesa, e logo depois Sr. Darcy, aproximando-se de Elizabeth, lhe disse:

— Não sente uma grande inclinação, senhorita Bennet, a aproveitar essa oportunidade para dançar?

Ela sorriu, mas não respondeu. Ele repetiu a pergunta, com alguma surpresa em seu silêncio.

— Oh! — disse ela. — Eu o ouvi antes, mas eu nao poderia determinar imediatamente o que dizer em resposta. Você queria, eu sei, que eu dissesse "Sim", para que você pudesse ter o prazer de desprezar meu gosto, mas eu sempre me deleito em desfazer esses tipos de esquemas, e enganar uma pessoa com seu desprezo premeditado. Por isso, decidi dizer que não quero dançar. Agora pode me desprezar, se desejar.

— Na realidade, não desejo.

Elizabeth, tendo esperado bastante para afrontá-lo, ficou maravilhada com sua bravura, mas havia um misto de doçura e astúcia em seu jeito que tornava difícil para ela afrontar alguém. E Darcy nunca tinha sido tão enfeitiçado por qualquer mulher como havia sido por ela. Ele realmente acreditava que, não fosse a inferioridade das relações dela, ele poderia estar correndo perigo.

A senhorita Bingley viu, ou suspeitou o suficiente para ter ciúmes, e sua grande ansiedade pela recuperação de sua querida amiga Jane recebeu algum incentivo de seu desejo de se livrar de Elizabeth.

Ela muitas vezes tentou provocar Darcy a não gostar de sua hóspede, falando do suposto casamento deles e planejando a felicidade dele em tal aliança.

— Eu espero — disse ela, enquanto andavam juntos no bosque no dia seguinte — que você dê à sua sogra algumas dicas, quando este evento desejável acontecer, como a vantagem de segurar a língua dela. E se você puder direcioná-la, impeça as meninas mais jovens de correr atrás dos oficiais. E, se me é permitido mencionar um assunto tão delicado, esforce-se para corrigir aquele leve ar, beirando a vaidade e a impertinência, que sua dama possui.

— Tem mais algo para propor à minha felicidade doméstica?

— Oh, sim! Deixe os retratos de seu tio e tia Phillips serem colocados na galeria em Pemberley. Coloque-os ao lado de seu tio-avô, o juiz. Eles estão na mesma profissão, você sabe, apenas em vertentes diferentes. Quanto ao retrato de sua Elizabeth, você não deve tentar fazê-lo, pois que pintor poderia fazer justiça àqueles belos olhos?

— Não seria fácil, de fato, captar sua expressão, mas sua cor e forma, e os cílios, tão notavelmente finos, poderiam ser copiados.

Naquele momento, encontraram a Sra. Hurst e a própria Elizabeth vindo de outra caminhada.

— Eu não sabia que pretendiam andar — disse a senhorita Bingley, um pouco confusa, com receio de que eles tenham sido ouvidos.

— Você nos tratou abominavelmente mal — respondeu a Sra. Hurst —, em fugir sem nos dizer que estava saindo.

Em seguida, tomando o braço desocupado do Sr. Darcy, ela deixou Elizabeth andando sozinha. O caminho permitia apenas três. Sr. Darcy sentiu sua grosseria e imediatamente disse:

— Este caminho não é grande o suficiente para o nosso grupo. É melhor irmos para um mais largo.

Mas Elizabeth, que não tinha a menor intenção em ficar com eles, respondeu rindo:

— Não, não. Fiquem onde estão. Estão encantadoramente agrupados, e parece ser um proveito incomum. A pitoresca cena seria estragada ao admitir uma quarta pessoa. Adeus.

Ela então correu alegremente, regozijando-se enquanto divagava, na esperança de estar em casa novamente em um ou dois dias. Jane já estava tão recuperada que pretendia sair do quarto por algumas horas naquela noite.

XI

Quando as damas se retiraram após o jantar, Elizabeth correu até sua irmã e, vendo-a bem protegida do frio, a levou até a sala de estar, onde foi recebida por suas duas amigas com muita alegria. E Elizabeth nunca as tinha visto tão agradáveis como foram durante a hora que passou antes dos cavalheiros aparecerem. Seus dons de conversação eram consideráveis. Elas poderiam descrever um baile com precisão, contar uma anedota com humor e rir de seus conhecidos com entusiasmo.

Mas quando os cavalheiros entraram, Jane não era mais o centro das atenções. Os olhos da senhorita Bingley viraram-se instantaneamente para Darcy, e ela tinha algo a dizer-lhe antes que ele avançasse muitos passos. Ele se dirigiu diretamente à senhorita Bennet, com uma saudação educada. O Sr. Hurst também lhe fez uma leve reverência e disse que estava "muito feliz", mas prolixidade e simpatia sobraram para a saudação de Bingley. Ele estava cheio de alegria e atenção. A primeira meia hora foi gasta aumentando o fogo, para que ela não sofresse com a mudança de quarto, e ela se retirou ao seu pedido para o outro lado da lareira, onde estaria mais distante da porta. Ele, então, sentou-se ao lado dela e mal falou com outra pessoa. Elizabeth, do lado oposto da sala, viu tudo isso com grande prazer.

Quando o chá acabou, o Sr. Hurst lembrou sua cunhada da mesa de cartas, mas em vão. Ela tinha obtido informações privadas de que o Sr. Darcy não desejava jogar cartas, e o Sr. Hurst logo percebeu até mesmo sua solicitação rejeitada. Ela assegurou-lhe que ninguém pretendia jogar, e o silêncio de todo grupo sobre o assunto parecia justificá-la. O Sr. Hurst não tinha, portanto, nada a fazer, apenas esticar-se em um dos sofás e dormir. Darcy pegou um livro, senhorita Bingley fez o mesmo, e a Sra. Hurst, ocupada principalmente em brincar com suas pulseiras e anéis, juntava-se de vez em quando na conversa de seu irmão com a senhorita Bennet.

A atenção da senhorita Bingley estava tão engajada em observar o progresso do Sr. Darcy com o livro *dele* quanto em ler o seu próprio livro, e ela estava constantemente espreitando alguma coisa, ou olhando para a página dele. Não conseguia conquistá-lo, no entanto, para qualquer conversa. Ele simplesmente respondia sua pergunta, e continuava a ler. Finalmente, bastante exausta com a tentativa de se divertir com seu próprio livro, que ela só tinha escolhido porque era o segundo volume do dele, deu um grande bocejo e disse:

— Como é agradável passar uma noite desta forma! Eu declaro, afinal, que não há prazer como ler! Como nos cansamos menos de um livro do que de qualquer outra coisa! Quando eu tiver minha própria casa, serei miserável se não tiver uma excelente biblioteca.

Ninguém deu qualquer resposta. Então ela bocejou novamente, jogou de lado seu livro e lançou seus olhos em volta da sala em busca de alguma diversão. Ao ouvir seu irmão mencionando um baile para a senhorita Bennet, virou-se de repente para ele e disse:

— A propósito, Charles, você está realmente pensando em oferecer um baile em Netherfield? Eu o aconselho a, antes de se decidir, consultar os desejos do presente grupo. Estou certa de que, para alguns de nós, um baile seria mais um castigo do que um prazer.

— Se você quer dizer Darcy — exclamou seu irmão —, ele pode ir para a cama, se desejar, antes de começar, mas quanto ao baile, é uma coisa já resolvida. E assim que Nicholls fizer sopa branca o suficiente, enviarei meus convites.

— Eu gostaria muito mais de bailes — respondeu ela —, se fossem realizados de uma maneira diferente. Mas há algo insuportavelmente tedioso no processo usual de tal reunião. Seria certamente muito mais racional se, em vez da dança, a conversa fizesse a ordem do dia.

— Muito mais racional, minha querida Caroline, ouso dizer, mas não seria mais parecido com um baile, nem de longe.

A senhorita Bingley não deu nenhuma resposta, e logo depois se levantou e andou pela sala. Sua figura era elegante, e caminhava bem, mas Darcy, a quem tudo isso era destinado, ainda estava inflexivelmente concentrado em sua leitura. No desespero de seus sentimentos, ela resolveu, em mais um esforço, voltar-se para Elizabeth e dizer:

— Senhorita Eliza Bennet, deixe-me persuadi-la a seguir o meu exemplo e dar uma volta na sala. Eu lhe asseguro que é muito revigorante depois de sentar tanto tempo em uma única posição.

Elizabeth ficou surpresa, mas concordou imediatamente. A senhorita Bingley também teve êxito no propósito real de sua cortesia. Sr. Darcy olhou para cima. Ele estava tão surpreso com a novidade da cortesia naquela sala quanto a própria Elizabeth poderia estar, e inconscientemente fechou seu livro. Foi diretamente convidado a juntar-se ao seu grupo, mas recusou, observando que poderia imaginar apenas dois motivos para a escolha delas em andar para cima e para baixo da sala juntas, e em qualquer um deles a sua união interferiria. "O que ele poderia querer dizer com isso? Ela estava morrendo de vontade de saber o que ele quis dizer" e perguntou a Elizabeth se ela conseguira entendê-lo.

— Nem um pouco. — Foi sua resposta. — Mas aposto que ele quer ser severo conosco, e nossa maneira mais segura de decepcioná-lo seria não perguntar nada sobre isso.

A senhorita Bingley, no entanto, era incapaz de decepcionar o Sr. Darcy em qualquer coisa, e perseverou, portanto, em exigir uma explicação de seus dois motivos.

— Não tenho a menor objeção em explicá-los — disse, assim que ela permitiu que falasse. — Vocês escolheram este método de passar a noite ou porque confiam uma na outra e têm assuntos secretos para discutir, ou porque estão cientes de que suas figuras parecem melhor quando andam. Caso fosse a primeira opção, eu estaria completamente em seu caminho. E caso fosse a segunda, poderia admirá-las muito melhor me sentando ao lado do fogo.

— Oh! Chocante! — exclamou a senhorita Bingley. — Eu nunca ouvi nada tão abominável. Como vamos puni-lo por tal discurso?

— Nada mais fácil, se você estiver disposta — disse Elizabeth. — Nós podemos todos nos maldizer e punir uns aos outros. Zombar, rir dele. Íntimos como são, deve saber o que poderia ser feito.

— Mas pela minha honra *não* o faço. Asseguro-lhe que a minha intimidade ainda não me ensinou *isso*. Zombar de uma pessoa calma e com tal presença de espírito! Não, não... Eu sinto que ele pode nos desafiar com isso. E, quanto ao riso, não nos exporemos, por favor, ao tentar rir sem um motivo. O Sr. Darcy pode se aproveitar.

— O Sr. Darcy não deve ser motivo de riso! — exclamou Elizabeth. — Essa é uma vantagem incomum, e eu espero que continue sendo, pois me seria uma grande infelicidade ter tal amizade. Eu adoro uma risada.

— Senhorita Bingley — disse ele — deu-me mais crédito do que tenho. O mais sábio e o melhor dos homens, não, nem mesmo a mais sábia e melhor das ações, pode parecer ridículo a uma pessoa cujo primeiro objetivo na vida seja uma piada.

— Certamente — respondeu Elizabeth —, existem tais pessoas, mas espero que eu não seja uma *delas*. Espero que nunca ridicularize o que é sábio e bom. Loucuras e bobagens, caprichos e inconsistências *certamente* me divertem, eu as possuo e rio delas sempre que posso. Mas estas, suponho, são precisamente coisas que o senhor não possui.

— Talvez isso não seja possível para ninguém. Mas tem sido o estudo da minha vida evitar as fraquezas que muitas vezes expõem uma grande inteligência ao ridículo.

— Tais como a vaidade e o orgulho.

— Sim, a vaidade é realmente uma fraqueza. Mas o orgulho... onde há uma verdadeira superioridade de inteligência, o orgulho sempre poderá ser controlado.

Elizabeth se virou para esconder um sorriso.

— Seu exame do Sr. Darcy acabou, presumo eu — disse a senhorita Bingley —, por favor, nos diga, qual é o resultado?

— Estou perfeitamente convencida de que o Sr. Darcy não possui defeito. Ele nem mesmo disfarça que considera isso sobre si mesmo.

— Não — disse Darcy —, eu não tive tal pretensão. Tenho falhas suficientes, mas não são, espero, de conhecimento. Meu temperamento, não ouso atestar. Acredito que é muito pouco flexível, certamente muito pouco para a conveniência do mundo. Não posso esquecer as loucuras e vícios dos outros tão cedo quanto deveria, nem as suas ofensas contra mim mesmo. Meus sentimentos não são inflados com cada tentativa de movê-los. Meu temperamento seria talvez chamado de rancoroso. Minha boa opinião, uma vez perdida, está perdida para sempre.

— *Esta* é uma falha de fato! — exclamou Elizabeth. — O ressentimento implacável *é* uma sombra em um personagem. Mas escolheu bem a sua culpa. Eu realmente não posso *rir* dela. Está a salvo de mim.

— Há, creio, em cada disposição uma tendência para algum

mal particular, um defeito natural, que nem a melhor educação pode superar.

— E *seu* defeito é uma propensão a odiar a todos.

— E o seu — ele respondeu com um sorriso — é deliberadamente interpretá-los mal.

— Vamos ouvir um pouco de música — exclamou senhorita Bingley, cansada de uma conversa em que ela não tinha nenhuma participação. — Louisa, você se importa que eu acorde o Sr. Hurst?

Sua irmã não fez a menor objeção, e o pianoforte foi aberto, e Darcy, depois de alguns momentos de reflexão, não se arrependeu. Ele começou a sentir o perigo de dar muita atenção a Elizabeth.

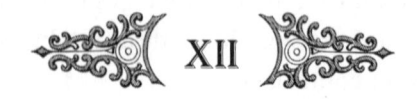

XII

Em consequência de um acordo entre as irmãs, Elizabeth escreveu na manhã seguinte para sua mãe, implorando que a carruagem pudesse ser enviada para elas no decorrer do dia. Mas a Sra. Bennet, que tinha calculado que as suas filhas ficariam em Netherfield até a próxima terça-feira, dia em que Jane completaria uma semana, disse que ficaria aborrecida se chegassem antes. Sua resposta, portanto, não foi propícia, pelo menos não aos desejos de Elizabeth, pois ela estava impaciente para chegar em casa. A Sra. Bennet avisou-as que não poderiam ter a carruagem antes de terça-feira, e em seu pós-escrito foi acrescentado que, se o Sr. Bingley e sua irmã pressionassem-nas para ficar mais tempo, ela lhes dava consentimento. No entanto Elizabeth estava determinada a não ficar mais tempo, nem ela esperava muito que isso fosse solicitado. E, com medo, pelo contrário, de serem consideradas intrusas desnecessariamente demoradas, insistiu para que Jane solicitasse a carruagem do Sr. Bingley imediatamente, e, por fim, ficou estabelecido que o seu desejo original de deixar Netherfield naquela manhã deveria ser mencionado, e o pedido feito.

O comunicado provocou muitas declarações de preocupação,

e muito foi dito sobre o desejo que permanecessem pelo menos até o dia seguinte para prepararem Jane, e, até o dia seguinte, sua partida foi adiada. A senhorita Bingley estava então arrependida de ter proposto o atraso, pois seu ciúme e antipatia por uma das irmãs eram muito maiores que sua afeição pela outra.

O dono da casa ouviu com tristeza real que elas iriam para casa tão cedo, e repetidamente tentou persuadir a senhorita Bennet de que não seria seguro para ela, que ela não estava suficientemente recuperada, mas Jane permaneceu firme no que ela sabia ser o certo.

Para o Sr. Darcy, era uma informação bem-vinda. Elizabeth estava em Netherfield tempo suficiente. Ela o atraiu mais do que ele gostaria, e a senhorita Bingley era descortês com *ela*, e mais provocante do que o habitual com ele mesmo. Ele de modo sábio resolveu ser particularmente cuidadoso para que nenhum sinal de admiração lhe escapasse *agora*, nada que pudesse deixá-la com a esperança de influenciar a sua felicidade. Certo de que, se tal ideia tinha sido sugerida, seu comportamento durante o último dia deveria ter um peso concreto para o confirmá-la ou destruí-la. Firme em seu propósito, mal falou dez palavras a ela durante todo o sábado, e embora fossem ao mesmo tempo deixados sozinhos por meia hora, ele aderiu mais conscienciosamente ao seu livro, nem sequer olhando para ela.

No domingo, depois do culto da manhã, a separação, tão agradável a quase todos, ocorreu. No final, a polidez da senhorita Bingley para com Elizabeth aumentou muito rapidamente, bem como a sua afeição por Jane. E quando elas se separaram, depois de assegurar a essa última o prazer que sempre lhe daria vê-la em Longbourn ou Netherfield, e abraçando-a mais ternamente, ela ainda apertou as mãos da primeira. Elizabeth despediu-se de todo o grupo com a maior animação.

Não foram bem recebidas em casa por sua mãe. A Sra. Bennet ficou surpresa com sua vinda precoce, pensou muito mal delas por darem tantos problemas e tinha certeza de que Jane tinha pegado um resfriado novamente. Mas seu pai, embora muito lacônico em suas expressões de prazer, estava realmente feliz em vê-las. Ele tinha sentido sua falta no círculo familiar. A conversa da noite, quando todos estavam reunidos, tinha perdido muito de sua animação, e quase todo o seu sentido, pela ausência de Jane e Elizabeth.

Elas encontraram Mary, como de costume, profundamente absorta no estudo da seriedade e da natureza humana. E tiveram que admirar alguns excertos e ouvir algumas novas observações sobre antigas convenções morais. Catherine e Lydia tinham informações para elas de um tipo diferente. Muito tinha sido feito, e muito tinha sido dito no regimento desde a quarta-feira anterior. Vários dos oficiais tinham jantado ultimamente com seu tio, um soldado tinha sido açoitado, e na verdade tinha sido sugerido que o Coronel Forster se casaria.

XIII

— Espero, minha querida — disse o Sr. Bennet à sua esposa, enquanto estavam no café da manhã do dia seguinte —, que tenha pedido um bom jantar hoje, porque tenho razões para esperar um convidado à nossa reunião familiar.

— Quem quer dizer, meu bem? Estou certa de que não sei de ninguém que esteja vindo, a menos que Charlotte Lucas seja chamada, e espero que *meus* jantares sejam bons o bastante para ela. Não acredito que ela sempre tenha isso em casa.

— A pessoa de quem eu falo é um cavalheiro, e um estranho.

Os olhos da Sra. Bennet brilharam.

— Um cavalheiro e um estranho! Tenho a certeza de que é o Sr. Bingley. Bem, estou certa de que ficarei extremamente contente em ver o Sr. Bingley. Mas... meu senhor! Que azar! Não há como conseguir nenhum peixe para hoje. Lydia, meu amor, toque a campainha; tenho de falar com Hill, neste momento.

— *Não* é o Sr. Bingley — disse seu marido —, é uma pessoa a qual eu nunca vi em todo o transcurso de minha vida.

Isso despertou um espanto geral, e ele teve o prazer de ser ansiosamente questionado por sua esposa e cinco filhas de uma só vez.

Depois de divertir-se por algum tempo com a curiosidade delas, explicou:

— Cerca de um mês atrás recebi esta carta, e cerca de uma quinzena atrás a respondi, pois pensei que fosse um caso de alguma delicadeza, e que exigisse atenção imediata. É do meu primo, o Sr. Collins, que, quando eu morrer, pode expulsá-las desta casa como quiser.

— Oh! Meu querido — exclamou sua esposa —, não posso suportar ouvir menção disso. Peço para não falar desse homem odioso. Acho a coisa mais difícil de suportar neste mundo que de sua propriedade suas filhas sejam desapossadas. E tenho certeza de que se eu fosse você, teria tentado há muito tempo fazer alguma coisa sobre isso.

Jane e Elizabeth tentaram explicar a ela a natureza da herança. Elas tinham tentado muitas vezes antes, mas era um assunto no qual a Sra. Bennet estava além do alcance da razão, e ela continuou a protestar amargamente contra a crueldade de desapossar uma família de cinco filhas de uma propriedade, em favor de um homem com quem ninguém se importava.

— Certamente é um caso muito iníquo — disse o Sr. Bennet —, e nada pode livrar o Sr. Collins da culpa de herdar Longbourn. Mas, se você ouvir a sua carta, pode talvez ficar um pouco comovida pela maneira de ele se expressar.

— Não, tenho certeza que não. E acho que foi muito impertinente da parte dele escrever para você, e muito hipócrita. Eu odeio esses falsos amigos. Por que ele não poderia continuar brigando com você, como seu pai fez antes dele?

— Porque, de fato, ele parece ter tido alguns escrúpulos filiais em sua cabeça, como você vai ouvir:

> *"Hunsford, perto de Westerham, Kent,*
> *15 de outubro.*

Caro senhor,

O desacordo que subsiste entre você e meu falecido e honrado pai sempre me deu muito desconforto, e desde que tive a infelicidade de perdê-lo, frequentemente desejava curar essa ferida, mas por algum tempo fui segurado por minhas próprias dúvidas. Temendo que pudesse parecer desrespeitoso à memória dele estar em boas condições com qualquer um com quem ele sempre esteve satisfeito em estar em desacordo. (Aí está, Sra. Bennet):

Minha mente, no entanto, está agora decidida sobre o assunto, por ter recebido a ordenação na Páscoa, tenho sido tão afortunado a ponto de ser distinguido pelo patrocínio da Excelentíssima Lady Catherine de Bourgh, viúva de Sir Lewis de Bourgh, cuja generosidade e beneficência preferiu-me à valiosa reitoria desta paróquia, onde está o meu sincero esforço humilhar-me com grato respeito pela sua Senhoria, e estar sempre pronto para executar os ritos e cerimônias que são instituídos pela Igreja da Inglaterra. Como clérigo, além disso, sinto que é meu dever promover e estabelecer a bênção da paz em todas as famílias ao alcance da minha influência, e sobre estes motivos, lisonjeio-me que as minhas presentes propostas de boa vontade são altamente louváveis, e que a circunstância de ser o próximo na herança de Longbourn, será gentilmente esquecida, e não o levará a rejeitar o ramo de oliveira. Não posso deixar de me preocupar em ser a pessoa a prejudicar suas amáveis filhas, e peço licença para me desculpar por isso, bem como para assegurar-lhe de minha prontidão para tornar todas as medidas possíveis, mas sobre isso trataremos depois. Se não houver qualquer objeção em receber-me em sua casa, proponho-me a satisfação de visitá-los, segunda-feira, 18 de novembro, pelas quatro horas, e provavelmente abusarei de sua hospitalidade até a noite do sábado seguinte, o que posso fazer sem qualquer inconveniente, pois Lady Catherine está longe de se opor à minha ausência ocasional num domingo, desde que outro clérigo esteja comprometido a cumprir o dever do dia. Permaneço, caro senhor, com respeitosos cumprimentos à sua senhora e filhas, seu benfeitor e amigo,

WILLIAM COLLINS.

— Às quatro horas, portanto, podemos esperar este cavalheiro pacificador — disse o Sr. Bennet, enquanto dobrava a carta. — Parece ser um jovem muito conscencioso e educado, dou minha palavra, e duvido que não se torne uma amizade valiosa, especialmente se Lady Catherine for tão indulgente a ponto de deixá-lo vir até nós novamente.

— Há algum sentido no que ele diz sobre as meninas, no entanto, e se ele está disposto a fazer-lhes qualquer reparação, eu não serei a pessoa a desencorajá-lo.

— Embora seja difícil — disse Jane — de adivinhar de que forma ele pode querer nos fazer a expiação que ele acha que nos é devida, o desejo é certamente louvável.

Elizabeth ficou impressionada com a sua extraordinária deferência para com Lady Catherine, e a sua gentil intenção de batizar, casar e enterrar os seus paroquianos sempre que necessário.

— Ele deve ser peculiar, eu acho — disse ela. — Não posso decifrá-lo. Há algo muito pomposo em seu estilo. E o que ele quer dizer com pedir desculpas por ser o próximo na sucessão? Não podemos supor que ele o evitaria, se pudesse. Ele poderia ser um homem sensato, senhor?

— Não, minha querida, acho que não. Tenho grandes esperanças de que seja, na verdade, contrário. Há uma mistura de servidão e presunção em sua carta, que promete muito. Estou impaciente para vê-lo.

— No ponto de composição — disse Mary —, sua carta não parece defeituosa. A ideia do ramo de oliveira talvez não seja totalmente nova, mas acho que está bem colocada.

Para Catherine e Lydia, nem a carta nem o seu escritor eram de algum modo interessantes. Era quase impossível que seu primo viesse com uma farda escarlate, e passaram-se algumas semanas desde que tiveram o prazer da companhia de um homem que se vestisse de qualquer outra cor. Quanto à sua mãe, a carta do Sr. Collins tinha afastado grande parte da sua má vontade, e estava se preparando para vê-lo com um grau de compostura que surpreendeu seu marido e filhas.

O Sr. Collins chegou pontualmente e foi recebido com grande cortesia por toda a família. O Sr. Bennet realmente disse pouco, mas as senhoras estavam prontas o suficiente para falar, e o Sr. Collins parecia não precisar de encorajamento, nem estar inclinado a se calar. Era um jovem alto, de aparência pesada, de vinte e cinco anos. Seu ar era sério e imponente, e suas maneiras eram muito formais. Ele não havia sentado muito tempo antes de elogiar a Sra. Bennet por ter uma família de filhas tão finas, disse que tinha ouvido muito sobre a beleza delas, mas que, neste caso, a fama tinha ficado aquém da verdade, e acrescentou que não duvidava que ela as veria todas no devido tempo bem casadas. Este galanteio não agradou algumas de suas ouvintes, mas a Sra. Bennet, que nunca estava indisposta a receber elogios, respondeu prontamente.

— Você é muito gentil, senhor, tenho certeza, e eu desejo com todo o meu coração que assim seja. Do contrário elas ficariam em uma situação bem difícil. As coisas estão tão estranhamente resolvidas.

— Você alude, talvez, à herança desta propriedade.

— Ah! Senhor, eu o faço de fato. É um caso sério para as minhas pobres meninas, deve confessar. Não que eu diga que é culpa do *senhor*, para essas coisas eu sei que é uma questão de sorte neste mundo. Não há como saber o destino das propriedades quando elas estão envolvidas em questões de sucessão hereditária.

— Eu sou muito sensível, senhora, à dificuldade de minhas belas primas, e não poderia dizer muito sobre o assunto, mas sou cauteloso para não parecer precipitado e imprudente. Mas posso assegurar às jovens senhoras que venho preparado para admirá-las. No momento não vou dizer mais, mas talvez quando estivermos mais familiarizados...

Ele foi interrompido pela convocação para o jantar, e as meninas sorriram umas para as outras. Elas não eram os únicos objetos de admiração do Sr. Collins. O salão, a sala de jantar e todos os seus móveis foram examinados e elogiados, e sua recomendação de cada coisa teria tocado o coração da Sra. Bennet, não fosse pela suposição mortificante de que ele estava vendo tudo como sua propriedade futura. O jantar, por sua vez, também foi altamente admirado, e ele implorou para saber qual de suas belas primas ele devia agradecer pela excelente habilidade culinária. Mas então a Sra. Bennet assegurou-lhe, com certa aspereza, de que eles eram muito bem capazes de manter uma boa cozinheira, e que suas filhas não tinham nada para fazer na cozinha. Ele implorou perdão por tê-la ofendido. Em um tom suavizado, ela se declarou não ofendida, mas ele continuou a se desculpar por cerca de quinze minutos.

XIV

Durante o jantar, o Sr. Bennet mal falou, mas quando os empregados se retiraram, pensou que fosse a hora de ter alguma conversa com seu convidado e, portanto, começou um assunto em que esperava que o ofuscasse, observando que ele parecia muito afortunado com sua patrona. A atenção de Lady Catherine de Bourgh aos seus desejos e a consideração pelo seu conforto pareceram-lhe notáveis. O Sr. Bennet não poderia ter escolhido tópico melhor. O Sr. Collins foi eloquente em seu louvor. O assunto elevou-o mais do que o modo habitual de solenidade, e com um aspecto mais importante, protestou que nunca em sua vida tinha testemunhado tal comportamento em uma pessoa de prestígio, tal afabilidade e condescendência, como ele próprio tinha experimentado em Lady Catherine. Ela teve graciosamente o prazer de aprovar ambos os sermões que ele já tivera a honra de pregar diante dela. Também o convidou duas vezes para jantar em Rosings e mandou chamá-lo havia apenas um sábado, para compor seu grupo de carteado à noite. Lady Catherine era considerada orgulhosa por muitas pessoas que conhecia, mas ele nunca tinha visto qualquer sentimento, senão afabilidade, vindo dela. Ela sempre falou com ele como falaria com qualquer outro cavalheiro. Não fez a menor objeção à sua entrada na sociedade da vizinhança, nem à sua saída de sua paróquia ocasionalmente por uma semana ou duas, para visitar seus parentes. Ela até o aconselhou de forma condescendente a casar assim que pudesse, desde que escolhesse com discrição, e uma vez foi visitá-lo em sua humilde casa paroquial, onde aprovou perfeitamente todas as alterações que ele tinha feito, e fora outorgada a sugerir algumas ela mesma: umas prateleiras nos quartos do andar de cima.

— Isso é muito apropriado e civilizado, tenho certeza — disse a Sra. Bennet —, e ouso dizer que ela é uma mulher muito agradável. É uma pena que as grandes damas em geral não sejam mais como ela. Ela mora próximo a você, senhor?

— O jardim em que se encontra a minha humilde morada é separado apenas por uma alameda da Rosings Park, a residência de Sua Senhoria.

— Eu acho que disse que ela era viúva, senhor? Ela tem alguma família?

— Possui uma única filha, a herdeira de Rosings e de uma propriedade muito extensa.

— Ah! — exclamou a Sra. Bennet, balançando a cabeça — então ela está melhor do que muitas meninas. E que tipo de jovem é? É bonita?

— Ela é realmente uma jovem encantadora. A própria Lady Catherine diz que, em questões de verdadeira beleza, a senhorita de Bourgh é muito superior às mais belas de seu sexo, pois nela há aqueles traços que marcam a jovem de nascimento distinto. Ela é, infelizmente, de uma constituição doentia, o que a impediu de progredir em muitas realizações, que, caso contrário, ela não teria falhado, como sou informado pela senhora que supervisionou sua educação, e que ainda reside com elas. Mas ela é perfeitamente amável, e muitas vezes me agracia com uma visita à minha humilde morada em sua pequena carruagem puxada por pôneis.

— Já foi apresentada à sociedade? Não me lembro de seu nome entre as damas da corte.

— O seu estado de saúde frágil impede-a, infelizmente, de estar na cidade. E por isso, como eu disse a Lady Catherine um dia, privou a corte britânica do seu mais brilhante ornamento. Sua Senhoria pareceu satisfeita com a ideia, e podem imaginar que fico feliz, em todas as ocasiões, em oferecer aqueles pequenos elogios delicados que são sempre aceitáveis para as senhoras. Já observei mais de uma vez a Lady Catherine que a sua encantadora filha parecia ter nascido para ser uma duquesa, e que o posto mais elevado, em vez de lhe dar influência, seria adornado por ela. Este é o tipo de pequenas coisas que agradam a Sua Senhoria, e é uma espécie de atenção que eu me imagino peculiarmente obrigado a prestar.

— Você julga muito corretamente — disse o Sr. Bennet —, e é bom para você que possua o talento de lisonjear com delicadeza. Posso perguntar se estas agradáveis atenções procedem do impulso do momento ou são o resultado de um estudo prévio?

— Elas surgem principalmente do que está se passando no momento, e embora às vezes me divirta com o refinamento e a organização desses pequenos elogios elegantes que podem ser adaptados às ocasiões comuns, sempre desejo dar-lhes um ar o menos estudado possível.

As expectativas do Sr. Bennet foram totalmente atendidas. Seu primo era tão absurdo quanto esperava, e ele o ouvia com o mais profundo prazer, mantendo, ao mesmo tempo, a compostura com um semblante mais resoluto, e, com exceção de um olhar ocasional para Elizabeth, não buscava nenhum outro parceiro em seu prazer.

Na hora do chá, no entanto, a dose tinha sido suficiente, e o Sr. Bennet estava feliz em levar seu convidado para a sala de estar novamente, e, quando o chá acabou, feliz em convidá-lo a ler em voz alta para as senhoras. O Sr. Collins prontamente concordou, e um livro foi providenciado. Mas ao vê-lo (pois tudo indicava que era de uma biblioteca circulante), ele voltou e, pedindo perdão, protestou que ele nunca lia romances. Kitty olhou para ele, e Lydia exclamou. Outros livros foram providenciados, e depois de alguma deliberação, ele escolheu os *Sermões às Moças,* de Fordyce. Lydia ficou boquiaberta quando ele abriu o volume, e antes que tivesse, com solenidade muito monótona, lido três páginas, ela o interrompeu com:

— Sabe, mamãe, que meu tio Phillips fala em despedir Richard, e se o fizer, o Coronel Forster vai contratá-lo. A própria titia me disse no sábado. Amanhã caminharei até Meryton para saber mais sobre isso, e para perguntar quando é que o Sr. Denny volta da cidade.

Lydia foi ordenada por suas duas irmãs mais velhas a segurar sua língua, mas o Sr. Collins, muito ofendido, deixou de lado seu livro e disse:

— Tenho observado muitas vezes como as senhoritas estão pouco interessadas em livros de cunho sério, embora escrito apenas para o seu benefício. Isso espanta-me, confesso, certamente, porque nada pode haver de tão vantajoso para elas como a instrução. Mas não importunarei mais minha jovem prima.

Então, virando-se para o Sr. Bennet, ele se ofereceu como seu antagonista no gamão. O Sr. Bennet aceitou o desafio, observando que agiu muito sabiamente ao deixar as meninas com suas próprias diversões fúteis. A Sra. Bennet e as suas filhas desculparam-se civilmente pela interrupção de Lydia e prometeram que não voltaria a acontecer, se ele retomasse o seu livro, mas o Sr. Collins, depois de lhes assegurar que não queria se indispor com sua prima, e nunca se ressentiria por seu comportamento como qualquer afronta, sentou-se noutra mesa com o Sr. Bennet e preparou-se para o gamão.

XV

Sr. Collins não era um homem sensato, e a deficiência de caráter tinha sido pouco compensada pela educação ou pela sociedade. A maior parte de sua vida foi passada sob a orientação de um pai analfabeto e avarento, e embora ele houvesse cursado uma das universidades, tinha tirado as notas médias necessárias, sem estabelecer nenhuma vantajosa relação.

A sujeição em que seu pai o havia criado tinha-lhe dado originalmente notável conduta humilde, mas era agora bastante combatida pelo autoengano de uma cabeça fraca, vivendo na aposentadoria, e os sentimentos consequentes de prosperidade precoce e inesperada. Um feliz acaso recomendou-o a Lady Catherine de Bourgh quando a cátedra de Hunsford vagou, e o respeito que ele sentia por sua alta posição, e sua veneração por ela como sua patrona imiscuiu-se com uma opinião muito boa de si mesmo, de sua autoridade como clérigo, e os seus direitos como reitor fizeram dele uma mistura de orgulho e obsequiosidade, presunção e humildade.

Tendo agora uma boa casa e renda mais que suficiente, pretendia se casar e, em busca de uma reconciliação com a família Longbourn, tinha uma esposa em vista, já que ele pretendia escolher uma das filhas, se ele as encontrasse tão bonitas e amáveis como foram representadas por rumores usuais. Este era o seu plano de reparação, de expiação, por herdar a propriedade de seu pai, e pensou que fosse excelente, cheio de elegibilidade e idoneidade, e excessivamente generoso e desinteressado de sua parte.

Seu plano não se alterou ao vê-las. O lindo rosto da senhorita Bennet confirmou seus relatos e estabeleceu todas as suas mais estritas noções do que era devido à senilidade. E, para a primeira noite, *ela* foi sua escolha estabelecida. Na manhã seguinte, porém, fez uma alteração, pois em um quarto de hora *frente a frente* com a Sra. Bennet antes do café da manhã, começou uma conversa sobre sua casa paroquial até a conduzir naturalmente à confissão de suas esperanças de que uma esposa pudesse ser encontrada em Longbourn. Sra. Bennet, em meio a sorrisos muito complacentes e encorajamento geral, advertiu-lhe contra Jane, que parecia ter sido a escolhida.

Quanto às suas filhas *mais novas* ela poderia responder positivamente, mas não *sabia* de qualquer impedimento. Sua filha mais velha, no entanto, sentia-se na incumbência de lhe avisar que provavelmente estaria noiva muito em breve.

O Sr. Collins tinha apenas que mudar de Jane para Elizabeth, e logo o fez, enquanto a Sra. Bennet estava discorrendo sobre o assunto. Elizabeth, igualmente próxima a Jane no nascimento e beleza, a sucedeu, é claro.

A Sra. Bennet captou a intenção e confiava que poderia em breve ter duas filhas casadas. E o homem que ela não poderia suportar falar no dia anterior estava agora em suas boas graças.

A intenção de Lydia de caminhar até Meryton não foi esquecida. Todas as irmãs, exceto Mary, concordaram em acompanhá-la, e o Sr. Collins deveria se juntar a elas, a pedido do Sr. Bennet, que estava muito ansioso para se livrar dele e ter sua biblioteca para si mesmo. Lugar para onde o Sr. Collins o havia seguido após o café da manhã, e lá ele continuaria, nominalmente envolvido com um dos maiores infólios da coleção, mas, na verdade, falando com o Sr. Bennet sem cessar sobre sua casa e jardim em Hunsford. Tais ações desconcertaram muito o Sr. Bennet. Em sua biblioteca ele estava sempre certo de ter lazer e tranquilidade e, embora preparado, como disse a Elizabeth, para reunir-se com loucura e vaidade em todos os outros cômodos da casa, estava acostumado a estar livre delas lá. Sua polidez, portanto, foi mais rápida em convidar o Sr. Collins para se juntar às suas filhas em sua caminhada. E o Sr. Collins, sendo, na verdade, muito mais habilidoso para caminhar do que para ler, ficou extremamente satisfeito ao fechar seu grande livro e ir.

Entre pomposas considerações e cordiais acenos de suas primas, o tempo passou até que chegaram em Meryton. E já não conseguia mais prender a atenção das jovens, pois os olhos delas começaram imediatamente a vagar pela rua em busca dos oficiais, e nada menos do que um chapéu muito bonito de fato, ou uma musselina realmente nova em uma vitrine, poderia reconquistá-las.

Mas a atenção de cada dama logo foi captada por um jovem, que elas nunca tinham visto antes, de aparência muito cavalheiresca, que andava com um oficial do outro lado do caminho. O oficial era o próprio Sr. Denny, ao qual Lydia veio inquirir sobre o retorno de Londres, e ele se curvou enquanto elas passavam. Todas foram arrebatadas pela aparência do estranho e se perguntavam quem ele poderia ser. Kitty e Lydia, determinadas a descobrir, abriram caminho para o outro lado da rua, sob o pretexto de querer algo em uma loja naquele lado, e felizmente tinham acabado de chegar à calçada quando os dois senhores, voltando, as encontraram no mesmo ponto. O Sr. Denny dirigiu-se a elas diretamente e pediu permissão para apresentar seu amigo, o Sr. Wickham, que havia retornado com ele da cidade no dia anterior, e estava feliz em dizer que havia aceitado uma comissão em seu regimento. E assim foi exatamente como deveria ser, pois só lhe faltava uma farda para torná-lo completamente encantador. Sua aparência estava muito a seu favor. Ele tinha uma rara beleza, um belo semblante, uma boa figura, e um discurso muito agradável. A apresentação foi imediatamente seguida, de sua parte, por uma alegre conversa. Uma prontidão ao mesmo tempo perfeitamente correta e despretensiosa, e o grupo inteiro ainda falava muito agradavelmente, quando o som dos cavalos chamou sua atenção, e Darcy e Bingley foram vistos descendo a rua. Ao distinguir as damas do grupo, os dois senhores vieram diretamente em direção a elas, e começaram as cortesias habituais. Bingley era o porta-voz principal, e a senhorita Bennet, o propósito principal. Ele estava, disse, em seu caminho para Longbourn com intenção de perguntar sobre ela. O Sr. Darcy consentiu com isso, corroborando com a história, e estava começando a determinar não fixar seus olhos em Elizabeth, quando eles foram subitamente pegos pela visão do estranho, e Elizabeth viu o rosto de ambos enquanto olhavam um para o outro, surpresos com o efeito do encontro. Ambos mudaram de cor, um parecia branco, o outro, vermelho. O Sr. Wickham, depois de alguns momentos, tocou seu chapéu, uma saudação que o Sr. Darcy se dignou a retornar. Qual poderia ser o significado disso? Era impossível imaginar. Era impossível não desejar saber.

No momento seguinte, o Sr. Bingley, sem parecer ter notado o que havia passado, despediu-se e partiu com seu amigo.

O Sr. Denny e o Sr. Wickham caminharam com as jovens damas até a porta da casa do Sr. Phillips e depois fizeram seus cortejos, apesar das súplicas prementes da senhorita Lydia para que entrassem, e apesar da Sra. Phillips ter aparecido na janela da sala e apoiado o convite.

A Sra. Phillips estava sempre contente por ver as suas sobrinhas, e as duas mais velhas, devido à sua recente ausência, eram particularmente bem-vindas, e estava ansiosa por expressar a sua surpresa com o seu súbito regresso à casa, pois, como a sua própria carruagem não as tinha trazido, sobre nada saberia, se não tivesse visto o rapaz da loja do Sr. Jones na rua, que lhe disse que não deviam enviar mais remédios para Netherfield porque as senhoritas Bennets tinham ido embora. Foi nesse momento que a sua polidez fora reivindicada para o Sr. Collins, o qual Jane gostaria de apresentar. Ela o recebeu com sua melhor cortesia, à qual ele retornou com muito mais, pedindo desculpas por sua intrusão sem qualquer conhecimento prévio dela, mas que poderia ser justificada por sua relação com as jovens damas que o apresentaram a ela, fato que não conseguia deixar de lhe ser uma lisonja.

A Sra. Phillips ficou muito impressionada com tal excesso de boa criação, mas sua contemplação de um estranho foi logo posta ao fim por exclamações e indagações sobre o outro, de quem, no entanto, ela só podia dizer às suas sobrinhas o que elas já sabiam, que o Sr. Denny o trouxera de Londres, e que teria uma comissão de tenente no condado. Ela disse que observou durante a última hora como ele andava para cima e para baixo na rua, e, se o Sr. Wickham tivesse aparecido, Kitty e Lydia certamente teriam continuado a ocupação, mas infelizmente ninguém passou pelas janelas agora, exceto alguns dos oficiais, que, em comparação com o estranho, se tornaram "estúpidos e desagradáveis companheiros". Alguns deles foram jantar com os Phillips no dia seguinte, e sua tia prometeu fazer seu marido chamar o Sr. Wickham, e dar-lhe um convite também, para que a família de Longbourn viesse à noite. Isso foi acordado, e a Sra. Phillips declarou que eles teriam um bom e confortável jogo de azar barulhento, e um pouco de jantar depois. A perspectiva de tais prazeres foi muito animadora, e elas se separaram com bom humor. O Sr. Collins repetiu as suas desculpas ao sair da sala, e foi-lhe assegurado com uma polidez incansável que elas eram perfeitamente desnecessárias.

Enquanto iam para casa, Elizabeth relatou a Jane o que tinha visto acontecer entre os dois cavalheiros. E Jane defenderia um ou ambos, caso estivessem errados, mas não conseguia explicar tal comportamento mais do que sua irmã.

O Sr. Collins, no seu regresso, agradeceu muito à Sra. Bennet, admirando as maneiras e a educação da Sra. Phillips. Ele protestou que, com exceção de Lady Catherine e sua filha, nunca tinha visto mulher mais elegante, pois não só o tinha recebido com a máxima polidez, mas até mesmo o tinha incluído em seu convite para a noite seguinte, embora totalmente desconhecido a ela antes. Algo, ele supunha, poderia ser atribuído à sua ligação com eles, mas ainda assim nunca tinha encontrado tanta atenção em todo o curso de sua vida.

XVI

Como nenhuma objeção foi feita ao compromisso das jovens com sua tia, e todos os escrúpulos do Sr. Collins de deixar o Sr. e a Sra. Bennet por uma única noite durante sua visita foram vencidos, o cocheiro levou o Sr. Collins e suas cinco primas em uma hora adequada para Meryton, e as meninas tiveram o prazer de ouvir, quando entraram na sala de estar, que o Sr. Wickham tinha aceitado o convite do seu tio e estava, então, na casa.

Quando esta informação foi dada, e todos tinham tomado os seus lugares, o Sr. Collins estava livre para olhar ao seu redor e admirar, e estava tão impressionado com o tamanho e mobiliário da casa que declarou que poderia quase ter-se imaginado na pequena sala de café da manhã de verão da paróquia em Rosings. Uma comparação que, a princípio, não transmitia muita gratificação, mas quando a Sra. Phillips compreendeu o que era Rosings e quem era sua proprietária, quando ouviu a descrição de apenas uma das salas de estar de Lady Catherine, e descobriu que apenas a chaminé tinha custado oitocentas libras, sentiu toda a força do elogio, e dificilmente teria se ressentido até mesmo com uma comparação com o quarto da governanta.

Ao descrever-lhe toda a grandeza de Lady Catherine e sua mansão, com divagações ocasionais em louvor de sua própria humilde moradia, e as melhorias que estava recebendo, Collins ficou alegremente ocupado até que os senhores se juntaram a eles, e encontrou na Sra. Phillips uma ouvinte muito atenta, cuja opinião sobre a importância do convidado aumentou com o que ouviu, e que estava disposta a repassar tudo entre seus vizinhos, assim que pudesse. Para as meninas, que não queriam ouvir seu primo, e que não tinham nada a fazer, exceto desejar um piano e examinar as imitações de porcelana em cima da lareira, o intervalo de espera parecia muito longo. No entanto, finalmente acabou. Os cavalheiros se aproximaram, e quando o Sr. Wickham entrou na sala, Elizabeth sentiu que não o tinha visto antes, nem pensado nele desde então, com uma admiração irracional. Os oficiais do condado eram, em geral, muito dignos de crédito, cavalheiros, e o melhor deles estava no presente grupo, mas o Sr. Wickham estava muito além de todos em pessoa, semblante, ar e andar, do mesmo modo que *eles* eram superiores ao tio Phillips, de rosto largo e robusto, com hálito de vinho do Porto, que os seguiu até a sala.

    O Sr. Wickham era o homem afortunado para quem quase todos os olhos femininos se voltaram, e Elizabeth era a mulher afortunada de quem ele finalmente se aproximou, e a maneira agradável com que ele imediatamente iniciou a conversa, embora fosse apenas sobre ser uma noite chuvosa e a probabilidade de uma estação chuvosa, a fez sentir que o tópico mais comum, mais monótono e mais simples poderia se tornar interessante pela habilidade do orador.

    Com tais rivais disputando a bela, como o Sr. Wickham e os oficiais, o Sr. Collins parecia a afundar-se em sua insignificância. Às jovens damas ele certamente não era nada, mas ainda encontrava a Sra. Phillips como uma amável ouvinte de vez em quando, e foi, por sua atenção, mais abundantemente servido de café e bolinhos por ela. Quando as mesas de cartas foram colocadas, ele teve a oportunidade de agradecê-la em troca, sentando-se para jogar uíste.

    — No momento, estou um pouco enferrujado no jogo — disse ele —, mas ficaria feliz em evoluir, pois na minha atual situação... — a Sra. Phillips ficou muito grata por sua conformidade, mas não quis esperar por seu motivo.

    O Sr. Wickham não jogava uíste, e foi recebido com prazer

na outra mesa como espectador de Elizabeth e Lydia. No início, parecia haver risco de Lydia dominar a conversa, pois era uma falante muito determinada, mas sendo também extremamente apaixonada por jogos de azar, logo ficou muito interessada no jogo, ansiosa para fazer apostas e conseguir prêmios, para dar atenção a qualquer um em particular. Tendo em conta as exigências comuns do jogo, o Sr. Wickham estava, portanto, livre para falar com Elizabeth, e ela estava muito disposta a ouvi-lo, embora não esperasse que o que realmente queria ouvir fosse contado: a história de sua relação com o Sr. Darcy. Ela nem se atreveu a mencionar esse cavalheiro. Sua curiosidade, no entanto, foi inesperadamente aliviada. Mr. Wickham começou o próprio assunto. Perguntou o quão longe Netherfield era de Meryton e, depois de receber sua resposta, questionou de forma hesitante há quanto tempo o Sr. Darcy se hospedava lá.

— Há cerca de um mês — disse Elizabeth. E então, não querendo deixar o assunto morrer, adicionou: — Ele é um homem de grande fortuna em Derbyshire, pelo que sei.

— Sim — respondeu Wickham. — Sua propriedade é nobre. Rende cerca de dez mil ao ano. Você não poderia ter se encontrado com uma pessoa mais capaz de lhe dar certas informações sobre tal pessoa do que eu mesmo, pois estou conectado com sua família de maneira particular desde a minha infância.

Elizabeth não poderia parecer mais surpresa.

— Você pode muito bem ficar surpresa, senhorita Bennet, com tal afirmação, depois de ver, como provavelmente pôde, tamanha frieza de nosso encontro ontem. Conhece bem o Sr. Darcy?

— Mais do que gostaria — exclamou Elizabeth calorosamente. — Passei quatro dias na mesma casa que ele, e o acho muito desagradável.

— Não tenho direito de dar *minha* opinião — disse Wickham — quanto a ser desagradável ou coisa do tipo. Não sou qualificado para formar uma. Eu o conheço há muito tempo e muito bem para ser um juiz justo. É impossível para *mim* ser imparcial. Mas creio que sua opinião sobre ele seria em geral surpreendente, e talvez não devesse expressá-la tão fortemente em qualquer outro lugar. Aqui você está entre família.

— Tem minha palavra de que eu não digo mais *aqui* do que poderia dizer em qualquer casa da vizinhança, exceto Netherfield. Ele não é quisto em Hertfordshire. Todos são desgostosos de seu orgulho. Você não vai encontrar pessoa alguma falando bem dele.

— Não posso fingir sentir muito — disse Wickham, depois de uma breve interrupção —, por ele ou qualquer homem que não deva ser estimado além de seus méritos. Mas com *ele* acredito que isso não aconteça muitas vezes. O mundo está cego por sua fortuna e importância, ou assustado por suas maneiras elevadas e imponentes, e o vê apenas como ele escolhe ser visto.

— Eu o consideraria, mesmo com *minha* breve familiaridade, um homem mal-humorado.

Wickham só balançou a cabeça.

— Eu me pergunto — disse ele, na próxima oportunidade de fala — se ele ficará por essas bandas por muito mais tempo.

— Não sei dizer, senhor. Mas não *ouvi* nada sobre sua partida enquanto estive em Netherfield. Espero que seus planos em favor do condado não sejam afetados com a estadia dele na vizinhança.

— Oh! Não! Eu não seria afastado pelo Sr. Darcy. Se ele desejar evitar *me* ver, ele mesmo deve ir. Não estamos em termos amigáveis, por isso sempre me dói vê-lo, mas não tenho nenhuma razão para evitá-*lo*, exceto a que eu proclamaria para o mundo inteiro: a sensação de ter sido tratado com injustiça e o pesar de ele ser como é. O pai dele, senhorita Bennet, o falecido Sr. Darcy, foi um dos melhores homens que já viveu, e o amigo mais verdadeiro que já tive. E eu nunca poderei estar na companhia desse atual Sr. Darcy sem ficar profundamente magoado por mil ternas lembranças. Seu comportamento para comigo tem sido escandaloso, mas verdadeiramente acredito que poderia perdoá-lo por qualquer coisa, se não desonrasse a memória de seu pai.

Elizabeth percebeu que o interesse pelo assunto aumentava e ouvia com todo o seu coração, mas sua delicadeza impediu mais indagações.

Senhor Wickham começou a falar sobre temas mais gerais, Meryton, a vizinhança, a sociedade, parecendo altamente satisfeito com tudo o que tinha visto até então, e falando desta última, com suave gentileza, mas com galanteio muito compreensível.

— Foi a perspectiva da companhia constante, e da boa sociedade — ele adicionou — que me incentivou a ingressar no condado. Eu sabia que era a corporação mais respeitável e mais agradável, e meu amigo Denny me tentou mais ainda por conta de suas descrições da sociedade daqui e das atenções muito grandes e as amizades excelentes que Meryton lhe havia proporcionado. A companhia é necessária para mim. Tenho sido um homem desiludido, e meu temperamento não suportará a solidão. Eu *devo* ter emprego e companhia. Uma vida militar não é o que tinha sido destinado a mim, mas as circunstâncias a tornaram, agora, conveniente. O clero *deveria* ser minha profissão. Eu fui criado para a igreja, e deveria, neste momento, ter posse de uma vida mais valiosa, se tivesse satisfeito o cavalheiro de quem estávamos falando agora.

— Jura?

— Sim. O falecido Sr. Darcy deixou-me a sucessão na melhor paróquia em seu poder. Ele era meu padrinho, e excessivamente ligado a mim. Não posso fazer justiça à sua bondade. Pretendia prover-me amplamente, e pensou que tivesse feito isso, mas quando o local ficou vago, foi dado a outro em meu lugar.

— Céus! — exclamou Elizabeth — Mas como *isso* pode acontecer? Como a vontade dele pôde ser desfeita? Por que você não buscou seus direitos?

— Havia tal informalidade nos termos do legado que a lei não me dava esperança. Um homem de honra não poderia ter duvidado da intenção, mas o Sr. Darcy escolheu duvidar, ou tratá-la como uma recomendação meramente condicional, e afirmar que eu tinha perdido toda a pretensão a esta por extravagância, imprudência, em suma, qualquer coisa ou nada. Certo é, que o local ficou vago há dois anos, exatamente quando eu tinha idade para assumi-lo, e ele foi dado a um outro homem. E não menos certo é que não possa me acusar de ter realmente feito qualquer coisa para merecer perdê-lo. Eu tenho um temperamento caloroso, sem reservas, e talvez às vezes tenha falado minha opinião *dele*, e para ele, muito livremente. Não posso me lembrar de nada pior. Mas o fato é que nós somos tipos de homens muito diferentes, e que ele me odeia.

— Isso é muito chocante! Ele merece ser desmoralizado publicamente.

— Uma hora ou outra ele *será*, mas não será por *mim*. Até que eu possa esquecer seu pai, nunca poderia desafiá-lo ou expô-*lo*.

Elizabeth o honrou por tais sentimentos e o achou mais bonito do que nunca quando os expressou.

— Mas qual — disse ela, depois de uma pausa — poderia ser o motivo dele? O que poderia tê-lo induzido a se comportar de forma tão cruel?

— Uma antipatia profunda e determinada por mim, que não posso deixar de atribuir, em certa medida, ao ciúme. Se o falecido Sr. Darcy gostasse menos de mim, seu filho poderia ter me suportado melhor. Mas o apego incomum de seu pai a mim o irritou, creio que muito cedo na vida. Ele não tinha o temperamento para suportar o tipo de competição em que estávamos, o tipo de preferência que muitas vezes me foi dada.

— Eu não tinha pensado que o Sr. Darcy fosse tão ruim assim. Embora nunca tenha gostado dele, não lhe pensava tão mal. Supunha que ele estivesse desprezando sua espécie em geral, mas não suspeitava que fosse capaz de tal vingança maliciosa, tal injustiça e tal desumanidade como esta!

Depois de alguns minutos de reflexão, no entanto, ela continuou:

— Eu me lembro de sua arrogância um dia, em Netherfield, da crueldade de seus ressentimentos, de seu temperamento implacável. Seu temperamento deve ser terrível.

— Eu não confiaria em mim no assunto — respondeu Wickham — Eu não posso ser justo com ele.

Elizabeth estava novamente em profundo pensamento, e depois de um tempo exclamou:

— Tratar de tal maneira, o afilhado, o amigo, o favorito de seu pai! — Ela poderia ter acrescentado: um jovem também, como o senhor, cujo semblante pode atestar seu ser amável, mas ela se contentou com: — E alguém, também, que provavelmente foi seu próprio companheiro desde a infância, tendo se relacionado, como eu acho que você disse, da maneira mais próxima!

— Nascemos na mesma paróquia, no mesmo parque, a maior parte de nossa juventude passamos juntos. Vivemos na mesma casa, compartilhando as mesmas diversões, objetos do mesmo cuidado parental. *Meu* pai começou a vida na profissão que seu tio, Sr. Phillips, parece dar crédito, mas desistiu de tudo para ficar a serviço do falecido Sr. Darcy, e dedicou todo o seu tempo ao cuidado da propriedade Pemberley. Ele era muito estimado pelo Sr. Darcy, um amigo muito íntimo e confidente. O Sr. Darcy muitas vezes reconhecia as maiores obrigações sob a direção ativa do meu pai, e quando, imediatamente antes da morte do meu pai, o Sr. Darcy lhe fez uma promessa voluntária de cuidar de mim, estou convencido de que ele sentiu que era tanto uma dívida de gratidão para com ele, como de carinho para comigo mesmo.

— Que estranho! — exclamou Elizabeth. — Que abominável! Pergunto-me como que o próprio orgulho dele não o levou a ser justo com você! Se não houvesse motivo melhor, que ele não tivesse sido tão orgulhoso para ser desonesto, pois devo chamar isso de desonestidade.

— *É* incrível — respondeu Wickham — que quase todas as suas ações venham do orgulho. E o orgulho tem sido muitas vezes o seu melhor amigo. Tem o deixado mais próximo da virtude do que qualquer outro sentimento. Mas nenhum de nós é consistente. E em seu comportamento comigo, atuaram impulsos mais fortes até mesmo do que o orgulho.

— Pode tamanho orgulho abominável como o dele levá-lo a fazer algum bem?

— Sim. Isso muitas vezes o levou a ser liberal e generoso, a dar seu dinheiro livremente, a mostrar hospitalidade, a ajudar seus inquilinos e aliviar os pobres. O orgulho da família e o orgulho filial, pois ele é muito orgulhoso de quem seu pai fora, o levaram a isso. Não parecer desgraçar a sua família, degenerar as qualidades populares ou perder a influência da Casa Pemberley são motivos poderosos. Ele também tem orgulho *fraternal*, que com *algum* afeto faz dele um guardião muito gentil e cuidadoso de sua irmã. E você pode ouvi-lo ser apontado como o mais atento e melhor dos irmãos.

— Que tipo de menina é a senhorita Darcy?

Ele balança sua cabeça.

— Quem me dera poder chamá-la de amável. Dói-me falar mal de um Darcy. Mas ela é muito parecida com seu irmão, muito, muito orgulhosa. Quando criança, era carinhosa e agradável, e extremamente afeiçoada a mim. E eu dedicava horas a fio para seu divertimento. Mas ela não significa nada para mim agora. É uma garota bonita, com seus quinze ou dezesseis anos, e creio que muito prendada. Desde a morte de seu pai, Londres tem sido sua casa, onde uma senhora vive com ela, supervisionando sua educação.

Depois de muitas pausas e muitas provações de outros assuntos, Elizabeth não pôde deixar de voltar ao primeiro e dizer:

— Estou espantada com a intimidade dele com o Sr. Bingley! Como pode o Sr. Bingley, que parece ser bem-humorado, e é, creio que seja, verdadeiramente amável, ser amigo de tal homem? Como eles podem se adequar um ao outro? Você conhece o Sr. Bingley?

— Nem um pouco.

— Ele é um homem doce, amável, encantador. Ele não deve saber como o Sr. Darcy é.

— Provavelmente não. Mas o Sr. Darcy pode ser agradável

quando quer. Ele não carece de habilidades. Pode ser um companheiro conversador, se achar que vale a pena. Entre os seus iguais em importância, é um homem muito diferente do que é para os menos prósperos. Seu orgulho nunca o abandona, mas com os ricos é liberal, justo, sincero, racional, honrado, e talvez agradável, de acordo com a fortuna e a aparência.

O grupo do uíste logo se desfez, os jogadores se reuniram em volta da outra mesa, e o Sr. Collins tomou seu lugar entre sua prima Elizabeth e a Sra. Phillips. As investigações habituais quanto ao seu sucesso foram feitas por esta última. Não tinha sido muito grande... tinha perdido todos os pontos. Mas quando a Sra. Phillips começou a expressar sua preocupação sobre isso, ele lhe assegurou com muita seriedade que não tinha a menor importância, que ele considerava o dinheiro como uma mera ninharia, e implorou que não se preocupasse.

— Eu sei muito bem, senhora — disse ele —, que quando as pessoas se sentam a uma mesa de cartas, arriscam-se a essas coisas, e felizmente não estou em tais circunstâncias para fazer caso por cinco xelins. Há, sem dúvida, muitos que não poderiam dizer o mesmo, mas graças a Lady Catherine de Bourgh, estou muito além da necessidade de considerar pequenas importâncias.

A atenção do Sr. Wickham foi captada, e, depois de observar o Sr. Collins por alguns momentos, perguntou a Elizabeth em voz baixa se seu parente era muito intimamente familiarizado com a família de Bourgh.

— Lady Catherine de Bourgh — ela respondeu — muito recentemente deu-lhe um cargo. Eu mal sei como o Sr. Collins foi apresentado a ela pela primeira vez, mas ele certamente não a conhece há muito tempo.

— Você sabe, é claro, que Lady Catherine de Bourgh e Lady Anne Darcy eram irmãs. Consequentemente, ela é tia do atual Sr. Darcy.

— Não, de fato, eu não sabia. Não sabia nada sobre as conexões de Lady Catherine. Nunca tinha ouvido falar de sua existência até anteontem.

— A filha dela, senhorita de Bourgh, terá uma fortuna muito grande, e acredita-se que ela e seu primo unirão suas propriedades.

Esta informação fez Elizabeth sorrir, pois pensava na pobre senhorita Bingley. Vãs, na verdade, devem ser todas as atenções dela, vão e inútil seu afeto pela irmã dele e seus elogios a ele, se ele já se comprometera a outra.

— Sr. Collins — disse ela — fala muito bem de ambas, Lady Catherine e sua filha. Mas a partir de alguns detalhes que ele tenha relatado de sua senhoria, suspeito que sua gratidão o engana, e que, apesar de ser sua patrona, seja uma mulher arrogante, vaidosa.

— Acredito que ela seja os dois em um grande grau — respondeu Wickham. — Não a vejo há muitos anos, mas me lembro muito bem de que nunca gostei dela, e de que suas maneiras eram autoritárias e insolentes. Ela tem a reputação de ser notavelmente sensível e inteligente, mas prefiro acreditar que parte de suas habilidades derivam de sua posição e fortuna, e outra parte, de sua maneira autoritária, e o resto, do orgulho de seu sobrinho, que acredita que todos ligados a ele devem ter importância de primeira classe.

Elizabeth reconheceu que ele deu um relato muito racional sobre o assunto, e continuaram a conversar com satisfação mútua até o jantar colocar um fim às cartas, permitindo ao resto das damas a sua cota de atenção do Sr. Wickham. Não era possível conversar durante o barulho do jantar da Sra. Phillips, mas os modos dele impressionavam a todos. Tudo o que ele dizia, era bem proferido. E o que quer que ele fizesse, era feito graciosamente. Elizabeth foi embora extasiada por ele. Ela não conseguia pensar em nada além do Sr. Wickham, e do que ele havia dito a ela, durante todo o caminho para casa. Mas não havia um momento para ela sequer mencionar o nome dele enquanto eles voltavam, pois nem Lydia nem Sr. Collins ficavam em silêncio. Lydia, falou incessantemente dos jogos de azar, das partidas que tinha perdido e das que tinha ganhado, e o Sr.

Collins, descrevendo a polidez do Sr. e da Sra. Phillips, pediu que não se preocupassem minimamente com as suas perdas no uíste, enumerou todos os pratos do jantar e desculpou-se continuamente por estar esmagando as suas primas no assento apertado. Tinha mais a dizer do que conseguiria antes que a carruagem parasse em Longbourn House.

XVII

Elizabeth relatou a Jane, no dia seguinte, o que havia acontecido entre o Sr. Wickham e ela. Jane ouviu com espanto e preocupação. Ela não podia acreditar que o Sr. Darcy fosse tão indigno da consideração do Sr. Bingley e, ainda assim, não era de sua natureza questionar a veracidade de um jovem de aparência tão amável como Wickham. A possibilidade de ele ter realmente suportado tal crueldade foi suficiente para cativar todos os seus sentimentos de ternura. E nada, portanto, lhe restava fazer, apenas pensar bem de ambos, defender a conduta de cada um e jogar na conta de um acidente ou erro o que não podia ser explicado de outra forma.

— Ambos — disse ela — foram enganados, ouso dizer, de uma forma ou de outra, e sobre isso não podemos formar ideia alguma. Talvez as pessoas interesseiras tenham se interposto entre eles. É, em suma, impossível para nós conjecturar as causas ou circunstâncias que podem tê-los afastado, sem culpar algum dos lados.

— Verdade, de fato. E agora, minha querida Jane, o que tem a dizer em prol das pessoas interesseiras que provavelmente interferiram no assunto? Livre-*as* também, ou seremos obrigadas a pensar mal de alguém.

— Ria o quanto quiser, mas não ria de mim por minha opinião. Minha querida Lizzy, considere apenas a situação vergonhosa em que isso colocaria o Sr. Darcy, tratar o favorito de seu pai de tal forma. Alguém a quem seu pai havia prometido prover. É impossível. Nenhum homem com alguma benevolência, nenhum homem que desse algum valor para seu caráter, poderia ser capaz disso. É possível que seus amigos mais íntimos estejam tão excessivamente enganados a respeito dele? Oh! Não.

— Acredito muito mais facilmente que o Sr. Bingley esteja sendo enganado, do que supor que o Sr. Wickham tenha inventado tal história de si mesmo que me contou ontem à noite. Nomes, fatos, tudo mencionado sem cerimônia. Se não for assim, deixe o Sr. Darcy contradizê-lo. Além disso, havia verdade em seu olhar.

— É realmente difícil... é angustiante. Não sabemos o que pensar.

— Desculpe-me. Eu sei exatamente o que pensar.

Mas Jane estava certa em apenas um ponto. Se o Sr. Bingley *estivesse sendo* enganado, sofreria muito quando o caso se tornasse público.

As duas jovens foram convocadas a sair do jardim onde a conversa acontecia, com a chegada de algumas das próprias pessoas de quem falavam. O Sr. Bingley e suas irmãs vieram pessoalmente entregar o seu convite para o tão esperado baile em Netherfield, que foi marcado para a terça-feira seguinte. As duas damas ficaram encantadas ao ver sua querida amiga novamente, dizendo que se passaram décadas desde que se conheceram, e repetidamente perguntaram o que ela havia feito desde a sua separação. Para o resto da família, deram pouca atenção, evitando a Sra. Bennet tanto quanto possível, dizendo pouco a Elizabeth, e nada aos outros. Logo foram embora outra vez, levantando-se de seus assentos com uma rapidez que chamou a atenção de seu irmão e apressando-se para fora, como se estivessem ansiosas para escapar das cortesias da Sra. Bennet.

A perspectiva do baile de Netherfield era extremamente agradável para todas as mulheres da família. A Sra. Bennet optou por considerá-lo como homenagem à sua filha mais velha, e ficou particularmente lisonjeada por receber o convite do próprio Sr. Bingley, em vez de um cartão cerimonial. Jane imaginou a si mesma em uma noite feliz na companhia de suas duas amigas, e com as atenções do irmão delas. E Elizabeth imaginou com prazer dançar muito com o Sr. Wickham, e ver uma confirmação de tudo na aparência e no comportamento do Sr. Darcy. A felicidade antecipada por Catherine e Lydia dependia menos de qualquer evento, ou qualquer pessoa em particular, pois embora cada uma delas, como Elizabeth, pretendesse dançar metade da noite com o Sr. Wickham, ele não era de forma alguma o único parceiro que poderia satisfazê-las, e um baile era, de qualquer forma, um baile. E até a Mary podia garantir à família que não tinha qualquer relutância nisso.

— Enquanto eu puder ter minhas manhãs para mim mesma — disse ela — é suficiente. Eu acho que não há sacrifício em participar ocasionalmente de compromissos à noite. A sociedade tem reivindicações sobre todos nós, e eu me professo uma daquelas que consideram intervalos de recreação e diversão desejáveis a todos.

Os ânimos de Elizabeth estavam tão elevados na ocasião, que embora não falasse desnecessariamente com o Sr. Collins, não podia deixar de lhe perguntar se pretendia aceitar o convite do Sr. Bingley, e se o fizesse, se acharia apropriado se juntar à diversão da noite. E ficou bastante surpreendida ao descobrir que ele não tinha qualquer inquietação em mente, e estava muito longe de temer uma repreensão do arcebispo, ou de Lady Catherine de Bourgh, por se aventurar a dançar.

— Não acredito, asseguro-lhe — disse ele —, que um baile deste tipo, dado por um jovem de caráter, a pessoas respeitáveis, possa ter qualquer tendência nociva. E estou tão longe de me opor a dançar que espero ser honrado com as mãos de todas as minhas primas no decorrer da noite, e aproveito esta oportunidade para solicitar a sua, senhorita Elizabeth, para as duas primeiras danças especialmente. Uma preferência que confio que a minha prima Jane atribuirá à sua verdadeira causa, e não a qualquer desrespeito por ela.

Elizabeth sentiu-se completamente arrasada. Ela tinha a intenção de se comprometer com Wickham para essas mesmas danças. E ter o Sr. Collins em seu lugar! Sua alegria nunca poderia ter sido tão inoportuna. Não havia escapatória para isso, no entanto. A felicidade do Sr. Wickham e a dela deveria ser adiada um pouco mais, e a proposta do Sr. Collins foi aceita com a maior graça possível. Não ficou sequer satisfeita com o galanteio dele, pois isso sugeria algo a mais. E pela primeira vez percebeu que *ela* havia sido selecionada entre suas irmãs como digna de ser a senhora do presbítero de Hunsford, e para ajudar a ocupar uma mesa de *quadrille* em Rosings, na ausência de visitantes mais elegíveis. A ideia alcançou logo à convicção, enquanto observou suas cortesias crescentes para si, e ouviu suas tentativas frequentes de elogio à sua sagacidade e vivacidade. E embora mais surpresa do que grata por este efeito de seus encantos, não demorou muito para que sua mãe lhe desse a entender que a probabilidade do casamento deles era extremamente agradável a *ela*. Elizabeth, no entanto, escolheu ignorar a indireta, estando bem ciente de que uma discussão séria poderia ser causada por alguma resposta sua. O Sr. Collins poderia nunca fazer o pedido, e até lá, era inútil discutir sobre isso.

Se não houvesse um baile em Netherfield para se preparar e falar sobre ele, as senhoritas Bennets mais novas estariam em estado lastimável neste momento, pois desde o dia do convite, até o dia do baile, houve uma sucessão de chuvas que impediram suas caminhadas a Meryton. Nenhuma tia, nenhum oficial, nenhuma notícia poderiam ser buscados. Mandaram buscar para Netherfield até mesmo os próprios sapatos enfeitados com rosas. Mesmo Elizabeth estava ficando entediada, pois o tempo suspendeu totalmente o progresso de sua relação com o Sr. Wickham. E nada menos do que o baile na terça-feira poderia ter feito uma sexta-feira, sábado, domingo e segunda-feira, suportáveis para Kitty e Lydia.

XVIII

Até que Elizabeth entrasse na sala de estar em Netherfield e procurasse em vão pelo Sr. Wickham entre o conjunto de fardas vermelhas lá reunidos, uma dúvida de que ele não fosse estar presente nunca lhe havia ocorrido. A certeza de vê-lo não tinha sido destruída por qualquer uma dessas lembranças que razoavelmente poderiam tê-la alarmado. Vestira-se com mais cuidado do que o habitual, e se preparara nos mais elevados ânimos para a conquista de tudo o que restava de indômito no coração dele, confiando que isso não fosse mais do que se poderia ganhar no decorrer da noite. Mas em um instante surgiu a terrível suspeita de que ele tivesse sido propositalmente omitido, para o prazer do Sr. Darcy, nos convites dos Bingleys para os oficiais. E, embora este não fosse exatamente o caso, o fato absoluto de sua ausência foi pronunciado por seu amigo, Sr. Denny, a quem Lydia ansiosamente se dirigiu, e que lhes disse que Wickham tinha sido obrigado a ir à cidade a negócios no dia anterior, e ainda não havia retornado, acrescentando, com um sorriso significativo:

— Não imagino que seus negócios o afastassem logo agora, se não desejasse evitar um certo cavalheiro aqui.

Esta parte de suas informações, embora não ouvida por Lydia, foi entendida por Elizabeth, e como isso lhe assegurou que Darcy não era menos responsável pela ausência de Wickham do que se a sua primeira suposição estivesse certa, todos os sentimentos desagradáveis para com Sr. Darcy se intensificaram de tal modo pela súbita decepção, que ela dificilmente poderia responder com polidez tolerável as perguntas educadas que ele diretamente depois se aproximou para fazer. Atenção, tolerância, paciência com Darcy, era uma injustiça a Wickham. Ela estava resoluta contra qualquer tipo de conversa com ele e afastou-se com um grau de mau humor, que não poderia superar totalmente mesmo ao falar com o Sr. Bingley, cuja parcialidade cega a provocava.

Elizabeth, porém, não estava de mau humor, e ainda que todas as suas perspectivas tivessem sido destruídas para a noite, não podia demorar-se muito tempo em sua animosidade. E, tendo contado todas as suas dores a Charlotte Lucas, a quem não via há uma semana, foi logo capaz de fazer uma transição voluntária, chamando a atenção para as esquisitices de seu primo. As duas primeiras danças, no entanto, fizeram-na retornar para sua angústia. Eram danças de mortificação. O Sr. Collins, estranho e solene, pedindo desculpas em vez de prestar atenção, e muitas vezes se movendo errado sem estar ciente disso, deram-lhe toda a vergonha e miséria que um parceiro desagradável para algumas danças pode dar. O momento que pôde ficar livre dele, sentiu-se extasiada.

Ela dançou em seguida com um oficial, e teve o alívio de falar sobre Wickham e de ouvir que ele era universalmente amado. Quando essas danças terminaram, voltou para Charlotte Lucas, e conversava com ela, quando se viu de repente abordada pelo Sr. Darcy, que a pegou de surpresa com um pedido para dançar, e ela, sem saber o que fazer, o aceitou. Ele se afastou de novo imediatamente, e ela lamentou por sua própria falta de presença de espírito. Charlotte tentou consolá-la.

— Ouso dizer que o achará muito agradável.

— Que os céus proíbam! *Isso* seria o maior desfortúnio de todos! Achar agradável o homem a quem se está determinada a odiar! Não me deseje tal mal.

Quando a dança recomeçou, no entanto, e Darcy se aproximou para reivindicar sua mão, Charlotte não poderia deixar de avisá-la em um sussurro para não ser ingênua de permitir que sua fantasia com Wickham a fizesse parecer desagradável aos olhos de um homem dez vezes mais importante. Elizabeth não respondeu e tomou o seu lugar, surpresa com a honra de ser a escolhida para ficar em frente ao Sr. Darcy, e lendo nos olhares de seus vizinhos igual espanto ao vê-los. Eles ficaram por algum tempo sem falar nenhuma palavra, e ela começou a imaginar que seu silêncio duraria as duas danças, e, no início, estava resolvida a não o quebrar. Até que, de repente, imaginando que seria castigo maior para seu parceiro ser obrigado a falar, fez uma pequena observação sobre a dança. Ele respondeu, e ficou novamente em silêncio. Depois de uma pausa de alguns minutos ela se dirigiu a ele uma segunda vez com:

— É a *sua* vez de dizer algo, Sr. Darcy. *Eu* falei sobre a dança, e *o senhor* deve comentar algo sobre o tamanho do salão ou o número de casais.

Ele sorriu e a assegurou de que qualquer coisa que ela quisesse que ele falasse seria dito.

— Muito bem. Isso bastará pelo momento. Talvez eu possa comentar que os bailes particulares são muito mais agradáveis do que os públicos. Mas *agora* nós podemos ficar em silêncio.

— Conversa por obrigação, então, quando dança?

— Às vezes. É preciso falar um pouco. Pareceria estranho ficar inteiramente em silêncio por meia hora, e, contudo, para o benefício de *alguns*, a conversação deve ser arranjada de modo que possam ter o trabalho de dizer o mínimo possível.

— Você está consultando seus próprios sentimentos no presente caso, ou imagina que você esteja satisfazendo os meus?

— Ambos — respondeu Elizabeth com firmeza. — Pois sempre vi uma grande semelhança em nossos modos de pensar. Nós dois somos de um temperamento antissocial, taciturnos, relutantes em falar, a menos que seja para dizer algo que irá surpreender toda a sala, e ser transmitido à posteridade com o resplendor de um provérbio.

— Esta é uma descrição muito impressionante de seu próprio caráter, tenho certeza — disse ele. — Quão perto pode ser do *meu*, não me atrevo a dizer. *Você* acredita ser um retrato fiel, sem dúvida.

— Eu não devo julgar meu próprio desempenho.

Ele não respondeu, e eles ficaram novamente em silêncio até que pararam de dançar, quando ele perguntou se ela e suas irmãs não passeavam muito frequentemente em Meryton. Ela respondeu afirmativamente, e, incapaz de resistir à tentação, acrescentou: — Quando você nos encontrou lá no outro dia, tínhamos acabado de fazer uma nova amizade.

O efeito foi imediato. Um tom mais profundo de *altivez* sobrecarregou sua feição, mas ele não disse uma palavra, e Elizabeth, embora culpando-se por sua própria fraqueza, não poderia continuar. Por fim Darcy falou, e de uma forma constrangida:

— O Sr. Wickham foi agraciado com tamanhas maneiras que garantem sua capacidade de *fazer* amigos. Se ele consegue *mantê-los*, é outro caso.

— Ele foi tão azarado de perder *sua* amizade — respondeu Elizabeth com ênfase —, e de uma maneira que provavelmente o fará sofrer toda sua vida.

Darcy não respondeu, e parecia desejoso de mudar de assunto. Naquele momento, Sir William Lucas apareceu perto deles, querendo passar para o outro lado da sala, mas, ao perceber o Sr. Darcy, parou com uma reverência de cortesia superior para o elogiar por sua dança e sua parceira.

— Estou muito grato, meu caro Sir. Uma dança tão bem executada não se vê com frequência. É evidente que você pertence às primeiras esferas. Permita-me dizer, no entanto, que sua bela parceira não o desfavorece, e devo esperar ter esse prazer muitas vezes repetidas, especialmente quando um certo evento desejável, minha querida senhorita Eliza — disse olhando para sua irmã e Bingley —, deve acontecer. Que parabenizações se sigam! Eu apelo para o Sr. Darcy, mas não quero mais interrompê-lo, senhor. Não me agradecerá por detê-lo da conversa sedutora daquela jovem, cujos olhos brilhantes também me censuram.

A última parte deste discurso foi pouco ouvida por Darcy. Mas a alusão de Sir William a seu amigo pareceu impactá-lo, e seus olhos foram direcionados com uma expressão muito séria para Bingley e Jane, que dançavam juntos. Recuperando-se, no entanto, rapidamente, ele se virou para sua parceira, e disse:

— A interrupção de Sir William me fez esquecer do que estávamos falando.

— Eu não acho que falávamos. O Sir William não poderia ter interrompido duas pessoas no salão que tivessem menos a dizer um ao outro. Já tentamos dois ou três assuntos sem sucesso, e o que vamos falar a seguir, não consigo imaginar.

— O que acha de livros? — disse ele, sorrindo.

— Livros! Oh, não! Estou certa de que nunca lemos os mesmos, pelo menos não com o mesmo sentimento.

— Lamento que pense assim. Mas se esse for o caso, pelo menos não haverá falta de assunto. Podemos comparar nossas diferentes opiniões.

— Não. Não posso falar de livros em um salão de festas. Minha cabeça está ocupada com outras coisas.

— O *presente* sempre te ocupa em tais cenários, não? — disse ele, com um olhar de dúvida.

— Sim, sempre — ela respondeu, sem saber o que disse, pois seus pensamentos se afastaram muito do assunto, o que se mostrou logo depois com sua fala: — Lembro-me de ouvi-lo dizer uma vez, Sr. Darcy, que quase nunca perdoava, que seu ressentimento, uma vez instaurado, não se aplaca. Suponho, portanto, que seja muito cauteloso para que, então, ele não se instaure.

— Eu sou. — respondeu ele com uma voz firme.

— E nunca reconheceu estar cego pelo preconceito?

— Espero que não.

— Cabe particularmente àqueles que nunca mudam de opinião ter a certeza de julgar adequadamente no início.

— Poderia saber a que servem esses questionamentos?

— Apenas para ilustrar o *seu* caráter — disse ela, esforçando-se para afastar sua seriedade. — Estou tentando decifrá-lo.

— E qual o progresso?

Ela balançou a cabeça.

— Nenhum. Ouço tantos relatos sobre o senhor, que me confundem.

— Posso facilmente acreditar — respondeu ele seriamente — que os relatos podem variar muito em relação a mim. E poderia desejar, senhorita Bennet, que não esboçasse o meu caráter no momento presente, pois há razões para temer que o resultado não me seja muito deferente.

— Mas se não analisar seu caráter agora, posso nunca mais ter outra oportunidade.

— Eu não desejaria suspender nenhum prazer seu — respondeu ele friamente. Ela não disse mais nada, e eles executaram a segunda dança e se separaram em silêncio. Os dois lados insatisfeitos, embora não em igual grau, pois no peito de Darcy havia um forte sentimento em relação a ela, que logo o levou a perdoá-la e direcionar toda a sua raiva contra outro.

Eles não tinham se separado há muito tempo quando a senhorita Bingley veio em direção a ela, e com uma expressão cortês de desdém a abordou:

— Então, senhorita Eliza, ouvi dizer que está encantada com George Wickham! Sua irmã falou sobre ele, e me fez mil perguntas. Acho que o jovem se esqueceu de lhe dizer, entre outras coisas, que ele era o filho do velho Wickham, o mordomo do falecido Sr. Darcy. Deixe-me recomendar-lhe, no entanto, como amiga, que não lhe dê confiança cega a todas as suas afirmações. Quanto ao Sr. Darcy ter-lhe feito mal, é perfeitamente falso. Pois, pelo contrário, ele tem sido sempre muito gentil com ele, embora George Wickham tenha tratado o Sr. Darcy de uma maneira muito infame. Não sei os detalhes, mas sei muito bem que o Sr. Darcy não tem o mínimo de culpa, que não pode suportar ouvir mencionar George Wickham, e que, embora meu irmão pensasse que ele não poderia evitar incluí-lo em seu convite para os oficiais, ficou excessivamente feliz ao descobrir que estava ausente. Sua vinda ao interior, de qualquer modo, é a coisa mais insolente certamente, e quero saber como pôde ousar fazê-la. Tenho pena de você, senhorita Eliza, por esta descoberta da culpa do seu favorito. Mas realmente, considerando a descendência dele, não se podia esperar muito melhor.

— A culpa e a descendência dele parecem ser a mesma coisa — disse Elizabeth com raiva —, pois não ouvi você acusá-lo de nada pior do que de ser o filho do mordomo do Sr. Darcy, e *disso*, eu posso lhe assegurar, ele mesmo me informou.

— Perdoe-me — respondeu a senhorita Bingley, virando-se com escárnio. — Perdoe minha interferência. Foi bem intencionada.

— Garota insolente! — disse Elizabeth consigo. — Está muito enganada se espera me influenciar com um ataque tão insignificante como este. Não vejo nada nele, apenas sua própria ignorância deliberada e a malícia do Sr. Darcy. — Ela então procurou sua irmã mais velha, que se comprometeu a fazer perguntas sobre o mesmo assunto a Bingley. Jane a encontrou com um sorriso de tamanha doce complacência, um brilho de tal expressão feliz, que indicava suficientemente como estava satisfeita com os eventos da noite. Elizabeth instantaneamente leu seus sentimentos, e naquele momento a solicitude por Wickham, o ressentimento contra seus inimigos, e tudo mais cedeu diante da esperança de que Jane estivesse no caminho mais certo para a felicidade.

— Eu quero saber — disse, com um semblante não menos sorridente do que o da irmã — o que você descobriu sobre o Sr. Wickham. Mas talvez estivesse agradavelmente muito ocupada para pensar uma qualquer terceira pessoa. Nesse caso você pode ter certeza do meu perdão.

— Não — respondeu Jane. — Não me esqueci dele, mas nada tenho de satisfatório para lhe dizer. O Sr. Bingley não conhece toda a sua história, e ignora totalmente as circunstâncias que têm principalmente ofendido o Sr. Darcy. Mas atesta pela boa conduta, probidade e honra de seu amigo, e está perfeitamente convencido de que o Sr. Wickham merecia muito menos atenção da parte do Sr. Darcy do que recebeu. E lamento dizer que, pela versão dele e pela de sua irmã, o Sr. Wickham não é, de modo algum, um jovem respeitável. Receio que tenha sido muito imprudente, e que tenha merecido perder a consideração do Sr. Darcy.

— O Sr. Bingley não conhece o Sr. Wickham?

— Não. Ele nunca o tinha visto até aquela manhã em Meryton.

— Este relato, então, é o que ele ouviu do Sr. Darcy. Estou perfeitamente satisfeita. Mas o que ele diz sobre o cargo na igreja?

— Ele não se lembra exatamente das circunstâncias, embora tenha ouvido do Sr. Darcy mais de uma vez, mas acredita que ela foi deixada para ele apenas *condicionalmente*.

— Eu não tenho dúvida da sinceridade do Sr. Bingley — disse Elizabeth calorosamente. — Mas você deve me desculpar por não estar convencida por afirmações apenas. A defesa do Sr. Bingley ao seu amigo foi muito hábil, ouso dizer, mas uma vez que ele não conhece várias partes da história, e soube do resto por seu próprio amigo, arriscarei ainda a pensar em ambos os cavalheiros como fiz antes.

Ela então mudou o discurso para um mais gratificante, e no qual não poderia haver diferença de opinião. Elizabeth escutou com prazer as alegres, embora modestas, esperanças que Jane nutria pela consideração de Bingley, e disse tudo o que estava em seu poder para aumentar sua confiança nisso. Ao serem acompanhadas pelo próprio Sr. Bingley, Elizabeth retirou-se para junto da Senhorita Lucas, a cuja pergunta sobre se havia gostado de seu último parceiro, ela mal pôde responder, antes que o Sr. Collins chegasse até elas e lhe dissesse com grande exultação que tinha sido tão afortunado a ponto de fazer uma descoberta muito importante.

Eu descobri — disse ele —, por um acidente singular, que há agora na sala um parente próximo de minha patroa. Por acaso ouvi o próprio cavalheiro mencionar à jovem dama que faz as honras desta casa os nomes da sua prima, senhorita de Bourgh, e de sua mãe, Lady Catherine. Oh, como as coincidências são! Quem teria pensado no meu encontro com, talvez, um sobrinho de Lady Catherine de Bourgh neste baile! Estou muito agradecido que a descoberta tenha ocorrido a tempo para que eu preste meus respeitos a ele, o que farei agora, e espero que me desculpe por não ter feito isso antes. A minha total ignorância do parentesco deve justificar as minhas desculpas.

— Não irá se apresentar ao Sr. Darcy, irá?

— Certamente que eu vou. Pedirei o seu perdão por não ter feito isso antes. Acredito que ele seja *sobrinho* de Lady Catherine. Estará em meu poder assegurar-lhe que Sua Senhoria estava muito bem ontem à noite.

Elizabeth tentou dissuadi-lo de tal plano, assegurando-lhe que o Sr. Darcy consideraria o seu discurso sem apresentação como uma liberdade impertinente, em vez de um elogio à sua tia. Que não era minimamente necessário, deveria haver qualquer aviso de ambos os lados, e que, se fosse, ele deveria partir do Sr. Darcy, o superior entre eles, o início da amizade. O Sr. Collins a ouviu tão determinado a seguir sua própria inclinação, que quando ela terminou de falar, respondeu:

— Minha querida senhorita Elizabeth, tenho a mais alta opinião no mundo do seu excelente julgamento em todos os assuntos dentro do âmbito da sua compreensão, mas permita-me dizer que deve haver uma grande diferença entre as formas estabelecidas de cerimônia entre os leigos e aqueles que regulam o clero. Dê-me licença para observar que considero o ofício clerical equiparado, em relação à dignidade, ao posto mais alto no reino, desde que se mantenha, ao mesmo tempo, uma adequada humildade de comportamento. Portanto, permita-me seguir as regras da minha consciência nesta ocasião, o que me leva a cumprir aquilo que considero um dever. Perdoe-me por negligenciar o valor de seu conselho, que em todos os outros assuntos deve ser o meu guia constante, embora neste caso diante de nós eu me considere mais equipado, pela educação e experiência, para decidir sobre o que é certo, do que uma jovem dama como você. — E, com uma reverência, ele a deixou para se dirigir ao Sr. Darcy, cuja recepção de seus avanços ela ansiosamente assistiu, e cujo espanto de ser assim abordado era muito evidente. O primo dela prefaciou seu discurso com uma reverência solene, e embora ela não pudesse ouvir uma palavra dele, sentiu como se tivesse ouvido tudo e viu no movimento de seus lábios as palavras "desculpas," "Hunsford," e "Lady Catherine de Bourgh." Aborreceu-a vê-lo se expor a tal homem. O Sr. Darcy o olhava com surpresa desenfreada, e quando finalmente o Sr. Collins lhe deu tempo para falar, respondeu com um ar de polidez distante. O Sr. Collins, no entanto, não foi desencorajado a falar novamente, e o desprezo do Sr. Darcy parecia aumentar abundantemente com a duração de seu segundo discurso, e, no final dele, só lhe fez uma leve reverência, e mudou de direção. O Sr. Collins voltou, então, para Elizabeth.

— Eu não tenho nenhuma razão, lhe asseguro — disse ele —, para estar insatisfeito com a minha recepção. O Sr. Darcy parecia muito satisfeito com a diligência. Ele me respondeu com a máxima polidez, e até me fez um elogio ao dizer que ele estava tão bem convencido do discernimento de Lady Catherine como a certeza de que ela nunca poderia conceder um favor indignamente. Foi realmente um pensamento muito bonito. No geral, estou muito satisfeito com ele.

Como Elizabeth não tinha mais nenhum interesse próprio para prosseguir, voltou sua atenção quase inteiramente em sua irmã e no Sr. Bingley, e a série de reflexões agradáveis que suas observações originaram a fizeram talvez quase tão feliz quanto Jane. Imaginou-a estabelecida nessa casa com toda a felicidade que um casamento por amor verdadeiro poderia prover. E se sentiu capaz, sob tais circunstâncias, de esforçar-se até mesmo a gostar das duas irmãs de Bingley. Os pensamentos de sua mãe, claramente percebeu, eram iguais aos dela, e decidiu não se aventurar perto dela, com receio de ouvir muito. Quando se sentaram para jantar, portanto, considerou uma perversidade muito azarada terem colocado as duas juntas, e ficou profundamente irritada ao descobrir que sua mãe estava falando com essa pessoa

(Lady Lucas) livre e abertamente sobre nada mais do que sua expectativa de que Jane estivesse em breve casada com o Sr. Bingley. Era um assunto animador, e a Sra. Bennet parecia incapaz de se cansar enquanto enumerava as vantagens da união. Sendo ele um jovem tão charmoso, e tão rico, e vivendo a apenas três milhas deles, foram os primeiros pontos de autocongratulação, e, então, era um grande conforto pensar o quão afeiçoadas as duas irmãs eram de Jane, e ter a certeza de que elas deveriam desejar a ligação tanto quanto ela poderia fazer. Era, além disso, uma coisa tão promissora para suas filhas mais novas, pois um casamento tão bem-sucedido como o de Jane as colocaria no caminho de outros homens ricos. E, por último, era tão agradável, em sua idade, ser capaz de confiar suas filhas solteiras para o cuidado de sua irmã, e não ser mais obrigada a acompanhá-las na sociedade. Era necessário tornar esta circunstância, uma questão de prazer, uma questão de etiqueta, mas ninguém era menos provável do que a Sra. Bennet de sentir conforto em ficar em casa em qualquer período de sua vida. Ela concluiu com muitos bons votos que Lady Lucas pudesse em breve ser igualmente afortunada, embora evidente e triunfantemente acreditasse que não havia chances de isso acontecer.

Em vão, Elizabeth se esforçou para controlar o fluxo das palavras de sua mãe ou persuadi-la a descrever sua felicidade em um sussurro menos audível. Pois para sua inexprimível aflição, ela podia perceber que muito fora ouvido pelo Sr. Darcy, que havia se sentado em frente a elas. A mãe até a repreendeu por ser desproposidada.

— O que é o Sr. Darcy para mim, para que eu tenha medo dele? Tenho certeza de que não devemos a ele tal polidez especial que nos obrigue a evitar dizer algo que ele possa não gostar de ouvir.

— Pelo amor de Deus, mamãe, fale mais baixo. Que vantagem você teria em ofender o Sr. Darcy? Você nunca seria recomendada ao amigo dele fazendo isso.

Nada que ela pudesse dizer, no entanto, tinha qualquer influência. Sua mãe falava de suas opiniões no mesmo tom inteligível.

Elizabeth corava e corava de novo com vergonha e vexame. Ela não podia deixar de olhar frequentemente para o Sr. Darcy, embora cada olhar a convencesse do que temia, pois embora ele não estivesse sempre olhando para sua mãe, estava convicta de que sua atenção estava invariavelmente fixada nela. A expressão do rosto dele mudava gradualmente, de desprezo indignado para uma seriedade calma e resoluta.

Finalmente, no entanto, a Sra. Bennet não tinha mais nada a dizer. E Lady Lucas, que tinha dado um longo bocejo com a repetição de prazeres que não via probabilidade de compartilhar, foi entregue ao conforto do presunto frio e frango. Elizabeth agora sentia-se reviver. Mas não durou muito o intervalo de tranquilidade, pois quando a ceia acabou, foi falado em cantar, e ela teve a mortificação de ver Mary, depois de muito pouco pedido, preparando-se para agradar o grupo. Com muitos olhares significativos e súplicas silenciosas, ela se esforçou para evitar tal prova de complacência, mas em vão. Mary não os entendia. Tal oportunidade de se exibir era agradável a ela, então começou sua canção. Os olhos de Elizabeth estavam fixos nela com as mais dolorosas sensações, e ela observava seu progresso ao longo das várias estrofes com uma impaciência que foi muito mal recompensada no final. Pois Mary, ao receber, entre os agradecimentos da mesa, alguns desejos de que ela futuramente os agraciasse de novo com sua voz, recomeçou a cantar, após uma pausa de apenas meio minuto. As capacidades de Mary não eram de forma alguma adequadas para tal exibição. Sua voz era fraca, e sua postura, presunçosa. Elizabeth estava em agonia. Olhou para Jane, para ver como ela suportava isso, mas Jane estava falando muito calma com Bingley. Olhou para as duas irmãs dele, e as viu fazendo sinais de escárnio uma a outra, e, para Darcy, que continuava, no entanto, impenetravelmente grave. Ela olhou para seu pai para suplicar sua interferência, para que Mary não cantasse a noite toda. Ele percebeu a dica e, quando Mary terminou sua segunda canção, disse em voz alta:

— Muito bem, filha. Você nos deleitou o suficiente. Deixe as outras jovens damas terem a chance de brilhar.

Mary, embora fingindo não ouvir, ficou um pouco desconcertada. E Elizabeth lamentou por ela, e pela intervenção direta de seu pai, receava que sua ansiedade não tivesse feito nada bem. Outros membros do grupo foram agora solicitados.

— Se eu — disse o Sr. Collins — fosse tão afortunado com o dom do canto, tenho a certeza de que teria muito prazer em agradar os convidados com uma cantiga, pois considero a música como uma diversão muito inocente, e perfeitamente compatível com a profissão de um clérigo. Não quero dizer, no entanto, que podemos ser perdoados em dedicar muito do nosso tempo à música, pois há certamente outras coisas a serem desempenhadas. O reitor de uma paróquia tem muito a fazer. Em primeiro lugar, ele deve fazer um acordo pelos dízimos, que pode ser benéfico para si mesmo sem ser ofensivo para o seu patrono. Deve escrever seus próprios sermões, e o tempo que resta não será demais para os seus deveres paroquiais e o cuidado e melhoria de sua habitação, que não se esquivar de torná-la o mais confortável possível. E não creio que seja de menor importância que ele tenha maneiras atentas e conciliadoras para com todos, especialmente para com aqueles a quem deve a sua promoção. Não posso absolvê-lo desse dever, nem poderia pensar bem do homem que omita uma ocasião de testemunhar o seu respeito para com qualquer corpo ligado à família. — E, com uma reverência para o Sr. Darcy, concluiu seu discurso, que tinha sido falado tão alto que foi ouvido por metade do salão. Muitos olharam fixamente. Muitos sorriram, mas ninguém parecia mais divertido do que o próprio Sr. Bennet, enquanto sua esposa elogiava seriamente o Sr. Collins por ter falado tão sensatamente, e observava em um quase sussurro para Lady Lucas, que ele era notavelmente inteligente, um bom tipo de jovem.

Para Elizabeth parecia que se a sua família tivesse feito um acordo para se expor tanto quanto podiam durante a noite, teria sido impossível para eles desempenharem seu papel com mais entusiasmo, ou sucesso mais sutil. E pensou, feliz por Bingley e sua irmã, que alguma das exibições tinham escapado à atenção dele, e que seus sentimentos não eram do tipo a ser muito afligido pela loucura que ele teria testemunhado. Que as duas irmãs dele e o Sr. Darcy, no entanto, devessem ter tal oportunidade de ridicularizar seus parentes era ruim o suficiente, e ela não podia determinar o que era mais intolerável: se o desprezo silencioso do cavalheiro ou os sorrisos insolentes das senhoras.

O resto da noite lhe trouxe pouca diversão. Ela foi importunada pelo Sr. Collins, que continuou perseverantemente ao seu lado, e embora não a pudesse convencer de dançar com ele novamente, também não deixou que ela dançasse com os outros. Em vão ela lhe suplicou que se juntasse a outra pessoa e se ofereceu para apresentá-lo a qualquer jovem no salão. Ele lhe assegurou que, quanto à dança, era-lhe perfeitamente indiferente, que o seu principal objetivo era, com delicadas atenções, conquistar sua afeição, fazendo, portanto, questão de permanecer ao seu lado durante a noite toda. Não houve argumento contra tal ambição. Ela devia seu maior alívio à sua amiga, senhorita Lucas, que muitas vezes se juntava a eles, e com boas intenções puxava a conversa do Sr. Collins para si mesma.

Ela estava pelo menos livre da ofensa do Sr. Darcy até nova ordem. Embora muitas vezes ficasse a uma distância muito curta dela, bastante desocupado, nunca chegou perto o suficiente para falar. Ela sentiu que isso era provável consequência de suas alusões ao Sr. Wickham, e se alegrou com isso.

O grupo de Longbourn foi o último de todos os convidados a partir. E por um grande esforço da Sra. Bennet, fez com que as carruagens atrasassem um quarto de hora depois de todos terem partido, o que lhes deu tempo para ver o quão sinceramente alguns da família os desejavam longe. A Sra. Hurst e sua irmã mal abriram a boca, exceto para se queixar da fadiga, e estavam impacientes para ter a casa para si. Elas repeliram todas as tentativas de conversa da Sra. Bennet, e ao fazê-lo, jogaram um langor sobre todo o grupo, que foi muito pouco aliviado pelos longos discursos do Sr. Collins, que elogiava o Sr. Bingley e suas irmãs sobre a elegância de seu entretenimento, e a hospitalidade e a delicadeza que marcaram o seu comportamento para com os seus convidados. Darcy não disse nada. O Sr. Bennet, em igual silêncio, estava gostando da cena. O Sr. Bingley e Jane estavam juntos, um pouco separados do resto, e conversavam apenas um com o outro. Elizabeth conservou um silêncio tão constante quanto a Sra. Hurst ou a senhorita Bingley, e até Lydia estava muito cansada para proferir mais do que a ocasional exclamação de "Senhor, quão cansada estou!" acompanhada de um bocejo violento.

Quando finalmente eles se levantaram para ir embora, a Sra. Bennet foi extremamente cortês na sua esperança de ver toda a família em breve em Longbourn, e se dirigiu particularmente ao Sr. Bingley, para assegurar-lhe o quão feliz ele os faria, participando de um jantar de família com eles a qualquer momento, sem a cerimônia de um convite formal. Bingley ficou amplamente grato e prontamente se comprometeu a tomar a primeira oportunidade que tivesse para cumprir sua promessa, depois de seu retorno de Londres, para onde seria obrigado a ir no dia seguinte por um curto período de tempo.

A Sra. Bennet estava perfeitamente satisfeita e deixou a casa sob a encantadora convicção de que, contando com os preparativos necessários aos acordos, novas carruagens e roupas de casamento, ela deveria, sem dúvida, ver sua filha instalada em Netherfield, no período de três ou quatro meses. Em ter outra filha casada com o Sr. Collins, ela pensou com igual certeza, e com considerável, embora não igual, prazer. Elizabeth era a menos querida para ela de todas as suas filhas, e, embora o homem e a união fossem bons o bastante para *ela*, o valor de cada um foi ofuscado pelo Sr. Bingley e Netherfield.

XIX

No dia seguinte, abriu-se um novo cenário em Longbourn. O Sr. Collins fez sua declaração formal. Tendo resolvido fazê-la sem perda de tempo, como a sua licença se estendia apenas ao sábado seguinte, e não tendo qualquer sensação de desconfiança em torná-la angustiante para si mesmo no momento, ele tomou providências sobre isso de uma forma muito ordenada, com todas as observâncias que supunha ser uma parte regular do negócio. Ao encontrar a Sra. Bennet, Elizabeth e uma das meninas mais novas juntas, logo após o café da manhã, se dirigiu à mãe com estas palavras:

— Posso ter esperança, senhora, pelo seu interesse com sua bela filha Elizabeth, ao solicitar a honra de uma audiência privada com ela durante esta manhã?

Antes que Elizabeth tivesse tempo para qualquer coisa, que não um rubor de surpresa, a Sra. Bennet respondeu instantaneamente:

— Oh, querido! Sim. Certamente. Tenho certeza de que Lizzy ficaria muito feliz. Tenho certeza de que não se oporia. Venha, Kitty, eu quero você lá em cima. — E reunindo seus trabalhos, se apressava, quando Elizabeth exclamou:

— Querida mamãe, não vá. Eu te imploro, não vá. Sr. Collins deve me desculpar. Ele não pode ter nada a me dizer que qualquer um não possa ouvir. Eu mesma estou indo embora.

— Não, não, que bobagem, Lizzy. Eu quero que fique onde está. — E como Elizabeth, lançando-lhe olhares vexados e envergonhados, parecia prestes a fugir, acrescentou: — Lizzy, eu *insisto* na sua permanência para ouvir o Sr. Collins.

Elizabeth não se oporia a tal pedido. E um momento de ponderação tornou-a também sensata de que seria mais sábio passar por isso o mais rápida e silenciosamente possível, sentou-se novamente, e tentou esconder, com constante aplicação, os sentimentos que foram divididos entre a aflição e a diversão. A

Sra. Bennet e Kitty foram embora e, assim que partiram, o Sr. Collins começou.

— Acredite em mim, minha querida senhorita Elizabeth, que a sua modéstia, longe de lhe fazer mal, aumenta as suas outras perfeições. Você teria sido menos amável aos meus olhos se *não* tivesse esta pequena relutância. Mas permita-me assegurar-lhe que tenho a permissão de sua respeitada mãe para esta conversa. Não haverá dúvidas sobre o sentido do meu discurso, por mais que sua delicadeza natural talvez a leve a dissimular; as minhas atenções são muito pontuais para serem confundidas. Assim que entrei na casa, eu a escolhi como a companheira da minha vida futura. Mas antes de ser pego pelos meus sentimentos sobre este assunto, talvez seja aconselhável indicar as minhas razões para o casamento. E, além disso, para vir a Hertfordshire com a intenção de escolher uma esposa, como eu certamente fiz.

A ideia do Sr. Collins, com toda a sua compostura solene, sendo levado por seus sentimentos, provocou em Elizabeth uma vontade de rir que não pôde usar a curta pausa que lhe foi oferecia em qualquer tentativa de o deter, e ele continuou:

— Minhas razões para me casar são, em primeiro lugar, porque acho que é uma coisa certa para cada clérigo em circunstâncias confortáveis (como eu), para dar o exemplo do matrimônio em sua paróquia. Em segundo lugar, porque estou convencido de que aumentará muito a minha felicidade, e em terceiro lugar, porque talvez eu devesse ter mencionado anteriormente, que é o conselho particular e recomendação da senhora muito nobre a quem tenho a honra de chamar de patrona. Duas vezes ela condescendeu a dar-me a sua opinião (também não solicitada) sobre este assunto, e foi apenas na noite de sábado, muito antes que deixasse Hunsford, entre as nossas reuniões, enquanto a Sra. Jenkinson arrumava o banco da senhorita de Bourgh, que ela disse: "Sr. Collins, você deve se casar. Um clérigo como você deve se casar. Escolha corretamente, escolha uma senhora para o *meu* bem e para o seu *próprio*, que seja uma pessoa ativa, útil, não arrogante, mas capaz de fazer uma pequena renda ir por um bom caminho. Este é o meu conselho. Encontre uma mulher assim que puder, traga-a a Hunsford, e eu a visitarei". Permita-me, a propósito, observar, minha bela prima, que não considero a atenção e a bondade de Lady Catherine de Bourgh como uma das menores vantagens que posso oferecer. Você constatará as maneiras dela além de qualquer coisa que eu possa descrever, e sua sagacidade e vivacidade penso que devem ser aceitáveis a ela, especialmente quando moderadas com o silêncio e o respeito que o patamar dela inevitavelmente estimulará. Assim, essa é minha intenção geral em favor do matrimônio, falta-me dizer por que as minhas intenções foram dirigidas para Longbourn em vez de minha própria vizinhança, onde eu garanto que há muitas jovens amáveis. Mas o fato é que, já que herdarei esta propriedade após a morte de seu honrado pai (que, no entanto, espero que viva ainda por muitos anos), não poderia satisfazer-me sem resolver escolher uma esposa dentre suas filhas, para que a perda a elas possa ser a menor possível, quando o evento melancólico ocorrer. Que, no entanto, como já disse, espero que não aconteça por vários anos. Este tem sido o meu motivo, minha prima, e me lisonjeio que não diminua sua estima por mim. E agora nada me resta senão lhe assegurar, na linguagem mais animada, a intensidade do meu afeto. Para fortuna sou perfeitamente indiferente, e não devo fazer nenhuma exigência dessa natureza a seu pai, uma vez que estou bem ciente de que não poderia ser cumprida. E que mil libras a quatro por cento, que não serão suas até depois do falecimento de sua mãe, é tudo o que você pode ter direito. Sobre esse assunto, portanto, ficarei invariavelmente em silêncio, e pode se assegurar de que nenhuma censura ingrata jamais passará pelos meus lábios quando nos casarmos.

Era absolutamente necessário interrompê-lo agora.

— O senhor é muito precipitado! — exclamou ela. — Esquece-se de que não dei nenhuma resposta. Deixe-me fazê-la sem mais perda de tempo. Aceite o meu agradecimento pelo elogio que está fazendo a mim. Sou muito sensata em relação à honra das suas propostas, mas é impossível que eu faça de outra forma, senão recusá-las.

— Não estou descobrindo agora — respondeu o Sr. Collins, com um aceno formal da mão — que é habitual entre as jovens damas rejeitar a corte do homem a quem elas secretamente pretendem aceitar, quando ele solicita a primeira vez o seu favor. E que às vezes a recusa é repetida uma segunda ou mesmo uma terceira vez. Portanto, não estou de forma alguma desanimado com o que acabou de dizer e espero levá-la ao altar em breve.

— Tem a minha palavra, senhor — exclamou Elizabeth —, que a sua esperança é um tanto extraordinária depois da minha declaração. Asseguro-lhe de que não sou uma dessas jovens damas (se é que elas existem) que são tão ousadas a ponto de arriscar a sua felicidade com a possibilidade de serem pedidas uma segunda vez. Eu sou perfeitamente séria em minha recusa. Você não poderia *me* fazer feliz, e estou certa de que sou a última mulher no mundo que te faria feliz. Não, se sua amiga Lady Catherine me conhecesse, estou convencida de que ela me acharia, em todos os aspectos, mal qualificada para a situação.

— Seria certo que Lady Catherine pensasse assim — disse o Sr. Collins muito sério —, mas não posso imaginar que sua senhoria desaprovaria você de forma alguma. E você pode estar certa de que quando eu tiver a honra de vê-la novamente eu falarei nos mais altos termos de sua modéstia, moderação e outras qualificações agradáveis.

— Na verdade, Sr. Collins, todos os elogios a mim serão desnecessários. Você deve me dar licença para julgar por mim mesma, e conceder-me a honra de acreditar no que digo. Desejo que seja muito feliz e muito rico, e, ao recusar a sua mão, faço tudo ao meu alcance para evitar que o senhor fique de outra forma. Ao me fazer a oferta, deve ter satisfeito a delicadeza dos seus sentimentos em relação à minha família, e pode tomar posse da propriedade de Longbourn sempre que desejar, sem qualquer receio. Este assunto pode ser considerado, portanto, finalmente resolvido. — E levantando-se enquanto falava, teria deixado o quarto, se o Sr. Collins não se tivesse dirigido a ela:

— Quando eu mesmo tiver a honra de vos falar sobre este assunto, espero receber uma resposta mais favorável do que a que me deu agora. Embora esteja longe de lhe acusar de crueldade neste momento, pois sei que é o costume estabelecido de seu sexo rejeitar um homem no primeiro pedido, e talvez você tenha agora mesmo dito tanto para incentivar o meu terno como para ser consistente com a verdadeira delicadeza do caráter feminino.

— Realmente, Sr. Collins — exclamou Elizabeth com alguma delicadeza —, o senhor me intriga muito. Se o que eu tenho dito até agora possa parecer para você uma forma de encorajamento, eu não sei como expressar minha recusa de tal forma que possa convencê-lo disso.

— Você deve me dar licença para lisonjear-me, minha querida prima, pois a sua recusa aos meus pedidos são apenas palavras, é claro. Minhas razões para acreditar nisso são brevemente estas: Não me parece que a minha mão é indigna de sua aceitação, ou que a estabilidade que eu possa oferecer não seria mais do que altamente desejável. Minha situação na vida, minhas conexões com a família de Bourgh e minha relação com a sua são circunstâncias altamente a meu favor, e você deve levar isso em consideração que, apesar de seus múltiplos encantos, não é de forma alguma evidente que outra oferta de casamento possa alguma vez ser feita a você. Seu dote é infelizmente tão pequeno que irá, com toda a probabilidade, desfazer os efeitos de sua beleza e qualificações amáveis. Como devo concluir, portanto, que você não é sincera em sua rejeição a mim, escolho atribuí-la ao seu desejo de aumentar o meu amor pelo suspense, de acordo com a prática habitual de mulheres elegantes.

— Eu lhe asseguro, senhor, que não tenho qualquer pretensão a esse tipo de elegância que consiste em atormentar um homem respeitável. Prefiro receber o elogio de ser sincera. Agradeço-lhe repetidas vezes a honra que me deu em suas propostas, mas aceitá-las é absolutamente impossível. Meus sentimentos em todos os aspectos me proíbem. Posso ser mais clara? Não me considere agora como uma mulher elegante que pretende te atormentar, mas como uma criatura racional que diz a verdade do seu coração.

— Você é invariavelmente encantadora! — gritou ele, com um ar galanteador inábil — E estou persuadido que, quando sancionadas pela autoridade expressa de ambos seus excelentes pais, minhas propostas não deixarão de ser aceitáveis.

Para tal perseverança no autoengano intencional, Elizabeth não daria nenhuma resposta, e imediatamente e em silêncio se retirou. Determinada, se ele persistisse em considerar suas repetidas recusas como encorajamento lisonjeiro, a recorrer a seu pai, cuja negação poderia ser pronunciada de tal maneira a ser decisiva, e cujo comportamento, pelo menos, não poderia ser confundido com a simulação e coquetismo de uma mulher elegante.

XX

Sr. Collins não ficou muito tempo para a contemplação silenciosa de seu amor bem-sucedido. Pois a Sra. Bennet, que demorou-se na antessala, esperando o final da reunião, assim que viu Elizabeth abrir a porta e com passos rápidos passar por ela em direção à escada, entrou na sala de café da manhã, e congratulou tanto ele como a si mesma em termos afetuosos pelos felizes planos de seu relacionamento mais próximo. O Sr. Collins recebeu e devolveu estas felicitações com igual prazer, e depois continuou a relatar os detalhes da sua conversa, cujo resultado ele confiava que tinha todas as razões para estar satisfeito, uma vez que a recusa que sua prima lhe tinha dado firmemente fluiria naturalmente de sua modéstia tímida e da delicadeza genuína de seu caráter.

Esta informação, no entanto, assustou a Sra. Bennet. Ela teria ficado feliz em pensar que sua filha tinha a intenção de encorajá-lo, protestando contra suas propostas, mas não se atreveu a acreditar e não poderia deixar de dizer isso.

— Mas conte com isso, Sr. Collins, — ela acrescentou — e Lizzy será levada à razão. Falarei com ela sobre isso pessoalmente. Ela é uma menina muito teimosa e tola, não conhece seu próprio interesse. Mas vou *fazer* com que ela saiba disso.

— Perdoe-me por interrompê-la, senhora — exclamou o Sr. Collins —, mas se ela é realmente teimosa e tola, eu não sei se seria uma esposa muito desejável para um homem na minha situação, que naturalmente procura a felicidade no casamento. Se, portanto, ela realmente persistir em rejeitar o meu pedido, talvez fosse melhor não a forçar a me aceitar, porque se estiver sujeita a tais defeitos de temperamento, ela não poderia contribuir muito para a minha felicidade.

— Senhor, você me entendeu mal — disse a Sra. Bennet, alarmada. — Lizzy é apenas teimosa em assuntos como estes. Em todas as outras coisas, ela é uma garota de boa índole como nunca houve. Irei diretamente ao Sr. Bennet, e muito em breve resolveremos isso com ela, tenho certeza.

Ela não quis dar tempo para ele responder, mas correndo instantaneamente para o marido, gritou enquanto entrava na biblioteca:

— Oh! Sr. Bennet, você é procurado imediatamente. Estamos todos em alvoroço. Você deve vir e fazer Lizzy se casar com o Sr. Collins, pois ela jura que não vai aceitá-lo, e se você não se apressar ele vai mudar de ideia e não vai mais se comprometer com *ela*.

O Sr. Bennet levantou os olhos do seu livro quando ela entrou e fixou-os no seu rosto com uma calma despreocupação que não foi minimamente alterada pela comunicação dela.

— Eu não tenho o prazer de entendê-la — disse ele, quando ela terminou seu discurso. — Do que você está falando?

— Do Sr. Collins e Lizzy. Lizzy disse que não aceitará o Sr. Collins, e o Sr. Collins começou a dizer que não aceitará Lizzy.

— E o que tenho eu a fazer na ocasião? Parece-me um caso perdido.

— Fale com Lizzy sobre isso. Diga a ela que você insiste que ela se case com ele.

— Chame-a aqui. Ela deve ouvir minha opinião sobre isso.

A Sra. Bennet tocou a campainha, e a senhorita Elizabeth foi chamada à biblioteca.

— Venha aqui, querida — exclamou seu pai depois de sua aparição. — Mandei chamá-la por um assunto importante. Soube que o Sr. Collins lhe fez uma oferta de casamento. É verdade? — Elizabeth respondeu que era. — Muito bem, e esta oferta de casamento, você recusou?

— Recusei, senhor.

— Muito bem. Chegamos agora ao ponto. A sua mãe insiste que a aceite. Não é, Sra. Bennet?

— Sim, ou nunca mais a verei novamente.

— Uma alternativa infeliz está diante de você, Elizabeth. A partir deste dia você deverá ser uma estranha para um de seus pais. Sua mãe nunca mais te verá de novo se *não* se casar com o Sr. Collins e eu nunca mais a verei de novo se você o *fizer*.

Elizabeth não podia deixar de sorrir com a conclusão de tal afirmação. Mas a Sra. Bennet, que havia se convencido de que seu marido considerava o caso como ela desejava, estava excessivamente desapontada.

— O que quer dizer, Sr. Bennet, falando desse jeito? Você me prometeu que *insistiria* para que ela se casasse com ele.

— Minha querida — respondeu seu marido —, eu tenho dois pequenos favores a pedir. Em primeiro lugar, que me permita o livre uso da minha compreensão na presente ocasião, e, em segundo lugar, da minha sala. Terei o maior prazer em ter a biblioteca só para mim, assim que possível.

No entanto, apesar de sua decepção com o marido, a Sra. Bennet ainda não havia desistido da questão. Ela falou com Elizabeth várias vezes, persuadindo-a e a ameaçando-a por vezes. Se esforçou para garantir Jane em apoio a ela, mas Jane, com toda a suavidade possível, se recusou a interferir, e Elizabeth, às vezes com seriedade real e às vezes com alegria brincalhona, respondia aos seus ataques. Embora a sua maneira de ser variasse, no entanto, a sua determinação nunca o fez.

O Sr. Collins, entretanto, meditava em solidão sobre o que tinha passado. Pensava muito bem de si mesmo para compreender o motivo de sua prima o recusar, e embora seu orgulho estivesse ferido, não sofreu de nenhuma outra forma. Sua consideração por ela era bastante imaginária, e a possibilidade de ela merecer a reprovação de sua mãe impedia que ele sentisse qualquer arrependimento.

Enquanto a família estava nesta confusão, Charlotte Lucas veio passar o dia com eles. Ela foi encontrada na antessala por Lydia, que, voando para ela, declarou em um sussurro:

— Fico feliz que tenha vindo, pois está tão animado aqui! Sabe o que aconteceu esta manhã? O Sr. Collins fez um pedido de casamento para Lizzy, e ela não aceitou.

Charlotte mal teve tempo para responder, antes de se juntarem à Kitty, que veio dar a mesma notícia, e mal entraram na sala do café da manhã, onde a Sra. Bennet estava sozinha, ela também começou a falar sobre o assunto, pedindo à senhorita Lucas a sua compaixão, e suplicando-lhe que convencesse sua amiga Lizzy a cumprir os desejos de toda a sua família.

— Peço que o faça, minha querida senhorita Lucas — acrescentou num tom melancólico —, pois ninguém está do meu lado, ninguém toma parte comigo, sou cruelmente usada, ninguém sente pelos meus pobres nervos.

A resposta de Charlotte foi poupada pela entrada de Jane e Elizabeth.

— Lá vem ela — continuou a Sra. Bennet —, tão despreocupada como poderia estar, e se importando menos conosco do que se estivéssemos em York, desde que ela possa trilhar o seu próprio caminho. Mas lhe digo uma coisa, senhorita Lizzy, se continuar a recusar todas as ofertas de casamento desta forma, nunca terá um marido e certamente não sei quem a manterá quando o seu pai morrer. *Eu* não serei capaz de mantê-la, estou avisando. Eu desisto de você a partir deste dia. Eu lhe disse na biblioteca que nunca mais falaria contigo, e vai ver como cumpro minha palavra. Não tenho nenhum prazer em falar com crianças desobedientes. Não que eu tenha muito prazer em falar com qualquer um. As pessoas que sofrem como eu sofro, de problemas nos nervos, não têm grande inclinação para falar. Ninguém pode dizer o que eu sofro! Mas é sempre assim. Aqueles que não se queixam nunca são compassivos.

Suas filhas escutaram em silêncio esse acesso, cientes de que qualquer tentativa de argumentar com ela e de acalmá-la só aumentaria a irritação. Ela falou, portanto, sem interrupção de qualquer uma delas, até que o Sr. Collins entrou na sala com um ar mais imponente do que o habitual, e ao perceber quem era, ela disse às meninas:

— Agora, eu insisto que vocês, todas vocês, segurem suas línguas, e deixem o Sr. Collins e eu termos uma pequena conversa juntos.

Elizabeth calmamente saiu da sala, Jane e Kitty a seguiram, mas Lydia manteve-se firme, determinada a ouvir tudo o que podia. E Charlotte, deteve-se a princípio pela polidez do Sr. Collins, que fez poucas perguntas sobre ela mesma e sobre a família, e então por um pouco de curiosidade, satisfez-se em caminhar para a janela e fingir não ouvir. Em uma voz triste, a Sra. Bennet começou assim a conversa pretendida:

— Oh! Sr. Collins!

— Minha querida senhora — respondeu ele —, vamos ficar para sempre em silêncio sobre este assunto. Longe de mim — ele então continuou em uma voz que marcou seu descontentamento — ressentir-me do comportamento de sua filha. A resignação a males inevitáveis é o dever de todos nós. Um dever em especial a um jovem que tem sido tão afortunado como eu tenho sido com uma promoção precoce. E eu creio estar resignado. Talvez, pela minha dúvida quanto a minha própria felicidade, caso minha prima tivesse me honrado com sua mão. Pois tenho observado muitas vezes que a resignação nunca é tão perfeita como quando a bênção negada começa a perder um pouco de seu valor em nossa estimativa. Espero que não me considere desrespeitoso à sua família, minha querida senhora, por retirar assim as minhas pretensões a favor da sua filha, sem ter pedido à senhora e ao Sr. Bennet a cortesia de pedir que interpusessem a sua autoridade em meu interesse. A minha conduta pode ser censurável por ter aceitado a recusa a mim pelos lábios da sua filha em vez dos seus. Mas estamos todos sujeitos a erros. Tive boas intenções durante todo o caso. Meu objetivo tinha sido garantir uma companheira amável para mim, com a devida consideração de benefícios a toda a sua família, e se minha atitude tiver sido de toda repreensível, eu aqui peço licença para pedir desculpas.

XXI

A discussão sobre a proposta do Sr. Collins estava agora quase no fim, e Elizabeth sofria apenas com alguns sentimentos desconfortáveis em decorrência disso, e ocasionalmente com alguma alusão mal-humorada de sua mãe. Quanto ao próprio cavalheiro, os sentimentos *dele* foram essencialmente expressos, não com constrangimento ou desânimo, ou tentando evitá-la, mas com rigidez de modos e silêncio ressentido. Ele quase nunca falava com ela, e as atenções assíduas, as quais ele tinha tanta consciência, foram transferidas pelo resto do dia para a senhorita Lucas, cuja polidez em ouvi-lo foi um alívio para todos eles, especialmente para sua amiga.

O dia seguinte não produziu nenhuma redução no mau humor da Sra. Bennet ou em sua saúde. O Sr. Collins também estava no mesmo estado de orgulho inflamado. Elizabeth esperava que seu ressentimento pudesse encurtar sua visita, mas seu plano não pareceu nem um pouco afetado por isso. Ele iria embora no sábado, e até sábado ele pretendia ficar.

Após o café da manhã, as meninas caminharam para Meryton para perguntar se o Sr. Wickham havia retornado e lamentar sua ausência do baile de Netherfield. Ele se juntou a elas na entrada da cidade e as acompanhou até a casa de sua tia, onde lamentou-se pela perda, e a preocupação de todos foi bastante comentada. Para Elizabeth, no entanto, ele voluntariamente reconheceu que a necessidade de sua ausência *fora* autoimposta.

— Eu cheguei à conclusão — disse Wickham —, enquanto o tempo passava, que seria melhor não me encontrar com o Sr. Darcy. Ficar na mesma sala, no mesmo baile que ele por tantas horas seguidas, seria mais do que poderia suportar, e que as cenas poderiam ser desagradáveis para outros além de mim.

Ela aprovou fortemente sua abstenção, e eles tiveram tempo para uma discussão completa sobre isso, e por todo o elogio que cortesmente outorgaram entre si, enquanto Wickham e outro oficial as acompanhavam até Longbourn, e durante a caminhada, ele particularmente deu sua atenção a ela. Acompanhá-las foi uma dupla vantagem. Ela sentiu toda a honra que isso ofereceu a ela mesma, e era a mais propícia ocasião para apresentá-lo aos seus pais.

Logo após o seu retorno, uma carta foi entregue à senhorita Bennet, que veio de Netherfield, e foi aberta imediatamente. O envelope continha uma pequena e elegante folha de papel prensado à quente, bem preenchida com a bela e leve caligrafia de uma dama. E Elizabeth viu o rosto de sua irmã mudar ao lê-la, e viu sua atenta apreensão em algumas passagens particulares. Jane logo se recobrou e, colocando a carta de lado, tentou juntar-se com sua alegria habitual na conversa geral, mas Elizabeth sentiu uma preocupação sobre o assunto que chamou a atenção até mesmo de Wickham. E tão logo ele e seu companheiro se despediram, um olhar de Jane a convidou para segui-la escada acima. Quando entraram em seu próprio quarto, Jane, tirando a carta, disse:

— Isto é de Caroline Bingley. O que ela contém me surpreendeu muito. O grupo todo já deve ter deixado Netherfield a esta altura a caminho da cidade. Sem qualquer intenção de voltar novamente. Tem que ouvir o que ela disse.

Ela então leu a primeira frase em voz alta, que compreendia a informação de que eles tinham acabado de resolver seguir seu irmão para a cidade, e da sua intenção de jantar naquele dia na rua Grosvenor, onde o Sr. Hurst tinha uma casa. As próximas continham estas:

Eu não fingirei lamentar qualquer coisa que deixarei em Hertfordshire, exceto por sua companhia, querida amiga. Mas esperemos que em algum momento do futuro voltemos a desfrutar da relação que conhecemos, e nesse meio tempo, podemos diminuir a dor da separação por uma correspondência muito mais frequente e sem reservas. Dependo de você para isso.

A estas expressões vãs, Elizabeth ouvia com toda a insensibilidade da desconfiança. E, embora a súbita partida deles a surpreendesse, não via nela nada para realmente lamentar. Não se supunha que a sua ausência de Netherfield impediria o Sr. Bingley de estar lá. E quanto à perda de sua companhia, ela estava convencida de que Jane deveria esquecê-la em breve, no gozo da dele.

— É triste — disse ela, depois de uma breve pausa — que você não possa ser capaz de ver seus amigos antes de deixarem o interior. Mas, por acaso, não podemos esperar que o período de felicidade futura pelo qual a senhorita Bingley anseia, possa chegar mais cedo do que está ciente, e que a relação que vocês têm tido como amigas, seja renovada com ainda maior satisfação como irmãs? O Sr. Bingley não será detido em Londres por eles.

— Caroline decididamente diz que ninguém do grupo voltará a Hertfordshire neste inverno. Vou ler para você:

Quando meu irmão nos deixou ontem, imaginou que o negócio que o levou para Londres poderia ser concluído em três ou quatro dias, mas como estamos certos de que não seja assim, e ao mesmo tempo convencidos de que, quando Charles chegar à cidade, não terá pressa para deixá-la novamente, decidimos seguir para lá, para que ele não seja obrigado a gastar suas horas vagas em um hotel sem conforto. Muitos dos meus conhecidos já estão lá para o inverno. Eu gostaria de ouvir que você, minha querida amiga, tivesse qualquer intenção de se juntar a nós, mas duvido que isso aconteça. Espero sinceramente que o seu Natal em Hertfordshire seja abundante nas alegrias que essa época geralmente traz, e que sua beleza seja tão abundante que a impeça de sentir a perda de nós três, dos quais vos privaremos.

— É evidente com isso — adicionou Jane — que ele não voltará neste inverno.

— Só é evidente que a senhorita Bingley não *quer* que ele volte.

— Por que pensa assim? Deve ser por sua própria vontade. Ele é dono de si. Mas você não sabe de *tudo*. Eu *lerei* a passagem que me fere particularmente. Eu não terei nenhuma reserva com *você*.

O Sr. Darcy está impaciente para ver a irmã dele, e, para dizer a verdade, nós não estamos menos ansiosas para encontrá-la novamente. Eu realmente acho que ninguém se compara a Georgiana Darcy em beleza, elegância e habilidades. E o carinho que ela inspira em Louisa e em mim tem se intensificado em algo ainda mais interessante, pela esperança que ousamos nutrir de que se torne futuramente nossa irmã. Não sei se alguma vez lhe mencionei os meus sentimentos sobre este assunto, mas não deixarei o interior sem confiá-los, e espero que não os ache irracionais. Meu irmão já a admira muito, e agora terá a oportunidade de frequentemente vê-la com uma intimidade maior. Todos os parentes dela desejam a união tanto quanto nós mesmos, e a parcialidade de uma irmã não me engana, eu creio, quando digo que Charles é capaz de conquistar o coração de qualquer mulher. Com todas essas circunstâncias favorecendo uma união e sem nada para impedi-la, estou errada, minha querida Jane, em condescender com a esperança de um evento que irá garantir a felicidade de tantos?

— O que você acha deste trecho, minha querida Lizzy? — disse Jane enquanto terminava. — Não é claro suficiente? Não declara expressamente que Caroline não espera, nem quer, que eu seja sua irmã? Que ela está perfeitamente convencida da indiferença do irmão, e que se ela suspeita da natureza dos meus sentimentos por ele, ela tem a intenção (muito gentilmente!) de me avisar? Pode haver alguma outra opinião sobre o assunto?

— Sim, pode. Pois a minha é completamente diferente. Desejaria ouvir?

— De bom grado.

— Você vai sabê-la em poucas palavras. A senhorita Bingley

vê que seu irmão está apaixonado por você e quer que ele se case com a senhorita Darcy. Ela o segue até a cidade na esperança de mantê-lo lá e está tentando persuadi-la de que ele não se importa com você.

Jane balançou sua cabeça.

— De fato, Jane, você deve acreditar em mim. Ninguém que já tenha visto vocês juntos pode duvidar da afeição dele. A senhorita Bingley tenho certeza de que também não duvida. Ela não é tão simplória. Se ela pudesse ver metade desse amor por ela no Sr. Darcy, teria encomendado seu vestido de casamento. Mas o caso é este: nós não somos ricos o suficiente, ou nobres o suficiente para eles. E ela está tão ansiosa para obter a senhorita Darcy para seu irmão, pois parte da noção de que, quando houver *um* casamento, ela terá menos problemas em alcançar um segundo, o que certamente é uma ingenuidade, e ouso dizer que teria sucesso, se a senhorita de Bourgh estivesse fora do caminho. Mas, minha querida Jane, não pode levar a sério, só porque a Srta. Bingley disse que seu irmão admira a Srta. Darcy, que ele esteja agora menos inclinado aos seus méritos do que quando se despediu na terça-feira, ou que esteja no poder dela persuadir seu irmão a, em vez de estar apaixonado por você, apaixonar-se pela amiga dela.

— Se pensássemos o mesmo da senhorita Bingley — respondeu Jane —, sua representação de tudo isso, poderia facilmente me convencer. Mas eu sei que o fundamento desse raciocínio é injusto. Caroline é incapaz de enganar deliberadamente qualquer um. E tudo o que posso esperar neste caso é que ela tenha enganado a si própria.

— Isso é certo. Você não poderia ter pensado em algo melhor, uma vez que não a agrada minha opinião. Acredite que ela enganou-se de todas as formas. Você já cumpriu o seu dever com ela, e não deve mais se preocupar.

— Mas, minha querida irmã, posso ser feliz, mesmo supondo o melhor, aceitando um homem cujas irmãs e todos os amigos desejam que se case com outra?

— Você é quem deve decidir isso — disse Elizabeth —, e se, depois de madura deliberação, achar que o sacrifício de desagradar as suas duas irmãs é maior do que a felicidade de ser sua esposa, aconselho-a, sem dúvida, a recusá-lo.

— Como pode dizer isso? — disse Jane com um sorriso fraco. — Deve saber que, embora eu estivesse extremamente entristecida com a desaprovação deles, não poderia hesitar.

— Eu não pensei que faria. E, sendo assim, não posso considerar a situação com muita compaixão.

— Mas se ele não retornar neste inverno, minha escolha nunca será requerida. Milhares de coisas podem acontecer em seis meses!

Elizabeth tratou a ideia de ele não voltar mais com o maior desprezo. Pareceu-lhe meramente uma sugestão dos desejos interesseiros de Caroline, e ela não podia, nem por um momento, supor que esses desejos, embora aberta ou ardilosamente declarados, pudessem influenciar um jovem totalmente independente.

Ela expressou para sua irmã o mais forçosamente possível o que sentia sobre o assunto, e logo teve o prazer de vê-la feliz. O temperamento de Jane não era inclinado a se deprimir, e ela foi gradualmente levada a ter esperança, embora a desconfiança, por vezes, superasse a esperança de que Bingley voltasse para Netherfield e correspondesse a todos os desejos de seu coração.

Elas concordaram que a Sra. Bennet só deveria saber da partida da família para não se alarmar com a conduta do cavalheiro. Mas mesmo esta comunicação parcial deu-lhe uma grande preocupação, e lamentou por ser extremamente falta de sorte que as senhoras tivessem ido embora quando estavam todos ficando tão íntimos. Contudo, depois de lamentar demoradamente, ela teve o consolo de pensar que o Sr. Bingley logo voltaria e jantaria em Longbourn. E a conclusão de tudo foi a declaração confortadora de que, embora ele tivesse sido convidado apenas para um jantar em família, ela teria o cuidado de ter um banquete completo.

XXII

Os Bennets tinham combinado de jantar com os Lucas, e novamente durante o final do dia, a Srta. Lucas teve a gentileza de ouvir o Sr. Collins. Elizabeth aproveitou a oportunidade para lhe agradecer:

— Isso o mantém de bom humor — disse ela —, e estou mais grata a você do que posso expressar.

Charlotte assegurou à amiga a sua satisfação em ser útil, e que isso a compensava amplamente pelo pequeno sacrifício do seu tempo. Isto foi muito amável, mas a bondade de Charlotte estendeu-se mais além do que Elizabeth podia conceber. Seu objetivo não era nada menos do que protegê-la de qualquer exacerbação dos cortejos do Sr. Collins, atraindo-os para ela mesma. Tal era o esquema da senhorita Lucas, e os resultados foram tão favoráveis que, quando se separaram à noite, ela teria se sentido quase certa do sucesso se ele não tivesse deixado Hertfordshire tão cedo. Mas nesse momento, ela foi injusta com o ímpeto e a independência do caráter dele, pois isso o levou a sair sorrateiramente de Longbourn House na manhã seguinte com astúcia admirável, e apressar-se a Lucas Lodge para se jogar a seus pés. Ele estava ansioso para evitar a atenção de suas primas, com a convicção de que se o vissem partir, não poderiam deixar de conjecturar suas intenções, e ele não estava disposto a divulgar a tentativa até que houvesse a certeza de seu sucesso. Por se sentir quase seguro, e com razão, pois Charlotte tinha sido razoavelmente encorajadora, estava relativamente desconfiado desde os eventos de quarta-feira. Sua recepção, no entanto, foi das mais lisonjeiras. Senhorita Lucas observou-o de uma janela superior, enquanto ele caminhava em direção à casa, e imediatamente partiu para encontrá-lo acidentalmente no caminho. Mas ela não se atreveria supor que tanto amor e eloquência a aguardavam lá.

Em pouco tempo, tanto quanto os longos discursos do Sr.

Collins permitiriam, tudo estava resolvido entre eles para satisfação de ambos. E ao entrarem na casa, ele sinceramente suplicou que ela nomeasse o dia que o tornaria o mais feliz dos homens, e embora tal solicitação devesse ser adiada por enquanto, a dama não sentiu nenhuma inclinação a brincar com a felicidade dele. A estupidez com a qual ele foi favorecido pela natureza privou sua corte de qualquer charme que pudesse fazer com que uma mulher desejasse prolongá-la. E a senhorita Lucas, que o aceitou apenas a partir do desejo puro e desinteressado de um compromisso, não se importou com a rapidez com que esse fora firmado.

O consentimento de Sir William e Lady Lucas foi rapidamente requerido, e concedido com uma alegria muito grande. As circunstâncias atuais do Sr. Collins tornaram o casamento bastante vantajoso para a sua filha, a quem eles poderiam deixar apenas uma pequena fortuna. E as perspectivas de que ficasse rico no futuro eram bem evidentes. Lady Lucas começou a calcular imediatamente, com mais interesse do que o assunto jamais a havia animado antes, quantos anos o Sr. Bennet provavelmente viveria. E Sir William deu, resoluto, sua opinião de que, quando o Sr. Collins estivesse na posse da propriedade Longbourn, seria muito conveniente que ele e a mulher aparecessem em St. James. Resumindo, toda a família ficou muito contente com a ocasião. As meninas mais novas criaram esperanças de que fossem introduzidas na sociedade um ano ou dois mais cedo do que poderiam. E os meninos ficaram livres de sua apreensão de que Charlotte fosse morrer como uma solteirona. A própria Charlotte estava bem serena. Tinha atingido seu objetivo, e havia tempo para refletir sobre ele. Suas reflexões foram em geral satisfatórias.

O Sr. Collins, com certeza, não era sensato nem agradável, sua companhia era irritante, e seu apego a ela deveria ser imaginário. Mas ainda assim ele seria seu marido. Sem pensar muito em homens ou em matrimônio, o casamento sempre foi o objetivo dela. Era a única provisão honrosa para mulheres jovens bem-educadas de pouca fortuna, e por mais que fosse incerto ter felicidade, deveria ser o seu mais agradável refúgio contra passar necessidade. Obtivera esse refúgio agora, com vinte e sete anos, sem nunca ter sido bonita, o que a fez sentir-se sortuda. A circunstância menos agradável no compromisso era a surpresa que causaria em Elizabeth Bennet, cuja amizade ela valorizava além da de qualquer outra pessoa. Elizabeth se perguntaria, e provavelmente a culparia, e embora sua relação não fosse abalada, seus sentimentos seriam feridos por tal desaprovação. Ela resolveu dar-lhe a informação ela mesma e, portanto, instruiu o Sr. Collins para que, quando ele voltasse a Longbourn para jantar, não deixasse nenhuma pista do que tinha se passado diante de qualquer um da família. A promessa de sigilo foi, naturalmente, feita muito obedientemente, mas não poderia ser mantida sem dificuldade, pois a curiosidade estimulada por sua longa ausência irrompeu em perguntas tão diretas em seu retorno, que exigiam alguma ingenuidade para se escapar, e ele estava, ao mesmo tempo, exercendo grande abnegação, pois estava ansioso para divulgar seu amor próspero.

Como ele deveria começar sua jornada muito cedo no dia seguinte para ver alguém da família, a cerimônia de despedida foi realizada quando as senhoras se recolhiam para dormir. E a Sra. Bennet com grande cortesia e cordialidade disse o quão feliz eles ficariam em vê-lo em Longbourn novamente, sempre que os seus outros compromissos lhe permitissem visitá-los.

— Minha querida senhora — respondeu ele —, este convite é particularmente gratificante, porque é o que eu estava esperando receber. E pode estar muito certa de que o aproveitarei o mais rápido possível.

Todos ficaram atônitos. E o Sr. Bennet, que de modo algum poderia desejar um retorno tão rápido, imediatamente disse:

— Mas não há perigo da desaprovação de Lady Catherine, meu bom senhor? É melhor negligenciar os seus parentes do que correr o risco de ofender a sua benfeitora.

— Meu caro senhor — respondeu Sr. Collins —, fico particularmente agradecido por esta cautela amigável, e pode confiar que não darei um passo tão significativo sem a concordância de Sua Senhoria.

— Nunca há exagero em se manter atento. Arrisque qualquer coisa em vez de a desagradar... E se achar provável que isso seja provocado por nos visitar outra vez, o que acho extremamente provável, permaneça tranquilamente em casa, seguro de que *nós* não nos ofenderemos.

— Acredite, meu caro senhor, que a minha gratidão é calorosamente estimulada por essa atenção tão afetuosa. E saiba que, em breve, receberá de mim uma carta de agradecimento por isso, bem como por todos os outros sinais do seu respeito durante a minha estadia em Hertfordshire. Quanto às minhas belas primas, embora a minha ausência não seja muito longa, tomarei agora a liberdade de lhes desejar saúde e felicidade, sem excetuar minha prima Elizabeth.

Com a devida polidez, as damas, em seguida, se retiraram. Todas igualmente surpresas por ele pensar em um rápido retorno. A Sra. Bennet queria supor com isso que ele pensava em transferir seus cortejos para uma de suas meninas mais novas, e Mary poderia ser persuadida a aceitá-lo. Ela tinha uma opinião muito mais elevada sobre as habilidades dele do que qualquer uma das outras. Havia uma solidez nas reflexões dele que muitas vezes a impressionava, e embora não o considerasse tão inteligente quanto ela, pensou que se fosse incentivado a ler e melhorar a si mesmo por um exemplo como o dela, ele poderia se tornar um companheiro muito agradável. Mas na manhã seguinte, todas essas esperanças foram eliminadas. A senhorita Lucas apareceu logo após o café da manhã, e em uma conversa privada com Elizabeth relatou o evento do dia anterior.

A possibilidade do Sr. Collins se imaginar apaixonado pela sua amiga havia ocorrido a Elizabeth nos últimos dias, mas que Charlotte pudesse encorajá-lo parecia quase tão improvável quanto ela mesma encorajá-lo, e seu espanto foi consequentemente tão grande a ponto de superar a princípio os limites do decoro, e ela não pôde deixar de gritar:

— Noiva do Sr. Collins! Minha querida Charlotte, impossível!

O semblante resoluto que a senhorita Lucas tinha conservado ao contar sua história deu lugar a uma confusão momentânea ao receber uma censura tão direta. Embora, como não era mais do que ela esperava, logo recuperou sua compostura, e calmamente respondeu:

— Por que está surpresa, minha cara Eliza? Você acha inacreditável que o Sr. Collins seja capaz de obter a boa opinião de qualquer mulher, só porque ele não teve a felicidade de ser bem-sucedido com você?

Mas Elizabeth já se recompusera e, fazendo um grande esforço para isso, foi capaz de assegurar-lhe com firmeza razoável que era muito grata a ela pela perspectiva do relacionamento deles, e lhe desejava toda a felicidade imaginável.

— Vejo o que sente — respondeu Charlotte. — Deve estar surpresa, muito surpresa, pois recentemente o Sr. Collins desejava se casar com você. Mas quando tiver tido tempo para pensar sobre isso, espero que fique satisfeita com o que eu fiz. Não sou romântica, você sabe. Nunca fui. Peço apenas uma casa confortável, e, considerando o caráter do Sr. Collins, conexões e uma condição favorável de vida, estou convencida de que minha chance de felicidade com ele é tão plausível quanto é para a maioria das pessoas que estão adentrando a vida conjugal.

Elizabeth respondeu serenamente:

— Sem dúvida. — E depois de uma pausa estranha, elas se juntaram ao resto da família. Charlotte não ficou muito tempo, e Elizabeth foi então capaz de refletir sobre o que tinha ouvido. Passou muito tempo até que ela se conformasse com a ideia de um casamento tão inadequado. A estranheza de o Sr. Collins fazer duas ofertas de casamento dentro de três dias não era nada em comparação com o fato de que um deles tinha sido agora aceito. Ela sempre sentiu que a opinião de Charlotte sobre o matrimônio não era exatamente como a sua, mas não podia supor que fosse possível que, quando colocasse em prática, ela sacrificasse todos os melhores sentimentos para obter vantagem mundana. Charlotte, como esposa do Sr. Collins, era uma imagem muito humilhante! E à dor de uma amiga que se humilhava e se rebaixava em sua estima, foi acrescentada a angustiante convicção de que era impossível para essa amiga ser razoavelmente feliz na sorte que escolhera.

XXIII

Elizabeth estava sentada com sua mãe e irmãs, refletindo sobre o que tinha ouvido e se perguntando se estava autorizada a mencioná-lo, quando o próprio Sir William Lucas apareceu, enviado por sua filha, para anunciar seu noivado à família. Com muitos elogios a eles, e felicitando-se muito com a perspectiva de uma conexão entre as famílias, ele desdobrou o assunto para uma audiência não apenas espantada, mas incrédula. Pois a Sra. Bennet, com mais perseverança do que polidez, protestou que ele deveria estar completamente enganado, e Lydia, sempre imprudente e muitas vezes rude, furiosamente exclamou:

— Meu Deus! Sir William, como pode contar tal história? O senhor não sabe que o Sr. Collins quer se casar com Lizzy?

Nada menos que a complacência de um cortesão poderia ter suportado sem raiva tal tratamento. Mas a boa criação de Sir William o guiou por tudo isso, e embora ele tenha implorado quanto à verdade de sua informação, ouviu toda a impertinência deles com a mais tolerante cortesia.

Elizabeth, sentindo que lhe competia aliviá-lo de uma situação tão desagradável, apresentou-se para confirmar o seu relato, mencionando o seu conhecimento prévio pela própria Charlotte. E esforçou-se em pôr fim às exclamações da sua mãe e de suas irmãs parabenizando com sinceridade o Sir William, o que foi prontamente seguido por Jane, e fez uma série de observações sobre a felicidade que se poderia esperar da união, a excelente pessoa do Sr. Collins, e a distância conveniente entre Hunsford e Londres.

A Sra. Bennet estava de fato muito afetada para dizer algo enquanto Sir William permanecia ao seu lado. Mas mal ele os deixou, os seus sentimentos encontraram um desabafo rápido. Em primeiro lugar, ela persistiu em descrer em toda a questão. Em segundo lugar, ela estava muito certa de que o Sr. Collins havia sido enganado. Em terceiro lugar, ela confiava que eles nunca seriam felizes juntos. E em quarto lugar, que a união poderia ser interrompida. Duas inferências, no entanto, foram claramente deduzidas disso tudo: uma, que Elizabeth era a verdadeira causadora de todo o mal; e outra, que ela própria tinha sido barbaramente abusada por todos eles. E sobre estes dois pontos ela conjecturou, incansavelmente, durante o resto do dia. Nada poderia consolá-la e acalmá-la. Nem aquele dia apagou seu ressentimento. Uma semana se passou antes que ela pudesse ver Elizabeth sem repreendê-la, um mês se passou antes que ela pudesse falar com Sir William ou Lady Lucas sem ser rude, e muitos meses se passaram antes que ela pudesse perdoar a filha deles.

As emoções do Sr. Bennet eram muito mais tranquilas na ocasião, e, depois de sentidas, considerou-as como as mais agradáveis possíveis. Pois estava grato, disse ele, em descobrir que Charlotte Lucas, a quem ele costumava pensar ser razoavelmente sensata, era tão tola quanto sua esposa, e mais tola que a sua filha!

Jane confessou-se um pouco surpreendida com a união, mas ela disse menos sobre seu espanto do que sobre seu desejo sincero para a felicidade deles. Nem poderia Elizabeth persuadi-la a considerá-la improvável. Kitty e Lydia estavam longe de invejar a senhorita Lucas, pois o Sr. Collins era apenas um clérigo, e isso não as afetou de alguma forma senão como uma notícia para se espalhar em Meryton.

Lady Lucas não poderia ser insensível ao triunfo em ser capaz de responder a Sra. Bennet sobre o conforto de ter uma filha bem casada. E ela foi a Longbourn mais frequentemente do que o habitual para dizer o quão feliz estava, embora os olhares amargurados e as observações desagradáveis da Sra. Bennet pudessem ter sido suficientes para afastar a felicidade.

Entre Elizabeth e Charlotte havia um constrangimento que as mantinha mutuamente em silêncio sobre o assunto. E Elizabeth sentiu-se persuadida de que nenhuma confiança real poderia subsistir entre elas novamente. A sua desilusão com Charlotte fez aumentar o carinho para com a sua irmã, de cuja retidão e delicadeza ela tinha a certeza de que a sua opinião nunca poderia ser abalada, e por cuja felicidade ela ficava cada vez mais ansiosa, já que agora fazia uma semana que Bingley havia partido, e nada se ouvia de seu regresso.

Jane tinha enviado a Caroline uma resposta imediata à sua carta e estava contando os dias até que pudesse chegar uma resposta. A prometida carta de agradecimento do Sr. Collins chegou na terça-feira, dirigida ao seu pai, e escrita com toda a solenidade de gratidão que a estada de um ano com a família poderia ter inspirado. Depois de satisfazer sua consciência nesse assunto, passou a informá-los, com muitas expressões arrebatadoras, de sua felicidade em ter obtido o afeto de sua vizinha amável, senhorita Lucas, e depois explicou que foi apenas com a intenção de desfrutar da companhia dela que ele estava pronto para aderir ao desejo gentil deles em tornar a vê-lo em Longbourn, para onde ele esperava poder voltar dali duas segundas-feiras. Pois Lady Catherine, acrescentou ele, tão calorosamente aprovou seu casamento, que desejava que acontecesse o mais rápido possível, o que considerava um argumento irrefutável para que sua amável Charlotte escolhesse logo o dia para torná-lo o mais feliz dos homens.

O regresso do Sr. Collins a Hertfordshire já não era uma questão de prazer para a Sra. Bennet. Pelo contrário, ela estava muito disposta a se queixar disso como seu marido. Era muito estranho que ele viesse para Longbourn em vez de Lucas Lodge. Também era muito inconveniente e extremamente problemático. Ela odiava ter visitas em casa, enquanto sua saúde era tão instável, e os amantes eram, de todas as pessoas, as mais desagradáveis. Tais foram os murmúrios da Sra. Bennet, que deram lugar apenas a uma angústia maior: a ausência prolongada do Sr. Bingley.

Nem Jane nem Elizabeth estavam confortáveis com este assunto. Dias se passaram sem haver nenhuma outra notícia além do boato, que logo circulou em Meryton, de que ele não voltaria a Meryton durante o inverno. Um boato que aborrecia muito a Sra. Bennet, e que ela nunca deixava de contradizer como uma mentira escandalosa.

Mesmo Elizabeth começou a temer; não que Bingley fosse indiferente a Jane, mas que suas irmãs tivessem sido bem-sucedidas em mantê-lo afastado. Embora não estivesse disposta a admitir uma ideia tão destrutiva para a felicidade de Jane, e tão desonrosa para a estabilidade de seu amante, não podia evitar que ela lhe ocorresse. Os esforços unidos de suas duas irmãs insensíveis e de seu amigo dominador, assistidos pelos atrativos da senhorita Darcy, e as diversões de Londres poderiam ser demais, ela temia, para a força do apego dele.

Quanto à Jane *sua* ansiedade sob essa suspeita era, naturalmente, mais dolorosa do que a de Elizabeth. Mas o que quer que ela sentisse, estava disposta a esconder, e entre ela e Elizabeth, portanto, o assunto nunca foi aludido. Mas como não havia delicadeza alguma em sua mãe, uma hora raramente passava sem que ela falasse de Bingley, expressasse sua impaciência por sua chegada, ou até mesmo exigisse que Jane reconhecesse que, se ele não voltasse, deveria se sentir ultrajada. Foi necessária toda a constante suavidade de Jane para suportar estes ataques com uma tranquilidade tolerável.

O Sr. Collins retornou pontualmente em quinze dias, na segunda-feira, mas sua recepção em Longbourn não foi tão graciosa como tinha sido em sua primeira apresentação. Ele estava muito feliz, no entanto, para precisar de muita atenção, e, felizmente para os outros, o compromisso amoroso os aliviou de grande parte de sua companhia. Ele passava a maior parte dos dias em Lucas Lodge, e às vezes ele voltava para Longbourn apenas a tempo de pedir desculpas por sua ausência antes de a família ir para a cama.

A Sra. Bennet estava realmente num estado lastimável. A simples menção de qualquer coisa relativa ao casamento a deixava de mau humor, e aonde quer que ela fosse, tinha certeza de que ouviria falar disso. A visão da senhorita Lucas era odiosa para ela. Como sua sucessora naquela casa, ela a encarava com invejosa aversão. Sempre que a Charlotte vinha vê-los, concluía que estava antecipando a hora da posse. E sempre que falava em voz baixa com Sr. Collins, ficava convencida de que falavam sobre a propriedade dos Longbourn, decidindo expulsá-la da casa com suas filhas, assim que o Sr. Bennet morresse. Ela queixava-se amargamente de tudo isso para o marido.

— Na verdade, Sr. Bennet — disse ela —, é muito difícil pensar que Charlotte Lucas deva ser dona desta casa, que eu deva ser forçada a abrir caminho para *ela* e viver para vê-la tomar o meu lugar nela!

— Minha querida, não ceda a tais pensamentos sombrios. Vamos esperar por coisas melhores. Vamos esperar que *eu* possa ser o sobrevivente.

Isso não foi muito consolador para a Sra. Bennet, e, portanto, em vez de responder algo, ela continuou como antes:

— Eu não posso suportar pensar que terão toda essa propriedade. Se não fosse pela herança, eu não me importaria com isso.

— Com o que você não deveria se importar?

— Não deveria me importar com nada.

— Sejamos gratos por você ser preservada de um estado de tal insensibilidade.

— Nunca poderei ser grata, Sr. Bennet, por nada sobre a sucessão. Como qualquer um poderia ter a consciência de retirar uma propriedade de suas próprias filhas eu não consigo entender. E tudo por causa do Sr. Collins também! Por que *ele* deve ter mais do que qualquer outra pessoa?

— Eu deixo isso para você resolver — disse o Sr. Bennet.

XXIV

A carta da senhorita Bingley chegou e pôs fim às dúvidas. A primeira frase transmitia a certeza de que todos permaneceriam em Londres durante o inverno, e concluía com o pesar de seu irmão por não ter tido tempo de se despedir de seus amigos em Hertfordshire antes de deixar o interior.

A esperança havia terminado, completamente, e quando Jane pôde retomar o resto da carta, ela encontrou pouco, exceto a declarada afeição da amiga, que pudesse lhe dar algum conforto. O elogio à senhorita Darcy ocupou a maior parte dela. Os seus vários atrativos foram novamente ressaltados, e Caroline gabava-se alegremente da crescente intimidade entre elas, e aventurou-se a prever a realização dos desejos que tinham sido revelados na sua carta anterior. Ela também escreveu com grande prazer sobre o fato de seu irmão estar sempre na casa do Sr. Darcy, e mencionou com êxtase alguns planos deste último no que diz respeito à nova mobília.

Elizabeth, a quem Jane muito em breve comunicou o essencial de tudo isso, ouviu-a em indignação silenciosa. Seu coração estava dividido entre a preocupação com sua irmã e o ressentimento contra todos os outros. Para a afirmação de Caroline de que o irmão gostava da senhorita Darcy, ela não dava nenhum crédito. Que ele realmente estava apaixonado por Jane, ela não tinha qualquer dúvida, e por mais que ela sempre tivesse gostado dele, ela não podia pensar sem raiva, quase com desprezo, sobre a personalidade influenciável e a falta de poder de decisão que agora o tornava escravo dos seus amigos e o levava a sacrificar a sua própria felicidade ao capricho das inclinações deles. Se sua própria felicidade, no entanto, fosse o único sacrifício, ele estaria autorizado a brincar com ela da maneira que bem entendesse, mas a de Jane também estava em jogo, e ele devia ter consciência disso. Era um assunto, em suma, sobre o qual haveria uma longa reflexão infrutífera. Ela não conseguia pensar em mais nada, e, contudo, quer a afeição de Bingley tivesse realmente desaparecido ou sido suprimida pela interferência de seus amigos, quer ele estivesse ciente do apego de Jane, ou este tivesse escapado de sua observação, qualquer que fosse o caso, mesmo que sua opinião variasse de acordo com cada hipótese, a situação de sua irmã permanecia a mesma, e sua paz igualmente perturbada.

Um dia ou dois se passaram antes de Jane ter coragem de falar de seus sentimentos para Elizabeth, quando finalmente a Sra. Bennet as deixou sozinhas, depois de um acesso de raiva mais longo do que o habitual sobre Netherfield e seu dono, ela não pôde deixar de dizer:

— Oh! Se minha querida mãe tivesse mais controle sobre si mesma. Ela não tem ideia da dor que me causa por suas reflexões contínuas sobre ele. Mas não vou reclamar. Não pode durar muito. Ele será esquecido, e todos nós seremos como éramos antes.

Elizabeth olhou para a irmã com uma solicitude incrédula, mas não disse nada.

— Você duvida de mim — exclamou Jane, ligeiramente enrubescida —, na verdade, você não tem motivo. Ele pode viver na minha memória como o homem mais amável que conheço, mas isso é tudo. Eu não tenho nada por esperar ou temer, e nada para censurá-lo. Graças a Deus! Eu não tenho essa dor. Um pouco de tempo, portanto, e tentarei certamente melhorar.

Com uma voz mais forte ela acrescentou:

— Eu tenho esse conforto imediato de que não foi mais do que um erro de imaginação de minha parte, e que não fez mal a ninguém além de mim mesma.

— Minha querida Jane! — exclamou Elizabeth. — Você é muito boa. Sua doçura e altruísmo são realmente angelicais. Eu não sei o que dizer a você. Sinto como se nunca lhe tivesse feito justiça, ou a amado como merece.

A senhorita Bennet avidamente negou todo o mérito extraordinário, e atribuiu os elogios à afeição calorosa da sua irmã.

— Não — disse Elizabeth —, isso não é justo. *Você* quer pensar que todo mundo é respeitável e fica magoada se eu falo mal de alguém. *Eu* só quero pensar que *você* é perfeita, e você se opõe a isso. Não tenha medo de que eu cometa qualquer excesso, que eu invada seu privilégio de boa vontade ilimitada. Não precisa. Há poucas pessoas que eu realmente amo, e ainda menos de quem penso bem. Quanto mais vejo o mundo, mais fico insatisfeita com ele. E todos os dias confirmam minha crença na inconsistência de todo o caráter humano, e na pouca confiança que pode ser depositada na aparência de mérito ou bom senso. Tenho-me encontrado com dois exemplos ultimamente. Um que não mencionarei; o outro é o casamento de Charlotte. É inexplicável! Em todos os pontos de vista, é inexplicável!

— Minha querida Lizzy, não ceda a sentimentos como estes. Eles vão arruinar sua felicidade. Você não leva em consideração a diferença de situação e temperamento. Considere a respeitabilidade do Sr. Collins e o caráter prudente e estável de Charlotte. Lembre-se de que ela faz parte de uma grande família, que quanto à fortuna, é uma união desejável. E esteja pronta a acreditar, pelo bem de todos, que ela pode sentir algo como respeito e estima por nosso primo.

— Para lhe agradar, eu tentaria acreditar em quase tudo, mas ninguém mais poderia ser beneficiado por uma crença como esta. Pois se estivesse convencida de que Charlotte tivesse qualquer consideração por ele, eu só pensaria pior sobre a compreensão dela, do que penso agora sobre seu coração. Minha querida Jane, o Sr. Collins é um homem vaidoso, pomposo, tacanho, tolo. Você sabe disso tão bem quanto eu. E você deve sentir, assim como eu, que a mulher que se casar com ele não pode ter uma maneira apropriada de pensar. Você não deve defendê-la, embora se trate de Charlotte Lucas. Você não deve, por causa de uma pessoa, mudar o significado de princípio e integridade, nem se esforçar para convencer a si mesma ou a mim de que o egoísmo é prudência, e insensibilidade ao perigo, segurança para a felicidade.

— Penso que sua linguagem seja muito forte ao falar de ambos — respondeu Jane —, e espero que você se convença disso, vendo-os felizes juntos. Mas chega desse assunto. Você aludiu a outra coisa. Você mencionou *dois* exemplos. Não posso interpretá-la mal, mas peço-lhe, querida Lizzy, que não me magoe pensando em culpar *aquela pessoa* e dizer que sua opinião sobre ele está arruinada. Não devemos estar propensas a imaginar que fomos feridas intencionalmente. Não devemos exigir que um jovem folgazão seja sempre cauteloso e cuidadoso. Muitas vezes não é nada, exceto a nossa própria vaidade a nos enganar. Mulheres fantasiam a admiração dos homens mais do que ela de fato é.

— E os homens contribuem para que elas o façam.

— Se for feito propositadamente, não têm desculpas. Mas eu não acredito que haja tanta dissimulação no mundo como algumas pessoas imaginam.

— Estou longe de atribuir qualquer parte da conduta do Sr. Bingley à dissimulação — disse Elizabeth —, mas mesmo sem intenção de cometer erros, ou tornar os outros infelizes, pode haver equívoco e miséria. Negligência, falta de atenção aos sentimentos das outras pessoas e falta de resolução o liquidarão.

— E você lhe imputa algum desses?

— Sim, ao último. Mas se eu continuar, irei lhe desagradar dizendo o que eu penso de pessoas que você estima. Detenha-me enquanto pode.

— Você insiste, então, em supor a influência das irmãs sobre ele.
— Sim, em conjunto com seu amigo.
— Eu não posso acreditar. Por que eles tentariam influenciá-lo? Eles só podem desejar sua felicidade, e se ele me ama, nenhuma outra mulher pode lhe fazer feliz.
— Sua primeira alegação é falsa. Eles podem desejar muitas coisas além da felicidade dele. Podem desejar seu aumento de riqueza e importância. Podem desejar que ele se case com uma menina que tem toda a influência financeira, conexões na alta sociedade e orgulho.
— Sem dúvida, elas desejam que ele escolha a senhorita Darcy — respondeu Jane —, mas pode ser por sentimentos melhores do que você está supondo. Elas a conhecem há muito mais tempo do que me conhecem. Não me admira que a amem mais. Mas, qualquer que seja o desejo delas, é pouco provável que tenham se colocado contra a vontade do irmão. Que irmã se atreveria em fazê-lo, a menos que houvesse algo muito censurável? Se acreditassem que ele se afeiçoou a mim, não tentariam nos separar. Se assim fosse, não teriam sucesso. Ao supor tal afeição, faz parecer que todos agem de forma anormal e errada, e eu fico muito triste. Não me aflija com a ideia. Não me envergonho de ter me enganado ou, pelo menos, é leve; nada em comparação com o que eu sentiria em pensar mal dele ou de suas irmãs. Deixe-me considerar o fato da melhor maneira pela qual ele pode ser entendido.

Elizabeth não poderia se opor a tal desejo, e a partir deste momento o nome do Sr. Bingley era raramente mencionado entre elas.

A Sra. Bennet ainda continuava a se perguntar e se lamentar sobre o seu retorno, e apesar de raramente se passar um dia sem que Elizabeth lhe explicasse claramente, parecia haver pouca chance de que ela alguma vez considerasse com menos perplexidade. Sua filha tentava convencê-la do que ela mesma não acreditava, que as atenções dele para Jane tinham sido apenas o efeito de uma afeição comum e transitória, que cessou quando ele não a viu mais. Mas embora a probabilidade da declaração ser admitida na época, ela tinha que repetir a mesma história todos os dias. O único conforto da Sra. Bennet era imaginar que o Sr. Bingley viria novamente no verão.

O Sr. Bennet tratou o assunto de forma diferente:

— Então, Lizzy — disse ele um dia —, sua irmã está com o coração partido, eu acho. Felicito-a. Além de se casar, uma garota gosta de ter o coração partido de vez em quando. É algo em que pensar, e dá-lhe uma espécie de distinção entre as suas companheiras. Quando é a sua vez? Você dificilmente suportará ser superada por muito tempo por Jane. Agora é a sua vez. Há oficiais suficientes em Meryton para desapontar todas as jovens damas do país. Deixe Wickham ser seu homem. Ele é um sujeito agradável, e a magoaria com certeza.

— Obrigada, senhor, mas um homem menos agradável me satisfaria. Não devemos esperar a boa sorte de Jane.

— Verdade — disse o Sr. Bennet. — Mas é um conforto pensar que, seja o que for que lhe aconteça, você uma mãe afetuosa que sempre tirará proveito disso.

A companhia do Sr. Wickham teve uma utilidade essencial em dissipar a tristeza que as últimas ocorrências perversas tinham jogado sobre muitos da família Longbourn. Eles o viam muitas vezes, e às suas outras recomendações foi agora adicionada uma franqueza total. Tudo o que Elizabeth já tinha ouvido, suas reivindicações sobre o Sr. Darcy, e tudo o que ele tinha sofrido por causa dele, foi agora abertamente reconhecido e publicamente analisado. E todos ficaram satisfeitos por pensar o quanto eles nunca gostaram do Sr. Darcy antes mesmo de saberem alguma coisa sobre o assunto.

A senhorita Jane era a única criatura que poderia supor a existência de qualquer circunstância atenuante no caso, desconhecida da sociedade de Hertfordshire. Sua franqueza suave e constante sempre implorava por subsídios e sugeria a possibilidade de enganos, mas por todos os outros o Sr. Darcy foi condenado como o pior dos homens.

XXV

Depois de passar uma semana em declarações de amor e planos de felicidade, o Sr. Collins foi afastado de sua amável Charlotte com a chegada do sábado. A dor da separação, no entanto, poderia ser aliviada ao seu lado, por preparativos para a recepção de sua noiva, pois ele tinha razões para esperar que logo após o seu próximo retorno a Hertfordshire, seria escolhido o dia em que ele se tornaria o mais feliz dos homens. Ele se despediu de seus parentes em Longbourn com muita solenidade como antes. Desejou a suas primas saúde e felicidade novamente e prometeu ao pai delas outra carta de agradecimento.

Na segunda-feira seguinte, a Sra. Bennet teve o prazer de receber seu irmão e sua esposa, que vieram, como de costume, para passar o Natal em Longbourn. O Sr. Gardiner era um homem sensato e cavalheiro, muito superior à sua irmã, tanto por natureza quanto por educação. As damas de Netherfield teriam dificuldade em acreditar que um homem que vivia do comércio, e morava próximo aos seus próprios armazéns, pudesse ser tão bem-educado e agradável. A Sra. Gardiner, que era vários anos mais nova do que a Sra. Bennet e a Sra. Phillips, era uma mulher amável, inteligente e elegante, e uma grande favorita de todas as suas sobrinhas em Longbourn. Entre as duas mais velhas e ela, especialmente, havia um afeto único. Elas frequentemente ficavam com ela na cidade.

A primeira ocupação da Sra. Gardiner na sua chegada foi distribuir os seus presentes e descrever as novas modas. Após isso ter sido feito, não tinha muita função para desempenhar. Chegou sua vez de ouvir. A Sra. Bennet tinha muitas queixas para relatar e muito a reclamar. Todas elas tinham sido muito ludibriadas desde a última vez ela que viu sua irmã. Duas de suas filhas estavam prestes a se casar, e, no fim das contas, nada aconteceu.

— Eu não culpo Jane — ela continuou —, pois Jane teria conquistado o Sr. Bingley, se pudesse. Mas, Lizzy! Oh, irmã! É muito difícil pensar que ela poderia ter sido a esposa do Sr. Collins a essa altura, se não fosse por sua própria perversidade. Ele fez-lhe uma oferta nesta mesma sala, e ela o recusou. A consequência disso é que Lady Lucas terá uma filha casada antes de mim, e que a propriedade Longbourn está tão comprometida como sempre esteve. Os Lucas são realmente pessoas muito astutas, irmã. Eles fazem tudo para ter o que querem. Lamento dizer isso deles, mas é verdade. Fico muito nervosa e mal, ser frustrada com minha própria família, e ter vizinhos que pensam em si mesmos antes de qualquer outra pessoa. No entanto, a sua vinda neste momento é o maior dos confortos, e eu estou muito feliz em ouvir o que você nos diz sobre a moda das mangas compridas.

A Sra. Gardiner, a quem toda notícia tinha sido dada antes, no curso da correspondência de Jane e Elizabeth com ela, deu à sua irmã uma breve resposta e, em compaixão por suas sobrinhas, mudou a conversa.

Quando ficou sozinha com Elizabeth, falou mais sobre o assunto:

—Parece provável que teria sido um casamento desejável para Jane — disse ela. — Lamento que tenha se desfeito. Mas estas coisas acontecem tantas vezes! Um jovem, como você descreve o Sr. Bingley, se apaixona tão facilmente por uma garota bonita por algumas semanas e, quando o acaso os separa, tão facilmente se esquece dela, esse tipo de inconstância é muito frequente.

— Um consolo excelente de qualquer maneira — disse Elizabeth —, mas não servirá para *nós*. Nós não sofremos por acaso, pois não é frequente a interferência de amigos que persuadem um jovem abastado independente a não pensar mais em uma moça, por quem ele estava profundamente apaixonado apenas alguns dias antes.

— Mas esta expressão "profundamente apaixonado" é tão banal, tão duvidosa, tão indefinida, que não me diz muito. É tão frequentemente aplicada a sentimentos que surgem de um contato de meia hora, como a um apego real e forte. O quão *profundo era* o amor do Sr. Bingley?

— Eu nunca vi uma inclinação mais promissora. Ele era muito desatento com outras pessoas, e totalmente arrebatado por ela. Cada vez que se encontravam, isso era mais evidente e notável. No seu próprio baile, ofendeu duas ou três jovens senhoras, não lhes pedindo para dançar, e eu falei com ele duas vezes, sem receber uma resposta. Poderia haver sintomas mais aprazíveis? Não é a incivilidade geral a própria essência do amor?

— Oh, sim! Desse tipo de amor que eu suponho que tenha sido o dele. Pobre Jane! Sinto muito por ela, porque, com seu temperamento, ela pode não superar isso imediatamente. Seria melhor ter acontecido a *você*, Lizzy. Você se recuperaria mais cedo. Mas acha que ela se convenceria a partir conosco? A mudança de cenário pode servir... e talvez um pouco de alívio de casa, pode ser tão útil como qualquer coisa.

Elizabeth ficou extremamente satisfeita com a proposta e sentiu-se persuadida da pronta aceitação de sua irmã.

— Espero — acrescentou a Sra. Gardiner — que nenhuma consideração em relação a este jovem a influencie. Vivemos em uma parte tão distinta da cidade, todas as nossas conexões são tão diferentes, e, como você bem sabe, saímos tão pouco, que é muito improvável que eles se encontrem, a menos que ele realmente venha vê-la.

— E *isso* é completamente impossível, pois ele está agora sob a custódia de seu amigo, e o Sr. Darcy não permitiria que ele visitasse Jane em tal parte de Londres! Minha querida tia, como pôde pensar nisso? O Sr. Darcy pode talvez ter *ouvido* sobre um lugar como Rua Gracechurch, mas ele dificilmente pensaria que se lavar por um mês seria suficiente para eliminar suas impurezas se ele alguma vez entrasse ali. E, acredite, o Sr. Bingley nunca daria um passo sem ele.

— Muito melhor. Espero que eles não se encontrem. Mas Jane não se corresponde com a irmã dele? *Ela* não deixará de convidá-la.

— Ela abandonará completamente a amizade.

Mas, apesar da certeza que Elizabeth utilizou para enfatizar este ponto, bem como outra ainda mais interessante de que Bingley seria impedido de ver Jane, ela sentiu uma ansiedade sobre o assunto que a convenceu, no momento, de que ela não o considerava totalmente impossível. Era possível, e por vezes, ela pensou, provável que a afeição dele pudesse ser reanimada, e a influência de seus amigos, combatida com sucesso pela influência inerente aos atrativos de Jane.

A senhorita Bennet aceitou o convite da sua tia com prazer, e os Bingley não estavam de outra forma em seus pensamentos além de uma vaga esperança de ocasionalmente visitar sua amiga. E podia assim fazer sem nenhum risco de ver Bingley, uma vez que não morava com a irmã.

Os Gardiners ficaram uma semana em Longbourn, e quanto aos Phillips, os Lucas e os oficiais, não havia um dia sem sua companhia. A Sra. Bennet tinha providenciado tão cuidadosamente o entretenimento do irmão e da cunhada, que nem uma vez se sentaram para um jantar em família. Quando eles ficavam em casa, alguns dos oficiais sempre os acompanhavam, dos quais o oficial Sr. Wickham certamente era um. E nessas ocasiões, a Sra. Gardiner, tornando-se desconfiada pelos elogios calorosos de Elizabeth sobre ele, observou estritamente os dois. Sem supor que eles, pelo que ela viu, estivessem muito seriamente apaixonados, a preferência de um pelo outro era clara o suficiente para torná-la um pouco desconfortável. E ela resolveu falar com Elizabeth sobre o assunto antes que deixasse Hertfordshire, e apresentar para ela a imprudência de encorajar tal apego.

Para a Sra. Gardiner, Wickham tinha um meio de proporcionar prazer, sem ligação com suas influências principais. Cerca de dez ou doze anos atrás, antes de seu casamento, ela havia passado um tempo considerável naquela parte de Derbyshire, à qual ele pertencia. Eles tinham, portanto, muitas amizades em comum, e, embora Wickham tivesse estado pouco lá desde a morte do pai de Darcy, ele ainda era capaz de lhe atualizar sobre seus antigos amigos, mais do que ela havia conseguido em sua busca.

A Sra. Gardiner visitou Pemberley e conhecia o falecido Sr. Darcy perfeitamente. Então, consequentemente, era um assunto inesgotável. Ao comparar sua lembrança de Pemberley, com a descrição minuciosa que Wickham poderia dar, e ao conceder seu tributo de louvor sobre o caráter de seu falecido dono, ela deleitava o rapaz e a si mesma. Ao se familiarizar com o tratamento que o atual Sr. Darcy dava a ele, ela tentou se lembrar de algo da reputação do temperamento daquele cavalheiro quando era bem jovem, e que poderia condizer com isso, ficando finalmente confiante por ela se lembrar de ter ouvido falar que o Sr. Fitzwilliam Darcy era um rapaz muito orgulhoso e mal-humorado.

XXVI

Os conselhos da Sra. Gardiner foram dados a Elizabeth pontual e gentilmente na primeira oportunidade favorável de falar com ela sozinha. Depois de dizer-lhe honestamente o que pensava, ela continuou assim:

— Você é uma garota muito sensata, Lizzy, para se apaixonar apenas porque foi advertida contra isso. E, portanto, não tenho medo de falar abertamente. Estou falando seriamente: fique atenta. Não se envolva, ou se esforce para envolvê-lo em um afeto que a falta de fortuna faria muito imprudente. Não tenho nada a dizer contra *ele*. Ele é um jovem muito interessante, e se ele tivesse a fortuna que deveria ter, eu pensaria que você não poderia escolher melhor. Mas como as coisas estão, não deve se deixar levar pela sua ilusão. Você tem bom senso, e todos nós esperamos que o use. Seu pai confia em suas decisões e boa conduta, tenho certeza. Você não deve desapontá-lo.

— Minha querida tia, a senhora está levando as coisas muito a sério.

— Sim, e espero que você também esteja.

— Bem, então, não precisa se afligir. Eu cuidarei de mim, e do Sr. Wickham também. Ele não se apaixonará por mim, se eu puder evitar.

— Elizabeth, você não está falando sério agora.

— Perdoe-me. Tentarei novamente. No momento não estou apaixonada pelo Sr. Wickham. Não, eu certamente não estou. Mas ele é, sem comparação, o homem mais agradável que já vi. E se ele se tornar realmente apegado a mim, eu acredito que seria melhor que não o fizesse. Eu vejo a imprudência disso. Oh! *Aquele* abominável Sr. Darcy! A opinião do meu pai sobre mim honra-me muito, e eu seria miserável se a perdesse. Meu pai, no entanto, é afeiçoado ao Sr. Wickham. Resumindo, minha querida tia, eu ficaria muito triste por ser o motivo da infelicidade de qualquer um de vocês, mas se vemos todos os dias que, onde há afeto, os jovens raramente deixam de entrar em compromissos uns com os outros por falta de fortuna, como posso prometer ser mais sábia do que muitos dos meus semelhantes se eu for tentada, ou como posso saber que seria sensato resistir? Tudo o que posso prometer, portanto, é não ter pressa. Não terei pressa em acreditar que eu seja seu principal interesse. E, quando estiver na companhia dele, não ficarei desejando que seja. Em suma, farei o meu melhor.

— Talvez fosse melhor que você não encorajasse a vinda dele aqui tantas vezes. Pelo menos, você não deveria *lembrar* sua mãe de convidá-lo.

— Como fiz no outro dia — disse Elizabeth, com um sorriso

consciente. — Verdade... será sábio de minha parte me abster *disso*. Mas não pense que ele venha aqui tantas vezes. É por sua causa que ele tem sido tão frequentemente convidado esta semana. Conhece as ideias da minha mãe sobre a necessidade de companhia constante para os amigos. Mas realmente, pela minha honra, tentarei fazer o que penso ser o mais sábio. E agora, espero que esteja satisfeita.

Sua tia assegurou-lhe de que estava, e Elizabeth lhe agradeceu pela bondade de seus conselhos, depois, se separaram; um exemplo maravilhoso de conselho dado sem ressentimentos.

O Sr. Collins voltou para Hertfordshire logo depois de os Gardiner e Jane terem partido. Mas como ele se instalou com os Lucas, sua chegada não foi um grande inconveniente para a Sra. Bennet. Seu casamento estava se aproximando rapidamente, e ela estava finalmente resignada a ponto de pensar que era inevitável, e até mesmo repetidamente dizer em um tom mal-humorado que ela "*desejava* que eles fossem felizes". Quinta-feira seria o dia do casamento, e na quarta-feira, a senhorita Lucas fez sua visita de despedida. E quando ela se levantou para se retirar, Elizabeth, envergonhada dos desejos ingratos e relutantes de sua mãe, que sinceramente a afetaram, a acompanhou para fora da sala. Quando desceram as escadas juntas, Charlotte disse:

— Espero logo ter notícias de você, Eliza.

— *Isso* você certamente terá.

— E tenho outro favor para pedir. Você irá me visitar?

— Devemos nos ver com frequência, espero, em Hertfordshire.

— Eu não deveria deixar Kent por algum tempo. Prometa-me, então, ir a Hunsford.

Elizabeth não podia recusar, embora previsse pouco prazer na visita.

— Meu pai e Maria vêm me visitar em março — acrescentou Charlotte —, e espero que você possa acompanhá-los. De fato, Eliza, será tão bem-vinda quanto qualquer um deles.

O casamento aconteceu. A noiva e o noivo partiram para Kent

da porta da igreja, e todos tinham muito a dizer e a ouvir, como de costume. Elizabeth logo teve notícias de sua amiga, e sua correspondência era tão regular e frequente como nunca tinha sido. Que fosse igualmente sem reservas era impossível. Elizabeth nunca poderia se dirigir a ela sem sentir que todo o conforto da intimidade havia acabado, e, embora determinada a não afrouxar como correspondente, fazia-o por causa do que existia antes, e não pelo que havia atualmente. As primeiras cartas de Charlotte foram recebidas com muita ansiedade, não podia deixar de ser curioso saber como falaria da sua nova casa, se gostou de Lady Catherine, e como ousaria pronunciar-se sobre sua felicidade. No entanto, quando as cartas eram lidas, Elizabeth sentia que Charlotte se expressava em todos os pontos exatamente como poderia ter previsto. Ela escrevia alegremente, parecia rodeada de confortos, e não mencionava nada que não pudesse elogiar. A casa, a mobília, o bairro e as estradas eram do seu gosto, e o comportamento de Lady Catherine era muito amigável e prestativo. Era a imagem do Sr. Collins de Hunsford e Rosings adequadamente suavizada, e Elizabeth percebeu que ela deveria esperar por sua própria visita, para saber do resto.

Jane já havia escrito algumas linhas para sua irmã para anunciar sua chegada segura em Londres, e quando escreveu novamente, Elizabeth esperava que já pudesse dizer algo sobre os Bingley.

Sua impaciência por esta segunda carta foi tão bem recompensada quanto costuma ser. Jane estava há uma semana na cidade, sem ter notícias de Caroline. Explicou isso, no entanto, supondo que sua última carta de Longbourn para sua amiga, por algum acidente, tivesse sido perdida.

— Minha tia — continuou — vai amanhã para aquela parte da cidade, e devo ter a oportunidade de visitar a rua Grosvenor.

Ela escreveu novamente quando a visita foi feita, e encontrou a senhorita Bingley.

"Eu não acho que Caroline estava bem-humorada", foram suas palavras, "mas ela ficou muito feliz em me ver, e censurou-me por não dar nenhum aviso da minha vinda a Londres. Eu estava certa, portanto. Minha última carta nunca chegou a ela. Perguntei por seu irmão, é claro. Ele está bem, mas tão envolvido com o Sr. Darcy, que mal o viam. Descobri que a senhorita Darcy era esperada para jantar. Eu gostaria de poder vê-la. Minha visita não foi longa, pois Caroline e Sra. Hurst estavam saindo. Ouso dizer que em breve as verei aqui."

Elizabeth balançou a cabeça sobre esta carta. Essa a convencia de que apenas por um acaso o Sr. Bingley poderia saber que sua irmã está na cidade.

Quatro semanas passaram, e Jane não teve notícias dele. Ela tentou persuadir-se de que não lastimava, mas não poderia mais se iludir sobre a desatenção da senhorita Bingley. Depois de esperar em casa todas as manhãs por uma quinzena, e inventando cada noite uma nova desculpa para ela, a visitante finalmente apareceu. Mas a brevidade de sua estadia, e ainda mais, a alteração de seus modos, fizeram com que Jane se desiludisse. A carta que escreveu nesta ocasião para sua irmã, prova o que ela sentiu.

Minha querida Lizzy, tenho certeza, será incapaz de triunfar em seu melhor julgamento, às minhas custas, quando confessar ter sido completamente enganada a respeito da estima da senhorita Bingley por mim. Mas, minha querida irmã, embora o evento tenha provado que você está certa, não me ache obstinada se eu ainda afirmar, que, considerando o comportamento dela, minha confiança era tão natural quanto sua suspeita. Não compreendo de modo algum a razão dela para desejar ter intimidade comigo, mas se as mesmas circunstâncias voltassem a acontecer, tenho a certeza de que seria enganada novamente. Caroline não retornou minha visita até ontem, e nem uma nota, nem uma linha, recebi nesse meio-tempo.

Quando ela veio, era muito evidente que ela não tinha prazer nisso. Pediu ligeiras e formais desculpas por não ter aparecido antes, não disse uma palavra quanto ao desejo de me ver novamente, e estava em todos os aspectos tão alterada, que quando ela foi embora, eu estava perfeitamente decidida a não continuar a amizade. Tenho pena, mas não posso deixar de a culpar. Ela estava muito errada em me fazer de boba como fez. Posso dizer com segurança, que cada avanço para a intimidade começou da parte dela. Mas eu tenho pena dela, porque deve sentir que tem agido errado, e porque, estou certa, a ansiedade que sente pelo seu irmão é a causa disso. Eu não necessito explicar-me mais, e embora nós saibamos que esta ansiedade é completamente desnecessária, contudo se a sente, esclarecerá facilmente seu comportamento comigo. E assim merecidamente como ele é afetuoso com sua irmã, qualquer ansiedade que ela sinta por ele é natural e amável.

Não posso deixar de me questionar, porém, sobre o fato de ela ter agora tais receios, pois, se ele se preocupasse comigo, já nos teríamos encontrado há muito tempo. Ele sabe que estou na cidade, estou certa, pois foi algo que ela mesma disse. E, contudo, sua maneira de falar era como se quisesse se convencer de que ele é realmente interessado pela senhorita Darcy. Eu não consigo entender. Se eu não tivesse medo de julgar duramente, seria quase tentada a dizer que há uma forte aparência de duplicidade em tudo isso. Mas me esforçarei para banir todos os pensamentos dolorosos, e pensar apenas naquilo que me fará feliz, no seu afeto, e na bondade invariável do meus queridos tio e tia.

Dê notícias logo. A senhorita Bingley disse algo sobre ele nunca mais voltar a Netherfield, sobre desistir da casa, mas não com certeza. É melhor não mencionarmos isso. Estou extremamente feliz que você tenha notícias tão agradáveis de nossos amigos em Hunsford. Por favor, vá vê-los, com Sir William e Maria. Tenho certeza de que ficará muito confortável lá.

Sua, etc.

Esta carta deixou Elizabeth triste, mas seus ânimos retornaram quando considerou que Jane não seria mais enganada, pela irmã de Bingley, pelo menos. Toda a expectativa sobre o irmão estava agora absolutamente acabada. Ela sequer desejaria qualquer retorno de suas atenções. O caráter dele sucumbia a cada análise, e como um castigo para ele, bem como uma possível vantagem para Jane, Elizabeth seriamente esperava que ele pudesse realmente em breve se casar com a irmã do Sr. Darcy, que pela descrição de Wickham, o faria lamentar abundantemente por ter desprezado Jane.

A Sra. Gardiner, à essa altura, lembrou Elizabeth de sua promessa a respeito de Wickham e pediu informação. O que Elizabeth tinha para lhe enviar contentaria mais sua tia do que a si mesma. Sua aparente inclinação havia diminuído, suas atenções tinham acabado, ele era o admirador de alguém mais. Elizabeth estava ciente de tudo, mas ela podia ver e escrever sobre isso sem dor substancial. Seu coração tinha sido tocado, mas ligeiramente, e sua vaidade ficava satisfeita em acreditar que *ela* seria sua única escolha, se a fortuna permitisse. A súbita aquisição de dez mil libras foi o encanto mais notável da jovem que ele estava agora cortejando, mas Elizabeth, menos lúcida talvez no seu caso do que no de Charlotte, não brigou com ele por seu desejo de independência. Nada, ao contrário, poderia ser mais natural. E, embora capaz de supor que lhe custasse algumas lutas para abandoná-la, ela estava pronta para admitir que aquela era uma medida sábia e desejável para ambos, e poderia muito sinceramente desejar-lhe felicidade.

Tudo isso foi comunicado à Sra. Gardiner, e depois de relatar as circunstâncias, ela continuou:

Agora estou convencida, minha querida tia, de que eu nunca estive muito apaixonada, pois se eu realmente tivesse experimentado essa paixão pura e elevada, deveria atualmente detestar o seu próprio nome, e desejar-lhe todo o tipo de mal. Mas meus sentimentos não só são cordiais com ele, como também são até mesmo imparciais em relação a senhorita King. Não consigo pensar que a odeio, ou que não estou no mínimo disposta a pensar que ela seja uma boa moça. Não pode haver amor em tudo isso. Minha vigilância tem sido eficaz, e embora eu certamente me tornasse um assunto mais interessante para todos os meus conhecidos se eu estivesse perdidamente apaixonada por ele, não posso dizer que eu me arrependo de minha relativa insignificância. A importância pode às vezes ser comprada por um valor muito alto. Kitty e Lydia tomam sua deserção com muito mais ressentimento do que eu. Elas são jovens nos caminhos do mundo, e ainda não estão abertas à convicção mortificante de que belos jovens devem ter um subsídio para viver, assim como os outros.

XXVII

Sem eventos maiores do que estes na família de Longbourn, e apenas diversificados por caminhadas para Meryton, janeiro e fevereiro passaram em intervalos de frio e lama. Março levaria Elizabeth para Hunsford. Inicialmente, ela não tinha pensado seriamente em ir para lá, mas Charlotte, ela logo descobriu, contava com a visita, e gradualmente Elizabeth começou a considerá-la com mais interesse, bem como com maior certeza. A ausência aumentou o seu desejo de ver Charlotte novamente, e enfraqueceu o seu desgosto pelo Sr. Collins. A novidade a atraía, e como, com tal mãe e tais irmãs pouco cativantes, o lar não era perfeito, uma pequena mudança não era indesejável por si só. A viagem, além disso, lhe possibilitaria uma espiada em Jane, e, em suma, conforme o dia se aproximava, menos queria adiar qualquer atraso. Tudo, no entanto, correu bem, e foi finalmente feito de acordo com o primeiro esboço de Charlotte. Ela deveria acompanhar Sir William e sua segunda filha. A inclusão de passar uma noite em Londres foi feita a tempo, e o plano tornou-se o mais perfeito possível.

A única dor foi deixar seu pai, que certamente sentiria sua falta, e que, quando chegou o momento, desgostou de sua partida, pediu-lhe que escrevesse e quase prometeu responder a carta dela.

A despedida entre ela e o Sr. Wickham foi perfeitamente amigável, do lado dele ainda mais do que isso. Seus planos presentes não poderiam fazê-lo esquecer que Elizabeth tinha sido a primeira a despertar e a merecer sua atenção, a primeira a ouvir e a ter piedade, a primeira a ser admirada. E no momento em que disse adeus, desejou-lhe toda felicidade, recordando-lhe o que devia esperar de Lady Catherine de Bourgh, e confiando que a opinião que tinham dela, a opinião que tinham de cada um, coincidiria sempre. Havia uma solicitude, um interesse que ela sentia que devia sempre se unir a ele com a mais sincera consideração. E ela se separou do Sr. Wickham convencida de que, casado ou solteiro, ele deveria sempre ser seu modelo de um homem amável e agradável.

Seus companheiros de viagem no dia seguinte não eram do tipo que ofuscassem a lembrança de Wickham. Sir William Lucas e sua filha Maria, uma menina bem-humorada, mas tão vazia quanto ele, não tinham nada a dizer que pudesse valer a pena, e foram ouvidos com quase tanto prazer como o ruído de uma espreguiçadeira. Elizabeth adorava peculiaridades, mas conhecia as de Sir William há muito tempo. Ele não podia lhe dizer nada de novo sobre sua apresentação na corte e de seu título de cavaleiro, e suas civilidades estavam tão ultrapassadas quanto suas informações.

Era uma viagem de apenas 38 quilômetros, e começaram-na assim cedo, com o intuito de estar na rua Gracechurch pelo meio-dia. Enquanto eles dirigiam até a porta do Sr. Gardiner, Jane estava em uma janela da sala de estar observando sua chegada. Quando eles passaram pela entrada, ela estava lá para recebê-los, e Elizabeth, olhando seriamente em seu rosto, ficou feliz em vê-lo saudável e encantador como sempre. Nas escadas estava uma tropa de meninos e meninas, cuja ânsia pela aparência de sua prima não permitiria que esperassem na sala de estar, e cuja timidez, como eles não a tinham visto por um ano, impediu-lhes de descer. Tudo era alegria e bondade. O dia passou de maneira muito agradável, a manhã com agitação e compras, e a noite em um dos teatros.

Elizabeth então se sentou ao lado de sua tia. Seu primeiro assunto foi sua irmã, e ela ficou mais triste do que surpresa ao ouvir, em resposta a suas minuciosas perguntas, que embora Jane sempre lutasse para sustentar seus ânimos, havia períodos de tristeza. Era razoável, no entanto, esperar que eles não continuassem por muito tempo. A Sra. Gardiner deu-lhe também os detalhes da visita da senhorita Bingley à rua Gracechurch, e repetidas conversas ocorreram em diferentes momentos entre Jane e ela mesma, o que provou que a primeira tinha, de coração, desistido da amizade.

A Sra. Gardiner, em seguida, comentou com sua sobrinha sobre o afastamento de Wickham, e a elogiou por lidar tão bem com isso.

— Mas, minha querida Elizabeth — adicionou —, que tipo de garota é a senhorita King? Ficaria triste em considerar seu amigo um mercenário.

— Ora, minha cara tia, qual a diferença entre questões matrimoniais, entre o motivo mercenário e o motivo prudente? Onde a discrição termina, e a avareza começa? No Natal passado você estava com medo de que ele se casasse comigo, porque seria imprudente. E agora, porque ele está tentando conquistar uma garota com apenas dez mil libras, você quer descobrir se ele é mercenário.

— Se apenas me disser que tipo de garota é a senhorita King, eu saberei o que pensar.

— Ela é um tipo de menina muito boa, creio eu. Não desejo mal a ela.

— Mas ele não lhe deu a menor atenção, até que a morte de seu avô a fez dona desta fortuna.

— Não. Por que ele deveria? Se não era permitido a ele ganhar *meus* afetos, porque eu não tinha dinheiro, que motivo poderia haver para amar uma menina com a qual ele não se importava, e que era igualmente pobre?

— Mas parece indelicadeza dirigir suas atenções para ela, tão logo após este evento.

— Um homem em circunstâncias angustiadas não tem tempo para todos aqueles decoros de etiqueta que outras pessoas podem seguir. Se *ela* não se opõe a isso, por que deveríamos *nós*?

— *Sua* falta de objeção não o justifica. Só mostra que ela é deficiente em algo: razão ou sentimento.

— Bem — exclamou Elizabeth —, como quiser. *Ele* será um mercenário, e *ela*, uma tola.

— Não, Lizzy, eu *não* quero isso. Lamento, sabe, pensar mal de um jovem que viveu tanto tempo em Derbyshire.

— Oh! Se isso é tudo, eu tenho uma opinião muito ruim dos jovens que vivem em Derbyshire, e seus amigos íntimos que vivem em Hertfordshire não são muito melhores. Estou cansada de todos eles. Graças a Deus! Amanhã vou encontrar um homem que não tem uma qualidade agradável, que não tem boas maneiras nem bom senso. Homens estúpidos são os únicos que valem a pena conhecer, afinal.

— Se cuide, Lizzy. Esse discurso cheira fortemente a decepção.

Antes de se separarem no final da peça, ela teve a felicidade inesperada de um convite para acompanhar seu tio e tia em um passeio de lazer que eles pretendiam fazer no verão.

— Ainda não determinamos até onde iremos — disse a Sra. Gardiner, mas talvez até a região dos Lagos.

Nenhum plano poderia ter sido mais agradável para Elizabeth, e sua aceitação do convite foi a mais pronta e agradecida:

— Minha querida, querida tia — gritou arrebatadoramente —, que prazer! Que felicidade! Você me dá vida fresca e vigor. *Adieu* à decepção e ao tédio. O que são homens comparados às rochas e montanhas? Oh! Quantas horas de êxtase teremos! E *quando* retornarmos, não seremos como os outros viajantes, sem ser capaz de dar uma ideia precisa sobre qualquer coisa. Nós *saberemos* para onde fomos, *recordaremos* do que vimos. Os lagos, as montanhas e os rios não devem se misturar em nossas imaginações, nem quando tentarmos descrever alguma paisagem particular, começaremos a discutir sobre sua situação relativa. Deixe *nossas* primeiras efusões serem menos insuportáveis do que as da generalidade dos viajantes.

XXVIII

Cada objeto na jornada do dia seguinte era novo e interessante para Elizabeth, e seus ânimos estavam em um estado de prazer, pois ela tinha visto sua irmã tão bem que baniu todo o medo por sua saúde, e a perspectiva de sua viagem pelo norte era uma fonte constante de prazer.

Quando eles deixaram a rodovia para a pista para Hunsford, todos os olhos buscavam o presbitério, e a cada esquina esperavam tê-lo em vista. A quadra de Rosings Park era seu limite em um lado. Elizabeth sorriu com a lembrança de tudo o que tinha ouvido sobre seus habitantes.

Por fim, o presbitério era discernível. O jardim às margens da estrada, a casa sobre ele, a pálida folhagem e a cerca de louro, tudo anunciava que estavam chegando. O Sr. Collins e Charlotte apareceram na porta, e a carruagem parou no pequeno portão, que levava por um curto caminho de cascalho até a casa, entre os acenos e sorrisos de todo o grupo. Em apenas um instante eles estavam todos fora da charrete, regozijando-se com a visão dos outros. A Sra. Collins acolheu a sua amiga com o maior prazer, e Elizabeth ficava cada vez mais satisfeita por ter vindo, quando se viu tão afetuosamente recebida. Ela viu instantaneamente que as maneiras de seu primo não foram alteradas por seu casamento, sua civilidade formal era como antes, e ele a deteve alguns minutos no portão para ouvir e fazer suas perguntas sobre toda a sua família. Estavam então, sem demora, ouvindo-o falar sobre a beleza da entrada, enquanto eram levados para dentro a casa. E assim que chegaram na sala de estar, deu-lhes boas-vindas uma segunda vez com ostensiva formalidade a seu domicílio humilde, e repetia pontualmente todas as recomendações de descanso de sua esposa.

Elizabeth estava preparada para vê-lo em sua glória, e não podia deixar de imaginar que, ao exibir a boa proporção do cômodo, sua aparência e sua mobília, ele se dirigia particularmente a ela, como que desejando fazê-la sentir o que havia perdido ao recusá-lo. Mas, embora tudo parecesse puro e confortável, ela não era capaz de satisfazê-lo por qualquer suspiro de arrependimento, e, em vez disso, olhava com admiração para sua amiga que tinha um ar tão alegre, com tal companheiro. Quando o Sr. Collins dizia qualquer coisa de que a sua mulher pudesse razoavelmente se envergonhar, o que certamente não acontecia poucas vezes, ela virava involuntariamente os olhos para Charlotte. Uma ou duas vezes pôde discernir um rubor fraco, mas em geral Charlote sabiamente fingia não ouvir. Depois de sentar tempo suficiente para admirar cada peça da mobília na sala, do aparador para o guarda-fogo, para dar conta de sua viagem e de tudo o que tinha acontecido em Londres, o Sr. Collins os convidou a dar um passeio no jardim, que era grande e bem cuidado, e cujo cultivo ele próprio matinha. Trabalhar em seu jardim era um dos seus prazeres mais respeitáveis, e Elizabeth admirava a seriedade com que Charlotte falava da saúde de tal exercício e o encorajava o quanto podia. Então, conduzindo o caminho pelas sendas e veredas, mal lhes permitindo um intervalo para proferir os elogios que ele mesmo esperava, cada vista foi apontada com uma minúcia que deixava a beleza inteiramente para trás. Ele podia numerar os campos em todas as direções e dizer quantas árvores havia no grupo mais distante. Mas de todas as vistas que seu jardim, ou que o interior, ou o reino poderiam oferecer, nenhuma deveria ser comparada com a vista de Rosings, proporcionada por uma abertura nas árvores que limitavam o parque quase oposto à parte frontal de sua casa. Era um belo edifício moderno, bem situado em terreno ascendente.

Do seu jardim, o Sr. Collins os guiou pelos seus dois prados, mas as damas, que não tinham sapatos para andar sobre os resquícios de uma geada branca, tomaram o caminho de volta. E enquanto Sir William o acompanhava, Charlotte levou a sua irmã e amiga para a casa, extremamente satisfeita, provavelmente, por ter a oportunidade de mostrá-la sem a ajuda do marido. Era bem pequena, mas bem construída e conveniente. E cada coisa estava equipada e arranjada com uma limpeza e consistência que Elizabeth dava a Charlotte todo o crédito. Quando o Sr. Collins pôde ser esquecido, houve realmente um grande ar de conforto por toda parte, e pelo gozo evidente de Charlotte, Elizabeth supôs que ele deve ser muitas vezes esquecido.

Ela já sabia que Lady Catherine ainda estava no interior. Foi falado novamente enquanto eles jantavam, quando o Sr. Collins, ao se juntar, observou:

— Sim, senhorita Elizabeth, terá a honra de ver Lady Catherine de Bourgh no próximo domingo na igreja, e não preciso dizer que ficará encantada. Ela é completamente afável e condescendente, e eu não duvido de que você será honrada com alguma parte de sua atenção quando o culto terminar. Quase não tenho qualquer hesitação em dizer que ela incluirá você e minha cunhada, Maria, nos convites, com os quais ela nos honra, durante a sua estadia aqui. O seu comportamento para com a minha querida Charlotte é encantador. Jantamos em Rosings duas vezes por semana e nunca permite que voltemos a pé para casa. A carruagem de Sua Senhoria é regularmente preparada para nós. Devo dizer, uma das carruagens de sua Senhoria, pois ela tem várias.

— Lady Catherine é uma mulher muito respeitável e sensata — acrescentou Charlotte —, e uma vizinha muito atenciosa.

— É verdade, minha querida, é exatamente isso que digo. Ela é o tipo de mulher que não se pode deixar de tratar com muita deferência.

No decorrer da noite, conversaram principalmente sobre as notícias de Hertfordshire e contaram novamente o que já havia sido escrito; e quando se fechou, Elizabeth, na solidão de seu quarto, teve que meditar sobre o grau de contentamento de Charlotte, para entender como conduzia seu marido e mantinha a compostura perto dele, e para reconhecer que tudo foi feito muito bem. Ela também tinha que antecipar como decorreria sua visita, o teor silencioso de suas ocupações habituais, as interrupções vexatórias do Sr. Collins, e a alegria de sua relação com Rosings. Um pensamento animador logo resolveu tudo.

Próximo ao meio do dia seguinte, enquanto estava em seu quarto se preparando para uma caminhada, um barulho súbito em baixo parecia colocar toda a casa em confusão, e depois de ouvir um momento, ela percebeu alguém subindo escadas em uma pressa violenta, e chamando alto por dela. Ela abriu a porta, e encontrou Maria no corredor, que, sem fôlego e com agitação, gritou:

— Oh, minha querida Eliza! Se apresse e venha para a sala de jantar, pois deve ver algo! Não te direi o que é. Se apresse e desça agora.

Elizabeth fez perguntas em vão. Maria não lhe disse mais nada, e elas correram para a sala de jantar, que ficava ao final do corredor, na busca desse "algo" maravilhoso. Tratava-se de duas senhoras paradas em uma baixa colina no portão do jardim.

— Isso é tudo? — exclamou Elizabeth. — Eu esperava pelo menos que os porcos tivessem invadido o jardim, mas não há nada além de Lady Catherine e sua filha!

— Não, minha cara — disse Maria bastante chocada com o erro —, não é Lady Catherine. A madame é a Sra. Jenkinson, que vive com elas. E a outra é a senhorita De Bourgh. Apenas olhe para ela. Ela é muito pequena. Quem diria que ela poderia ser tão magra e pequena!

— Ela é abominavelmente rude por manter Charlotte do lado de fora com todo esse vento. Por que ela não entra?

— Oh! Charlotte diz que ela quase nunca o faz. É o maior dos favores quando a senhorita De Bourgh entra.

— Gosto de sua aparência — disse Elizabeth, atingida por

outras ideias. — Ela parece doente e irritada. Sim, vai fazer muito bem para ele. Ela será uma esposa ideal a ele.

O Sr. Collins e Charlotte estavam ambos de pé no portão conversando com as damas. E Sir William, para a grande diversão de Elizabeth, estava estacionado na porta, em séria contemplação da grandeza diante dele, e constantemente se curvando sempre que a senhorita De Bourgh olhava em sua direção.

Por fim, não havia mais nada a ser dito. As senhoras partiram, e os outros voltaram para a casa. O Sr. Collins logo viu as duas meninas e começou a parabenizá-las por sua boa sorte, o que Charlotte explicou informando que todo o grupo fora convidado a jantar em Rosings no dia seguinte.

XXIX

O triunfo do Sr. Collins em consequência deste convite era completo. O poder de mostrar a grandeza de sua patrona a seus visitantes maravilhados, e de deixá-los ver sua civilidade para com ele e sua esposa, era exatamente o que tinha desejado. E o fato de tal oportunidade ter ocorrido tão logo, foi um exemplo da condescendência de Lady Catherine que ele não sabia como admirar o suficiente.

— Confesso — disse ele —, que não deveria ter ficado surpreso por sua senhoria nos pedir no domingo para tomar chá e passar a noite em Rosings. Eu esperava, a partir do meu conhecimento de sua afabilidade, que isso acontecesse. Mas quem poderia ter previsto uma atenção como esta? Quem poderia ter imaginado que deveríamos receber um convite para jantar lá (um convite, além disso, incluindo todo o grupo) assim imediatamente após a sua chegada!

— Estou menos surpreso com o que aconteceu — respondeu Sir William —, a partir do conhecimento das maneiras das altas esferas, as quais a minha situação de vida me permitiu adquirir. Na corte, tais casos de comportamento elegante não são incomuns.

Quase nada foi falado no dia inteiro ou na manhã seguinte, exceto sobre visita a Rosings. O Sr. Collins estava cuidadosamente os instruindo sobre o que podiam esperar, para que a visão de cada sala, os inúmeros empregados e o jantar tão esplêndido não os arrebatasse totalmente.

Quando as senhoras estavam se separando para ir ao banheiro, ele disse à Elizabeth:

— Não se preocupe, minha querida prima, com a sua roupa. Lady Catherine está longe de exigir de nós a elegância de vestimentas que ela e a filha ostentam. Aconselho-a a vestir qualquer roupa que seja superior ao resto, não há ocasião que exija mais. Lady Catherine não vai pensar o pior de você por estar vestida de maneira simples. Ela gosta de ter a distinção de classes preservada.

Enquanto elas se vestiam, ele veio duas ou três vezes por portas diferentes, para recomendar pressa, pois Lady Catherine muito se opunha à espera de seu jantar. Relatos tão formidáveis de sua Senhoria, e seu modo de vida, muito assustavam Maria Lucas, que estava pouco acostumada com a sociedade, e ela ansiava por sua introdução em Rosings, com tanta apreensão, como quando seu pai fez sua apresentação em St. James.

Como o tempo estava bom, eles fizeram uma caminhada agradável de cerca de oitocentos metros pelo parque. Cada parque tem sua beleza e suas perspectivas, e Elizabeth parecia muito satisfeita com este, embora não pudesse estar em tais arrebatamentos como o Sr. Collins esperava que a cena inspirasse, e estava apenas ligeiramente afetada por sua enumeração das janelas em frente da casa, e da revelação de quanto o vidro tinha custado a Sir Lewis de Bourgh.

Quando subiam os degraus para o salão, a emoção de Maria

aumentava a cada momento, e até mesmo Sir William não parecia perfeitamente calmo. A coragem de Elizabeth não lhe falhou. Ela não tinha ouvido nada de Lady Catherine que a impressionasse por quaisquer talentos extraordinários ou virtude milagrosa, e a mera pompa do dinheiro e da posição, ela pensou que poderia testemunhar sem trepidação.

Do hall de entrada, que o Sr. Collins salientou com um ar arrebatador, a proporção fina e ornamentos perfeitos, eles seguiram os empregados por de uma antecâmara, para o cômodo onde Lady Catherine, sua filha e Sra. Jenkinson estavam sentadas. Sua Senhoria, com grande condescendência, levantou-se para recebê-los, e, como a Sra. Collins tinha resolvido com o marido que o ofício da apresentação deveria ser dela, foi realizada de uma maneira adequada, sem qualquer uma dessas desculpas e agradecimentos que ele teria considerado necessário.

Apesar de ter estado em St. James, Sir William estava tão completamente maravilhado pela grandeza ao seu redor, que tinha apenas coragem suficiente para fazer profundas reverências, e sentar-se em lugar sem dizer uma palavra. E sua filha, assustada, quase fora de seus sentidos, sentou-se à beira da cadeira, sem saber para onde olhar. Elizabeth encontrou-se bastante à vontade e podia observar calmamente as três senhoras à sua frente. Lady Catherine era uma mulher alta, grande, com características fortemente marcadas, que podem ter sido alguma vez bonitas. Seu ar não era conciliador, nem sua maneira de recebê-los era de um modo que fizesse com que seus visitantes se esquecessem de sua posição inferior. O silêncio não a tornava formidável, mas, quando falava, o tom era autoritário, sublinhando sua importância, e trouxe a descrição do Sr. Wickham imediatamente à mente de Elizabeth. E pela observação do dia todo, ela acreditava que Lady Catherine era exatamente o que ele descreveu.

Quando, depois de examinar a mãe, em cujo aspecto e comportamento ela logo encontrou alguma semelhança com o Sr. Darcy, ela virou os olhos para a filha, quase poderia ter se juntado ao espanto de Maria, por ela ser tão magra e tão pequena. Não havia nem feições, nem rosto, nem semelhança entre as mulheres. A senhorita De Bourgh era pálida e doente, suas características, embora não finas, eram insignificantes, e falava muito pouco, exceto em uma voz baixa, à Sra. Jenkinson, em cuja aparência não havia nada notável, e que estava empenhada inteiramente em escutar o que ela dizia, e colocar um anteparo na direção correta diante de seus olhos.

Depois de sentar alguns minutos, todos foram levados para uma das janelas, para admirar a vista, o Sr. Collins se encarregou de apontar suas belezas, e Lady Catherine gentilmente os informou que valia muito mais a pena a vista no verão.

O jantar foi extremamente bonito, e havia todos os empregados, e todos os artigos de louças que o Sr. Collins tinha descrito, e, como ele também tinha predito, tomou o seu lugar na cabeceira da mesa, pelo desejo de sua senhora, e parecia que ele sentia que a vida não podia fornecer nada maior. Ele trinchava, e comia, e elogiava com alegria extasiada. Cada prato foi elogiado, primeiro por ele, e depois por Sir William, que estava agora suficientemente recuperado para ecoar o que seu genro dizia, de forma que Elizabeth se perguntou se Lady Catherine poderia suportar. Mas Lady Catherine parecia satisfeita com a sua admiração excessiva e dava sorrisos muito graciosos, especialmente quando qualquer prato na mesa provava ser uma novidade para eles. O grupo não era de muita conversa. Elizabeth estava pronta para falar sempre que havia uma abertura, mas estava sentada entre Charlotte e a senhorita De Bourgh, a primeira estava empenhada em ouvir Lady Catherine, e esta última não lhe disse uma palavra durante todo o jantar. A Sra. Jenkinson estava concentrada principalmente em observar o quão pouco a senhorita De Bourgh comeu, pressionando-a para tentar algum outro prato e temendo que estivesse indisposta. Maria considerou fora de questão falar, e os cavalheiros não fizeram nada além de comer e admirar.

Quando as senhoras voltaram para a sala de estar, havia pouco a ser feito, a não ser ouvir Lady Catherine falar, o que ela fez sem qualquer intervalo até que o café chegasse, dando sua opinião sobre cada assunto de forma tão decisiva que provava que ela não estava acostumada a ter seu julgamento controvertido. Inquiriu sobre as preocupações domésticas de Charlotte, de forma familiar e minuciosa, e lhe deu muitos conselhos sobre a gestão de todas elas. Disse-lhe que tudo devia ser regulado numa família tão pequena como a dela, e a instruiu quanto ao cuidado das suas vacas e aves. Elizabeth descobriu que nada escapava à atenção desta grande senhora, podendo tudo lhe ser ocasião para doutrinar alguém. Nos intervalos de seu discurso com a Sra. Collins, ela dirigia uma variedade de perguntas para Maria e Elizabeth, mas especialmente para a última, cujas conexões ela conhecia menos, e que observou para a Sra. Collins ser uma garota muito gentil, muito bonita. Ela lhe perguntou, em vezes diferentes, quantas irmãs tinha, se eram mais velhas ou mais novas do que ela, se alguma delas era provável que se casasse, se eram bonitas, onde tinham sido educadas, que carruagem o seu pai mantinha, e qual tinha sido o nome de solteira da sua mãe. Elizabeth sentiu toda a impertinência de suas perguntas, mas as respondeu de forma muito serena. Lady Catherine então observou:

— A herança do seu pai está destinada ao Sr. Collins, acho eu. Para o seu bem — virando-se para Charlotte —, estou feliz com isso. Mas caso contrário, não vejo nenhum motivo para privar do direito de herdar propriedades a descendência feminina. Não foi considerado necessário na família de Sir Lewis de Bourgh. Você toca e canta, senhorita Bennet?

— Um pouco.

— Oh! Então, uma outra hora ficaremos felizes em ouvi-la. Nosso instrumento é requintado, provavelmente superior ao... Você deve experimentá-lo algum dia. Suas irmãs tocam e cantam?

— Uma delas, sim.

— Por que não todas? Vocês todas deveriam ter aprendido. Todas as senhoritas Webbs tocam, e o pai delas não tem tanta renda quando o seu. Você desenha?

— Não, de forma alguma.

— O quê? Nenhuma de vocês?

— Não, senhora.

— Isso é muito estranho. Mas suponho que não tiveram a oportunidade. Sua mãe deveria tê-las levado à cidade na primavera, para aprenderem com os mestres.

— Minha mãe não faria objeção, mas meu pai odeia Londres.

— Sua governanta as abandonou?

— Nunca tivemos governanta.

— Sem governanta! Como é possível? Cinco filhas em casa e nenhuma governanta! Eu nunca ouvi tal coisa. Sua mãe deve ter sido uma escrava da educação de vocês.

Elizabeth não podia deixar de sorrir, ao assegurar-lhe de que não era esse o caso.

— Então, quem as ensinou? Quem serviu vocês? Sem governanta, devem ter sido negligenciadas.

— Em comparação com algumas famílias, acredito que éramos, mas àquelas de nós que desejavam aprender, os meios nunca foram escassos. Éramos sempre encorajadas a ler, e tínhamos todos os mestres que eram necessários. Aquelas que escolhessem ficar ociosas certamente poderiam.

— Sim, sem dúvida, mas isso é o que uma governanta evitaria. E se eu tivesse conhecido sua mãe, teria a aconselhado muito arduamente a contratar uma. Sempre digo que nada pode ser feito na educação sem uma instrução constante e regular, e ninguém além de uma governanta pode garantir isso. É maravilhoso a quantas famílias tenho proporcionado o fornecimento disso. Fico sempre feliz por recomendar uma jovem bem educada. Quatro sobrinhas da Sra. Jenkinson estão encantadoramente preparadas graças aos meus recursos. E ainda outro dia, recomendei uma jovem, que me havia sido apenas acidentalmente mencionada, e a família está muito encantada com ela. Sra. Collins, contei-lhe que Lady Metcalf visitou-me ontem para me agradecer? Ela acha a senhorita Pope um tesouro. "Lady Catherine", disse ela, "a senhora me deu um tesouro." Alguma de suas irmãs mais novas foram apresentadas, senhorita Bennet?

— Sim, madame, todas.

— Todas! O que, todas as cinco de uma só vez? Muito estranho! E você é apenas a segunda. As mais novas apresentadas antes que as mais velhas se casem! Suas irmãs mais novas são muito jovens?

— Sim, a mais nova ainda não tem dezesseis. Talvez *ela* seja muito nova para ser acompanhada. Mas realmente, senhora, acho que seria muito difícil para as irmãs mais novas se não pudessem ter a sua quota de companhia e diversão, porque a mais velha pode não ter os meios ou a inclinação para casar-se cedo. A mais nova tem o mesmo direito aos prazeres da juventude, como a primeira. E ser privada por *tal* motivo! Acho que não seria muito indicado para a afeição fraternal ou delicadeza de sentimentos.

— Pelo que percebo — disse Sua Senhoria —, tem uma opinião muito decidida para uma pessoa tão jovem. Perdoe-me, qual a sua idade?

— Com três irmãs mais novas — disse Elizabeth sorrindo —, Vossa Senhoria dificilmente pode esperar que eu responda.

Lady Catherine parecia bastante espantada por não receber uma resposta direta, e Elizabeth suspeitava ser a primeira a se atrever a zombar de uma das afetadas impertinências.

— Não pode ter mais de vinte, tenho certeza, então não deve resguardar sua idade.

— Não tenho vinte e um anos ainda.

Quando os cavalheiros se juntaram a elas, e o chá acabou, as mesas de cartas foram colocadas. Lady Catherine, Sir William, e o Sr. e a Sra. Collins sentaram-se para jogar *quadrille*. E como senhorita de Bourgh preferia jogar *casino*, as duas meninas tiveram a honra de ajudar a Sra. Jenkinson a formar seu grupo. A mesa delas era muitíssimo maçante. Dificilmente uma sílaba foi proferida que não se relacionava com o jogo, exceto quando a Sra. Jenkinson expressava seus receios de a senhorita De Bourgh estar com muito calor ou muito frio, ou ter muita ou pouca luz. Muito mais se passava na outra mesa. Lady Catherine geralmente falava, afirmando os erros dos outros três ou relatando alguma anedota de si mesma. O Sr. Collins estava ocupado em concordar com tudo o que a sua Senhoria dizia, agradecendo-lhe por todos os pontos que ganhava, e se desculpando se achasse que ganhou muitos. Sir William não disse muito. Ele estava armazenando sua memória com anedotas e nomes nobres.

Após Lady Catherine e sua filha terem jogado pelo tempo que lhes aprouve, as mesas foram interrompidas, a carruagem foi oferecida à Sra. Collins, agradecidamente aceita, e imediatamente pediu-se que a preparassem. O grupo então se reuniu em volta do fogo para ouvir Lady Catherine determinar a previsão do tempo para o dia seguinte. Após estas instruções foram convocados pela chegada do cocheiro, e com muitos discursos de gratidão da parte do Sr. Collins, e com muitas reverências de Sir William, eles partiram. Assim que passaram da porta, Elizabeth foi chamada pelo seu primo para dar a sua opinião sobre tudo o que tinha visto em Rosings, o que, por amor a Charlotte, ela respondeu de forma mais favorável do que realmente era. Mas a sua condecoração, embora lhe custasse algum trabalho, não podia de forma alguma satisfazer o Sr. Collins, e ele foi brevemente obrigado a fazer jus ao louvor de Sua Senhoria.

XXX

Sir William permaneceu apenas uma semana em Hunsford, mas sua visita foi longa o suficiente para convencê-lo de que sua filha estava confortavelmente instalada, e de que ela possuía um marido e uma vizinha que não se encontra com frequência. Enquanto Sir William estava com eles, o Sr. Collins dedicou suas manhãs para levá-lo em suas visitas e mostrar-lhe o interior. Mas quando ele foi embora, toda a família voltou às suas ocupações habituais, e Elizabeth ficou grata por descobrir que eles não veriam mais seu primo com frequência, pois a maior parte do tempo, entre o café da manhã e o jantar, ele passava trabalhando no jardim, ou na leitura e escrita, e olhando pela janela em sua própria biblioteca, que dava vista para a estrada. A sala em que as senhoras se sentavam ficava nos fundos. A princípio, Elizabeth tinha-se perguntado se Charlotte não deveria preferir a sala de jantar para uso comum. Era uma sala maior e de aspecto mais agradável, mas logo viu que a sua amiga tinha uma excelente razão para o que fazia, pois o Sr. Collins, sem dúvida, ficaria muito menos em seu próprio cômodo se elas se sentassem em um ambiente igualmente agradável. E ela deu crédito Charlotte pelo arranjo.

Da sala de estar elas não tinham vista para a estrada, e dependiam do Sr. Collins para dar notícias das carruagens que passavam, e especialmente de quantas vezes a senhorita de Bourgh passava em sua faetonte, que ele nunca deixou de vir para informá-las, embora acontecesse quase todos os dias. Não raro, ela parava no presbitério, e tinha alguns minutos de conversa com Charlotte, mas raramente saía de seu veículo.

Poucos dias se passavam sem que o Sr. Collins fosse até Rosings, e não muitos em que sua esposa não achasse necessário ir da mesma forma, e até que Elizabeth ponderou que podia haver outras formas de subsistência da família a serem adotadas, ela não conseguia entender o sacrifício de tantas horas. De vez em quando, eram homenageados com uma visita da Vossa Senhoria, e nada lhe escapava do que acontecia durante estas visitas. Ela examinava suas ocupações, seus trabalhos, e os aconselhava a fazer de forma diferente. Encontrava falha na disposição da mobília, ou detectava negligência da empregada doméstica, e se aceitasse qualquer refeição, parecia fazê-lo apenas para descobrir que os assados da Sra. Collins eram muito grandes para a família.

Elizabeth logo percebeu que, embora esta grande senhora não estivesse na comissão de paz do condado, era a magistrada mais ativa em sua própria paróquia, as minuciosas preocupações que eram levadas a ela pelo Sr. Collins, e sempre que qualquer um dos camponeses se mostrava briguento, descontente, ou caía na miséria, ela ia até a vila para resolver as suas diferenças, silenciar suas reclamações e apaziguar com reprimendas e dinheiro.

O entretenimento de jantar em Rosings era repetido cerca de duas vezes por semana, e, não fosse pela falta de Sir William, e havendo apenas uma mesa de cartas à noite, cada um desses entretenimentos era a repetição do primeiro. Seus outros compromissos eram poucos, uma vez que o estilo de vida da vizinhança, em geral, estava além do poder aquisitivo dos Collins. Isso, no entanto, não era ruim para Elizabeth, e, no todo, ela passava o seu tempo confortavelmente. Passava horas conversando agradavelmente com Charlotte, e o tempo estava tão bom para a época do ano, que ela costumava se divertir muito ao ar livre. Seu passeio favorito, e aonde ela frequentemente ia enquanto os outros estavam visitando Lady Catherine, era ao longo do bosque aberto que margeava aquele lado do parque, onde havia um bom caminho coberto, que ninguém parecia valorizar, apenas ela mesma, e onde se sentia fora do alcance da curiosidade de Lady Catherine.

Desta forma tranquila, a primeira quinzena de sua visita logo passou. A Páscoa estava se aproximando, e na semana que a precedia, chegaria uma pessoa em Rosings, que em um círculo tão pequeno deve ser importante. Elizabeth ouviu logo após sua chegada que o Sr. Darcy era esperado lá no decorrer de algumas semanas, e embora ela preferisse qualquer outra pessoa dentre seus conhecidos, sua vinda forneceria um rosto relativamente novo para olhar no grupo de Rosings, e ela poderia se divertir em ver o quão impossíveis eram as intenções da senhorita Bingley com ele, por meio de seu comportamento para com sua prima, a quem ele estava evidentemente destinado por Lady Catherine, que falava de sua vinda com a maior satisfação, referia-se a ele em termos de maior admiração, e parecia quase zangada ao descobrir que já tinha sido visto com frequência pela senhora Lucas e ela própria.

Sua chegada foi logo conhecida no presbitério, pois o Sr. Collins estava andando toda a manhã à vista dos chalés que davam para Hunsford Lane, a fim de ter a mais rápida garantia disso. E, depois de fazer a sua reverência enquanto a carruagem virava no parque, correu para casa com a grande animação. Na manhã seguinte, apressou-se a Rosings para prestar os seus cumprimentos. Havia dois sobrinhos de Lady Catherine para recebê-los, pois o Sr. Darcy tinha trazido consigo o Coronel Fitzwilliam, o filho mais novo de seu tio, lorde, e para grande surpresa de todos, quando o Sr. Collins voltou, os cavalheiros o acompanharam. Charlotte os tinha visto do quarto do marido, atravessando a estrada, e correndo imediatamente até o outro, disse às moças sobre a honra que podiam esperar, acrescentando:

— Devo lhe agradecer, Eliza, por esta cortesia. O Sr. Darcy nunca viria tão cedo por minha causa.

Elizabeth mal teve tempo de renunciar ao agradecimento, antes que a aproximação deles fosse anunciada pela campainha, e pouco depois os três cavalheiros entraram na sala. O coronel Fitzwilliam, que conduziu as apresentações, tinha aproximadamente trinta anos, não era belo, mas na pessoa e no discurso mostrava-se um verdadeiro cavalheiro. O Sr. Darcy parecia estar habituado a aparecer em Hertfordshire, cumprimentou a Sra. Collins, com a sua habitual reserva, e quaisquer que fossem seus sentimentos pela amiga, cumprimentou a com toda compostura. Elizabeth limitou-se a fazer-lhe uma vênia, sem dizer uma palavra.

O Coronel Fitzwilliam iniciou a conversa diretamente com a prontidão e facilidade de um homem bem-educado, e falou muito agradavelmente, mas seu primo, depois de ter dirigido uma ligeira observação sobre a casa e o jardim à Sra. Collins, sentou-se por algum tempo sem falar com ninguém. Por fim, porém, sua civilidade foi despertada a ponto de inquirir de Elizabeth sobre a saúde de sua família. Ela lhe respondeu da maneira habitual, e depois de um momento de pausa, acrescentou:

— Minha irmã mais velha está na cidade desde os últimos três meses. Por acaso a encontrou alguma vez?

Ela sabia perfeitamente que ele não a havia encontrado, mas desejava ver se ele trairia qualquer consciência do que tinha se passado entre os Bingleys e Jane. Pareceu-lhe um pouco confuso, pois respondeu que ele não tinha sido tão afortunado a ponto de encontrar a senhorita Bennet. O assunto não foi mais mencionado, e os cavalheiros logo depois foram embora.

XXXI

As maneiras do Coronel Fitzwilliam foram muito admiradas no presbitério, e todas as senhoras sentiram que ele aumentaria consideravelmente o prazer de seus jantares em Rosings. Passaram-se alguns dias, entretanto, antes que recebessem qualquer convite, pois quando havia visitantes na casa, não eram mais tão necessários. E foi só na Páscoa, quase uma semana após a chegada dos cavalheiros, que foram honrados por tal atenção. E então, ao saírem da igreja, foram convidados para que fossem lá à noite. Na última semana, viram muito pouco Lady Catherine ou sua filha. O coronel Fitzwilliam tinha visitado o presbitério mais de uma vez durante esse tempo, mas o Sr. Darcy só foi visto na igreja.

O convite foi aceito, é claro, e na hora marcada eles se juntaram ao grupo na sala de estar de Lady Catherine. Sua Senhoria os recebeu cortesmente, mas era claro que a companhia deles não era tão agradável como quando ela não havia mais ninguém. E ela estava, de fato, quase absorta por seus sobrinhos, falando com eles, especialmente com Darcy, muito mais do que com qualquer outra pessoa na sala.

O coronel Fitzwilliam pareceu realmente contente em vê-los. Qualquer coisa era um alívio bem-vindo a ele em Rosings, e a amiga bonita da Sra. Collins tinha conquistado sua atenção. Ele agora se sentou próximo a ela e falava tão agradavelmente de Kent e Hertfordshire, de viajar e ficar em casa, de novos livros e música, que Elizabeth sentiu que nunca tinha sido tão bem entretida naquela sala antes. E eles conversaram com tanta animação e dinâmica, que chamaram a atenção da própria Lady Catherine, assim como do Sr. Darcy. Os olhos *dele* foram logo e repetidamente voltados para eles com uma expressão de curiosidade, e tornou-se mais conspícuo que Lady Catherine compartilhava do mesmo sentimento, e como ela não tinha escrúpulos, disse:

— O que está dizendo, Fitzwilliam? Do que está falando? O que está contando à senhorita Bennet? Deixe-me ouvir também.

— Estamos falando de música, madame — disse ele, incapaz de evitar uma resposta.

— De música! Então falem mais alto. É o assunto do meu deleite. Devo ter minha parte na conversa, se falam de música. Há poucas pessoas na Inglaterra, suponho, que tenham maior alegria na música do que eu, ou que tenham gosto mais refinado. Se tivesse aprendido, seria uma grande intérprete. E Anne também, se sua saúde permitisse. Estou certa de que ela tocaria maravilhosamente bem. Como está Georgiana no assunto, Darcy?

O Sr. Darcy falou com afetuoso louvor da proficiência de sua irmã.

— Estou muito feliz em ouvir algo tão bom sobre ela — disse Lady Catherine —, e digo por mim que ela não pode esperar se destacar, se não praticar muito.

— Asseguro-lhe, senhora — respondeu ele —, que ela não precisa de tal conselho. Ela pratica constantemente.

— Quanto mais, melhor. Nunca será demais, e quando escrever para ela, vou lhe cobrar para não o negligenciar de qualquer forma. Costumo dizer a jovens senhoras que nenhuma excelência em música deve ser adquirida sem prática constante. Disse à senhorita Bennet várias vezes que ela nunca tocará muito bem, a menos que ela pratique mais. E embora a Sra. Collins não tenha nenhum instrumento, ela é muito bem-vinda, como lhe disse muitas vezes, para vir a Rosings todos os dias, e tocar o pianoforte no quarto da Sra. Jenkinson. Ela não atrapalharia ninguém naquela parte da casa.

O Sr. Darcy parecia envergonhado com a má educação da tia, e não respondeu.

Quando o café acabou, o coronel Fitzwilliam lembrou que Elizabeth havia prometido tocar para ele, e ela se sentou em frente ao instrumento. Ele puxou uma cadeira para perto dela. Lady Catherine escutou a metade de uma canção, e então falou, como antes, com seu outro sobrinho, até que este se afastou dela, e movendo-se com sua deliberação habitual para o pianoforte, estacionou-se de modo a comandar uma visão completa do semblante da bela performista. Elizabeth viu o que ele estava fazendo, e na primeira pausa conveniente, virou-se para ele com um sorriso brejeiro, e disse:

— Quer me intimidar, Sr. Darcy, vindo até aqui para me ouvir? Mas não ficarei alarmada, ainda que sua irmã toque *tão* bem. Há uma teimosia em mim que nunca suportará ter medo por causa dos outros. A minha coragem aumenta sempre que tentam me intimidar.

— Não direi que está enganada — respondeu ele —, porque não poderia realmente acreditar que eu tive qualquer intenção de alarmá-la. E tive o prazer de conhecê-la o suficiente para saber que você encontra grande prazer em ocasionalmente professar opiniões que na verdade não são suas.

Elizabeth riu profundamente desta imagem de si mesma, e disse ao Coronel Fitzwilliam:

— Seu primo lhe dará uma imagem muito justa de mim, e lhe ensinará a não acreditar em uma palavra do que eu digo. Sou particularmente azarada em me encontrar com uma pessoa tão bem capaz de expor meu caráter real em uma parte do mundo onde esperava passar uma boa impressão. De fato, Sr. Darcy, é muito pouco generoso da sua parte mencionar tudo o que sabe, em minha desvantagem, em Hertfordshire, e, permita-me dizer, muito impróprio, pois está me provocando a retaliar, e essas coisas podem vir à tona, e chocar seus parentes ao ouvi-las.

— Não tenho medo de você — disse ele, sorrindo.

— Conte-me quais são suas acusações contra ele — exclamou o coronel Fitzwilliam. — Eu deveria saber como ele se comporta entre estranhos.

— Deve saber, então, mas prepare-se para algo muito terrível. A primeira vez que o vi em Hertfordshire, deve saber, foi num baile; e neste baile, o que acha que ele fez? Dançou somente quatro danças, embora os cavalheiros fossem escassos, e, a meu certo conhecimento, mais de uma jovem estava sentada na falta de um parceiro. O Sr. Darcy não pode negar o fato.

— Eu não tive naquele tempo a honra de conhecer qualquer dama no salão além do meu próprio grupo.

— Verdade, e ninguém nunca poderia ser apresentado em um baile, não é mesmo? Bem, coronel Fitzwilliam, o que toco a seguir? Meus dedos aguardam suas ordens.

— Talvez — disse Darcy — devesse ter feito melhor e procurado ser apresentado, mas sou mal qualificado para me recomendar a estranhos.

— Poderíamos perguntar ao seu primo a razão disso? — disse Elizabeth, ainda se endereçando ao coronel Fitzwilliam. — Devemos perguntar a ele por que um homem de bom senso e educação, e que viveu no mundo, é mal qualificado para se recomendar a estranhos?

— Posso responder sua pergunta — disse Fitzwilliam —, sem recorrer a ele. É porque ele não quer se dar ao trabalho.

— Eu certamente não tenho o talento que algumas pessoas possuem — disse Darcy — de conversar facilmente com aqueles que nunca vi antes. Não posso acompanhar seu tom de conversa, ou parecer interessado com suas preocupações, como muitas vezes vejo acontecer.

— Meus dedos — disse Elizabeth — não se movem sobre este instrumento da maneira magistral que vejo tantas mulheres fazerem. Eles não têm a mesma força ou rapidez e não produzem a mesma expressão. Mas sempre pensei que a culpa fosse minha, porque não me dei ao trabalho de praticar. Não que eu não acredite que os *meus* dedos sejam tão capazes como os de qualquer outra mulher de execução superior.

Darcy sorriu e disse:

— Você está perfeitamente certa. Empregou seu tempo muito melhor. Ninguém que teve o privilégio de ouvi-la poderá pensar que falte algo. Nenhum de nós se apresenta a estranhos.

Aqui eles foram interrompidos por Lady Catherine, que queria saber o que eles estavam falando. Elizabeth imediatamente voltou a tocar. Lady Catherine se aproximou e, depois de ouvir por alguns minutos, disse a Darcy:

— A senhorita Bennet não tocaria mal, se praticasse mais, e pudesse ter a vantagem de um mestre de Londres. Ela tem uma noção muito boa de dedilhado, embora seu gosto não seja igual ao de Anne. Anne teria sido uma artista encantadora, se sua saúde lhe permitisse aprender.

Elizabeth olhou para Darcy para ver quão cordialmente ele concordava com o elogio à sua prima, mas nem naquele momento nem em qualquer outro ela poderia discernir qualquer sintoma de amor. E de todo o seu comportamento com a senhorita De Bourgh, Elizabeth formulou este pensamento consolador para a Srta. Bingley: caso ela também fosse prima de Darcy, teria as mesmas chances de se casar com ele.

Lady Catherine continuou seus comentários sobre a performance de Elizabeth, misturando com eles muitas instruções sobre execução e gosto. Elizabeth recebeu-os com toda a tolerância da civilidade, e a pedido dos cavalheiros permaneceu no instrumento até que a carruagem de sua Senhoria estivesse pronta para levá-los todos para casa.

XXXII

Elizabeth estava sentada sozinha na manhã seguinte, e escrevendo para Jane, enquanto a Sra. Collins e Maria estavam resolvendo algumas coisas na vila, quando foi surpreendida pela campainha, o sinal certo de um visitante. Como ela não tinha ouvido nenhuma carruagem, pensou que não fosse improvável ser Lady Catherine, e sob essa apreensão estava escondendo sua carta semiacabada para que escapasse de todas as perguntas impertinentes, quando a porta se abriu, e para sua grande surpresa, o Sr. Darcy, e apenas o Sr. Darcy, entrou na sala.

Ele parecia surpreso também em encontrá-la sozinha, e pediu desculpas por sua intrusão, deixando-a saber que ele tinha entendido que todas as damas estivessem lá dentro.

Eles, então, se sentaram, e quando suas perguntas sobre Rosings foram feitas, pareciam em perigo de imergir em silêncio total. Era absolutamente necessário, portanto, pensar em algo, e assim surgiu a recordação de *quando* ela o tinha visto pela última vez em Hertfordshire, e sentindo-se curiosa para saber o que ele diria sobre o assunto da sua partida precipitada, ela observou:

— Como de repente todos vocês deixaram Netherfield em novembro passado, Sr. Darcy! Deve ter sido uma surpresa agradável para o Sr. Bingley vê-los atrás dele tão cedo, pois, se bem me lembro, ele foi no dia anterior. Ele e as irmãs estavam bem, espero, quando saiu de Londres?

— Perfeitamente bem, obrigado.

Ela percebeu que não receberia nenhuma outra resposta, então, depois de uma breve pausa, adicionou:

— Pelo que ouvi falar, o Sr. Bingley não pretende voltar a Netherfield.

— Eu nunca o ouvi dizer isso, mas é provável que possa passar muito pouco do seu tempo lá no futuro. Ele tem muitos amigos, e ele está em um momento da vida em que os amigos e compromissos estão aumentando continuamente.

— Se ele pretende estar por pouco tempo em Netherfield, seria melhor para a vizinhança que desistisse do lugar inteiramente, então poderíamos possivelmente ter uma família que se instalasse lá. Mas talvez o Sr. Bingley não tenha considerado a casa tanto para a conveniência do bairro como para a sua, e devemos esperar que ele a mantenha ou desista pelo mesmo princípio.

— Eu não me surpreenderia — disse Darcy — se ele desistisse, assim que houvesse ofertas de compras elegíveis.

Elizabeth não respondeu. Ela estava com medo de falar mais tempo de seu amigo, e, não tendo nada mais a dizer, estava agora determinada a deixar para ele o problema de encontrar um assunto.

Ele percebeu a dica, e logo começou com:

— Esta parece ser uma casa muito confortável. Lady Catherine, creio eu, fez muito por ela quando o Sr. Collins veio pela primeira vez a Hunsford.

— Creio que sim, e estou certa de que ela não poderia ter concedido sua bondade a um ser mais grato.

— O Sr. Collins parece muito feliz com sua escolha de esposa.

— Sim, de fato. Seus amigos podem muito bem se alegrar por ele ter encontrado uma das pouquíssimas mulheres sensatas que o teriam aceitado, ou o feito feliz. Minha amiga tem uma excelente compreensão, embora não tenha a certeza de que considere o casamento dela com o Sr. Collins a coisa mais sábia que já fez. Ela parece perfeitamente feliz, no entanto, e sob a perspectiva da prudência, é certamente uma boa combinação para ela.

— Deve ser muito agradável para ela se estabelecer a uma distância tão curta de sua própria família e amigos.

— Você chama isso de curta distância? São mais de oitenta quilômetros.

— E o que são oitenta quilômetros de uma boa estrada? Pouco mais de meio dia de viagem. Sim, chamo de uma distância muito curta.

— Eu nunca consideraria a distância como uma das *vantagens* do casamento — exclamou Elizabeth. — Eu nunca diria que a Sra. Collins se estabeleceu *perto de* sua família.

— É uma prova de seu apego a Hertfordshire. Qualquer coisa além da própria vizinhança de Longbourn, suponho, pareceria distante.

Enquanto ele falava, havia uma espécie de sorriso, que Elizabeth imaginava entender. Ele deveria estar supondo que ela estava pensando em Jane e Netherfield, e ela ruborizou enquanto respondia:

— Não quero dizer que uma mulher não deva se instalar um pouco longe da sua família. O distante e o próximo devem ser relativos, e dependem de muitas circunstâncias variadas. Onde há fortuna para fazer o gasto de viajar sem importância, a distância não se torna nenhum mal. Mas esse não é o caso *aqui*. O Sr. e a Sra. Collins têm uma renda confortável, mas não uma que permitirá viagens frequentes, e tenho certeza de que minha amiga não se diria *próxima* da sua família sob menos da *metade* da distância atual.

O Sr. Darcy puxou sua cadeira um pouco para perto dela, e disse:

— *Você* não tem o direito a tal bairrismo. Você não pode viver sempre em Longbourn.

Elizabeth parecia surpreendida. O cavalheiro experimentou alguma mudança de sentimento, puxou de volta sua cadeira, pegou um jornal da mesa, e, olhando sobre ele, disse, em uma voz mais fria:

— Está confortável em Kent?

Segui-se um curto diálogo sobre o assunto do interior, de ambos os lados, calmo e consiso, e logo terminou com a entrada de Charlotte e sua irmã, que acabavam de voltar de sua caminhada. O *tête-à-tête* as surpreendeu. O

Sr. Darcy relatou o erro que tinha ocasionado sua intromissão à senhorita Bennet, e depois que se sentou por mais alguns minutos sem dizer quase nada, saiu.

— O que pode significar isso? — disse Charlotte, assim que ele se foi. — Minha querida Eliza, ele deve estar apaixonado por você, ou nunca teria nos visitado desta forma familiar.

Mas quando Elizabeth falou do seu silêncio, não parecia muito provável, mesmo para os desejos de Charlotte, que fosse o caso. E depois de várias conjecturas, elas podiam finalmente supor que a sua visita se baseasse na dificuldade de encontrar qualquer coisa para fazer, o que foi o mais provável, dada a época do ano. Todos os esportes de campo haviam acabado. Dentro de casa havia Lady Catherine, livros e uma mesa de bilhar, mas os senhores não poderiam ficar sempre reclusos. E fosse pela proximidade do presbitério, ou pela caminhada agradável até ele, ou pelas pessoas que viviam ali, os dois primos encontraram uma tentação de caminhar para lá quase todos os dias. Eles apareciam em vários momentos da manhã, às vezes separadamente, às vezes juntos, e de vez em quando acompanhados por sua tia. Era claro para todos que o coronel Fitzwilliam vinha porque tinha prazer em sua companhia, uma persuasão que, naturalmente, recomendou-lhe ainda mais. E Elizabeth se lembrava, por sua própria satisfação em estar com ele, bem como pela admiração evidente dele por ela, de seu antigo favorito George Wickham. Embora, ao compará-los, visse que havia uma suavidade menos cativante nas maneiras do coronel Fitzwilliam, ela acreditava que ele poderia ser mais bem instruído.

Mas porque o Sr. Darcy vinha tantas vezes ao presbitério, era mais difícil de entender. Não poderia ser pela companhia, porque se sentava frequentemente lá dez minutos sem abrir seus lábios. E quando falava, parecia ser mais pelo efeito da necessidade do que pela escolha; um sacrifício pela cortesia, não um prazer a si. Raramente parecia muito animado. A Sra. Collins não sabia o que pensar dele. Coronel Fitzwilliam ocasionalmente caçoava da rabugice do primo, fato que provava que ele estava levemente diferente, o que Charlotte não poderia supor pelo que conhecia dele. E como ela gostaria de acreditar que a mudança era por efeito do amor, e que o objeto desse amor, sua amiga Eliza, era a causa. Ela o observava sempre que estavam em Rosings, e sempre que ele vinha a Hunsford, mas sem muito sucesso. Ele certamente olhava muito para sua amiga, mas a expressão daquele olhar era discutível. Era um olhar sério e firme, mas ela muitas vezes duvidava se havia muita admiração nele, e às vezes não parecia nada além de distração.

Ela tinha sugerido uma ou duas vezes a Elizabeth a possibilidade de ele estar interessado por ela, mas Elizabeth sempre ria da ideia, e a Sra. Collins não achou certo pressionar o assunto, com o perigo de aumentar as expectativas que só poderiam acabar em decepção, pois, na sua opinião, não admitia qualquer dúvida que toda a antipatia da amiga desapareceria, se ela pudesse supor que ele estivesse em seu poder.

Em seus planos amáveis para Elizabeth, ela às vezes pensava em casá-la com o Coronel Fitzwilliam. Ele era, sem comparação, o mais agradável; ele certamente a admirava, e sua situação de vida era boa. Mas, para contrabalançar essas vantagens, o Sr. Darcy tinha considerável influência na igreja, e seu primo não poderia ter nenhuma.

XXXIII

Mais do que uma vez Elizabeth em seu passeio pelo parque inesperadamente encontrou o Sr. Darcy. Ela sentia toda a perversidade do infortúnio que o trazia onde ninguém mais era trazido, e, para evitar que isso acontecesse novamente, teve o cuidado de informá-lo em primeiro lugar, que era o refúgio favorito dela. Como pôde ocorrer uma segunda vez, portanto, foi muito estranho! No entanto, houve até mesmo uma terceira vez. Parecia como a teimosia malvada, ou uma penitência voluntária, pois nestas ocasiões não havia apenas alguns inquéritos formais e, após uma pausa embaraçosa, um afastamento, ele realmente achava necessário voltar e acompanhá-la. Ele nunca dizia muita coisa, nem ela se dava ao trabalho de falar ou de ouvir muito, mas a impressionou no decurso de seu terceiro reencontro que ele fazia algumas perguntas estranhas e desconexas sobre o seu prazer em estar em Hunsford, seu amor por passeios solitários, e sua opinião sobre a felicidade do Sr. e da Sra. Collins. E quando falavam em Rosings e o fato de ela não entender perfeitamente a casa, ele parecia esperar que, sempre que voltasse a Kent, ela se hospedasse *lá* também. Suas palavras pareceram querer dizer isso. Poderia ter o coronel Fitzwilliam em seus pensamentos? Ela supôs que se ele estivesse dando alguma indireta, estaria aludindo ao que poderia surgir naquele trimestre. Isso a afligiu um pouco, e ela ficou muito feliz por encontrar-se no portão em frente ao presbitério.

Certo dia, enquanto caminhava, relendo a última carta de Jane, e parando em algumas passagens que provavam que Jane não tinha escrito em bons ânimos, quando, em vez de ser novamente surpreendida pelo Sr. Darcy, viu ao olhar para cima que o coronel Fitzwilliam se encontrava com ela. Afastando a carta imediatamente e forçando um sorriso, ela disse:

— Não sabia que caminhava por esta trilha.

— Estou fazendo um tour pelo parque — respondeu ele —, como faço todo ano, e pretendo encerrar com uma visita ao presbitério. Está indo muito longe?

— Não, voltaria logo.

E assim, virou-se, e os dois foram juntos até o presbitério.

— Você deixa Kent no sábado mesmo? — disse ela.

— Sim, se Darcy não adiar novamente. Mas estou ao dispor dele. Ele organiza as coisas como bem entender.

— E se não for capaz de agradar a si mesmo no arranjo, ele tem pelo menos grande prazer no poder de escolha. Não conheço ninguém que goste mais do poder de satisfazer suas vontades do que o Sr. Darcy.

— Ele gosta muito de fazer as coisas do seu jeito — respondeu o coronel Fitzwilliam. — Mas assim todos nós gostamos. Só que ele tem melhores meios de fazê-lo do que muitos outros, porque ele é rico, e muitos outros são pobres. Eu falo com sentimento. Como filho mais novo, você sabe, tenho que estar acostumado a abnegação e a dependência.

— Na minha opinião, o filho mais novo de um nobre pouco pode saber de qualquer um desses. Agora, sério, o que você já conheceu de abnegação e dependência? Quando você foi impedido por falta de dinheiro de ir aonde você escolheu ou de obter qualquer coisa que você queria?

— Estas são perguntas subjetivas, e talvez eu não possa dizer que experimentei muitas dificuldades dessa natureza. Mas em questões de maior peso, posso sofrer com a falta de dinheiro. Filhos mais jovens não podem se casar como quiserem.

— A não ser que gostem de mulheres ricas, o que acho que acontece muitas vezes.

— Os nossos hábitos de consumo nos tornam muito dependentes, e não há muitos no meu nível de vida que se possam dar ao luxo de se casar sem alguma atenção ao dinheiro.

"Seria isso", pensou Elizabeth, "para mim?". E ela corou com a ideia, mas, recuperando-se, disse em um tom animado:

— E qual é o preço habitual do filho mais novo de um nobre? A menos que o irmão mais velho esteja muito doente, suponho que não pediria mais de 50 mil libras.

Ele a respondeu no mesmo estilo, e o assunto acabou. Para interromper um silêncio que poderia fazê-lo pensar que ela estava afetada pelo que aconteceu, ela logo depois disse:

— Imagino que seu primo o tenha trazido com ele principalmente para ter alguém à sua disposição. Eu me pergunto se ele não se casaria para garantir uma conveniência duradoura desse tipo. Mas talvez a irmã dele preencha essa necessidade por enquanto, e, como ela está sob os cuidados dele, fique à mercê do que ele quiser.

— Não — disse o coronel Fitzwilliam —, essa é uma vantagem que ele deve dividir comigo. Tenho junto a ele a tutela da senhorita Darcy.

— Tem, de fato? E que tipo de tutores são? O ofício lhes dá muito trabalho? Jovens da idade dela, às vezes, são um pouco difíceis de lidar, e se ela tiver o verdadeiro temperamento dos Darcy, talvez goste de ter as coisas do seu próprio jeito.

Enquanto ela falava, o observava olhando para ela com seriedade, e a maneira com a qual ele imediatamente lhe perguntou por que ela supôs que a senhorita Darcy provavelmente daria a eles qualquer desconforto, a convenceu de que ela tinha de alguma forma ou outra estado bem perto da verdade. Ela respondeu diretamente:

— Você não precisa ter medo. Nunca ouvi qualquer mal dela, e ouso dizer ela é uma das criaturas mais amáveis do mundo. Ela é a grande favorita de algumas damas que conheço, a Sra. Hurst e a Srta. Bingley. Creio que ouvi você dizer que as conhece.

— Eu as conheço um pouco. Seu irmão é um homem muito agradável, e um grande amigo dos Darcy.

— Oh! Sim — disse Elizabeth secamente —, o Sr. Darcy é muito gentil com o Sr. Bingley e cuida muito bem dele.

— Cuida dele! Sim, eu realmente acredito que Darcy *cuide* dele nos pontos em que ele mais requer cuidado. Pelo que ele me disse na nossa viagem até aqui, tenho razões para pensar que Bingley lhe deve muito. Mas eu devo implorar o seu perdão, pois eu não tenho o direito de supor que Bingley fosse a pessoa a qual a história se referia. É tudo conjectura.

— O que quer dizer?

— É uma circunstância da qual Darcy, é claro, não gostaria de que se espalhasse, porque se chegasse ao conhecimento da família da jovem, seria uma coisa desagradável.

— Pode confiar em minha palavra: não mencionarei nada sobre isso.

— E lembre-se de que não tenho muitos motivos para supor que seja Bingley. O que ele me disse foi apenas isso, que ele se parabenizou por ter recentemente salvado um amigo dos inconvenientes de um casamento muito imprudente, mas sem mencionar nomes ou quaisquer outros detalhes. E eu só suspeitei que fosse o Bingley por acreditar que ele fosse o tipo de jovem que se meteria numa enrascada dessas, e por saber que eles estiveram juntos todo o verão passado.

— O Sr. Darcy lhe deu o motivo de sua interferência?

— Eu entendi que ele tinha objeções muito fortes contra a jovem.

— E de que artimanhas ele utilizou para separá-los?

— Ele não me disse de suas próprias artimanhas — disse Fitzwilliam sorrindo. — Só me disse o que lhe disse.

Elizabeth não respondeu, e seguiu em frente, com o coração cheio de indignação. Depois de observá-la um pouco, Fitzwilliam perguntou por que ela estava tão pensativa.

— Estou pensando no que me contou — disse ela. — A conduta do seu primo não se adequa aos meus sentimentos. Quem é ele para ser o juiz?

— Está disposta a chamar a interferência dele de intrometida?

— Não vejo que direito o Sr. Darcy tinha para decidir sobre o interesse de seu amigo, ou porque, em seu próprio julgamento, ele determinaria de que maneira esse amigo seria feliz. Mas — ela continuou, se lembrando —, como não conhecemos nenhum dos detalhes, não é justo condená-lo. Não se supõe que tenha havido muita afeição no caso.

— Essa não é uma suposição improvável — disse Fitzwilliam —, mas diminui muito a honra do triunfo do meu primo.

Isso foi dito com graça, mas pareceu retratar tão bem a imagem do Sr. Darcy, que ela não confiava em si mesma para uma resposta, e, portanto, mudando abruptamente a conversa, falou sobre assuntos indiferentes até que eles chegassem à paróquia. Lá, fechada em seu próprio quarto, logo que seu visitante os deixou, podia pensar sem interrupção sobre tudo o que tinha ouvido. Não era de se supor que se tratasse de qualquer outra pessoa além daqueles com quem ela estava conectada. Não poderia existir no mundo *dois* homens sobre quem o Sr. Darcy poderia ter tal influência ilimitada. Que ele estava envolvido com as medidas tomadas para separar o Sr. Bingley e Jane, ela nunca tinha duvidado, mas sempre atribuiu à senhorita Bingley o principal plano e arranjo dele. Se sua própria vaidade, no entanto, não o enganou, *ele* foi a causa, seu orgulho e capricho foram a causa de tudo o que Jane tinha sofrido, e ainda continuava a sofrer. Ele tinha arruinado por um tempo cada esperança de felicidade para o coração mais afetuoso e generoso do mundo, e ninguém poderia dizer o quão duradouro era o mal que ele poderia ter infligido.

"Ele tinha objeções muito fortes contra a jovem" foram as palavras do coronel Fitzwilliam, e essas objeções muito fortes provavelmente eram o fato de ela ter um tio que era advogado no interior e outro que tinha negócios em Londres.

"À própria Jane", exclamou, "não existe possibilidade de objeção. Toda a beleza e bondade que ela tem! Sua compreensão excelente, sua mente superior, e suas maneiras cativantes. Nem poderia qualquer coisa ser instada contra o meu pai, que, embora com algumas peculiaridades, tem habilidades que o próprio Sr. Darcy não pode desdenhar, e respeitabilidade que ele provavelmente nunca vai alcançar". Quando ela pensou em sua mãe, de fato, sua confiança cedeu um pouco, mas ela não concebia que quaisquer objeções *desse tipo* tivessem peso substancial com o Sr. Darcy, cujo orgulho, ela estava convencida, seria ferido mais profundamente pela falta de importância das conexões de seu amigo, do que pela falta de senso dessas pessoas. E ficou completamente decidida, por fim, de que tinha sido governado em parte por este tipo mais cruel de orgulho, e em parte pelo desejo de reter o Sr. Bingley para sua irmã.

A agitação e as lágrimas que o assunto ocasionou trouxeram uma dor de cabeça, e ela aumentou muito mais durante a noite que, somada a sua falta de vontade para ver o Sr. Darcy, determinou-lhe a não acompanhar seus primos a Rosings, onde estavam comprometidos a tomar chá. A Sra. Collins, vendo que ela estava muito mal, não a pressionou para ir, e tanto quanto possível impediu seu marido de pressioná-la, mas o Sr. Collins não podia esconder sua apreensão de Lady Catherine ficar bastante descontente por ela ficar em casa.

XXXIV

Quando eles foram embora, Elizabeth, como se pretendesse exasperar-se tanto quanto possível contra o Sr. Darcy, escolheu para sua ocupação o exame de todas as cartas que Jane tinha escrito para ela desde que chegou a Kent. Elas não continham nenhuma queixa real, nem qualquer lembrança de ocorrências passadas, ou qualquer comunicação de sofrimento presente. Mas em todas, e em quase cada uma das linhas, havia a falta de uma alegria que era característica do seu estilo, e que procedia da serenidade de uma mente à vontade consigo mesma, e gentilmente disposta a cada um, e que quase nunca fora eclipsada. Elizabeth notou cada frase transmitindo a ideia de inquietação, com uma atenção que mal tinha percebido na primeira leitura. O vergonhoso orgulho do Sr. Darcy pela miséria que ele foi capaz de infligir deu-lhe um sentido mais apurado dos sofrimentos de sua irmã. Foi de algum consolo pensar que a visita dele a Rosings terminaria no dia seguinte, e uma ainda maior, que em menos de uma quinzena ela estaria com Jane novamente, e habilitada a contribuir para a recuperação de seus ânimos, por meio de tudo que o afeto poderia fazer.

Ela não conseguia pensar em Darcy deixando Kent, sem lembrar que seu primo estava indo com ele. Mas o coronel Fitzwilliam deixou claro que ele não tinha intenção nenhuma com ela, e mesmo sendo um homem agradável, ela não queria sofrer por ele.

Estabelecido este ponto, despertou de repente pelo som da campainha da porta, e seus ânimos vibraram um pouco pela ideia de ser o próprio coronel Fitzwilliam, que tinha aparecido uma vez tarde na noite, e pôde agora vir inquirir particularmente sobre ela. Mas essa ideia foi logo banida, e seus ânimos foram afetados de forma muito diferente, quando, para seu completo espanto, ela viu o Sr. Darcy entrar na sala. De uma forma apressada, ele imediatamente começou uma investigação sobre sua saúde, imputando sua visita a um desejo de ouvir que ela estava melhor. Ela o respondeu com civilidade fria. Ele se sentou por alguns momentos, e depois se levantou e caminhou pela sala. Elizabeth ficou surpresa, mas não disse uma palavra. Depois de um silêncio de vários minutos, ele veio em direção a ela de uma forma agitada, e assim começou:

— Em vão tenho lutado. Não é suficiente. Meus sentimentos não serão reprimidos. Permita-me dizer o quão ardentemente a admiro e a amo.

O espanto de Elizabeth estava além de qualquer expressão. Ela olhava, enrubescia, duvidava e se calava. Isso ele considerou encorajamento suficiente, e a declaração de tudo o que ele sentia e sempre sentiu por ela imediatamente seguiu. Ele falava bem, mas havia sentimentos além daqueles do coração a serem detalhados, e não era mais eloquente no assunto da ternura do que do orgulho. Seu senso da inferioridade dela, do rebaixamento que esse amor implicava, dos obstáculos familiares que a razão sempre opôs ao sentimento, foram citados com um calor que parecia devido à consequência de seu ego estar ferido, mas contribuía muito pouco para sua pretensão.

Apesar de sua antipatia profundamente enraizada, ela não

podia ser insensível ao elogio de tal afeição de um homem, e embora suas intenções não variassem por um instante, ela primeiro lamentou a dor que ele sofreria, até que o ressentimento foi renovado pela suas palavras subsequentes, fazendo com que perdesse toda a compaixão na raiva. Ela tentou, no entanto, recompor-se para o responder com paciência, no momento certo. Ele concluiu descrevendo-lhe a força dessa paixão que, apesar de todos os seus esforços, havia achado impossível de controlar, e expressando sua esperança de que agora fosse recompensado por sua aceitação de sua mão. Quando ele disse isso, ela poderia facilmente ver que ele não tinha dúvida de uma resposta favorável. Ele *falava* de apreensão e ansiedade, mas seu semblante expressava segurança real. Tal circunstância só poderia exasperar mais ainda, e quando ele cessou, o sangue subiu-lhe às bochechas, e ela disse:

— Em casos como este, creio que exista um modo estabelecido para expressar um senso de gratidão para os sentimentos declarados, por mais desigualmente que possam ser retribuídos. É natural que seja sentida uma gratidão, e se eu pudesse *senti-la*, eu lhe agradeceria agora. Mas não posso desejar, e nunca desejei a sua boa opinião, e você certamente a concedeu-me com muita relutância. Lamento ter ocasionado dor a qualquer um. Foi feito inconscientemente, no entanto, e espero que seja de curta duração. Os sentimentos que, você me diz, por muito tempo impediram o reconhecimento de sua consideração, podem socorrê-lo facilmente após essa explicação.

O Sr. Darcy, que estava encostado na lareira com os olhos fixos no rosto de Elizabeth, parecia receber o que ela dizia com um ressentimento não menor do que surpresa. Sua tez ficou pálida com a raiva, e a perturbação de sua mente era visível em cada um de seus traços. Ele estava lutando para parecer controlado, e não abriria os lábios, até que se acreditasse assim estar. A pausa foi terrível para os sentimentos de Elizabeth. Finalmente, em uma voz de calma forçada, ele disse:

— E esta é toda a resposta que tenho a honra de esperar! Eu

poderia, talvez, querer ser informado por que, com tão pouco *esforço* de cortesia, sou, assim, rejeitado. Mas é de pequena importância.

— Eu poderia muito bem perguntar — respondeu ela — por que com um desígnio tão evidente de me ofender e insultar, escolheu me dizer que gostou de mim contra a sua vontade, contra a sua razão, e até mesmo contra o seu caráter. Não seriam estes motivos suficientes para que eu *fosse* rude? Mas eu tenho outros motivos. Você sabe que tenho. Se os meus sentimentos não fossem avessos a você, mesmo que fossem indiferentes ou favoráveis, acha que qualquer consideração me tentaria a aceitar o homem que tem sido o meio de arruinar, talvez para sempre, a felicidade de uma irmã muito amada?

Quando ela pronunciou estas palavras, Sr. Darcy mudou de cor, mas a emoção foi curta, e ele ouviu sem tentar interrompê-la enquanto ela continuava.

— Tenho todas as razões no mundo para pensar mal de você. Nenhum motivo pode desculpar a forma injusta e ingrata com que você agiu *no assunto*. Não ouse negar que foi o principal, se não o único, meio de separar os dois, de expor um à censura do mundo por capricho e instabilidade, o outro ao seu escárnio por esperanças desiludidas, e envolvê-los na miséria pungente.

Ela parou, e viu sem a menor indignação que ele estava ouvindo com um ar que o provou totalmente impassível por qualquer sentimento de remorso. Ele até olhou para ela com um sorriso de incredulidade afetada.

— Nega que tenha feito isso? — ela repetiu.

Com suposta tranquilidade, ele então respondeu:

— Eu não tenho nenhuma intenção em negar que fiz tudo em meu poder para separar meu amigo de sua irmã, ou que me alegro com o meu sucesso. Para *ele* tenho sido mais amável do que para mim mesmo.

Elizabeth desdenhou a aparência de notar essa reflexão nobre, mas seu significado não escapou, nem era provável que a conciliasse.

— Mas não é meramente neste caso — continuou ela —, em que minha aversão é fundada. Muito antes que tivesse ocorrido, minha opinião sobre você já estava formada. Seu caráter foi desdobrado na descrição que recebi há muitos meses do Sr. Wickham. Sobre este assunto, o que você tem a dizer? Em que ato imaginário de amizade você pode aqui se defender? Ou sob que deturpação, você pode aqui impor aos outros?

— Você tem um grande interesse nas preocupações daquele cavalheiro — disse Darcy em um tom menos tranquilo, e com uma cor acentuada.

— Quem sabe quais foram os seus infortúnios pode evitar sentir um interesse por ele?

— Seus infortúnios! — repetiu Darcy desdenhosamente. — Sim, seus infortúnios foram realmente grandes.

— E impingidos por você! — gritou Elizabeth com energia. — Você o reduziu a seu estado atual de pobreza, de relativa pobreza. Você reteve as vantagens, que deve saber terem sido planejadas a ele. Você tem privado os melhores anos de sua vida, daquela independência a que ele tinha direito e merecia. Você tem feito tudo isso! E ainda assim você trata a menção de seus infortúnios com desprezo e ironia.

— E essa — exclamou Darcy, enquanto caminhava com passos rápidos pela sala — é a sua opinião sobre mim! Esta é a estima que você tem de mim! Agradeço-lhe por explicar tão plenamente. Minhas falhas, de acordo com este cálculo, são realmente pesadas! Mas talvez — acrescentou, parando em sua caminhada, e virando-se para ela — essas ofensas pudessem ter sido evitadas, se o seu orgulho não tivesse sido ferido por minha honesta confissão dos escrúpulos que há muito impediam que tomasse qualquer decisão séria. Essas amargas acusações poderiam ter sido suprimidas, se eu, com maior política, tivesse ocultado minhas lutas, e a lisonjeado com a crença de que estava sendo impelido por uma inclinação imaculada e a que nada se opunha, seja a razão, a reflexão ou qualquer outro motivo. Mas a farsa de todo tipo é meu horror. Nem me envergonho dos sentimentos que confessei. Eles são naturais e justos. Você poderia esperar que eu me alegrasse com a inferioridade de seus parentes? Ou que me felicitasse com a esperança de relações, cuja condição na vida é tão decididamente abaixo da minha?

Elizabeth sentia-se cada vez mais zangada, mas tentava ao máximo se expressar com compostura quando dizia:

— Está enganado, Sr. Darcy, se acha que o modo da sua declaração me afetou de qualquer outra forma, a não ser pelo fato de ter me poupado da preocupação que eu poderia ter sentido ao recusar-lhe, se tivesse se comportado de uma forma mais cavalheiresca.

Ela o viu arder de raiva com isso, mas ele não disse nada, e ela continuou:

— Não me poderia ter ofertado a sua mão de qualquer maneira que me tentasse a aceitá-la.

Novamente seu espanto era óbvio e ele a olhava com uma expressão de incredulidade e mortificação misturadas. Ela prosseguiu:

— Desde o início, desde o primeiro momento, posso dizer, de meu encontro com você, suas maneiras me impressionaram com a mais plena certeza de que era movido pela sua arrogância, sua vaidade, e seu desprezo egoísta pelos sentimentos dos outros. Essa foi a base sobre a qual a desaprovação dos eventos sucedidos construiu uma aversão imutável e, antes mesmo de te conhecer há um mês, senti que você era o último homem no mundo com quem eu poderia concordar em me casar.

— Já disse o suficiente, senhorita. Compreendo perfeitamente os seus sentimentos, e agora só posso me envergonhar de meus próprios. Perdoe-me por ter ocupado tanto do seu tempo, e aceite os meus melhores votos pela sua saúde e felicidade.

E com estas palavras ele saiu apressadamente da sala, e Elizabeth o ouviu no momento seguinte abrir a porta da frente e sair da casa.

O tumulto de sua mente era agora dolorosamente grande. Ela não sabia como se manter em pé e, com muita fraqueza, sentou-se e chorou por meia hora. Seu espanto, ao refletir sobre o que havia passado, foi aumentado a cada revisão. Ela recebeu uma oferta de casamento do Sr. Darcy! Ele estava apaixonado por ela por tantos meses! Tanto amor a ponto de desejar se casar com ela, apesar de todas as objeções que o fizeram impedir seu amigo de se casar com sua irmã, e que deve aparecer pelo menos com igual força em seu próprio caso, era quase incrível! Foi gratificante ter inspirado inconscientemente um afeto tão forte. Mas seu orgulho, seu orgulho abominável, sua vergonhosa confissão do que tinha feito com relação a Jane, sua imperdoável tranquilidade em reconhecer, embora sem justificar, e a maneira insensível na qual ele havia mencionado o Sr. Wickham, sem que ele tentasse negar sua crueldade para com ele, logo superou a pena que a consideração de seu afeto tinha por um momento instilado.

Ela continuou em reflexões muito agitadas até que o som da carruagem de Lady Catherine a fez sentir o quão iníquas seriam as observações de Charlotte, e correu para o seu quarto.

XXXV

Elizabeth acordou na manhã seguinte com os mesmos pensamentos e meditações que tinha quando finalmente havia fechado os olhos. Ela ainda não podia se recuperar da surpresa do que tinha acontecido. Era impossível pensar em qualquer outra coisa, e estava totalmente indisposta para alguma ocupação, resolveu logo após o café da manhã saciar-se com ar fresco e exercício. Ia diretamente para sua caminhada favorita, quando a lembrança do Sr. Darcy, às vezes, chegando lá, a impediu, e em vez de entrar no parque, foi para a pista, o que a levou mais longe da estrada da rodovia. O parque fazia fronteira com um lado da estrada, e ela logo passou um dos portões.

Após ter andado duas ou três vezes ao longo dessa parte da pista, estava tentada, pela beleza da manhã, a parar nos portões e olhar o parque. Durante as cinco semanas que tinha passado em Kent, havia mudado muito a paisagem do interior, e cada dia as árvores estavam mais verdes. Ela estava prestes a continuar a sua caminhada, quando vislumbrou um cavalheiro dentro do bosque que margeava o parque, se movendo em sua direção, e, com medo de ser o Sr. Darcy, ela recuou rapidamente. Mas a pessoa que se aproximava estava agora perto o suficiente para vê-la, e avançando com avidez, pronunciou seu nome. Ela tinha se afastado, mas ao ouvir seu nome, embora em uma voz que provou ser o Sr. Darcy, voltou a ir em direção ao portão. Ele tinha chegado até lá também, e segurando uma carta, que ela instintivamente pegou, disse com um olhar de compostura arrogante:

— Tenho andado no bosque há algum tempo na esperança de encontrá-la. Dar-me-ia a honra de ler essa carta? — E então, com uma ligeira reverência, virou-se em direção ao bosque, e logo saiu de vista.

Sem expectativa de prazer, mas com a mais forte curiosidade, Elizabeth abriu a carta e, para sua admiração ainda crescente, percebeu que o envelope continha duas folhas de papel de carta, escritas completamente, à mão. O envelope em si estava igualmente preenchido. Seguindo seu caminho ao longo da pista, ela então começou a ler. Estava datado de Rosings, às oito horas na manhã, como segue:

"Não se assuste, senhora, ao receber esta carta, pela apreensão de que ela contenha qualquer repetição desses sentimentos, ou a renovação daquelas propostas que foram na noite passada tão repugnantes para você. Escrevo sem qualquer intenção de vos entristecer, ou de me humilhar, insistindo em desejos que, para a felicidade de ambos, não podem ser esquecidos demasiado cedo. E os esforços que a escrita e a leitura desta carta devem ocasionar poderiam ter sido poupados, se meu caráter não exigisse que fosse escrita e lida. Portanto, deve perdoar a liberdade com a qual exijo a sua atenção. Os seus sentimentos, eu sei, a concederão involuntariamente, mas

exijo-a da sua justiça.

Duas ofensas de naturezas muito diferentes, e de forma alguma de igual magnitude, você ontem à noite colocou a meu cargo. A primeira mencionada foi que, independentemente dos sentimentos de ambos, eu tinha separado o Sr. Bingley de sua irmã, e a outra que eu tinha desafiado quaisquer reivindicações, a honra e a humanidade, arruinado a prosperidade imediata, e destruído as perspectivas futuras do Sr. Wickham. Deliberada e desenfreadamente ter repudiado o companheiro da minha juventude, o inegável favorito do meu pai, um jovem que dependia unicamente de nosso patrocínio, e que tinha sido criado para esperar o seu emprego, seria uma depravação muito maior do que a separação de dois jovens, cuja afeição, embora existisse, não poderia ter crescido excessivamente em apenas algumas semanas.

Mas a partir da gravidade das acusações que foram ontem à noite tão duramente concedidas, respeitando cada circunstância, espero estar no futuro assegurado, após o seguinte relato de minhas ações e seus motivos terem sido lidos. Se, durante a explicação deles, for preciso que exponha sentimentos que possam ferir os seus, só posso dizer que sinto muito. A necessidade deve ser obedecida, e outras desculpas seriam absurdas.

Eu não estava há muito tempo em Hertfordshire quando eu e os outros vimos que Bingley preferia sua irmã mais velha a qualquer outra moça no interior. Mas não foi até a noite da dança em Netherfield que tive qualquer apreensão de que se apaixonasse seriamente. Já o tinha visto muitas vezes apaixonado. Naquele baile, enquanto eu tinha a honra de dançar com você, reconheci, pela informação acidental de Sir William Lucas, que as atenções de Bingley para sua irmã tinham dado origem a uma expectativa geral de seu casamento. Ele falou disso como um evento certo, do qual apenas a data poderia ser indefinida.

A partir desse momento observei atentamente o comportamento do meu amigo, e pude então perceber que seu apego para com a senhorita Bennet estava além do que já havia testemunhado nele. Sua irmã eu também observei. Seu olhar e suas maneiras eram abertos, alegres e envolventes como sempre, mas sem qualquer sintoma de consideração peculiar, e eu permaneci convencido ao final da noite, que embora ela recebesse suas atenções com prazer, ela não as provocava por qualquer reciprocidade de sentimento.

Se você não se enganou sobre isso, eu pelo menos me enganei. Já que conhece melhor sua irmã, a última hipótese é mais provável. Se assim for, se fui levado por tal erro, a lhe infligir dor, o seu ressentimento não foi irracional. Mas eu não terei escrúpulos para afirmar, que a serenidade do rosto e do jeito de sua irmã eram tais, que poderiam ter dado ao observador mais apurado, uma convicção de que, por mais amável que fosse seu temperamento, seu coração não estava suscetível a ser facilmente tocado. Que eu desejava acreditar na sua indiferença era certo, mas me arrisco a dizer que minhas investigações e decisões geralmente não são influenciadas por minhas esperanças ou medos. Eu não acreditava que ela fosse indiferente porque desejava isso. Eu acreditava nisso com convicção imparcial, tão verdadeiramente como desejava. Minhas objeções ao casamento não eram meramente aquelas, que noite passada reconheci terem exigido a máxima força da paixão para colocar de lado, no meu próprio caso, a falta de conexão não poderia ser um mal tão grande para o meu amigo como para mim. Mas havia outras causas de repugnância. Causas que, embora ainda existentes, e idênticas a ambos os casos, eu mesmo tinha me esforçado para esquecer, porque não diziam imediatamente respeito a mim. Estas causas devem ser declaradas, embora brevemente. A situação da família de sua mãe, embora censurável, não era nada em comparação com a total falta de decoro tão frequentemente, quase que sempre, demonstrada por ela mesma, por suas três irmãs mais novas, e ocasionalmente até por seu pai. Desculpe-me, dói-me ofendê-la. Mas no meio da sua preocupação com os defeitos dos seus parentes mais próximos, e do seu descontentamento com esta representação deles, que lhe seja de consolo considerar isto: você e Jane sempre se portaram de modo a evitar qualquer censura semelhante, é o melhor elogio que poderia ser feito à prudência e ao caráter de ambas. Só direi mais uma coisa: o que aconteceu naquela noite confirmou tudo sobre todas as partes, e aumentou minha opinião de que deveria preservar meu amigo querido o mais rápido possível de uma união infeliz.

Ele foi de Netherfield para Londres, no dia seguinte, como você, tenho certeza, se lembra, com o desejo de voltar logo.

A parte em que eu agi será agora explicada. O desconforto de suas irmãs tinha sido despertado, bem como o meu próprio, e nossa coincidência de sentimento foi logo descoberta. Foi de comum acordo que não havia tempo a ser perdido em separar seu irmão, portanto, nós logo resolvemos juntar-nos a ele diretamente em Londres. E desse modo fomos, e lá eu prontamente fui envolvido no ofício de apontar para meu amigo os certos males de tal escolha. Descrevi e ressaltei-os com seriedade.

Mas, por mais que esta contestação possa ter abalado ou atrasado a sua determinação, não suponho que seria suficiente para impedir o casamento, se não tivesse sido apoiada pela garantia, que eu não hesitei em dar, da indiferença de sua irmã. Ele já havia acreditado nela para retribuir seu afeto com sincero, senão com igual, respeito. Mas Bingley tem grande modéstia natural, com uma dependência mais forte do meu julgamento do que do seu próprio. Convencê-lo, portanto, de que ele tinha se enganado não era algo muito difícil. Persuadi-lo contra o regresso a Hertfordshire, quando essa convicção tinha sido dada, foi algo de um mero instante. Não posso me culpar por ter feito tanto. Há apenas uma parte da minha conduta em todo o assunto que eu me arrependo. É que eu condescendi em adotar certas medidas para esconder dele que sua irmã está na cidade. Eu sabia, bem como era conhecido pela senhorita Bingley, mas seu irmão ainda não sabe disso. Que eles poderiam ter se encontrado sem má consequência, é talvez provável, mas a sua consideração não me pareceu suficientemente extinta para que ele a visse sem nenhum perigo. Talvez esta ocultação, este subterfúgio, não estivesse digno de mim. Está feito, no entanto, e foi feito para o melhor. Sobre este assunto eu não tenho mais nada a dizer, nenhuma outra desculpa para oferecer. Se feri os sentimentos de sua irmã, foi feito inconscientemente. E embora os motivos que me governaram possam parecer-lhe naturalmente insuficientes, ainda não lhes julgo condenáveis.

No que diz respeito a essa outra acusação, mais pesada, de ter ferido o Sr. Wickham, só posso refutá-la apresentando-lhe toda a sua ligação com a minha família. Do que ele tem particularmente me acusado eu não sei, mas da verdade que vou relatar, posso convocar mais de testemunha da qual não se pode duvidar.

O Sr. Wickham é o filho de um homem muito respeitável, que tinha por muitos anos a gestão de todas as propriedades Pemberley, e cuja boa conduta no desempenho do cargo, naturalmente recebeu a gratidão de meu pai, e a George Wickham, que era seu afilhado, sua bondade foi, portanto, generosamente outorgada. Meu pai pagou sua escola, e depois em Cambridge deu a assistência mais importante, pois seu próprio pai, sempre pobre pela extravagância de sua esposa, teria sido incapaz de dar-lhe uma educação de cavalheiro. Meu pai não só gostava da companhia deste jovem, cujas maneiras eram sempre cativantes, mas também tinha a mais alta opinião sobre ele, e esperava que a igreja fosse sua profissão, tencionando prover para ele uma carreira eclesiástica. Quanto a mim, já faz muitos anos desde que comecei a pensar nele de uma maneira muito diferente. As propensões viciosas, a falta de princípios que ele tinha o cuidado de proteger do conhecimento de seu melhor amigo, não podiam escapar à observação de um jovem de quase a mesma idade que a sua, e que teve oportunidades de vê-lo em momentos desprevenidos, nos quais meu pai não poderia ver. Aqui, novamente, dar-lhe-ei dor, até que ponto, só você pode dizer. Mas sejam quais forem os sentimentos que o Sr. Wickham lhe tenha inspirado, uma suspeita da sua natureza não me impedirá de revelar o seu verdadeiro caráter. Acrescentarei, até mesmo, outro motivo.

O meu excelente pai morreu há cerca de cinco anos, e o seu apego ao Sr. Wickham foi até o último momento tão constante que no seu testamento ele recomendou o, particularmente a mim, para promover o seu avanço da melhor maneira que a sua profissão permitisse, e se ele se ordenasse, desejou que ocupasse um valioso posto assim que se tornasse vago. Havia também uma herança de mil libras. Seu próprio pai não sobreviveu muito tempo depois do meu, e dentro de meio ano a partir desses eventos, o Sr. Wickham escreveu para me informar que, tendo finalmente decidido a não se ordenar, esperava que eu não achasse desarrazoado que ele fosse compensado pecuniariamente imediatamente, em vez do posto, do qual ele não poderia ser beneficiado. Ele tinha alguma intenção, acrescentou, de estudar Direito, e eu devia saber que o rendimento de mil libras seria um apoio muito insuficiente. Eu mais desejava do que acreditava, de fato, que ele estava sendo sincero. Mas em todo o caso, estava perfeitamente pronto para aceder à sua proposta.

Eu sabia que o Sr. Wickham não seria um clérigo. O negócio foi, portanto, logo resolvido. Ele renunciou a todas as reivindicações de assistência na igreja, mesmo que fosse possível algum dia estar em uma situação de recebê-las, e aceitou em troca três mil libras. Toda a conexão entre nós a partir de então pareceu dissolvida. Eu não tinha uma boa opinião dele, para convidá-lo a Pemberley, ou ficar em sua companhia na cidade. Eu acredito que ele viveu principalmente em Londres, mas seu estudo de Direito era um mero pretexto, e estando agora livre de toda restrição, sua vida era levada em ociosidade e dissipação. Por cerca de três anos ouvi pouco dele, mas quando houve o falecimento do incumbente do posto que tinha sido concebido para ele, escreveu-me a fim de que o apresentasse para assumir o lugar. Suas circunstâncias, assegurou-me, e não tive nenhuma dificuldade em acreditar, eram extremamente precárias. Ele tinha encontrado no Direito um estudo muito inútil, e agora estava absolutamente resolvido em se ordenar, se eu o apresentasse ao posto em questão, o que ele não duvidava, pois estava bem assegurado de que eu não tinha outra pessoa para indicar, e que não me esqueceria das intenções do meu venerado pai. Dificilmente me culpará por recusar cumprir esta súplica, ou por resistir a cada repetição dela. Seu ressentimento era proporcional à angústia de suas circunstâncias, e ele era sem dúvida tão violento em suas ofensas contra mim para os outros, como nas reprovações que me endereçava. Depois deste período, todas as nossas relações foram cortadas. Como ele viveu eu não sei. Mas no verão passado ele apareceu desagradavelmente mais uma vez em meu caminho. Devo agora mencionar uma circunstância que gostaria que eu mesmo me esquecesse, e que nenhuma obrigação menor do que a presente deve induzir-me a revelar a qualquer ser humano. Dito isto, não duvido da sua discrição. A minha irmã, que é mais de dez anos mais nova que eu, foi deixada à guarda do sobrinho da minha mãe, o Coronel Fitzwilliam, e à minha. Aproximadamente há um ano, saiu da escola e foi morar na companhia de uma senhora encarregada por sua educação em Londres, e no último verão foi com essa senhora a Ramsgate, e para lá foi também o Sr. Wickham, indubitavelmente de caso pensado, pois depois se provou que ele já conhecia a Sra. Younge, por cujo caráter infelizmente fomos muito enganados, e que com sua própria conivência e ajuda, ele até mesmo se aproximou de Georgiana, cujo coração afetuoso manteve uma forte impressão de sua bondade para com ela como quando era criança, e, sendo persuadida a acreditar que o amava, consentiu uma fuga. Tinha então apenas quinze anos, o que lhe fornece uma desculpa, e depois que percebeu sua imprudência, fico feliz em adicionar, ela mesma reconheceu-me isso.

Juntei-me a eles inesperadamente um ou dois dias antes da fuga pretendida, e Georgiana, incapaz de apoiar a ideia de causar sofrimento e desgosto a um irmão a quem ela quase considerava como um pai, contou-me tudo. A senhorita bem pode imaginar o que eu senti e como eu agi. O meu respeito pela reputação e pelos sentimentos da minha irmã impediram qualquer exposição pública, mas escrevi ao Sr. Wickham, que deixou o local imediatamente, e a Sra. Younge foi, claro, dispensada de suas responsabilidades. O objetivo principal do Sr. Wickham era inquestionavelmente a fortuna da minha irmã, que é de trinta mil libras. Mas não posso deixar de supor que a esperança de se vingar de mim foi um forte incentivo. A sua vingança teria sido completa.

Esta, senhorita, é uma narrativa fiel de cada evento em que temos nos debruçado, e se você não a rejeitá-la como absolutamente falsa, vai, espero, absolver-me doravante de crueldade para com o Sr.

Wickham. Não sei de que maneira, sob que forma de falsidade ele se apresentou a você, mas talvez o seu êxito não seja admirável, pois, como não sabia de nada a respeito de nossa relação, a detecção da verdade não estava em seu poder, e a suspeita certamente não em sua inclinação.

Talvez se pergunte por que isto não te foi dito ontem à noite. Mas eu não estava então mestre suficiente de mim mesmo para saber o que poderia ou deveria ser revelado. Pela veracidade de tudo aqui narrado, posso apelar mais particularmente ao testemunho do Coronel Fitzwilliam, que da nossa relação próxima e intimidade constante, e ainda mais como um dos executores da vontade de meu pai, tem estado inevitavelmente familiarizado com cada uma destas transações. Se a sua aversão a mim fizer minhas afirmações sem valor, você não pode ser impedida pela mesma causa de confiar em meu primo. E, havendo a possibilidade de consultá-lo, tentarei encontrar alguma oportunidade de entregar esta carta nas vossas mãos durante a manhã. Apenas acrescento, Deus te abençoe.

Fitzwilliam Darcy.

XXXVI

Se Elizabeth, quando o Sr. Darcy lhe deu a carta, não esperava que ela contivesse uma renovação de suas propostas, também não havia formulado nenhuma ideia sobre o seu conteúdo. Mas pode-se supor quão ansiosamente ela passou pelo conteúdo da carta, e como ele produziu uma contrariedade de sentimentos. Seus sentimentos, enquanto lia, mal se definiam. Com espanto, ela primeiro entendeu que ele acreditava que podia se desculpar, e firmemente estava convencida de que ele não poderia ter nenhuma explicação para dar, o que um justo pudor impediria. Com um forte preconceito contra tudo o que ele poderia dizer, ela começou a ler o seu relato do que tinha acontecido em Netherfield. Ela leu com uma voracidade que quase atrapalhou seu poder de compreensão; a impaciência de saber o que a próxima frase poderia trazer a impedia de entender a que estava diante de seus olhos. Sua crença na insensibilidade de sua irmã, ela imediatamente julgou ser falsa, e seu relato das outras objeções ao casamento a deixaram muito zangada para ter qualquer desejo de fazer justiça. Ele não expressou nenhum arrependimento pelo que havia feito que a satisfez. Seu estilo não era penitente, mas arrogante. Era tudo orgulho e insolência.

Mas quando este assunto foi sucedido pelo relato de sua relação com o Sr. Wickham, ela leu, com um pouco mais de clareza, a relação de eventos, que, se fosse verdade, deveria lançar por terra todo o valor que dava ao Sr. Wickham, e que sustentava tão alarmante semelhança com sua própria história, e aí seus sentimentos se tornaram mais dolorosos e mais difíceis de definir. Espanto, apreensão e até horror a oprimiam. Ela desejava desacreditá-lo inteiramente, repetidamente exclamando: "Isto deve ser falso! Não pode ser! Esta deve ser a mais grosseira falsidade!". E quando terminou de ler toda a carta, embora mal lembrando das últimas duas páginas, rapidamente a afastou, protestando que não iria considerá-la verdadeira e que nunca a leria novamente.

Neste estado mental perturbado, com pensamentos que não podiam repousar sobre nada, ela caminhou. Mas isso não funcionou, em meio minuto a carta foi desdobrada novamente, e concentrando-se tão bem quanto podia, ela novamente começou a mortificante leitura de tudo o que se relacionava com Wickham, examinando o significado de cada sentença. O relato de sua conexão com a família Pemberley era exatamente a que tinha relatado Wickham, e a bondade do falecido Sr. Darcy, embora ela não tivesse conhecimento de sua extensão, estava igualmente de acordo com suas próprias palavras. Até agora, os relatos batiam: mas quando chegava ao testamento, a diferença era grande. O que Wickham tinha dito dos conselheiros da igreja estava fresco em sua memória, e como ela se lembrava de suas próprias palavras, era impossível não sentir que havia duplicidade grosseira de um lado ou do outro, e, por certo tempo, ela se deu ao luxo de pensar que seus sentimentos não haviam errado. Mas quando leu, e releu com a maior atenção, os detalhes imediatamente após a renúncia de Wickham a todas as pretensões para o cargo eclesiástico e de seu recebimento de um total de três mil libras em troca dele, novamente foi forçada a hesitar. Ela largou a carta, pesou cada circunstância com o que ela considerava ser imparcialidade, deliberou sobre a probabilidade de cada declaração, mas com pouco sucesso. De ambos os lados havia apenas afirmações. Ela continuou a ler. Mas cada linha provou mais claramente que o caso, que ela acreditava ser impossível de por algum artifício deixar a conduta de Darcy menos infame, era capaz de uma reviravolta que o tornaria totalmente inocente.

    A extravagância e a libertinagem geral, que ele não hesitava em colocar a cargo do Sr. Wickham, as chocou excessivamente. Mais ainda porque ela não poderia trazer nenhuma prova de que a acusação era injusta. Nunca tinha ouvido falar dele antes de sua entrada na milícia do condado, em que se envolveu com a persuasão de um jovem, que, ao encontrá-lo acidentalmente em Londres, o convencera disso. De seu antigo modo de vida, nada se sabia em Hertfordshire além do que dizia de si mesmo. Quanto ao seu caráter real, embora a informação estivesse à sua disposição, ela nunca tinha sentido um desejo de inquirir. Seu semblante, voz e maneira o tinham estabelecido imediatamente na posse de toda virtude. Ela tentou se lembrar de algum exemplo de bondade, algum traço distinto de integridade ou benevolência, que poderia resgatá-lo dos ataques do Sr. Darcy, ou pelo menos, pela predominância da virtude sobre o que o Sr. Darcy descreveu como a ociosidade e o vício contínuo de muitos anos, os quais ela se esforçaria para classificar como erros casuais. Mas nenhuma lembrança o favoreceu. Podia imaginá-lo imediatamente diante dela, com todos os encantos de suas boas maneiras, mas não podia recordar nenhum bem mais substancial que merecesse aprovação geral, e o respeito que seus poderes sociais lhe proporcionaram entre os oficiais. Depois de refletir sobre este ponto por um tempo considerável, ela mais uma vez continuou a ler. Mas, infelizmente, a história que se seguiu de seus planos de raptar a Srta. Darcy recebeu alguma confirmação por causa da conversa que ela mesma havia tido com o coronel Fitzwilliam na manhã anterior. E, finalmente, a carta recomendava, para elucidar cada minúcia do caso, o testemunho do coronel Fitzwilliam, de quem tinha recebido anteriormente a informação de sua preocupação em todos os assuntos de seu primo, e cujo caráter ela não tinha razão para questionar. Por um momento, quase recorreu ao coronel, mas a ideia foi afastada pelo embaraço de sua execução, e, por fim, totalmente negada pela convicção de que o Sr. Darcy nunca arriscaria tal sugestão, se não tivesse a certeza da corroboração do primo.

Lembrava-se perfeitamente de tudo o que tinha acontecido na conversa entre Wickham e ela, na sua primeira noite na casa do Sr. Phillips. Muitas de suas expressões ainda estavam frescas em sua memória. Ela estava *agora* impressionada com a impropriedade de tais confidências para um estranho, e se perguntou se tinha pensado nisso antes. Ela viu a indelicadeza de apresentar-se como ele tinha feito, e a inconsistência de suas afirmações com sua conduta. Ela lembrou que ele tinha se vangloriado de não ter medo de ver o Sr. Darcy, que o Sr. Darcy poderia deixar o interior, mas que *ele* permaneceria. No entanto, ele evitou o baile em Netherfield na semana seguinte. Ela também se lembrou, que até que a família deixasse Netherfield, ele não havia contado sua história para ninguém, mas que depois de sua partida, ela era conhecida em todos os lugares. Ele não tinha reservas nem escrúpulos em afundar o caráter do Sr. Darcy, embora lhe tivesse assegurado que o respeito pelo pai impediria sempre que expusesse o filho.

Quão diferente cada coisa em que ele esteve envolvido agora parecia! Suas atenções com a senhorita King eram agora a consequência de pontos de vista única e odiosamente mercenários, e a mediocridade da fortuna da moça provava não mais a moderação dele, mas sua ânsia de agarrar qualquer coisa. Seu comportamento para ela mesma poderia agora não ter tido motivo tolerável. Ele ou tinha sido enganado em relação à sua fortuna, ou tinha alimentado sua vaidade, encorajando a preferência que ela acreditava ter imprudentemente mostrado. Todos os esforços para defendê-lo se tornavam cada vez mais fracos, e, como defesa adicional do Sr. Darcy, ela não poderia deixar de admitir que o Sr. Bingley, quando questionado por Jane, tinha afirmado há muito tempo a inocência do amigo no caso. As maneiras do Sr. Darcy eram arrogantes e orgulhosas, mas nunca, no decurso de suas relação, uma relação que os deixou muito próximos, e que lhe familiarizou com suas maneiras, viu algo que indicasse que ele fosse inescrupuloso ou injusto, ou que tivesse hábitos pagãos ou imorais. Que entre suas próprias conexões ele era estimado e valorizado, que até mesmo Wickham lhe permitiu mérito como um irmão, e que ela tinha muitas vezes o ouvido falar tão carinhosamente de sua irmã a ponto de provar que era capaz de *algum* sentimento amável. Se suas ações tivessem sido o que Wickham as representava, uma violação tão grosseira de tudo o que é certo dificilmente poderia ter sido ocultada do mundo. E essa amizade entre uma pessoa capaz disso e um homem tão amável como o Sr. Bingley era incompreensível.

Ela ficou absolutamente envergonhada de si mesma. Em Darcy e Wickham não podia pensar sem sentir que tinha sido cega, parcial, preconceituosa, absurda.

"Quão desprezível eu agi!", gritou ela, "Eu, que me orgulhava de meu discernimento! Eu, que tinha orgulho de meu discernimento! Que muitas vezes desdenhei a generosa franqueza de minha irmã, e satisfiz minha vaidade em inútil ou culpável desconfiança. Quão humilhante é essa descoberta! Mas que humilhação! Se eu estivesse apaixonada, não estaria mais cega. Mas a vaidade, não o amor, tem sido minha loucura. Satisfeita com a preferência de um, e ofendida pela negligência do outro, logo no início de nossa relação, cortejei o preconceito e a ignorância, e afastei a razão, aonde quer que fosse. Até este momento, nunca havia conhecido o meu verdadeiro eu."

De si mesma para Jane, de Jane para Bingley, seus pensamentos estavam em um turbilhão que logo trouxe à sua mente que a explicação do Sr. Darcy *sobre essa questão* parecia muito insuficiente, e ela leu novamente. Muito diferente foi o efeito de uma segunda leitura. Como ela poderia dar crédito às suas afirmações, em um caso, e negá-lo em outro? Ele declarou-se totalmente desavisado do apego da irmã, e ela não podia deixar de se lembrar da opinião de Charlotte desde o início. Nem ela poderia negar sua justa descrição de Jane. Percebia que os sentimentos de Jane, embora fervorosos, eram pouco exibidos, e que havia uma complacência constante em seu ar e maneira, muitas vezes não unidos com grande sensibilidade.

Quando chegou a essa parte da carta em que sua família era mencionada, em termos mortificantes, mas certamente merecidos, envergonhou-se muito. A justiça da acusação a golpeou com demasiada força para que negasse, e as circunstâncias às quais ele particularmente aludiu, como tendo passado no baile de Netherfield, e que haviam confirmado toda a sua primeira desaprovação, não poderiam ter causado uma impressão mais forte em sua mente do que na dela.

O elogio a si mesma e à sua irmã não deixou de ser sentido. Ele a acalmava, mas não poderia consolá-la do desprezo que sentia pela conduta do resto de sua família. E enquanto ela considerava que a decepção de Jane tinha sido de fato causada por seus parentes mais próximos, refletiu como materialmente a reputação de ambas deve ter ficado prejudicada por tal impropriedade de conduta, e sentiu-se deprimida de uma forma como nunca havia se sentido antes.

Depois de vagar ao longo da pista por duas horas, dando lugar a toda variedade de pensamentos, reconsiderando eventos, determinando probabilidades e reconciliando-se tão bem quanto ela poderia a uma mudança tão súbita e tão importante, a fadiga e uma lembrança de sua longa ausência a fizeram finalmente retornar para casa. E entrou na casa com o desejo de parecer alegre como sempre, com a resolução de reprimir tais reflexões que pudessem torná-la incapaz de conversar.

Ela imediatamente foi informada de que os dois senhores de Rosings tinham aparecido durante a sua ausência. O Sr. Darcy havia ficado apenas alguns minutos para se despedir, mas o coronel Fitzwilliam havia ficado com eles por pelo menos uma hora, esperando por seu retorno, e quase resolvendo ir atrás dela até que pudesse ser encontrada. Elizabeth fingiu apenas *se comover* em ter perdido a visita, mas ela, na verdade, se alegrou com isso. Coronel Fitzwilliam não causava mais interesse. Ela só conseguia pensar na carta.

XXXVII

Os dois cavalheiros deixaram Rosings na manhã seguinte, e o Sr. Collins tendo estado à espera perto da porteira para se despedir, foi capaz de trazer para casa a notícia agradável de que estavam em muito boa saúde e de bom humor apesar da cena melancólica que se passou em Rosings. Então, o Sr. Collins apressou-se a Rosings para consolar Lady Catherine e sua filha, e em seu retorno, trouxe de volta, com grande satisfação, uma mensagem de sua senhoria, informando que ela se sentia tão entediada que desejava que todos jantassem com ela.

Elizabeth não podia ver Lady Catherine sem pensar que, se tivesse desejado, poderia ter sido apresentada a ela como sua futura sobrinha. Nem poderia pensar, sem um sorriso, em qual teria sido a sua indignação. "O que ela teria dito? Como ela teria se comportado?" eram perguntas com as quais ela se divertia.

Seu primeiro assunto foi a diminuição do grupo de Rosings.

— Asseguro a vocês, sinto muito — disse Lady Catherine. — Creio que ninguém sente tanto a perda de amigos como eu. Mas eu sou particularmente apegada a esses jovens, e sei que eles são muito apegados a mim! Eles estavam excessivamente tristes em ir! Mas é sempre assim. O caro coronel reuniu seus ânimos toleravelmente apenas ao final, mas Darcy parecia senti-lo mais agudamente, mais do que no ano passado. Seu apego a Rosings, certamente aumenta.

O Sr. Collins fez um elogio e uma rápida menção, que foram gentilmente recebidos com sorrisos pela mãe e filha.

Lady Catherine observou, após o jantar, que a senhorita Bennet parecia melancólica, e imediatamente supondo que isso se dava porque estava para partir em breve, ela acrescentou:

— Mas se for esse o caso, você deve escrever para sua mãe e implorar que a deixe ficar um pouco mais. A Sra. Collins ficará muito contente com a sua companhia, tenho certeza.

— Estou muito grata a senhora por seu gentil convite — respondeu Elizabeth —, mas não está em meu poder aceitá-lo. Devo estar em Londres no próximo sábado.

— Mas, a essa altura, você terá ficado aqui por apenas seis semanas. Eu esperava que você ficasse dois meses. Disse isso à Sra. Collins antes de você vir. Não há motivo para você partir tão cedo. A Sra. Bennet pode liberá-la por mais uma quinzena.

— Mas meu pai não. Ele me escreveu semana passada pedindo que me apresasse em retornar para casa.

— Oh! Seu pai, claro, pode poupá-la, se sua mãe puder. Filhas nunca são de tanta importância para um pai. E se você ficar outro *mês* completo, poderei levar uma de vocês até Londres, pois irei para lá no início de junho, por uma semana. E como Dawson não se opõe à carruagem Barouche, haverá um bom espaço para uma de vocês. E de fato, se o tempo estiver frio, não me oponho em levar as duas, porque não são grandes.

— A senhora é muito gentil, mas acredito que devemos seguir nosso plano original.

Lady Catherine parecia conformada.

— Sra. Collins, deve enviar um criado com elas. Você sabe que eu sempre falo o que vem à minha mente, e eu não posso suportar a ideia de duas mulheres jovens viajando sozinhas. É altamente impróprio. Você deve se esforçar para enviar alguém. Eu tenho a maior aversão do mundo para esse tipo de coisa. As jovens devem ser sempre devidamente vigiadas e atendidas, de acordo com a sua situação de vida. Quando minha sobrinha Georgiana foi para Ramsgate no verão passado, fiz questão de que dois criados fossem com ela. Senhorita Darcy, filha do Sr. Darcy, de Pemberley, e Lady Anne não poderiam ter aparecido com decoro de maneira diferente. Sou excessivamente atenta a todas essas coisas. Você deve enviar John com as moças, Sra. Collins. Estou contente que ocorreu-me mencioná-lo, pois seria realmente vergonhoso de *sua* parte deixá-las irem sozinhas.

— Meu tio nos mandará um criado.

—Oh! Seu tio! Ele mantém um criado, então? Estou muito feliz que você tenha alguém que pensa nessas coisas. Onde vocês trocam os cavalos? Oh! Bromley, é claro. Se você mencionar meu nome em Bell, serão bem atendidos.

Lady Catherine tinha muitas outras perguntas a fazer a respeito de sua jornada, e como ela não respondia a todas elas, era preciso prestar atenção, o que Elizabeth acreditava ser sorte para ela, pois com uma mente tão ocupada, ela poderia ter esquecido onde estava. A reflexão deve ser reservada para horas solitárias. Sempre que estava sozinha, abria um caminho para isso como um grande alívio, e não se passou um dia sem uma caminhada solitária, em que pudesse se entregar a todo o consolo de memórias desagradáveis.

A carta do Sr. Darcy, estava perto de saber de cor. Ela estudou cada frase, e seus sentimentos em relação ao seu escritor eram, por vezes, muito diferentes. Quando se lembrava do estilo de seu discurso, ela ainda ficava cheia de indignação, mas quando considerava o quão injustamente o havia condenado e censurado, sua raiva se voltava contra si mesma. Seus sentimentos feridos despertavam compaixão; seu afeto, gratidão e seu caráter, respeito. Mas não podia aprová-lo, nem poderia ela, por um momento, arrepender-se de sua recusa, ou sentir a menor inclinação a vê-lo novamente. Em seu próprio comportamento passado, havia uma fonte constante de vexação e pesar, e nos defeitos infelizes de sua família, um assunto do desgosto mais pesado. Eles não tinham solução. Seu pai, satisfeito em rir deles, nunca se esforçaria para conter a intensa frivolidade de suas filhas mais novas, e sua mãe, com maneiras tão longe da corretas, era inteiramente insensível ao mal. Elizabeth frequentemente se unia com Jane em um esforço de refrear a imprudência de Catherine e Lydia, mas enquanto elas fossem apoiadas pela indulgência de sua mãe, que chance poderia haver de melhoria? Catherine, de ânimo fraco, irritável e completamente influenciada por Lydia, sempre se ofendia com seus conselhos. E Lydia, obstinada e descuidada, dificilmente lhes daria atenção. Eram ignorantes, ociosas e vaidosas. Enquanto houvesse um oficial em Meryton, elas flertariam com ele. E enquanto Meryton estivesse a uma caminhada de Longbourn, elas iriam para lá para sempre.

A ansiedade em relação a Jane era outra preocupação predominante, e a explicação do Sr. Darcy, ao restaurar a boa opinião que tinha de Bingley, aumentou a percepção do que Jane tinha perdido. Seu afeto provava ter sido sincero, e sua conduta ficava limpa de toda a culpa, a não ser de uma cega confiança em seu amigo. Como era penoso, então, o pensamento de que Jane tinha sido privada de uma situação tão desejável em todos os aspectos, tão repleta de vantagem, tão promissora para a felicidade, pela loucura e indecoro de sua própria família!

Quando a essas lembranças foi adicionado o desenvolvimento do caráter de Wickham, podia-se facilmente acreditar que a felicidade, que raramente lhe era tirada, estava agora tão afetada a ponto de tornar-se quase impossível para ela parecer toleravelmente alegre.

Seus compromissos em Rosings foram tão frequentes durante a última semana de sua estadia, como tinham sido no início. A última noite foi passada lá; e sua Senhoria novamente perguntou minuciosamente sobre os detalhes de sua viagem, deu-lhes instruções sobre a melhor maneira de fazer as malas, e era tão insistente sobre a necessidade de arrumar os vestidos da maneira certa, que Maria se achava obrigada, em seu retorno, a desfazer todo o trabalho da manhã, e fazer sua mala de novo.

Quando elas partiram, Lady Catherine, com grande condescendência, desejou-lhes uma boa viagem e convidou-as para vir a Hunsford novamente no próximo ano, e a senhorita De Bourgh esforçou-se ao ponto de fazer reverência e estender a mão para ambas.

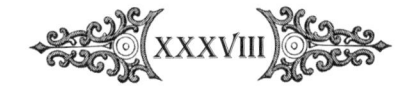

XXXVIII

Na manhã de sábado, Elizabeth e o Sr. Collins se reuniram para o café da manhã alguns minutos antes de os outros aparecerem, e ele aproveitou a oportunidade para se despedir com toda a formalidade que considerava indispensável.

— Eu não sei, senhorita Elizabeth — disse ele —, se a Sra. Collins já expressou sua gratidão por vir até nós, mas estou muito certo de que não sairá dessa casa sem receber seus agradecimentos por isso. O favor de sua companhia foi muito apreciado, eu lhe asseguro. Sabemos quão pouco há para tentar qualquer um a nossa humilde morada. Nossa simples maneira de viver, nossos pequenos quartos, poucos empregados, e o pouco que vemos do mundo, devem fazer Hunsford extremamente enfadonha para uma jovem dama como você, mas espero que acredite em nossa gratidão pela cortesia, e que fizemos tudo o que estava ao nosso alcance para evitar que gastasse o seu tempo desagradavelmente.

Elizabeth foi efusiva com seus agradecimentos e garantias de felicidade. Tinha passado seis semanas agradáveis, e o prazer de estar com Charlotte, e as atenções amáveis que tinha recebido, faziam *dela* grata. O Sr. Collins ficou satisfeito, e com uma solenidade mais sorridente respondeu:

— Dá-me o maior prazer ouvir que não passou o seu tempo de forma desagradável. Nós certamente fizemos o nosso melhor, e, felizmente, tendo em nosso poder apresentá-la à uma sociedade muito superior, e à nossa conexão com Rosings, os meios frequentes de variar o cenário da humilde casa, acho que podemos nos lisonjear que sua visita a Hunsford não tenha sido muito enfadonha. Nossa situação em relação à família de Lady Catherine é realmente o tipo de vantagem e bênção extraordinária que poucos podem se orgulhar. Você vê em que pé estamos. Vê como continuamente estamos envolvidos lá. Na verdade, devo reconhecer que, com todas as desvantagens deste humilde presbitério, não deveria pensar que qualquer um teria nele um objeto de compaixão, enquanto participasse da intimidade com Rosings.

As palavras eram insuficientes para a elevação de seus sentimentos, e foi obrigado a andar pela sala, enquanto Elizabeth tentava unir delicadez e verdade em algumas frases curtas.

— Você pode, de fato, levar um relatório muito favorável de nós para Hertfordshire, minha querida prima. Eu me lisonjeio pelo menos que você será capaz de fazê-lo. A grande atenção de Lady Catherine à Sra. Collins foi uma testemunha diária disso, e acredito que a sua amiga não tenha ficado infeliz... mas sobre este ponto, seria bom não falar. Deixe-me apenas assegurar-lhe, minha querida senhorita

Elizabeth, que de coração posso desejar-lhe felicidades iguais no casamento. Minha querida Charlotte e eu só temos uma mente e uma maneira de pensar. Há em tudo uma semelhança notabilíssima do caráter e das ideias entre nós. Nós parecemos ter sido projetados um para o outro.

Elizabeth podia dizer com segurança que era uma grande felicidade onde esse era o caso, e com igual sinceridade acrescentou que ela acreditava firmemente e se regozijava em seus confortos domésticos. Ela não se incomodou, no entanto, de ter seu relato interrompido pela entrada da senhora de quem eles falavam. Pobre Charlotte! Era melancólico deixá-la só em tal companhia! Mas ela tinha escolhido com os olhos abertos, e embora evidentemente lamentando que seus visitantes estivessem partindo, ela não parecia pedir compaixão. Sua casa e sua limpeza, sua paróquia e suas aves domésticas, e todas as suas preocupações dependentes, ainda não tinham perdido seus encantos.

Por fim, a charrete chegou, as malas foram atadas, as bolsas, colocadas dentro, e foi anunciada a partida. Depois de uma despedida carinhosa entre os amigos, Elizabeth foi conduzida à carruagem pelo Sr. Collins, e enquanto eles caminhavam pelo jardim, ele a comissionava com seus melhores cumprimentos a toda a sua família, não esquecendo seus agradecimentos pela bondade que tinha recebido em Longbourn no inverno, e seus cumprimentos ao Sr. e à Sra. Gardiner, embora não os conhecesse. Ele então ajudou-a a entrar, Maria a seguiu, e a porta estava a ponto de ser fechada, quando ele de repente as lembrou, com alguma consternação, que tinham até então esquecido de deixar qualquer mensagem para as damas de Rosings.

— Mas — ele adicionou —, naturalmente, desejarão que lhes sejam entregues os seus humildes respeitos, com os seus gratos agradecimentos pela sua bondade para consigo enquanto estiveram aqui.

Elizabeth não fez nenhuma objeção. A porta foi então autorizada a ser fechada, e a carruagem partiu.

— Senhor! — gritou Maria, depois de alguns minutos de silêncio — Parece que faz um dia ou dois desde que nós chegamos! E olha quantas coisas aconteceram!

— Muitas coisas, de fato — disse sua companhia em um suspiro.

— Nós jantamos nove vezes em Rosings, além de tomar chá lá duas vezes! Quanto tenho para contar!

Elizabeth adicionou para si: "E quanto eu tenho para esconder"!

Sua viagem foi realizada sem muita conversa, ou qualquer alarme, e dentro de quatro horas de sua saída de Hunsford, elas chegaram à casa do Sr. Gardiner, onde ficariam alguns dias.

Jane parecia bem, e Elizabeth teve pouca oportunidade de analisar suas disposições, em meio aos vários compromissos que a bondade de sua tia tinha reservado para elas. Mas Jane iria para casa com ela, e em Longbourn haveria tempo suficiente para observá-la melhor.

Não foi sem esforço, entretanto, que ela pôde esperar até Longbourn, antes que dissesse à sua irmã das propostas do Sr. Darcy. Saber que ela tinha o poder de revelar o que tão extraordinariamente surpreenderia Jane, e deveria, ao mesmo tempo, tão altamente gratificar um pouco sua própria vaidade era algo que ela ainda não tinha sido capaz de raciocinar, e falar era uma tentação que nada teria vencido, exceto o estado de indecisão em que ela permaneceu quanto à extensão do que deveria revelar, e seu medo, se ela alguma vez entrasse no assunto, de ter que repetir algo sobre Bingley, que só entristeceria sua irmã ainda mais.

XXXIX

Era a segunda semana de maio, e as três jovens damas saíam juntas da rua Gracechurch, para a cidade de… em Hertfordshire. E, enquanto se aproximavam do hotel marcado onde a carruagem do Sr. Bennet as encontraria, perceberam rapidamente um indício da pontualidade do cocheiro quando viram, tanto Kitty como

Lydia olhando para fora de uma sala de jantar no andar de cima. As duas meninas estavam há cerca de uma hora no lugar, felizmente ocupadas visitando uma modista, prestando atenção no guarda de plantão, e preparando um molho para salada.

Depois de receber suas irmãs, exibiram triunfantemente uma mesa com carne fria, como a despensa de uma hospedaria geralmente oferece, exclamando:

— Isso não é bom? Não é uma surpresa agradável?

— Nós queríamos agradá-las — acrescentou Lydia —, mas devem nos emprestar o dinheiro, pois acabamos de gastar o nosso naquela loja. — Então, mostraram suas compras: — Vejam aqui, comprei este chapéu. Não acho que seja muito bonito, mas pensei em comprá-lo mesmo assim. Devo reformá-lo assim que chegar em casa, e ver se consigo melhorá-lo.

E quando suas irmãs disseram que era feio, acrescentou, com perfeita indiferença:

— Oh! Mas havia dois ou três muito mais feios na loja, e quando eu comprar algum cetim de cor mais bonita para enfeitá-lo, acho que vai ficar bem aceitável. Além disso, não importará muito o que vestir neste verão, depois que o regimento tiver deixado Meryton, e eles partirão daqui uma quinzena.

— Eles partirão, de fato? — exclamou Elizabeth, com a maior satisfação.

— Acamparão perto de Brighton, e quero que o papai nos leve para lá no verão! Seria um plano tão delicioso, e ouso dizer que dificilmente custaria qualquer coisa. Mamãe gostaria de ir também! Apenas pense no miserável verão que teríamos se ficássemos aqui!

"Sim", pensou Elizabeth, "*este* seria um plano maravilhoso, de fato, e completamente propício a nós todas. Céus! Brighton, e todo um acampamento de soldados para estas meninas, que já ficaram de cabeça para baixo por um pequeno regimento de milícias e um baile mensal em Meryton".

— Agora eu tenho novidades para vocês — disse Lydia, enquanto elas se sentavam à mesa. — O que vocês acham que é? São novidades excelentes, novidades importantes, e sobre uma certa pessoa de quem todas gostamos.

Jane e Elizabeth se olharam, e o garçom foi dispensado. Lydia riu, e disse

— Que engraçada essa sua formalidade e discrição. Vocês pensaram que o garçom não devesse ouvir, como se ele se importasse! Ouso dizer que ele muitas vezes ouve coisas piores do que vou dizer. Mas ele é um sujeito feio! Estou feliz que ele se foi. Eu nunca vi um queixo tão longo em minha vida. Bem, mas agora minhas notícias: é sobre o querido Wickham. Muito bom para o garçom, não é? Não há perigo de Wickham se casar com Mary King. Essa é para você! Ela foi até seu tio em Liverpool. Foi para ficar. Wickham está seguro.

— E Mary King está segura! — acrescentou Elizabeth. — Segura de uma conexão tão imprudente quanto a fortuna.

— Ela é uma tola por ir embora, se gostava dele.

— Mas espero que não haja um forte apego em nenhum dos lados — disse Jane.

— Estou certa de que não há nenhum apego *dele*. Eu diria que ele que não perdeu tempo se preocupando com ela. Quem *poderia* se preocupar com uma coisa tão desagradável e sardenta?

Elizabeth ficou chocada ao pensar que, apesar de incapaz de tal *expressão* de grosseria ela mesma, esses *sentimentos* não eram menos grosseiros do que ela tinha abrigado em seu próprio peito e que, então, achava estarem certos!

Assim que todas comeram, e as mais velhas pagaram, a carruagem foi chamada. E depois de algum esforço, todo o grupo, com todas as suas caixas, sacolas e encomendas, e a adição indesejada das compras de Kitty e Lydia, se sentou nela.

— Como estamos apertadas! — gritou Lydia. — Estou feliz por ter comprado meu chapéu, apenas pelo divertimento de ter outra caixa! Bem, agora vamos ficar confortáveis e aconchegantes, e conversar e rir por todo o caminho de casa. E em primeiro lugar, vamos ouvir o que aconteceu com todas vocês, desde que foram embora. Viram algum homem agradável? Tiveram algum flerte? Eu estava com grande esperança de que uma de vocês tivesse um marido antes de voltar. Jane se tornará uma solteirona em breve, digo. Ela tem quase vinte e três anos! Senhor, quão envergonhada eu ficaria em não me casar antes dos vinte e três! A minha tia Phillips quer que vocês arranjem maridos, acreditam? Ela diz que era melhor Lizzy ter aceitado o Sr. Collins, mas *eu* não acho que teria havido qualquer diversão nele. Senhor! Como eu gostaria de casar-me antes de qualquer uma de vocês. E então eu serviria de cupido a todas vocês nos bailes. Coitada de mim! Divertimo-nos tanto no outro dia na casa do coronel Forster. Kitty e eu estávamos passando o dia lá, e a Sra. Forster prometeu dar um pequeno baile à noite (inclusive, a Sra. Forster e eu somos *tão* amigas!) e então ela convidou as duas Harrington, mas Harriet estava doente, e assim Pen foi forçada a vir sozinha. E depois, o que acham que fizemos? Nós vestimos Chamberlayne com roupas de mulher, de propósito, para se passar por uma dama. Pensem que divertido! Nem uma alma sabia disso, apenas o coronel e a Sra. Forster, a Kitty e eu, exceto a minha tia, pois fomos obrigados a pedir-lhe emprestado um dos seus vestidos, e nem imaginam como ele ficou bem! Quando Denny, e Wickham, e Pratt, e mais dois ou três dos homens vieram, eles não o reconheceram, no mínimo. Senhor! Como eu ri! E a Sra. Forster também. Pensei que fosse morrer. E isso fez com que os homens suspeitassem de algo, e logo descobriram o porquê.

Com esse tipo de histórias de suas festas e boas piadas, Lydia, assistida por dicas e adições de Kitty, se esforçava para divertir suas companheiras até Longbourn. Elizabeth ouvia tão pouco quanto podia, mas não havia como escapar à menção frequente do nome de Wickham.

A recepção em casa foi muito gentil. A Sra. Bennet alegrou-se ao ver que a beleza de Jane não havia diminuído, e mais de uma vez durante o jantar o Sr. Bennet disse espontaneamente a Elizabeth:

— Estou feliz que esteja de volta, Lizzy.

O grupo na sala de jantar era grande, pois quase todos os Lucas vieram encontrar Maria e ouvir as novidades. E vários eram os assuntos que os ocuparam. A senhora Lucas estava inquirindo Maria, do outro lado da mesa, sobre o bem-estar e as aves de sua filha mais velha. A Sra. Bennet estava duplamente comprometida, por um lado, coletava informações das modas de Jane, que se sentou um pouco abaixo dela, e, por outro, repassava tudo para as jovens senhoritas Lucas. E Lydia, em uma voz um pouco mais alta do que qualquer outra pessoa, estava enumerando os vários prazeres da manhã para qualquer um que a ouvisse.

— Oh! Mary — disse ela —, quem me dera tivesse ido conosco, porque nos divertimos tanto! Enquanto íamos juntas, Kitty e eu fechamos todas as cortinas, e fingimos que não havia ninguém na carruagem. E eu iria assim até o fim, se Kitty não tivesse ficado enjoada. E quando chegamos ao George, acho que nos comportamos muito bem, porque recebemos as outras três com o melhor almoço frio do mundo, e se tivesse ido, também a teríamos convidado. E então, quando saímos foi tão divertido! Eu pensei que nunca caberíamos na carruagem. Quase morri de tanto rir. E então nós estávamos tão felizes todo o caminho de casa! Nós conversamos e rimos tão alto, que qualquer um poderia nos ouvir a quilômetros de distância!

A isso, Mary muito gravemente respondeu:

— Longe de mim, minha querida irmã, depreciar tais prazeres. Eles sem dúvida seriam congêneres com a generalidade das mentes femininas. Mas confesso que eles não teriam encantos para *mim*. Eu preferiria infinitamente um livro.

Mas desta resposta Lydia não ouviu uma palavra. Ela raramente ouvia qualquer um por mais de meio minuto, e nunca ouvia Mary.

Na parte da tarde, Lydia estava ansiosa com o resto das meninas para caminhar até Meryton e ver como cada um estava, mas Elizabeth firmemente se opôs ao plano. Não deveriam dar motivo para falarem que as senhoritas Bennets não podiam estar em casa meio-dia antes de perseguirem os oficiais. Havia outra razão também para sua oposição. Ela temia ver Wickham novamente, e estava resolvida a evitá-lo o maior tempo possível. O conforto de saber da realocação do regimento causava-lhe grade alívio. Em quinze dias eles partiriam, e uma vez longe, ela esperava que não houvesse nada mais sobre ele para atormentá-la.

Ela não tinha estado muitas horas em casa, antes de descobrir que o plano de Brighton, do qual Lydia havia lhes aludido na pousada, estava em discussão frequente entre seus pais. Elizabeth viu diretamente que seu pai não tinha a menor intenção de ceder, mas suas respostas eram, ao mesmo tempo, tão vagas e equívocas, que sua mãe, embora muitas vezes desanimada, ainda não havia desistido de ter sucesso.

XL

A impaciência de Elizabeth para inteirar Jane do que tinha acontecido não poderia mais ser contida; e, finalmente, resolvendo suprimir cada assunto em particular com o qual sua irmã estava preocupada, e preparando-a para ser surpreendida, ela relatou-lhe na manhã seguinte o que se passou entre o Sr. Darcy e ela própria.

O espanto da senhorita Bennet foi logo diminuído pela forte parcialidade fraternal que fez qualquer admiração por Elizabeth parecer perfeitamente natural, e toda surpresa foi logo perdida em outros sentimentos. Ela estava triste que o Sr. Darcy pudesse ter entregado seus sentimentos de uma maneira tão pouco adequada para recomendá-los, mas o que mais a entristeceu foi a infelicidade que a recusa de sua irmã deve ter dado a ele.

— Sua certeza de ter sucesso era falsa — disse Jane —, e certamente não deveria ter deixado transparecer, mas considere o quanto isso deve aumentar sua decepção.

— De fato — respondeu Elizabeth —, sinto muito por ele, mas ele tem outros sentimentos que provavelmente vão afastar sua consideração por mim. Você não me culpa, no entanto, por recusá-lo?

— Culpá-la? Oh, não.

— Mas me culpa por falar tão calorosamente sobre Wickham.

— Não, eu não sei se estava errada em dizer o que disse.

— Mas você *saberá*, quando te contar tudo o que aconteceu no dia seguinte.

Ela então falou da carta, repetindo todo o seu conteúdo no que diz respeito a George Wickham. Que golpe foi esse para a pobre Jane! Que de bom grado teria atravessado o mundo sem acreditar que tanta maldade existia em toda a raça humana, como essa que se reunia em apenas um indivíduo. Nem a reivindicação de Darcy, embora grata aos seus sentimentos, foi capaz de consolá-la por tal descoberta. Mais seriamente ela trabalhou para provar a probabilidade de erro, procurando absolver um, sem envolver o outro.

— Isso não dá — disse Elizabeth. — Você nunca será capaz de tornar ambos bons para qualquer coisa. Faça sua escolha, mas você deve estar satisfeita com apenas um. Há apenas uma quantidade de mérito entre eles, apenas o suficiente para fazer um bom tipo de homem, e ultimamente tem se deslocado bastante. Pela minha parte, estou inclinada a acreditar no Sr. Darcy, mas você deve fazer o que quiser.

Passou-se algum tempo, no entanto, antes que um sorriso pudesse ser extorquido de Jane.

— Eu não sei quando estive mais chocada — disse ela. — Wickham é tão ruim! É quase fora de cogitação. E pobre Sr. Darcy! Cara Lizzy, apenas considere o que ele deve ter sofrido. Tal decepção! E com o conhecimento da má opinião que você tinha também! E ter que relatar tal coisa de sua irmã! É realmente muito angustiante. Tenho certeza de que você deve sentir o mesmo.

— Oh! Não, meu arrependimento e compaixão se esvairiam ao vê-la tão cheia de ambos. Eu sei o quão você o fará se redimir, que estou me tornando cada vez mais indiferente e despreocupada. Sua profusão me poupa, e se lamentar sobre ele por mais tempo, meu coração ficará mais leve que uma pena.

— Pobre Wickham. Há tanta expressão de bondade em sua aparência! Tanta franqueza e gentileza em seus modos.

— Houve certamente uma grande má gestão na educação desses dois jovens. Um tem toda a bondade, e o outro, toda a aparência dela.

— Eu nunca pensei que o Sr. Darcy fosse tão deficiente na *aparência* dela como você costumava ver.

— E, no entanto, eu queria ser invulgarmente inteligente em tomar tão decidida uma antipatia por ele, sem qualquer razão. É um grande estímulo para a nossa genialidade, uma abertura para a inteligência ter uma aversão desse tipo. Pode-se falar mal de um homem continuamente, sem dizer nada de justo, porém não se pode rir a vida inteira de alguém, sem tropeçar em algo espirituoso vez ou outra.

— Lizzy, quando você leu a carta pela primeira vez, tenho certeza de que não podia falar do assunto como fala agora.

— De fato, eu não podia. Estava muito desconfortável, devo dizer até infeliz. E sem ninguém com quem falar, sobre o que senti, sem Jane para me confortar e dizer que não tinha sido tão fraca, vã e insensata como eu sabia que tinha sido! Oh! Como eu queria você!

— Que pena você ter usado expressões tão fortes ao falar de Wickham para o Sr. Darcy, agora elas *parecem* totalmente imerecidas.

— Certamente. Mas o infortúnio de falar com amargura foi uma consequência muito natural dos preconceitos que eu vinha alimentando. Há um ponto em que quero o seu conselho. Quero que me diga se devo, ou não, fazer com que nossos conhecidos, em geral, compreendam o caráter de Wickham.

A senhorita Bennet parou um pouco e, em seguida, respondeu:

— Certamente não há razão para expô-lo tão terrivelmente. Qual é a sua própria opinião?

— Acredito que não deva ser feito. O Sr. Darcy não me autorizou a tornar a sua revelação pública. Pelo contrário, cada assunto relacionado à sua irmã deve ser mantido o máximo possível para mim mesma. E se eu tentar dissuadir as pessoas quanto ao resto de sua conduta, quem vai acreditar em mim? O preconceito geral contra o Sr. Darcy é tão violento, que seria a morte de metade das boas pessoas em Meryton tentar colocá-lo sob uma perspectiva amável. Eu não sou igual a ele. Wickham logo partirá e, portanto, não significará para ninguém aqui o que ele realmente é. Em algum tempo, no entanto, tudo será descoberto, e então poderemos rir da estupidez dos outros em não o ter conhecido antes. No momento eu não vou dizer nada sobre isso.

— Você está certa. Tornar seus erros públicos pode arruiná-lo para sempre. Talvez ele esteja agora arrependido pelo que fez, e ansioso para restabelecer sua reputação. Não devemos deixá-lo desesperado.

O turbilhão da mente de Elizabeth foi acalmado por esta conversa. Ela tinha se livrado de dois dos segredos que pesavam sobre ela por uma quinzena, e estava certa de uma ouvinte disposta em Jane, sempre que quisesse falar novamente de qualquer um. Mas ainda havia algo escondido, do qual a prudência proibia a divulgação. Ela não se atreveu a relatar a outra metade da carta do Sr. Darcy, nem explicar à sua irmã quão sinceramente ela tinha sido valorizada pelo seu amigo. Aqui estava o segredo de que ninguém poderia participar. E ela sabia que nada menos do que a volta da mais compreensão entre as partes poderia dispensá-la de manter segredo. "E então", pensou ela, "se esse evento muito improvável ocorrer, apenas repetirei o que o próprio Bingley disse de uma maneira muito mais agradável. A liberdade de revelação desse segredo não pode ser minha até que ele tenha perdido todo o seu valor!"

Estava agora, estabelecida em casa, com tempo para observar o estado real dos sentimentos da irmã. Jane não estava feliz. Ela ainda gostava muito do Bingley. Como nunca se imaginou apaixonada, seus sentimentos tinham todo o calor do primeiro amor, e por causa de sua idade e caráter, maior firmeza do que os primeiros apegos muitas vezes se vangloriam. E tão fervorosamente valorizava a lembrança dele, e o preferia a qualquer outro homem de tal maneira que todo o seu bom senso, e toda a sua atenção para os sentimentos de seus amigos eram necessários para aplacar as angústias que poderiam ter se tornado prejudiciais para a sua própria saúde e sua tranquilidade.

— Bem, Lizzy — disse a Sra. Bennet um dia —, qual a sua opinião *agora* sobre a tristeza de Jane? De minha parte, estou determinada a nunca mais falar disso a ninguém. Eu disse a minha irmã Phillips no outro dia. Mas não consigo descobrir se Jane o viu em Londres. Bem, ele é um jovem muito indigno, e eu não acho que haja a menor chance no mundo de ela tê-lo agora. Não há nenhuma conversa de sua vinda a Netherfield outra vez no verão, e eu perguntei a qualquer um que pudesse saber.

— Eu não acredito que ele volte a Netherfield.

— Ah, bem! Como ele quiser. Ninguém quer que ele venha. Eu sempre digo que ele tratou minha filha de uma forma extremamente má. E se eu fosse ela, não teria tolerado isso. O meu conforto é que tenho a certeza de que Jane vai morrer de desgosto, e depois ele vai se arrepender do que fez.

Mas como Elizabeth não podia receber conforto de tal expectativa, não respondeu.

— Bem, Lizzy — continuou sua mãe logo depois —, então os Collins vivem bastante confortáveis, não? Ora, ora. Eu espero que isso dure. Que tipo de comida eles mantêm? Charlotte é uma excelente dona de casa, ouso dizer.

Se ela tiver metade da avareza de sua mãe, está economizando bastante. Não há nada de extravagante nas tarefas domésticas *deles*, me arrisco dizer.

— Não, nada.

— Tão boa gestão depende deles. Sim, sim. *Eles* terão o cuidado de não ultrapassar os seus rendimentos. *Eles* nunca serão afligidos por dinheiro. Bem, muito bom que eles possam fazê-lo! E assim, suponho, muitas vezes eles falam de ter Longbourn quando seu pai estiver morto. Eles olham para ela como se fosse deles, ouso dizer, sempre que isso acontece.

— É um assunto que eles não mencionaram na minha presença.

— Não. Teria sido estranho se o fizessem. Mas não tenho dúvidas de que eles falam disso muitas vezes entre si. Bem, se eles podem estar tranquilos com uma propriedade que não é legalmente deles, tanto melhor. *Eu* me envergonharia disso se estivesse no lugar deles.

XLI

A primeira semana de seu retorno logo se foi. A segunda começou. Era a última estada do regimento em Meryton, e todas as jovens do bairro estavam desvanecendo rapidamente. O desânimo era quase universal. As mais velhas senhoritas Bennets ainda eram capazes de comer, beber e dormir, e seguir o curso habitual de suas ocupações. Muito frequentemente eram censuradas por esta insensibilidade por Kitty e Lydia, cuja própria miséria era extrema, e que não podiam compreender tal indiferença em qualquer um da família.

— Céus! O que será de nós? O que devemos fazer? — exclamavam muitas vezes na amargura da desgraça. — Como você pode estar sorrindo assim, Lizzy?

A sua mãe afetuosa partilhava toda a sua dor, lembrava-se do que ela própria tinha suportado numa ocasião semelhante, há vinte e cinco anos.

— Compreendo-as — disse ela —, chorei por dois dias seguidos quando o regimento do coronel Miller foi embora. Pensei que fosse partir meu coração.

— Tenho certeza de que o *meu* partirá — disse Lydia.

— Se apenas pudéssemos ir a Brighton! — observou a Sra. Bennet.

— Oh, sim! Se apenas pudéssemos ir a Brighton! Mas papai é tão desagradável.

— Um banho de mar me animaria para sempre.

— E minha tia Phillips tem certeza de que *me* faria muito bem — acrescentou Kitty.

Tais eram os tipos de lamentações que ressoavam perpetuamente através da casa Longbourn. Elizabeth tentou se distrair com elas, mas qualquer prazer era superado pela vergonha. Ela sentiu de novo a justiça das objeções do Sr. Darcy, e nunca esteve tão disposta a perdoar sua interferência nas decisões de seu amigo.

Mas a melancolia da perspectiva de Lydia foi logo dissipada, pois ela recebeu um convite da Sra. Forster, a esposa do coronel do regimento, para acompanhá-la a Brighton. Esta amiga inestimável era uma mulher muito jovem, e apenas recentemente casada. A semelhança em bom humor e boa disposição tinha recomendado ela e Lydia uma para a outra, e dos *três* meses que se conheciam, tinham sido íntimas por *dois* deles.

O arrebatamento de Lydia nesta ocasião, sua adoração pela Sra. Forster, o deleite da Sra. Bennet, e a mortificação de Kitty, dificilmente poderiam ser descritos. Totalmente desatenta aos sentimentos de sua irmã, Lydia voava pela a casa em êxtase inquieto, pedindo os parabéns de todos, e rindo e falando com mais entusiasmo do que nunca. Enquanto a desafortunada Kitty continuava na sala lamentando o seu destino em termos tão irracionais com uma voz ressentida.

— Eu não entendo por que a Sra. Forster não pode *me* convidar assim como fez com Lydia — disse —, embora eu *não* seja sua amiga em particular. Tenho tanto direito a que me convidem como ela, e mais ainda, porque sou dois anos mais velha.

Em vão Elizabeth tentou fazê-la razoável, e Jane, fazê-la mais resignada. Quanto à própria Elizabeth, este convite estava tão longe de excitar nela os mesmos sentimentos que em sua mãe e Lydia, que ela considerou como a sentença de morte de toda a possibilidade de sua irmã vir a ter bom senso. E mesmo sabendo como seria detestada tal atitude, caso fosse revelada, não podia evitar aconselhar secretamente o pai a não a deixar ir. Descreveu-lhe todas as impropriedades do comportamento geral de Lydia, a pouca vantagem que ela poderia derivar da amizade de uma mulher como a Sra. Forster, e a probabilidade de ela ser ainda mais imprudente com tal companheira em Brighton, onde as tentações devem ser maiores do que em casa. Ele a ouviu atentamente e depois disse:

— Lydia nunca será feliz até que apronte algo em algum lugar público, e nunca podemos esperar que ela faça isso com tão pouca despesa ou inconveniente para sua família como nas circunstâncias atuais.

— Se estivesse ciente — disse Elizabeth — da grande desvantagem para todos nós, que deve surgir a partir da conduta imprudente de Lydia em público, ou melhor, que já surgiu a partir dela, tenho certeza de que julgaria de forma diferente o caso.

— Já surgiu? — repetiu o Sr. Bennet. — Por acaso, ela assustou alguns de seus amantes? Pobre Lizzy! Mas não deve se entristecer. Tais jovens melindrosos que não podem suportar contato com um pouco de absurdo não valem o sofrimento. Venha, deixe-me ver a lista dos miseráveis companheiros que foram afastados pela loucura de Lydia.

— Na verdade você está enganado. Eu não tenho tais desgostos a ressentir. Não é de um mal peculiar, mas de males gerais que estou agora reclamando. Nossa importância, nossa respeitabilidade no mundo deve ser afetada pela leviandade, pela imprudência e pelo desdém de Lydia por qualquer limite, características de sua personalidade. Desculpe-me, tenho que falar claramente. Se você, meu querido pai, não se der ao trabalho de corrigir seus modos exuberantes e de ensiná-la que suas atuais atividades não devem ser a essência de sua vida, ela logo estará fora de controle. Seu caráter estará formado, e ela será, aos dezesseis anos, apenas um flerte, expondo a si e a sua família ao ridículo. Um flerte no pior e mais vil grau de flerte, sem qualquer atrativo além de ser jovem e tolerável, e da ignorância e vazio de sua mente, será totalmente incapaz de afastar qualquer desprezo universal que sua sede por admiração excitará. A este perigo Kitty também está sujeita. Ela segue Lydia a todo lugar. Vãs, ignorantes, ociosas e absolutamente incontroláveis! Oh! Meu querido pai, você pode supor que é possível que elas não sejam censuradas e desprezadas onde quer que sejam conhecidas, e que suas irmãs não sejam muitas vezes envolvidas nessa desgraça?

O Sr. Bennet viu que todo o seu coração estava no assunto, e carinhosamente tomando a sua mão, disse em resposta:

— Não fique desconfortável, meu amor. Onde quer que você e Jane sejam conhecidas, vocês são respeitadas e valorizadas, e você não parecerá menos vantajosa por ter um par de, ou melhor, um trio de irmãs muito bobas. Não teremos paz em Longbourn se Lydia não for para Brighton. Deixe-a ir então. O coronel Forster é um homem sensato e vai mantê-la longe de qualquer maldade real. E ela é felizmente muito pobre para ser um objeto de cobiça para qualquer um. Em Brighton ela terá menos importância, mesmo sendo apenas um flerte, do que teria aqui. Os oficiais vão encontrar mulheres que valham mais a sua atenção. Esperemos, portanto, que sua experiência possa ensinar-lhe sua própria insignificância. De qualquer forma, ela não pode piorar muito, sem nos autorizar a prendê-la em casa pelo resto da vida.

Com esta resposta, Elizabeth foi forçada a se contentar, mas sua própria opinião continuou a mesma, e ela o deixou desapontada e arrependida. Não era de sua natureza, no entanto, aumentar as suas vexações, remoendo-as. Ela estava confiante de ter cumprido seu dever, e afligir-se com males inevitáveis, ou aumentá-los por ansiedade, não fazia parte de sua disposição.

Se Lydia e sua mãe conhecessem o conteúdo de sua conversa com seu pai, toda sua volubilidade junta não daria conta de expressar sua indignação. Na imaginação de Lydia, uma visita a Brighton compreendia todas as possibilidades de felicidade terrena. Ela via, com o olhar criativo de fantasia, as ruas daquele alegre balneário coberto de oficiais. Via-se como objeto de atenção a centenas deles. Via todas as glórias do acampamento, suas barracas estendidas em fileiras de uma uniformidade encantadora, repleta de jovens alegres cintilando com o escarlate das fardas, e para completar a vista, via-se sentada embaixo de uma barraca, flertando ternamente com ao menos seis oficiais ao mesmo tempo.

Se ela soubesse que sua irmã procurava tirá-la de tais perspectivas e realidades como estas, qual teriam sido suas sensações? Elas poderiam ter sido entendidas apenas por sua mãe, que compartilhava quase da mesma opinião. A ida de Lydia a Brighton foi tudo o que a consolou pela convicção melancólica de que o marido não tinha a intenção de ir também.

Mas elas eram totalmente ignorantes do que havia acontecido e seus êxtases continuaram com pouco intervalo até o dia em que Lydia saiu de casa.

Elizabeth veria, então, o Sr. Wickham pela última vez. Tendo estado frequentemente em companhia dele desde o seu regresso, a agitação havia acabado, as emoções da antiga parcialidade tinham inteiramente cessado. Ela tinha até aprendido a detectar, na própria gentileza que primeiro a deleitava, uma pretensão e uma mesmice enfadonha e monótona. Em seu comportamento atual para com ela, além disso, tinha uma nova fonte de desagrado, pois a inclinação que ele logo demonstrou para renovar as atenções do momento inicial de sua relação só poderia servir, depois do que tinha passado, para provocá-la. Ela perdeu todo o respeito por ele ao encontrar-se como o objeto de tal galantaria ociosa e frívola. E enquanto ela firmemente reprimia, não podia deixar de sentir a reprovação contida na crença de Wickham de que não importando o tempo e o motivo pelos quais suas atenções haviam sido retiradas, a vaidade dela seria satisfeita e sua preferência assegurada no momento em que desejasse retomar seus galanteios.

No último dia da permanência do regimento em Meryton, jantou com outros oficiais em Longbourn, e tampouco Elizabeth estava disposta a separar-se dele com bom humor que, ao fazer alguma investigação sobre a forma como o seu tempo tinha passado em Hunsford, ela mencionou que o coronel Fitzwilliam e o Sr. Darcy passaram três semanas em Rosings, e perguntou-lhe se ele conhecia o primeiro.

Ele parecia surpreso, desgostoso, alarmado, mas com um momento de recuperação e um sorriso de retorno, respondeu que ele já o tinha visto muitas vezes. E depois de observar que ele era um homem muito cavalheiro, perguntou-lhe se ela tinha gostado dele. Sua resposta foi calorosamente em seu favor. Com um ar de indiferença, ele logo depois acrescentou:

— Quanto tempo você disse que ele passou em Rosings?

— Quase três semanas.

— E você o via frequentemente?

— Sim, quase todo dia.

— Seus modos são bem diferentes dos de seu primo.

— Sim, muito diferentes. Mas acredito que o Sr. Darcy melhora com o tempo.

— De fato! — exclamou Wickham com um olhar que não escapou a ela. — E posso lhe perguntar algo? Mas recompondo-se, ele acrescentou em um tom mais alegre. — É no trato que ele melhorou? Ele se dignou a adicionar o dever de civilidade ao seu estilo comum? Pois eu não ouso esperar — ele continuou em um tom mais baixo e mais sério — que ele tenha melhorado no essencial.

— Oh, não! — disse Elizabeth. — No essencial, creio eu, ele é o que sempre foi.

Enquanto ela falava, Wickham parecia mal saber se deveria se alegrar com suas palavras ou desconfiar de seu significado. Havia algo em seu semblante que o fez ouvir com uma atenção apreensiva e ansiosa, enquanto ela acrescentava:

— Quando eu disse que ele melhorou com o tempo, não quis dizer que sua mente ou maneiras estavam em um estado de melhoria, mas que ao conhecê-lo melhor, seu caráter era mais bem compreendido.

Wickham deixava seu estado de alerta transparecer em sua feição ruborizada e agitada. Por alguns minutos ele ficou em silêncio, até que, domando sua vergonha, se virou para ela novamente, e disse no mais suave dos tons:

— Você, que conhece tão bem os meus sentimentos em relação ao Sr. Darcy, compreenderá prontamente quão sinceramente devo alegrar-me por ele ser suficientemente sábio para assumir até a *aparência* do que é certo. Seu orgulho, nessa direção, pode ser de serviço, se não para si mesmo, para muitos outros, pois deve dissuadi-lo de repetir as injustiças que eu sofri. Só temo que o tipo de cautela, a que a senhorita, imagino, aludiu, seja meramente adotada em suas visitas à sua tia, de cuja boa opinião e julgamento ele respeita muito. Seu medo dela sempre funcionou, eu sei, quando eles estavam juntos, e um bom negócio deve ser imputado ao seu desejo de encaminhar o casamento com a senhorita De Bourgh, que eu tenho certeza de que ele considera muito.

Elizabeth não podia reprimir um sorriso com isso, mas ela respondeu apenas com uma leve inclinação da cabeça. Ela viu que ele queria envolvê-la no antigo assunto de suas queixas, e não estava em humor para satisfazê-lo. O resto da noite passou com a *aparência*, da parte dele, de alegria habitual, mas sem mais nenhuma tentativa de cortejar Elizabeth, e eles se separaram finalmente com civilidade mútua, e, possivelmente, um desejo mútuo de nunca se encontrarem novamente.

Quando a festa acabou, Lydia voltou com a Sra. Forster para Meryton, de onde partiriam cedo na manhã seguinte. A separação entre ela e sua família foi mais barulhenta do que patética. Kitty foi a única que derramou lágrimas, mas ela chorou de vergonha e inveja. A Sra. Bennet era difusa em seus bons desejos para a felicidade de sua filha, e efusiva em suas injunções para que ela não perdesse a oportunidade de se divertir tanto quanto possível, conselhos esses que tudo levava a crer que seriam atendidos, e na clamorosa felicidade da própria Lydia em despedir-se, o adeus mais gentil de suas irmãs foi proferido sem ser ouvido.

XLII

Se a opinião de Elizabeth tivesse sido tirada de sua própria família, ela não poderia ter formado uma imagem muito agradável de felicidade conjugal ou conforto doméstico. Seu pai cativado pela juventude, beleza, e essa aparência de bom humor, que a juventude e beleza geralmente dão, tinha se casado com uma mulher cuja compreensão fraca e mente iliberal, muito cedo, colocou fim a todo o afeto real por ela. O respeito, a estima e a confiança haviam desaparecido para sempre, e todas as suas visões da felicidade doméstica foram derrubadas. Mas o Sr. Bennet não estava disposto a procurar conforto para a decepção, que sua própria imprudência tinha trazido, nesses prazeres que muitas vezes consola o infeliz pela sua loucura ou seu vício. Ele gostava do campo e dos livros, e destes gostos surgiam seus principais prazeres. À sua esposa devia pouco mais do que sua ignorância e loucura lhe proporcionavam de divertimento. Este não é o tipo de felicidade que um homem, em geral, gostaria de dever a sua esposa, mas na falta de outras benesses, o filósofo se satisfaz com as escassas que lhe são proporcionadas.

    Elizabeth, no entanto, nunca tinha sido cega quanto à impropriedade do comportamento de seu pai como marido. Ela sempre encarou isso com dor, mas respeitando suas habilidades, e agradecida pelo tratamento que ele lhe concedia, se esforçou para esquecer o que não poderia ignorar, e banir de seus pensamentos essa contínua violação da obrigação conjugal e decoro que, ao expor sua esposa ao desprezo de seus próprios filhos, era tão altamente repreensível. Mas ela nunca tinha sentido, tão fortemente como agora, as desvantagens que sofrem os filhos de um casamento tão inadequado, nem nunca foi tão plenamente consciente dos males decorrentes de uma direção tão mal gerida de talentos. Talentos que, se usados corretamente, poderiam, pelo menos, ter preservado a respeitabilidade de suas filhas, mesmo se incapazes de ampliar a mente de sua esposa.

    Quando Elizabeth se alegrou com a partida de Wickham, encontrou poucos outros motivos de satisfação na perda do regimento. As reuniões em sociedade eram menos variadas do que antes, e em casa tinha uma mãe e uma irmã cujas murmurações constantes a respeito do tédio de cada coisa em torno delas lançavam uma tristeza real sobre seu círculo doméstico. E, embora Kitty pudesse a tempo recobrar seu grau normal de sensatez, uma vez que os perturbadores de seu cérebro foram removidos, sua outra irmã, cuja disposição ao mal era maior, provavelmente se perderia em toda a sua loucura, em uma situação de duplo perigo como um balneário e um acampamento. Resumindo, então, ela descobriu, o que muitas vezes já havia acontecido, que um evento para o qual ela ansiava com um desejo impaciente, ao se realizar, não trazia toda a satisfação que ela esperava. Foi, portanto, necessário marcar algum outro período para o início da felicidade real, para ter algum outro ponto em que seus desejos e esperanças pudessem ser fixados, e desfrutando do prazer de antecipação, consolar-se com o presente, e preparar-se para outra desilusão. Sua excursão aos lagos era agora o objeto de seus pensamentos mais felizes. Eram sua melhor consolação para todas as horas incômodas, que o descontentamento de sua mãe e de Kitty tornava inevitável, e se ela pudesse incluir Jane no plano, cada parte dele seria perfeita.

"Mas é bom", pensou, "que eu tenha algo a desejar. Se o plano estivesse completo, minha decepção seria certa. Mas aqui, carregando comigo uma fonte incessante de arrependimento na ausência da minha irmã, posso razoavelmente esperar que todas as minhas expectativas de prazer se realizem. Um esquema do qual cada parte promete deleite, nunca pode ser bem-sucedido, e a decepção geral só é evitada por meio da defesa de alguma pequena irritação peculiar".

Quando Lydia foi embora, ela prometeu escrever muitas vezes e muito minuciosamente para sua mãe e Kitty, mas suas cartas, muito esperadas, eram sempre muito curtas. Aquelas à sua mãe, continham um pouco mais do que isto: que tinha voltado da biblioteca, onde tais e tais oficiais as haviam acompanhado, e onde tinha visto tais ornamentos bonitos que tinham a enlouquecido, além de um vestido novo, ou um guarda-sol novo, que ela teria descrito mais, mas foi obrigada a sair em uma pressa violenta quando a Sra. Forster a chamou para ir para o acampamento. E de sua correspondência com sua irmã, ainda havia menos a ser aprendido, suas cartas para Kitty, embora demorassem mais tempo, eram muito cheias de entrelinhas para se tornarem públicas.

Após a primeira quinzena ou três semanas de sua ausência, saúde, bom humor e alegria começaram a reaparecer em Longbourn. Tudo tinha um aspecto mais feliz. As famílias que tinham estado em Londres para o inverno voltaram novamente, e divertimentos e compromissos de verão surgiam. A Sra. Bennet foi restaurada à sua serenidade queixosa habitual, e em meados de junho, Kitty estava tão recuperada que conseguiu entrar em Meryton sem lágrimas, um acontecimento tão feliz a ponto de fazer Elizabeth ter esperança de que no Natal seguinte ela pudesse ser tão toleravelmente razoável que não mencionasse um oficial mais de uma vez por dia, a menos que por algum arranjo cruel e malicioso do Departamento de Guerra, outro regimento ficasse aquartelado em Meryton.

O dia marcado para o início de sua viagem pelo norte estava se aproximando rapidamente, restava apenas uma quinzena, quando uma carta chegou da Sra. Gardiner, que de uma só vez atrasou seu início e reduziu sua extensão. O Sr. Gardiner seria impedido pelos negócios de sair até uma quinzena mais tarde em julho, e deveria estar em Londres novamente dentro de um mês, e como isso deixou um período muito curto para eles irem tão longe, e ver tanto quanto tinham proposto, ou pelo menos para vê-lo com o lazer e o conforto que tinham planejado, foram obrigados a desistir dos lagos e a substituir por uma excursão mais concisa. E, de acordo com o plano atual, não deveriam ir mais para o norte do que Derbyshire. Nesse condado, havia bastante para ser visto, para ocupar a maior parte de suas três semanas, e ao qual a Sra. Gardiner tinha uma atração peculiarmente forte. A cidade onde ela havia passado alguns anos de sua vida, e onde eles agora passariam alguns dias, era provavelmente um grande objeto de sua curiosidade, tanto quanto todas as belezas célebres de Matlock, Chatsworth, Dovedale, ou o Pico.

Elizabeth ficou excessivamente desapontada. Ela tinha colocado seu coração em ver os lagos e ainda pensava que poderia haver tempo suficiente. Mas sua satisfação dependia dela mesma, e certamente seu bom humor também, e tudo entrou rapidamente nos eixos de novo.

Com a menção de Derbyshire, havia muitas ideias conectadas. Era impossível para ela ver a palavra sem pensar em Pemberley e seu dono.

— Mas, com certeza — disse —, poderei entrar no condado sem que ele me veja.

O período de espera foi duplicado agora. Quatro semanas deviam passar antes da chegada do seu tio e tia. Mas elas passaram, e o Sr. e a Sra. Gardiner, com os seus quatro filhos, apareceram finalmente em Longbourn. As crianças, duas meninas de seis e oito anos de idade, e dois meninos mais novos, deviam ser deixadas sob o cuidado particular de sua prima Jane, que era a favorita geral, e cujo sentido constante e doçura de temperamento a adaptaram para atendê-los em todos os sentidos, ensinando, brincando com eles e os amando.

Os Gardiner ficaram apenas uma noite em Longbourn, e partiram na manhã seguinte com Elizabeth em busca de novidade e diversão. Um gozo era certo: o de ter bons companheiros. Uma aptidão que compreendia saúde e temperamento para suportar inconveniências, alegria para aumentar todo o prazer e afeição e inteligência para sugerir novos divertimentos caso houvesse decepções na viagem.

Não é o objetivo desta obra dar uma descrição de Derbyshire, nem de qualquer um dos lugares notáveis através dos quais a sua rota os colocou. Oxford, Blenheim, Warwick, Kenelworth, Birmingham etc. são suficientemente conhecidas. Uma pequena parte de *Derbyshire* é toda a preocupação presente. Foram para a pequena cidade de Lambton, o cenário da residência anterior da Sra. Gardiner, e onde soube que alguma de suas velhas amizades ainda lá residiam. Partiram após terem visto todas as maravilhas principais da região, e descobriu de sua tia que Pemberley ficava a apenas oito quilômetros de Lambton. Não estava na estrada direta que iriam tomar, mas a um quilômetro fora dela. Ao falar sobre sua rota na noite anterior, a Sra. Gardiner expressou uma inclinação para ver o lugar novamente. O Sr. Gardiner declarou sua vontade, e perguntaram a Elizabeth o que achava da ideia.

— Meu amor, você não gostaria de ver um lugar do qual você já ouviu falar tanto? — disse sua tia. — Um lugar também, com o qual muitos de seus conhecidos estão conectados. Wickham passou toda a sua juventude lá, você sabe.

Elizabeth estava angustiada. Ela sentiu que não tinha negócios em Pemberley, e foi obrigada a assumir uma desinclinação por vê-la. Ela deveria assumir que estava cansada de grandes casas, depois de passar por tantas, ela realmente não encontrava mais prazer em tapetes finos ou cortinas de cetim.

A Sra. Gardiner abusou da sua estupidez:

— Se fosse apenas uma bela casa ricamente mobilada — disse —, não me importaria. Mas os motivos são agradáveis. Eles têm alguns dos melhores bosques do país.

Elizabeth não disse mais nada, mas sua mente não podia aprovar. A possibilidade de encontrar o Sr. Darcy, ao ver o lugar, ocorreu instantaneamente. Seria terrível! Ela ruborizou-se com a própria ideia e pensou que seria melhor falar abertamente com sua tia, do que correr tal risco. Mas contra isso havia objeções, e ela finalmente resolveu que poderia ser o último recurso, se suas investigações privadas quanto à ausência da família fossem respondidas desfavoravelmente.

Assim, quando ela se retirou à noite, perguntou à camareira se Pemberley era um lugar muito bom, qual era o nome de seu proprietário, e sem pouco alarme, se a família estava presente para o verão. O mais bem-vindo "não" seguiu a última pergunta, e com suas preocupações dissolvidas, estava livre para sentir muita curiosidade para ver a casa ela mesma, e quando o assunto ressurgiu na manhã seguinte, e foi questionada sobre ele outra vez, pôde prontamente responder, e com um ar adequado de indiferença, que não tinha realmente qualquer desgosto com o plano.

Para Pemberley, então, foram.

XLIII

Elizabeth, durante o caminho, assistia à primeira aparição do bosque de Pemberley com alguma perturbação, e quando finalmente viraram na entrada, seus ânimos estavam em alta vibração.

O parque era muito grande, continha grande variedade de

terreno. Entraram nele em um de seus pontos mais baixos, e durante certo tempo passaram por um extenso e belo bosque.

A mente de Elizabeth estava muito cheia para conversar, mas ela via e admirava todas as vistas e paisagens notáveis. Eles ascenderam gradualmente por uns oitocentos metros, e encontraram-se então no alto de uma elevação considerável, onde o bosque cessava; e seus olhos voltaram-se imediatamente para a casa de Pemberley, situada no lado oposto de um vale, em que a estrada com alguma brusquidão se desenrolava. Era um edifício grande, bonito, de pedra, bem posicionado no terreno, no cume de uma alta colina, e na parte dianteira, um riacho de considerável tamanho se alargava, mas sem parecer artificial. Suas margens não eram manufaturadas ou adornadas artificialmente. Elizabeth ficou encantada. Ela nunca tinha visto um lugar para o qual a natureza tinha feito melhor, ou onde a beleza natural tinha sido tão pouco contrariada por um gosto estranho. Todos eles foram efusivos em sua admiração, e naquele momento ela sentiu que ser senhora de Pemberley poderia ter certa significância!

Desceram a colina, cruzaram a ponte e se dirigiram à porta. E, ao examinar o aspecto mais próximo da casa, todas suas apreensões do encontro com seu proprietário retornaram. Ela temia que a camareira tivesse se enganado. Depois de pedirem para ver o local, eles foram admitidos no salão e Elizabeth, enquanto eles esperavam pela governanta, teve tempo para se perguntar o que ela estava fazendo ali.

A governanta veio. Uma mulher respeitável, idosa, muito menos fina, e mais civil do que ela tinha qualquer expectativa de encontrar. Eles a seguiram até a sala de jantar. Era uma sala grande, de proporções adequadas e bem mobiliada. Elizabeth, depois de examiná-la, foi a uma janela para aproveitar a sua vista. O monte, coroado com a floresta, pela qual desceram, recebendo a brutidão aumentada da distância, era um objeto bonito. Toda disposição da terra era boa e ela olhava para toda a cena, o rio, as árvores espalhadas em suas margens, e o desenrolar do vale, até onde ela podia observar, com prazer. À medida que passavam para outras salas, esses objetos tomavam posições diferentes, mas em cada janela havia belezas a serem vistas. Os quartos eram amplos e elegantes, e sua mobília condizente com a fortuna de seu proprietário. Mas Elizabeth viu, com admiração de seu gosto, que não era espalhafatosa nem excessivamente requintada. Tinha menos esplendor e mais elegância do que a mobília de Rosings.

"E deste lugar", pensou ela, "eu poderia ter sido senhora! Destes quartos eu poderia agora ser familiar! Em vez de vê-los como uma estranha, poderia ter me regozijado com eles como minha propriedade, e dado boas-vindas a eles como visitantes, meu tio e tia. Mas não", lembrou-se, "isso nunca poderia acontecer. Meu tio e tia estariam perdidos para mim. Eu não seria autorizada a convidá-los".

Esta foi uma lembrança que a salvou de algo como arrependimento.

Ela ansiava por saber da governanta se seu mestre estava realmente ausente, mas não tinha coragem para isso. Por fim, no entanto, a pergunta foi feita por seu tio, e ela se afastou, espantada, enquanto a Sra. Reynolds respondeu que ele não estava, acrescentando:

— Mas esperamos que ele venha amanhã, com um grande grupo de amigos.

Quão alegre estava Elizabeth de que a sua própria visita não tivesse sido adiada um dia!

Sua tia a chamou para ver um quadro. Ela se aproximou e viu o semblante do Sr. Wickham suspenso, entre várias outras miniaturas, sobre a cornija. Sua tia perguntou, sorrindo, se ela gostava. A governanta veio para a frente, e disse-lhes que era a imagem de um jovem cavalheiro, o filho do mordomo de seu falecido mestre, que tinha sido criado por ele por sua conta.

— Ele está agora no exército — acrescentou —, mas eu temo que ele tenha se tornado muito selvagem.

A Sra. Gardiner olhou para a sobrinha com um sorriso, mas

Elizabeth não pôde devolvê-lo.

— E este — disse a Sra. Reynolds, apontando para outra das miniaturas — é o meu mestre, é muito parecido com o outro. Foi pintado na mesma época, cerca de oito anos atrás.

— Eu ouvi muito da pessoa fina do seu mestre — disse a Sra. Gardiner, olhando para o retrato. — É um rosto bonito. Mas, Lizzy, você pode nos dizer se é parecido ou não.

O respeito da Sra. Reynolds por Elizabeth parecia aumentar com a insinuação de que ela conhecia seu mestre.

— A jovem dama conhece o Sr. Darcy?

Elizabeth enrubesceu, e disse:

— Um pouco.

— E não acha que ele é um cavalheiro muito bonito, senhora?

— Sim, muito bonito.

— Tenho certeza de que *eu* não conheço ninguém mais bonito. Mas na galeria, lá em cima, vocês verão um retrato dele maior do que esse. Esta sala era a favorita do meu falecido mestre, e essas miniaturas estão exatamente como antes. Ele gostava muito delas.

Isto explicou à Elizabeth o fato de o Sr. Wickham estar entre elas.

A Sra. Reynolds, em seguida, dirigiu sua atenção para uma da senhorita Darcy, pintada quando ela tinha apenas oito anos de idade.

— E a senhorita Darcy é tão bonita como o irmão? — disse o Sr. Gardiner.

— Oh! Sim. A jovem mais bonita que já se viu, e ainda tão talentosa! Ela toca e canta o dia todo. Na sala ao lado há um novo instrumento que acaba de chegar para ela. Um presente do meu mestre. Ela vem para cá amanhã com ele.

O Sr. Gardiner, cujas maneiras eram fáceis e agradáveis, incentivou sua comunicabilidade com suas perguntas e observações. A Sra. Reynolds, por orgulho ou apego, teve evidentemente grande prazer em falar de seu mestre e de sua irmã.

— Seu mestre passa muito tempo em Pemberley ao longo do ano?

— Não tanto quanto eu gostaria, senhor. Mas ouso dizer que

passa metade do tempo aqui, e a senhorita Darcy sempre vem para os meses de verão.

"Exceto", pensou Elizabeth, "quando ela vai para Ramsgate".

— Se seu mestre se casasse, o veria mais.

— Sim, senhor. Mas eu não sei quando *isso* acontecerá. Não conheço alguém que seja boa o suficiente para ele.

O Sr. e a Sra. Gardiner sorriram. Elizabeth não pôde deixar de dizer:

— É um elogio muito grande a ele, tenho certeza, que a senhora pense assim.

— Não digo mais do que a verdade, e é o que todos que o conhecem dirão — respondeu a outra. Elizabeth pensou que isso estava indo muito longe e ouviu com crescente espanto enquanto a governanta acrescentava: — Eu nunca ouvi uma palavra contra ele em minha vida, e o conheço desde que ele tinha quatro anos de idade.

Este foi o elogio, de todos os outros, mais extraordinário e mais oposto à ideias de Elizabeth. Que ele não era um homem bem-humorado, era sua opinião mais firme. Sua curiosidade foi despertada. Ela ansiava ouvir mais, e foi grata a seu tio por dizer:

— Há pouquíssimas pessoas de quem tanto pode ser dito. Você tem sorte em ter tal mestre.

— Sim, senhor, sei que tenho. Se eu fosse atravessar o mundo, não poderia encontrar um melhor. Mas eu sempre observei, que aqueles que são bem-humorados quando crianças, são bem-humorados quando crescem. E ele era o menino mais doce de temperamento, mais generoso de coração, do mundo todo.

Elizabeth quase a encarava. "Poderia ser esse o Sr. Darcy?", pensava ela.

— Seu pai era um homem excelente — disse a Sra. Gardiner.

— Sim, senhora, ele era. E logo seu filho será exatamente como ele, uma pessoa tão afável aos pobres.

Elizabeth ouviu, perguntou, duvidou, e estava impaciente por mais. A Sra. Reynolds não poderia interessá-la em nenhum outro ponto. Ela discorreu sobre as pessoas dos quadros, as dimensões dos quartos, e o preço do mobiliário, em vão. O Sr. Gardiner, achando graça naquele alto apego familiar, o qual atribuía uma recomendação excessiva a seu mestre, logo voltou a este assunto, e ela dissertou com energia sobre seus muitos méritos, enquanto eles prosseguiam juntos até a grande escada.

— Ele é o melhor proprietário, e o melhor mestre — disse — que já viveu. Não como os jovens indômitos que só pensam neles mesmos. Não há um de seus inquilinos ou empregados que não lhe deem uma boa reputação. Algumas pessoas o chamam de orgulhoso, mas asseguro-lhes de que nunca vi nada disso. Para mim, é só porque ele não balburdia como os outros jovens.

"Em que luz amável este lugar o coloca!", pensou Elizabeth.

— Este belo relato dele — sussurrou sua tia, enquanto andavam — não é muito consistente com o seu comportamento com o nosso pobre amigo.

— Talvez tenhamos sido enganadas.

— Não é provável. Nossa relação era tão boa.

Ao alcançar o lobby espaçoso acima, eles estavam em uma sala de estar muito bonita, recentemente mobiliada com maior elegância e leveza do que os cômodos abaixo, e foram informados de que ela havia sido recentemente decorada, para dar prazer à senhorita Darcy, que tinha tomado um gosto pelo quarto, quando esteve pela última vez em Pemberley.

— Ele é certamente um bom irmão — disse Elizabeth, enquanto andava em direção a uma das janelas.

A Sra. Reynolds antecipou o deleite da senhorita Darcy quando entrasse no quarto.

— E este é sempre o caminho com ele — adicionou. — Tudo o que pode dar prazer à sua irmã, manda fazer imediatamente. Não há nada que ele não faria por ela.

A galeria de quadros e dois ou três dos quartos principais eram tudo que remanesceu para ser mostrado. Na primeira estavam muitas pinturas boas, mas Elizabeth não sabia nada de arte, e de tal como já tinha sido visível abaixo, ela voluntariamente virou-se para olhar para alguns desenhos da senhorita Darcy, em lápis de cera, cujos temas eram geralmente mais interessantes, e mais inteligíveis.

Na galeria havia muitos retratos da família, mas tinham pouco no que fixar a atenção de um desconhecido. Elizabeth seguiu em busca do único rosto cujas feições seriam conhecidas por ela. Por fim, um lhe chamou a atenção, e viu uma semelhança impressionante com o Sr. Darcy, esboçando um sorriso, como ela lembrava de tê-lo visto fazer, quando ele olhou para ela. Ela ficou vários minutos diante do quadro em séria contemplação, e voltou a ele novamente antes de sair da galeria. A Sra. Reynolds informou-os que tinha sido feito durante a vida do seu pai.

Havia certamente neste momento, na mente de Elizabeth, uma sensação mais suave em relação ao original do que ela jamais havia sentido nos melhores momentos em que havia passado com ele. Os elogios feitos a ele pela Sra. Reynolds não era de natureza trivial. Que louvor é mais valioso do que o elogio de um empregado inteligente? Como um irmão, um senhorio, um mestre, ela levou em consideração todas as pessoas que estavam em sua tutela! Quanto prazer ou dor estava em seu poder conceder! Quanto bem ou mal poderia fazer! Cada ideia que tinha sido trazida adiante pela governanta era favorável a seu caráter, e enquanto esteve diante do quadro, no qual foi representado, e cujos olhos pareciam se fixar nela, pensou no afeto que o Sr. Darcy sentia por ela com um sentimento mais profundo de gratidão que alguma vez já havia sentido. Ela se lembrou do ardor de seu afeto, e suavizou a sua imprudência de expressão.

Quando toda a casa que estava aberta à inspeção geral tinha sido vista, eles voltaram escada abaixo, e despedindo-se da governanta, foram enviados para o jardineiro, que os encontrou na porta do corredor.

Enquanto caminhavam pelo gramado em direção ao rio, Elizabeth se virou para olhar novamente. Seu tio e tia também pararam, e enquanto o primeiro estava conjecturando sobre a data do edifício, o próprio dono dele repentinamente se aproximou pela estrada, que levava aos estábulos.

Eles estavam cerca de vinte metros um do outro, e tão abrupta foi a sua parição, que era impossível se esconder. Seus olhos instantaneamente se encontraram, e as bochechas de cada um deles ficaram profundamente coradas. Ele paralisou completamente, e por um momento parecia imóvel de surpresa, mas logo se recuperando, se aproximou do grupo, e falou com Elizabeth, senão em termos de perfeita compostura, pelo menos de perfeita civilidade.

Ela havia se afastado instintivamente, mas, parando ao vê-lo se aproximar, recebeu seus elogios com um embaraçamento impossível de ser superado. Se a princípio sua aparência, ou sua semelhança com a imagem que tinham acabado de examinar, foi insuficiente para assegurar aos outros dois de que estavam agora vendo o Sr. Darcy, a expressão de surpresa do jardineiro, ao contemplar seu mestre, deve imediatamente lhes ter revelado. Eles ficaram um pouco distantes enquanto o Sr. Darcy falava com sua sobrinha, que, atônita e confusa, mal se atreveu a levantar os olhos para ele, e não sabia que resposta dava aos seus inquéritos civis sobre sua família. Maravilhado com a alteração em sua maneira desde a última vez que se separaram, cada frase que ele proferiu aumentava seu embaraço. E cada ideia da impropriedade de ser encontrada lá, recorria à sua mente. Os poucos minutos em que eles continuaram juntos foram alguns dos mais desconfortáveis de sua vida. Nem ele parecia muito mais à vontade. Quando ele falava, seu sotaque não tinha nada da calma usual, e ele repetia suas indagações quanto ao dia em que ela havia deixado Longbourn, e sobre o tempo de sua estadia em Derbyshire, tantas vezes, e de forma tão apressada, que claramente denunciavam a distração de seus pensamentos.

Finalmente, quando lhe faltavam mais ideias, e, depois de ficar alguns instantes sem dizer uma palavra, ele de repente se recobrou e se despediu.

Os outros, então, se juntaram a ela e expressaram sua admiração por sua figura, mas Elizabeth não ouviu uma palavra, e, completamente absorta em seus próprios sentimentos, os seguiu em silêncio. Ela foi dominada pela vergonha e embaraço. Sua vinda lá foi a coisa mais infeliz, a mais mal pensada do mundo! Quão estranho deve parecer a ele! E sob que luz vergonhosa essa situação não a colocava aos olhos de um homem tão vaidoso! Poderia parecer como se ela tivesse propositadamente se jogado em seu caminho novamente! Oh! Por que ela veio? Ou, por que ele assim veio um dia antes que esperado? Se tivessem saído apenas dez minutos mais cedo, estariam fora do alcance de sua vista, pois era evidente que ele tinha acabado de chegar, que tinha acabado de descer de seu cavalo ou carruagem. Ela corava de novo e de novo sobre a perversidade do encontro. E o que significaria seu comportamento tão notavelmente alterado? Já era incrível que ele ao menos falasse com ela! Mas falar com tanta civilidade, para inquirir sobre sua família! Nunca em sua vida ela tinha visto suas maneiras tão pouco formais, nunca ele tinha falado com tanta gentileza como neste encontro inesperado. Que contraste ele ofereceu ao seu último discurso em Rosings Park, quando colocou sua carta na mão dela! Ela não sabia o que pensar, nem como explicar.

Tinham agora entrado em um belo caminho às margens do riacho, e cada passo trazia adiante uma porção mais bonita do terreno ou mais esplendorosa do bosque. Mas levou algum tempo antes que Elizabeth notasse algo ao seu redor, e, embora ela respondesse mecanicamente aos repetidos apelos de seu tio e tia, e parecesse dirigir seus olhos para objetos que eles apontavam, não distinguia nenhuma parte do cenário. Seus pensamentos estavam todos fixos naquele lugar da Casa Pemberley, qualquer que fosse, onde o Sr. Darcy estava. Ela ansiava saber o que naquele momento se passava em sua mente, de que maneira ele pensava nela, e se, desafiando tudo, ela ainda lhe era querida. Talvez ele tivesse sido cortês apenas porque ele se sentia indiferente. No entanto, havia *um certo tom* em sua voz que demonstrava não ser algo fácil. Se ele sentia mais dor ou prazer em vê-la, não podia dizer, mas ele certamente não tinha ficado indiferente.

Por fim, no entanto, as observações de seus companheiros sobre estar tão distraída a despertou, e ela sentiu a necessidade de parecer mais como ela mesma.

Eles entraram na floresta e, dando adeus ao riacho por algum tempo, subiram alguns dos terrenos mais elevados, de onde, por entre ocasionais clareiras, tinham muitas vistas encantadoras do vale, dos montes opostos, recobertos de árvores, e ocasionalmente do riacho serpenteante. O Sr. Gardiner expressou o desejo de percorrer todo o parque, mas temia que estivesse além das possibilidades de uma caminhada. Com um sorriso triunfante, o jardineiro disse que tinha mais de dezesseis quilômetros de circunferência. Resolvida a questão, seguiram o circuito de costume, que os levou até lá, após algum tempo, desceram o bosque até as margens do riacho, em uma de suas partes mais estreitas. Cruzaram-na por uma ponte simples, consonante com o ar geral da cena, era um ponto menos adornado do que alguns que já tinham visitado. E o vale, estreitando-se aqui em uma mera várzea, com espaço somente para o córrego, e uma trilha estreita contornada de madeira de talhadia. Elizabeth desejava explorar os arredores do riacho, mas quando atravessaram a ponte e perceberam sua distância da casa, a Sra. Gardiner, que não era uma grande caminhante, não podia ir mais longe, e pensava apenas em voltar para a carruagem o mais rápido possível. Sua sobrinha foi, portanto, obrigada a submeter-se, e eles tomaram o seu caminho em direção à casa do lado oposto do rio, na direção mais próxima. Mas o seu progresso era lento, pois o Sr. Gardiner, embora raramente capaz de satisfazer o gosto, era muito apreciador de pesca, e estava tão empenhado em observar o aparecimento ocasional de algumas trutas na água, e falar com o homem sobre eles, que ele avançou, mas pouco. Enquanto vagavam desta maneira lenta, foram novamente surpreendidos, e o espanto de Elizabeth foi bastante igual ao que tinha sido no início, pela visão do Sr. Darcy se aproximando deles, a pouca distância. O passeio sendo aqui menos protegido do que no outro lado, permitiu que o vissem antes que se encontrassem. Elizabeth, embora surpreendida, estava pelo menos mais preparada para uma entrevista do que antes e resolveu aparecer e falar com calma, se ele realmente pretendesse encontrá-los. Por alguns momentos, de fato, ela sentiu que ele provavelmente tomaria algum outro caminho. Esta ideia durou enquanto uma curva da trilha o ocultou de sua visão. Passada a curva, ele estava imediatamente diante deles. Com um relance viu que não tinha perdido nenhuma de suas civilidades recentes, e, para imitar sua polidez, começou, enquanto se encontraram, admirar a beleza do lugar, mas não tinha começado além das palavras "agradável" e "charmosa" quando algumas recordações infelizes a tomaram, e ela imaginou que um elogio dela a Pemberley poderia ser maliciosamente interpretado. Ficou pálida e não disse mais nada.

A Sra. Gardiner estava um pouco atrás, e em sua pausa, ele perguntou a Elizabeth se ela não lhe daria a honra de apresentá-lo a seus amigos. Este foi um gesto de cortesia para a qual ela estava completamente despreparada. E mal poderia suprimir um sorriso, com ele em busca agora do conhecimento de algumas daquelas pessoas contra as quais se revoltara quando lhe pedira sua mão. "Qual será a sua surpresa", pensou ela, "quando ele souber quem eles são! Ele deve pensar que são pessoas importantes".

A apresentação, entretanto, foi feita imediatamente. E quando revelou seu parentesco com eles, lançou-lhe um olhar para ver sua reação. E ela esperava que ele fugisse ao saber que estava na companhia de pessoas tão simples. Que ficou *surpreso* pelo parentesco era evidente, ele, no entanto, não deixou transparecer, pelo contrário, além de não fugir, voltou com eles, e entrou em conversa com o Sr. Gardiner. Elizabeth não podia deixar de estar satisfeita, não podia deixar de triunfar. Foi consolador que ele soubesse que ela tinha alguns parentes pelos quais não havia necessidade de se envergonhar. Ela ouvia com muita atenção tudo o que se passava entre eles e se gloriava em cada expressão, cada frase de seu tio, que marcava sua inteligência, seu gosto, ou suas boas maneiras.

A conversa logo virou sobre a pesca, e ela ouviu o Sr. Darcy convidá-lo, com a maior civilidade, para pescar lá quantas vezes quisesse, enquanto continuasse na vizinhança, oferecendo ao mesmo tempo equipamento de pesca, e apontando para as partes do riacho onde normalmente havia mais peixes. A Sra. Gardiner, que andava de braço dado com Elizabeth, lançou-lhe um expressivo olhar de surpresa. Elizabeth nada disse, mas isso a satisfez excessivamente. Aquela cortesia só podia ser para ela. Seu espanto, porém, era extremo, e continuamente repetia: "Por que ele está tão mudado? Por que procede assim? Não pode ser por *mim*, não pode ser por *minha* causa que suas maneiras estão assim mais suaves. Minhas reprovações em Hunsford não poderiam operar uma mudança como esta. É impossível que ele ainda me ame".

Após caminharem por algum tempo desta forma, as duas senhoras na frente, os dois senhores atrás, ao descerem à beira do rio para observar melhor algumas curiosas plantas aquáticas, arriscou-se a fazer uma pequena alteração. Originou-se com a Sra. Gardiner, que, fatigada pelo exercício da manhã, achou o braço de Elizabeth inadequado para seu apoio, e consequentemente preferiu o do marido. O Sr. Darcy tomou seu lugar ao lado de sua sobrinha, e eles caminharam juntos. Depois de um curto silêncio, a moça falou pela primeira vez. Ela queria que ele soubesse que ela tinha sido assegurada de sua ausência antes que ela viesse para o lugar, e, consequentemente, começou por observar, que a sua chegada tinha sido muito inesperada.

— Pois sua governanta — ela acrescentou — nos informou que você certamente não estaria aqui até amanhã. E de fato, antes de deixarmos Bakewell, nos disseram que você não era imediatamente esperado no interior.

Ele reconheceu a verdade de tudo isso e disse que alguns assuntos que precisava resolver com seu mordomo ocasionaram a sua vinda algumas horas antes do resto do grupo com quem ele estava viajando.

— Eles se juntarão a mim amanhã de manhã — ele continuou —, e entre eles estão alguns que vão reivindicar um encontro com você, entre eles o Sr. Bingley e suas irmãs.

Elizabeth respondeu apenas com uma pequena reverência. Seus pensamentos foram imediatamente levados de volta à última vez em que o nome do Sr. Bingley tinha sido mencionado entre eles, e julgando pela sua palidez, o seus pensamentos não estavam muito diferentes.

— Há também uma outra pessoa no grupo — ele continuou depois de uma pausa —, que mais particularmente deseja conhecê-la. Permitir-me-ia, se não fosse pedir muito, apresentar-lhe minha irmã durante a sua estadia em Lambton?

A surpresa de tal pedido foi grande, de fato. Foi tão grande que não sabe ao certo como concordou. Ela imediatamente sentiu que qualquer desejo que a senhorita Darcy pudesse ter de se familiarizar com ela devia ser trabalho de seu irmão, e sem inquirir mais, já era satisfatório saber que seu ressentimento não o tinha feito pensar mal a seu respeito.

Eles agora caminhavam em silêncio. Ambos absortos em seus pensamentos. Elizabeth não estava confortável, isso era impossível, mas ela estava lisonjeada e satisfeita. Seu desejo de apresentar sua irmã a ela foi um elogio da mais alta espécie. Eles logo ultrapassaram os outros, e quando chegaram à carruagem, o Sr. e a Sra. Gardiner estavam a uns quatrocentos metros atrás.

Ele então a convidou para entrar na casa, mas ela declarou não estar cansada, e eles ficaram juntos no gramado. Em tal momento, muito poderia ter sido dito, e o silêncio era muito estranho. Ela queria falar, mas parecia haver um embargo em todos os assuntos. Por fim, ela se lembrou que estava viajando, e eles falaram de Matlock e Dove Dale com grande perseverança. No entanto, o tempo e sua tia se moveram lentamente, e sua paciência e suas ideias estavam quase esgotadas antes que o *tête-à-tête* acabasse.

Na vinda do Sr. e da Sra. Gardiner, todos foram convidados a entrar na casa e tomar um refresco, mas isso foi recusado, e eles se separaram com a máxima delicadeza. O Sr. Darcy levou as senhoras até a carruagem, e quando partiu, Elizabeth o viu caminhando lentamente em direção à casa.

As observações de seus tio e tia começaram agora e cada um deles disse que Darcy era infinitamente melhor do que qualquer expectativa.

— Ele é perfeitamente bem-comportado, educado e despretensioso — disse seu tio.

— *Existe* um pouco de imponência nele, com certeza — respondeu sua tia —, mas está confinada ao seu ar, e não é imprópria. Posso agora dizer, como a governanta, que embora algumas pessoas possam chamá-lo de orgulhoso, *eu* não vi nada disso.

— O que mais surpreendeu foi o comportamento dele para conosco. Foi mais do que civil, foi realmente atencioso, e não havia necessidade de tal atenção. Conhecia Elizabeth apenas superficialmente.

— Com certeza, Lizzy — disse sua tia —, ele não é tão bonito quanto Wickham. Ou melhor, ele não tem o semblante de Wickham, mas suas feições são perfeitamente regulares. Como pôde nos dizer que ele era tão desagradável?

Elizabeth se desculpou tanto quanto podia. Disse que tinha gostado mais dele quando se encontraram em Kent, e que nunca o tinha visto tão agradável como esta manhã.

— Mas talvez ele possa ser um pouco excêntrico em sua civilidade — respondeu seu tio. — Os grandes homens muitas vezes o são, por isso não levarei em conta a sua conversa sobre a pesca, pois ele poderia mudar de ideia outro dia, e me colocar para fora de sua propriedade.

Elizabeth sentiu que eles tinham confundido completamente seu caráter, mas não disse nada.

— Pelo que vimos dele — continuou a Sra. Gardiner —,

eu realmente não deveria ter pensado que ele poderia ter se comportado de forma tão cruel com qualquer pessoa, como ele fez com o pobre Wickham. Ele não tem um olhar de mau caráter. Pelo contrário, há algo agradável em sua boca quando fala. E há uma dignidade em seu semblante, que não daria a ninguém uma ideia desfavorável de seu coração. Certamente, a boa senhora que nos mostrou a casa deu-lhe um caráter mais flamejante! Eu não podia deixar de rir em voz alta às vezes. Mas ele é um mestre liberal, eu suponho, e isso nos olhos de um empregado compreende todas as virtudes.

Elizabeth aqui se sentiu impelida a dizer algo para justificar seu comportamento com Wickham, e, portanto, deu-lhes a entender, da forma mais reservada que podia, que pelo que ela tinha ouvido de seus parentes em Kent, suas ações eram passíveis de uma interpretação muito diferente, e que seu caráter não era tão defeituoso, nem Wickham tão amável, como tinham sido considerados em Hertfordshire. Na confirmação disso, ela relatou os detalhes de todas as transações pecuniárias em que eles tinham se envolvido, sem realmente nomear a fonte que as informou, mas afirmando que era digna de crédito.

A Sra. Gardiner estava surpresa e preocupada, mas como eles agora se aproximavam do lugar de sua infância, cada ideia deu lugar ao encanto da lembrança, e ela estava muito envolvida em apontar para o marido todos os pontos interessantes em seus arredores, para pensar em qualquer outra coisa. Embora estivesse fatigada pela caminhada da manhã, mal o jantar havia acabado e ela partiu novamente em busca de seus antigos conhecidos, e passou a noite reatando os laços de amizade há muito interrompidos.

As ocorrências do dia foram interessantes demais para que Elizabeth desse atenção a qualquer um desses novos amigos, e ela não podia fazer nada além de pensar, e pensar com admiração, na civilidade do Sr. Darcy, e acima de tudo, em seu desejo de que ela se familiarizasse com sua irmã.

XLIV

Elizabeth tinha combinado com o Sr. Darcy que ele poderia trazer sua irmã para visitá-la no mesmo dia que ela chegasse a Pemberley, e decidiu, portanto, não sair da pousada toda aquela manhã. Mas sua conclusão era falsa, pois só na manhã seguinte à sua chegada a Lambton esses visitantes vieram. Elizabeth e seus tios estavam passeando pelo lugar com alguns de seus novos amigos e tinham acabado de voltar para a pousada a fim de se trocarem para jantar com a mesma família, quando um som os fez ir até uma janela, e de lá eles viram um cavalheiro e uma senhora em uma carruagem passando pela rua. Elizabeth imediatamente reconheceu o veículo, entendeu o que significava, e transmitiu a surpresa aos seus parentes, familiarizando-os com a honra a qual ela esperava. Seu tio e tia estavam espantados, e o embaraço com o qual Elizabeth falava juntou-se à circunstância em si, e às muitas circunstâncias do dia precedente, de modo a abrir-lhes uma nova ideia de tudo o que se passava. Nada jamais havia sugerido isso antes, mas eles agora sentiam que não havia outra maneira de explicar tais atenções sem pressupor um interesse por sua sobrinha. Enquanto essas noções recém-surgidas passavam pelas suas mentes, a perturbação dos sentimentos de Elizabeth aumentava a cada momento. Ela estava bastante espantada com seu próprio nervosismo, e entre outras causas de inquietação, temia que o interesse do Sr. Darcy tivesse aumentado as qualidades de Elizabeth, e mais ansiosa para agradar do que comumente ficava, ela naturalmente suspeitava que todo o poder de agradar falharia.

Ela se retirou da janela, com medo de ser vista. E enquanto andava para cima e para baixo da sala, esforçando-se para se recompor, viu tais olhares de surpresa inquisidora em seu tio e tia, e tudo piorou.

A senhorita Darcy e seu irmão apareceram, e esta formidável

apresentação ocorreu. Com espanto, Elizabeth viu que sua nova conhecida estava, pelo menos, tão envergonhada quanto ela. Desde que chegou em Lambton, tinha ouvido que a senhorita Darcy era extremamente orgulhosa, mas a observação de muitos poucos minutos a convenceu de que ela era apenas excessivamente tímida. Achou difícil obter até mesmo uma palavra dela que não fosse um monossílabo.

A senhorita Darcy era mais alta e mais corpulenta do que Elizabeth, e, embora tivesse pouco mais de dezesseis anos, seus contornos tinham forma, e sua aparência era feminina e graciosa. Ela era menos bonita do que seu irmão, mas havia juízo e bom humor em seu rosto, e suas maneiras eram perfeitamente despretensiosas e gentis. Elizabeth, que esperava encontrar nela uma observadora tão aguda e segura de si como o Sr. Darcy tinha sido, ficou muito aliviada ao discernir sentimentos tão diferentes.

Eles não ficaram muito tempo juntos, até que Darcy disse que Bingley também estava vindo para vê-la, e mal teve tempo para expressar sua satisfação, e se preparar para tal visitante, quando o passo rápido de Bingley foi ouvido nas escadas, e em poucos instantes ele entrou na sala. Toda a raiva de Elizabeth contra ele havia passado há muito tempo, mas, se ela ainda tivesse alguma, dificilmente poderia ter resistido à cordialidade sincera com a qual ele se expressou ao vê-la novamente. Ele perguntou de uma forma amigável, embora geral, sobre sua família, e olhou e falou com o mesmo jeito bem-humorado de antes.

Para o Sr. e a Sra. Gardiner ele dificilmente era uma personagem menos interessante do que para ela mesma. Há muito tempo eles desejavam vê-lo. Todo o grupo diante deles, de fato, despertou uma atenção viva. As suspeitas que tinham acabado de surgir entre o Sr. Darcy e sua sobrinha faziam sua atenção voltar-se para cada um dos presentes com um sério, embora recatado, inquérito, e eles logo tiraram desses inquéritos a plena convicção de que um deles, pelo menos, sabia o que era amar. Com relação aos sentimentos da dama, eles permaneceram um pouco em dúvida, mas que o cavalheiro transbordava admiração era evidente o suficiente.

Elizabeth, por sua vez, tinha muito a fazer. Ela queria verificar os sentimentos de cada um de seus visitantes, queria controlar os seus próprios, e tornar-se agradável a todos. E, neste último ponto, onde ela mais temia falhar, estava tendo mais sucesso, pois aqueles a quem ela estava tentando agradar, se mostravam inclinados a isso. Para ser agradado, Bingley se mostrava disposto; Georgiana, ansiosa e Darcy, decidido.

Ao ver Bingley, seus pensamentos voaram naturalmente para sua irmã. E, oh! Quão ardentemente ela ansiava saber se ele também pensava nela. Às vezes ela pensava que ele falava menos do que em ocasiões anteriores, e uma ou duas vezes se satisfez com a impressão de que, ao olhar para ela, ele estava tentando identificar alguma semelhança. Mas, embora isso possa ser imaginário, ela não poderia estar enganada quanto ao seu comportamento com a senhorita Darcy, que tinha sido apontada como uma rival de Jane. Nenhum olhar apareceu de ambos os lados que corroborou com essa ideia. Nada ocorreu entre eles que poderia justificar as esperanças de sua irmã. Sobre este ponto, ela logo ficou satisfeita, e duas ou três pequenas circunstâncias ocorreram antes de se separarem, o que, em sua interpretação ansiosa, denotava uma lembrança de Jane, não destituída de ternura, e um desejo de dizer algo que pudesse levar à menção dela, se ele se atrevesse. Ele olhou para ela em um momento em que os outros estavam conversando juntos, e em um tom que tinha algo de arrependimento real, ele disse que já fazia um longo tempo desde que ele teve o prazer de vê-la, e, antes que ela pudesse responder, ele acrescentou:

— Mais de oito meses. Não nos encontramos desde 26 de novembro, quando estávamos todos dançando juntos em Netherfield.

Elizabeth ficou contente por ver que ele se lembrava de forma tão exata, e ele depois aproveitou a ocasião para perguntar-lhe, quando nenhum outro estava prestando atenção, se *todas* suas irmãs estavam em Longbourn. Não havia muito na pergunta, nem na observação anterior, mas havia uma aparência e uma maneira que lhes davam significado.

Não foram muitas as vezes em que ela pôde colocar os olhos sobre o próprio Sr. Darcy, mas sempre que tinha um vislumbre, via uma expressão de completa brandura, e em tudo o que ele dizia, ela ouvia um tom tão distante de sua antiga altivez ou de seu prévio desdém por companhia que se convencia da melhoria, testemunhada ontem, de suas maneiras, as quais, embora pudessem ser temporárias, pelo menos haviam durado mais de um dia. Quando ela o viu assim, procurando e cortejando a boa opinião das pessoas, com quem qualquer relação há alguns meses teria sido uma vergonha, quando o viu assim tão cortês, não só com ela, mas com os parentes de Elizabeth, os quais ele tinha abertamente desdenhado, e recordou seu último encontro no presbitério de Hunsford, a mudança era tão grande, e atingiu tão forçosamente sua mente, que ela dificilmente poderia deixar de transparecer seu espanto. Nunca, mesmo na companhia de seus queridos amigos em Netherfield, ou de seus importantes parentes em Rosings, ela o viu tão desejoso de agradar, tão livre de presunção ou de reservas inflexíveis como agora, quando nenhuma importância poderia resultar do sucesso de seus esforços, e quando até mesmo conhecer aqueles a quem suas atenções foram dirigidas seria digno de zombaria e censura das senhoras tanto de Netherfield quanto de Rosings.

Seus visitantes permaneceram com eles por mais de meia hora, e quando se levantaram para partir, o Sr. Darcy chamou sua irmã para ecoar seu desejo de ver o Sr. e Sra. Gardiner, e a senhorita Bennet, para jantar em Pemberley, antes que eles deixassem a região. A senhorita Darcy, embora com uma timidez que revelava estar pouco habituada em fazer convites, prontamente obedeceu.

A Sra. Gardiner olhou para sua sobrinha, desejosa de saber o quanto *ela*, a quem o convite mais se endereçava, estava disposta a aceitar, mas Elizabeth tinha virado a cabeça. Presumindo, no entanto, que esse gesto calculado dizia mais respeito a um embaraço momentâneo do que a qualquer desgosto na proposta, e vendo em seu marido, que gostava de desfrutar da sociedade, uma perfeita vontade de aceitá-lo, arriscou a confirmar sua presença, e o jantar foi marcado para dali dois dias.

Bingley expressou grande prazer na certeza de ver Elizabeth novamente, tendo ainda muito para lhe dizer, e muitas indagações para fazer sobre todos os seus amigos de Hertfordshire. Elizabeth, interpretando tudo isso como um desejo de ouvi-la falar de sua irmã, ficou satisfeita. E por conta disso, bem como de alguns outros motivos, encontrou-se, quando seus visitantes os deixaram, capaz de considerar a última meia hora com alguma satisfação, embora, enquanto tinha passado, a tensão diminuíra o prazer. Ansiosa para ficar sozinha, e com medo das perguntas ou sugestões de seus tios, permaneceu com eles apenas o tempo suficiente para ouvir sua opinião favorável ao Sr. Bingley e, em seguida, correu para se vestir.

Mas ela não tinha razão para temer a curiosidade do Sr. e da Sra. Gardiner. Não desejavam forçar que falasse. Era evidente que ela estava muito mais familiarizada com o Sr. Darcy do que eles tinham antes qualquer ideia. Era evidente que ele estava muito apaixonado por ela. Eles viram isso com muito interesse, mas sem motivos para investigação.

Ansiavam por pensar bem do Sr. Darcy. E, tanto quanto puderam conhecê-lo, não acharam nenhuma falha. Eles não poderiam deixar de ficarem tocados por sua polidez, e se tivessem formado o caráter dele a partir de seus próprios sentimentos, e relato de sua empregada, sem qualquer referência a qualquer outro, o círculo em Hertfordshire, no qual ele era conhecido, não teria reconhecido o Sr. Darcy. Havia agora uma inclinação, no entanto, em acreditar na governanta, e eles logo concluíram, que a autoridade de um empregado que o conhecia desde que ele tinha quatro anos de idade, e cujas próprias maneiras indicavam respeitabilidade, não poderia ser apressadamente rejeitada. Nada que pudesse diminuir consideravelmente o peso desse relato poderia ter chegado ao conhecimento dos amigos de Lambton. Eles não tinham nada para acusá-lo, além do orgulho. Orgulho que ele provavelmente tinha, e se não, certamente seria imputado pelos habitantes de uma pequena cidade mercantil, a qual a família não visitou. Reconhecia-se, no entanto, que ele era um homem bondoso e fazia muito bem aos pobres.

Com relação a Wickham, os viajantes logo descobriram que ele não era muito estimado no local. Pois embora desconhecessem os pormenores da relações dele com o filho de seu patrono, era ainda um fato bem conhecido que, ao deixar Derbyshire, abandonou muitas dívidas, que o Sr. Darcy pagou depois.

Quanto a Elizabeth, seus pensamentos estavam em Pemberley, esta noite mais do que na última. E a noite, embora parecesse longa, não foi longa o suficiente para determinar seus sentimentos em relação a *alguém* daquela mansão. Ela ficou acordada duas horas inteiras, esforçando-se para entendê-los. Ela certamente não o odiava. Não, o ódio tinha desaparecido há muito tempo, e ela tinha quase ao mesmo tempo vergonha de ter sentido uma antipatia por ele, se pudesse ser chamada assim. O respeito criado pela convicção de suas qualidades valiosas, embora a princípio admitido de má vontade, havia por algum tempo deixado de ser repugnante a seus sentimentos, e foi agora elevado a uma natureza mais amigável, devido aos testemunhos altamente favoráveis, e também pela impressão positiva que ontem proporcionara. Mas acima de tudo, acima de respeito e estima, havia dentro dela um motivo de boa vontade que não podia ser esquecido. Era gratidão. Gratidão, não apenas por tê-la amado uma vez, mas por ainda amá-la o suficiente para perdoar toda a petulância e amargura com que ela o havia rejeitado, e todas as acusações injustas que acompanharam sua rejeição. Aquele que, ela tinha certeza, a evitaria como sua maior inimiga, parecia, neste encontro acidental, o mais ansioso para retomar as relações, e sem qualquer manifestação indelicada de sentimentos, ou qualquer tratamento excêntrico quando estavam sozinhos. Além disso, procurava causar uma boa impressão nos conhecidos de Elizabeth, e até empenhava-se em apresentá-la à sua irmã. Tal mudança, em um homem tão orgulhoso, produzia não só espanto, mas gratidão. A qual só poderia ser operada por amor, e um amor ardente. E tal impressão lhe era um encorajamento, de forma alguma desagradável, embora não pudesse ser exatamente definida. Ela respeitava, estimava, era grata a ele, sentia um interesse real em seu bem-estar; e só queria saber até onde desejava que esse bem-estar dependesse dela, e até que ponto seria para a felicidade de ambos empregar o poder, que a fantasia dela lhe disse que ela ainda possuía, de renovar o interesse dele por ela.

Tinha-se estabelecido naquela noite, entre a tia e a sobrinha, que tal civilidade impressionante como a da senhorita Darcy, em vir logo após sua chegada em Pemberley, deveria ser retribuída, embora não pudesse ser igualada, por algum esforço da polidez de seu lado. E, desse modo, acharam que seria conveniente visitá-la em Pemberley na manhã seguinte. E assim elas foram. Elizabeth estava satisfeita, embora, quando se perguntou a razão, tivesse muito pouco a dizer em resposta.

O Sr. Gardiner as deixou pouco depois do café. Os planos de pesca tinham sido renovados no dia anterior, e um encontro fora firmado na reunião com alguns dos senhores em Pemberley por volta do meio-dia.

XLV

Convencida de que a antipatia da senhorita Bingley por ela se tinha originado por ciúmes, Elizabeth não podia deixar de sentir o quão desagradável a sua aparição em Pemberley seria para ela, e estava curiosa para saber com quanta civilidade por parte da Srta. Bingley seria recebida de volta em seu círculo.

Ao chegar a casa, entraram no hall no salão, cuja posição voltada para o norte o tornava agradável para o verão. Suas janelas, que se abriam para o pátio, admitiam uma vista refrescante das colinas elevadas atrás da casa, e dos belos carvalhos e das castanheiras espanholas que se espalhavam sobre o gramado próximo.

Nesta sala foram recebidas pela senhorita Darcy, que estava sentada ali com a Sra. Hurst e a senhorita Bingley, e a senhora com quem vivia em Londres. A recepção de Georgiana a elas foi muito civilizada, mas seguiu com todo aquele embaraço que, embora procedesse da timidez e do medo de fazer errado, daria facilmente para aquelas que se sentiam inferiores, a crença de que ela era orgulhosa e reservada. A Sra. Gardiner e sua sobrinha, no entanto, lhe faziam justiça e tiveram pena dela.

Pela Sra. Hurst e senhorita Bingley, elas foram cumprimentadas apenas por uma reverência, e ao se sentarem, uma pausa desconcertante, como essas pausas geralmente eram, sucedeu por alguns momentos. Foi quebrada pela primeira vez pela Sra. Annesley, uma mulher gentil, de aparência agradável, cujo esforço para introduzir algum tipo de assunto provou que ela era mais bem-educada do que qualquer uma das outras. E entre ela e a Sra. Gardiner, com a ajuda ocasional de Elizabeth, a conversa deu seguimento. A senhorita Darcy olhou como se desejasse ter coragem o bastante para se juntar a elas, e aventurava-se às vezes com uma sentença curta, quando havia menos perigo de ser ouvida.

Elizabeth logo viu que estava sendo vigiada pela senhorita Bingley, e que não podia falar uma palavra, especialmente para senhorita Darcy, sem chamar sua atenção. Esta observação não a teria impedido de tentar falar com a Srta. Darcy, se não estivessem sentadas a uma distância inconveniente, mas ela não se desculpou por ser poupada da necessidade de dizer muito. Seus próprios pensamentos a ocupavam. Esperava a todo momento que alguns dos cavalheiros entrasse no cômodo. Ela desejava e temia que o dono da casa pudesse estar entre eles. E não sabia dizer se mais desejava ou mais temia. Depois de sentar-se desta maneira por um quarto de hora, sem ouvir a voz da senhorita Bingley, Elizabeth foi despertada por receber dela um inquérito frio sobre a saúde de sua família. Ela respondeu com igual indiferença e brevidade, e a outra não disse mais nada.

A isso sucedeu-se a entrada dos empregados com a carne fria, o bolo e uma variedade de todas as mais finas frutas da estação, mas isso não ocorreu sem que a Sra. Annesley lançasse olhares e sorrisos significativos à Srta. Darcy para lembrá-la de seus deveres como anfitriã. Havia agora ocupação para o grupo todo, embora não pudessem todos falar, podiam todos comer. E as pirâmides bonitas das uvas, das nectarinas e dos pêssegos recolheram-nas logo em volta da mesa.

Enquanto estava ocupada, Elizabeth teve uma oportunidade justa de decidir se ela mais temia ou desejava a aparição do Sr. Darcy através dos sentimentos que prevaleceram quando ele entrou na sala. E embora apenas um momento antes ela houvesse decidido que o desejo predominava, começou a se arrepender da aparição dele.

Ele tinha estado algum tempo com o Sr. Gardiner, que, com dois ou três outros senhores da casa, pescavam no riacho, e deixou-o apenas ao saber que as senhoras da família prestavam uma visita a Georgiana naquela manhã. Mal ele apareceu, Elizabeth sabiamente resolveu se mostrar totalmente leve e segura de si. Uma resolução necessária, mas talvez não a mais fácil de ser mantida, pois ela viu que os olhares de todo o grupo voltaram-se para eles, e que não havia um olho que não tivesse observado o comportamento do Sr. Darcy ao entrar pela primeira vez na sala. Em nenhum semblante havia uma curiosidade tão fortemente estampada como no da senhorita Bingley, apesar dos sorrisos que se espalhavam pelo seu rosto sempre que ela falava com algum objeto de seu interesse, pois o ciúme ainda não a tinha desesperado, e sua pletora de atenções para com o Sr. Darcy não tinham de modo algum cessado. A senhorita Darcy, na entrada de seu irmão, esforçou-se muito mais para falar, e Elizabeth viu que ele estava ansioso para que sua irmã e ela mesma pudessem se familiarizar, e esforçou-se, tanto quanto possível, para incentivar a conversa de ambos os lados. A senhorita Bingley também percebeu isso e, na imprudência da raiva, aproveitou a primeira oportunidade de dizer, com polidez sarcástica:

— Diga-me, senhorita Eliza, é verdade que o regimento da milícia foi transferido de Meryton? Deve ser uma grande perda para *sua* família.

Na presença de Darcy, ela não se atreveu a mencionar o nome de Wickham, mas Elizabeth imediatamente compreendeu que ele estava em seus pensamentos, e as várias lembranças relacionadas a ele deram-lhe um momento de angústia. Mas, esforçando-se vigorosamente para repelir o ataque mal-intencionado, ela prontamente respondeu à pergunta em um tom de aparente indiferença. Enquanto falava, lançou um olhar involuntário para Darcy, que estava com o cenho fechado e olhava fixamente Elizabeth, ao passo que sua irmã, dominada de confusão, permaneceu incapaz de levantar os olhos. Se a senhorita Bingley soubesse a dor que dava à sua amada amiga, teria, sem dúvida, evitado a sugestão, mas tinha apenas a intenção de desconcertar Elizabeth, ao aludir a um homem do qual pensava que Eliza gostasse para fazê-la trair uma sensibilidade que poderia prejudicá-la na opinião de Darcy, e talvez lembrá-lo de todas as loucuras e absurdos, os quais parte da família de Eliza mantinha com o regimento. Nem uma sílaba lhe chegou da fuga planejada da senhorita Darcy. A nenhuma criatura havia sido revelada, onde era possível manter segredo, exceto a Elizabeth, e principalmente de toda a família de Bingley o Sr. Darcy ansiava esconder esse fato, a partir do mesmo desejo que Elizabeth tinha há muito tempo atribuído a ele: o de se tornarem a mesma família. Darcy tinha certamente formado um plano, e sem admitir que afetou o seu esforço para separá-lo da senhorita Bennet, é provável que tenha contribuído para sua preocupação com o bem-estar de seu amigo.

O comportamento controlado de Elizabeth, no entanto, logo acalmou sua emoção. E como a senhorita Bingley estava irritada e decepcionada, não ousou mencionar Wickham, Georgiana também se recuperou aos poucos, embora não o suficiente para ser capaz de falar mais uma palavra sequer. Seu irmão, cujo olhar ela temia encontrar, mal se lembrava de seu interesse em Wickham, e a própria circunstância que tinha sido projetada para desviar seus pensamentos de Elizabeth parecia tê-los fixado mais nela, e mais alegremente.

A visita não durou muito tempo depois da pergunta e resposta mencionadas, e enquanto o Sr. Darcy as levava à sua carruagem, a senhorita Bingley destilava seus sentimentos em críticas sobre a pessoa de Elizabeth, comportamento e vestido. Mas Georgiana não lhe fez coro. A recomendação de seu irmão foi suficiente para garantir seu favor. Seu julgamento não poderia errar, e ele falou de Elizabeth em termos que não deixavam a Georgiana outra escolha senão achá-la adorável e amável. Quando Darcy regressou à sala, a senhorita Bingley não pôde deixar de lhe repetir uma parte do que tinha dito à irmã.

— Como Eliza Bennet parecia muito mal esta manhã, Sr. Darcy! — ela exclamou. — Eu nunca na minha vida vi alguém mudar tanto como ela em apenas um inverno. Ela ficou tão morena e grosseira! Louisa e eu estávamos comentando como quase não a reconhecemos.

Embora Sr. Darcy não tivesse gostado de tal comentário, ele contentou-se em friamente responder que ele não havia percebido nenhuma alteração além da pele bronzeada, o que não era nada espantoso ao viajar no verão.

— De minha parte — ela reiterou —, devo confessar que nunca vi nenhuma beleza nela. Seu rosto é muito fino, sua tez não tem brilho e seus traços não são nada bonitos. Seu nariz quer caráter, não há nada marcado em suas linhas. Seus dentes são toleráveis, mas nada fora do comum, e quanto aos seus olhos, que às vezes foram chamados de belos, eu não consigo notar nada de extraordinário neles. Ela tem um olhar afiado, rabugento, do qual eu realmente não gosto. E em sua postura há uma autossuficiência deselegante, que é intolerável.

Certa de que Darcy admirava Elizabeth, este não era o melhor método de recomendar a si mesma, mas as pessoas com raiva nem sempre são sábias. E ao vê-lo finalmente um pouco irritado, ela teve todo o sucesso que poderia esperar. Ele estava resolutamente calado, no entanto, e, a partir de uma determinação de fazê-lo falar, ela continuou:

— Eu me lembro de quando nós a conhecemos pela primeira vez em Hertfordshire, como espantados nós todos ficamos ao saber que era conhecida pela beleza. E eu recordo particularmente o que disse uma noite, depois que tinham jantado em Netherfield, "*Ela*, linda? Então sua mãe é inteligente." Mas depois ela pareceu melhorar para você, e eu acredito que a achou bastante bonita em algum ponto.

— Sim — respondeu Darcy, que não pôde mais se conter —, mas *isso* foi apenas quando a vi pela primeira vez, já faz muitos meses que a considero uma das mulheres mais bonitas que já conheci.

Ele então foi embora, e a senhorita Bingley foi deixada com toda a satisfação de tê-lo forçado a dizer algo que não causa dor a mais ninguém além de si mesma.

A Sra. Gardiner e Elizabeth falaram de tudo o que tinha acontecido durante a sua visita enquanto regressavam, exceto o que lhes interessava particularmente a ambas. Os olhares e o comportamento de todos que tinham visto foram discutidos, exceto da pessoa que tinha ocupado a sua atenção. Elas falavam de sua irmã, seus amigos, sua casa, suas frutas, de tudo menos dele mesmo. No entanto, Elizabeth estava ansiosa para saber o que a Sra. Gardiner pensava dele, e a Sra. Gardiner teria ficado muito satisfeita com o início do assunto por sua sobrinha.

XLVI

Elizabeth tinha ficado bastante desapontada por não ter encontrado uma carta de Jane quando chegou em Lambton, e este desapontamento se renovou em cada uma das manhãs que passaram ali. Mas na terceira, a espera compensou, pois recebeu duas cartas de uma só vez, e em uma delas estava marcado que havia sido extraviada por engano. Elizabeth não ficou surpresa com isso, já que Jane havia escrito o destinatário muito mal.

Eles tinham acabado de se preparar para andar quando as cartas chegaram. E seu tio e tia, deixando-a para apreciá-las em silêncio, partiram sozinhos. A carta extraviada deveria ser lida primeiro. Ela tinha sido escrita há cinco dias. O início continha um relato de todas as suas pequenas reuniões e compromissos, com as últimas notícias da região, mas a outra metade, que foi datada um dia depois, e escrita em agitação evidente, trazia informações mais importantes. Assim dizia:

"Desde que escrevi acima, querida Lizzy, algo aconteceu de uma natureza muito inesperada e séria, mas tenho medo de alarmá-la, tenha certeza de que estamos todos bem. O que tenho a dizer diz respeito à pobre Lydia. Um expresso veio à meia-noite passada, assim que todos nós fomos para a cama, do coronel Forster, para nos informar que ela tinha ido para a Escócia com um de seus oficiais. Para dizer a verdade, com Wickham! Imagine nossa surpresa.

Para Kitty, no entanto, não parece algo tão inesperado. Eu estou muito, muito triste. Tão imprudente de ambos os lados! Mas estou disposta a esperar o melhor, e que seu caráter tenha sido mal compreendido. Impensado e indiscreto, posso facilmente acreditar que ele seja, mas essa atitude (e vamos nos alegrar por isso) não revela nada de ruim de seu coração. Sua escolha é desinteressada, pelo menos, pois ele deve saber que papai não pode dar nada a ela. Nossa pobre mãe está triste. Papai suporta melhor.

Sou muito grata por nunca lhes termos dito nada sobre as coisas que foram faladas contra ele. Também devemos esquecê-las. Eles partiram sábado por volta da meia-noite, como é conjecturado, mas não foi notado até ontem de manhã às oito. Uma carta foi imediatamente enviada pelo correio expresso. Minha querida Lizzy, eles devem ter passado a menos de dez milhas de nós. Coronel Forster nos dá razões para esperar que o mensageiro volte em breve. Lydia deixou algumas linhas para sua esposa, informando-a de sua intenção.

Devo concluir aqui, pois não posso ficar muito tempo longe de nossa pobre mãe. Receio que terá dificuldades para entender esta carta, porque nem eu sei bem o que escrevi."

Sem se permitir tempo para consideração, e mal sabendo o que sentia, Elizabeth, ao terminar esta carta, agarrou instantaneamente a outra, e, abrindo-a com a maior impaciência, leu-se o seguinte (fora escrita um dia após a conclusão da primeira):

"Por esta altura, minha querida irmã, já deve ter recebido a minha apressada carta. Desejo que esta seja mais inteligível, mas, embora não esteja oprimida pelo tempo, a minha cabeça está tão confusa que não posso garantir ser coerente.

Querida Lizzy, nem sei o que escrever, mas tenho más notícias para você, e não podem ser adiadas. Por mais imprudente que seja um casamento entre o Sr. Wickham e a nossa pobre Lydia, estamos ansiosos para termos a certeza de que realmente aconteceu, pois há demasiadas razões para recear que não tenham ido para a Escócia. O coronel Forster veio ontem, tendo saído de Brighton no dia anterior, poucas horas depois do expresso. Embora a carta curta de Lydia para a Sra. F. lhes desse a entender que eles estavam indo para Gretna Green, Denny expressou sua crença de que W. nunca pretendeu ir para lá, ou se casar com Lydia, o que, quando coronel F. soube, o fez sair imediatamente de Brighton com a intenção de seguir a sua rota.

Rastreou-os facilmente até Clapham, mas depois disso os perdeu, pois ao entrar naquele lugar tomaram uma carruagem de aluguel e deixaram a charrete que os levara de Epsom. Tudo o que se sabe depois disso é que eles foram vistos na estrada de Londres. Eu não sei o que pensar. Depois de fazer todas as investigações possíveis naquele lado de Londres, o coronel F. voltou para Hertfordshire, detendo-se ansiosamente em todos os pedágios, e nas pousadas em Barnet e Hatfield, mas sem qualquer sucesso, ninguém os tinha visto passar.

Gentilmente preocupado conosco, ele veio para Longbourn e demonstrou suas apreensões para nós de uma maneira muito tocante. Estou sinceramente triste por ele e Sra. F., mas ninguém pode jogar qualquer culpa neles. Nossa angústia, minha querida Lizzy, é muito grande. Papai e mamãe acreditam no pior, mas não posso pensar tão mal dele. Muitas circunstâncias podem tê-los levado a pensar que seria melhor se casarem secretamente em Londres do que continuarem com o plano original. E mesmo se ele tivesse intensões tão perversas contra uma moça tão bem relacionada, o que não acho provável, estaria Lydia tão perdida? Impossível.

Lamento descobrir, no entanto, que o coronel F. não está disposto a acreditar no casamento. Ele balançou a cabeça quando expressei minhas esperanças, e disse que temia que W. não fosse um homem de confiança. Nossa pobre mãe está muito doente e não sai do quarto. Se ela se distraísse seria melhor, mas isso é improvável. E quanto a papai, nunca na minha vida o vi tão afetado. Pobre Kitty sente remorso por ter escondido a paixão deles, mas como era uma questão de confiança, não poderia falar.

Estou verdadeiramente feliz, querida Lizzy, que você tenha sido poupada dessas cenas angustiantes. Mas agora que o primeiro choque acabou, devo assumir que anseio pelo seu retorno. Eu não sou tão egoísta, no entanto, para pressioná-la a isso, se inconveniente. Adeus.

Eu pego minha pena novamente para fazer o que acabei de dizer que não faria, mas as circunstâncias são tais que não posso evitar implorar sinceramente a todos para virem, o mais rápido possível. Conheço tão bem meu querido tio e minha tia, que não tenho medo de pedir, embora tenha ainda algo mais a pedir do primeiro.

Papai vai a Londres com o coronel Forster imediatamente, para tentar encontrá-la. O que ele pretende fazer, eu não sei, mas a sua angústia excessiva não lhe permitirá tomar qualquer medida da melhor e mais segura maneira, e coronel Forster precisará estar em Brighton novamente amanhã à noite. Em tal circunstância, o conselho e a assistência de meu tio seriam tudo no mundo. Ele compreenderá imediatamente o que estou sentindo, e confio em sua bondade."

— Oh! Onde, onde está o meu tio? — gritou Elizabeth, levantando de seu assento enquanto terminava a carta, na ânsia de segui-lo, sem perder um momento do tempo tão precioso. Mas quando chegou à porta, foi aberta por um empregado, e o Sr. Darcy apareceu. Seu rosto pálido e seu desespero fizeram-no se assustar, e antes que ele pudesse recuperar-se o suficiente para falar, ela, em cuja mente todas as ideias foram substituídas pela situação de Lydia, apressadamente exclamou:

— Peço perdão, mas devo deixá-lo. Devo encontrar o Sr. Gardiner neste momento, tenho assuntos que não podem ser adiados. Não tenho um instante a perder.

— Bom Deus! Qual o problema? — gritou ele, com mais sentimento do que polidez. Então, ao se recobrar, disse: — Não a deterei um minuto, mas deixe-me, ou deixe o criado, ir atrás do Sr. e da Sra. Gardiner. Você não está bem o suficiente. Não pode ir sozinha.

Elizabeth hesitou, mas seus joelhos tremiam sob ela e sentia que não chegaria muito longe em sua tentativa de persegui-los. Chamando de volta o empregado, portanto, ela encarregou-lhe, embora tão sem fôlego que se tornou quase ininteligível, de buscar seu mestre e senhora imediatamente.

Ao sair do quarto, ela se sentou, incapaz de se sustentar, e parecia tão miseravelmente doente, que foi impossível para Darcy deixá-la ou abster-se de dizer, em um tom de gentileza e compaixão:

— Deixe-me chamar sua empregada. Não há nada que você possa tomar, para lhe dar presente alívio? Posso servi-la... uma taça de vinho? Você está muito mal.

— Não, obrigada — respondeu, tentando se recuperar. — Não

há problema comigo. Estou muito bem. Só estou angustiada por algumas notícias terríveis que acabei de receber de Longbourn.

Ela irrompeu em lágrimas quando aludiu a ele, e por alguns minutos não podia falar outra palavra. Darcy, em lamentável suspense, só conseguia expressar sua preocupação indistintamente e observá-la em silêncio compassivo. Por fim, ela falou novamente.

— Acabei de receber uma carta de Jane, com notícias tão terríveis. Ela não pode ser escondida de ninguém. Minha irmã mais nova deixou todos os seus amigos, fugiu, lançou-se nos braços do... do Sr. Wickham. Eles foram embora juntos de Brighton. *Você* o conhece muito bem para duvidar do resto. Ela não tem dinheiro, nenhuma conexão, nada que possa tentá-lo. Ela está perdida para sempre.

Darcy estava parado em espanto.

— Quando eu considero — acrescentou ela, em uma voz ainda mais agitada — que *eu* poderia ter impedido isso! *Eu* sabia o que ele era. Se eu tivesse explicado apenas uma parte do que descobri à minha própria família! Se seu caráter tivesse sido conhecido, isso não teria acontecido. Mas é muito tarde agora.

— Estou horrorizado, de fato — gritou Darcy — horrorizado... chocado. Mas é certo, absolutamente certo?

— Oh, sim! Eles deixaram Brighton juntos no domingo à noite, e foram rastreados até perto de Londres, mas não além. Eles certamente não foram para a Escócia.

— E o que foi feito, o que tentaram fazer para resgatá-la?

— O meu pai foi para Londres, e Jane escreveu implorando a ajuda imediata do meu tio, e vamos partir, espero, dentro de meia hora. Mas nada pode ser feito. Eu sei muito bem que nada pode ser feito. Como lidar com tal homem? Como é que podemos achá-los? Não tenho a menor esperança. É horrível em todos os sentidos!

Darcy balançou a cabeça assentindo silenciosamente.

— Quando *meus* olhos foram abertos para o seu real caráter. Oh! Se eu soubesse o que deveria fazer! Mas não sabia, tinha medo de fazer demais. Miserável, miserável erro!

Darcy não respondeu. Ele mal parecia ouvi-la, estava andando para cima e para baixo da sala em meditação fervorosa. Sua testa contraída, seu ar sombrio. Elizabeth logo observou e imediatamente entendeu que seu poder sobre Darcy estava se esvaindo. Tudo *deveria* se esvair sob tal prova de fraqueza familiar e profunda desgraça. Ela não podia se espantar nem condená-lo, e, embora notasse que ele exercia grande autocontrole, isso não lhe trazia nenhum consolo nem abrandava sua angústia. Foi, ao contrário, exatamente calculado para fazê-la entender seus próprios desejos, e nunca ela sentiu tão claramente que poderia tê-lo amado, como agora, quando todo o amor era vão.

Mas seus problemas particulares, apesar de causarem certa interferência, não a dominavam. Lydia, a humilhação, a desgraça que ela estava trazendo sobre todos eles logo arrebataram todos as suas preocupações pessoais e, cobrindo seu rosto com seu lenço, Elizabeth estava logo alheia a todo o resto. E depois de uma pausa de vários minutos, a voz de seu companheiro a fez voltar para a realidade. Embora seu tom de voz demonstrasse compaixão, também havia contenção:

— Temo que há muito deseje a minha ausência, e eu não tenho nada que justifique minha permanência, senão preocupação real, embora não muito útil. Agradeceria aos céus que qualquer coisa pudesse ser dita ou feita por mim, que pudesse oferecer consolo a tal aflição. Mas não a atormentarei com desejos vãos, que podem parecer propositadamente pedir os seus agradecimentos. Este caso infeliz, eu temo, impedirá que minha irmã tenha o prazer de vê-la em Pemberley hoje.

— Oh, sim. Faça a gentileza de levar nossas desculpas à Srta. Darcy. Diga-lhe que assuntos urgentes nos fazem voltar para casa imediatamente. Omita a infeliz verdade o máximo que puder. Sei que não poderá ser por muito tempo.

Ele prontamente garantiu guardar seu segredo, novamente expressou sua tristeza por sua angústia e desejou-lhe uma conclusão mais feliz do que era possível esperar no momento e, deixando cumprimentos para seus tios, lançou apenas um olhar sério de despedida e foi embora.

Quando ele saiu da sala, Elizabeth sentiu quão improvável era que se vissem novamente em termos de cordialidade, como os que tinham marcado seus vários encontros em *Derbyshire*. E lançando um olhar retrospectivo sobre toda sua história com o Sr. Darcy, tão cheia de contradições e variações, suspirou diante da perversidade daqueles sentimentos que agora desejava dar continuidade, e que anteriormente teria se regozijado com sua interrupção.

Se gratidão e estima são bons fundamentos para a afeição, a mudança de sentimento de Elizabeth não seria nem improvável, nem defeituosa. Mas, se de outra forma, a consideração que brota de tais fontes é irracional ou antinatural, em comparação com o que é tantas vezes descrito como surgindo em um primeiro encontro, e mesmo antes que quaisquer palavras sejam trocadas, nada pode ser dito em sua defesa, exceto que ela havia aplicado esse método com Wickham, e que seu fracasso lhe consentisse buscar outro modo menos interessante de afeição. Seja como for, ela o viu ir embora com pesar. E neste primeiro exemplo do que a infâmia de Lydia deve produzir, encontrou angústia adicional enquanto refletia sobre as consequências dessa desgraça. Nunca, desde que leu a segunda carta de Jane, tivera esperanças de que Wickham pretendesse se casar com ela. Ninguém, exceto Jane, pensou, poderia nutrir tal expectativa. A surpresa era o menor de seus sentimentos no desenrolar dessa história. Enquanto o conteúdo da primeira carta permanecia em sua mente, ela se surpreendeu que Wickham fosse se casar com uma garota que não tinha riquezas. E, também, como Lydia poderia tê-lo conquistado, parecia incompreensível. Mas agora era tudo muito natural. Por uma aventura como essa, ela poderia ter encantos suficientes, e embora ela não supusesse que Lydia estivesse deliberadamente se envolvendo em uma fuga, sem a intenção de casamento, não teve dificuldade em acreditar que nem sua virtude nem sua compreensão a preservariam de cair como uma presa fácil.

Ela nunca tinha percebido, enquanto o regimento estava em Hertfordshire, que Lydia tinha qualquer inclinação por ele, mas estava convencida de que Lydia precisava apenas de encorajamento para se apaixonar por qualquer um. Seu preferido entre os oficiais variava sempre conforme as atenções que eles lhes proporcionavam. Suas afeições estavam continuamente flutuando, mas nunca sem um motivo. Elizabeth sentia agudamente o mal que era ter negligenciado e condescendido com as atitudes de tal garota!

Estava ansiosa para estar em casa... ouvir, ver, inteirar-se no assunto, compartilhar com Jane as preocupações que deviam estar caindo inteiramente em cima dela, tendo em vista a desorganização que era sua família. Um pai ausente, uma mãe incapaz de qualquer esforço e que precisava de constantes cuidados. E embora estivesse quase convencida de que nada poderia ser feito por Lydia, a interferência de seu tio parecia de extrema importância, e até que entrasse na sala, a miséria de sua impaciência era grande. O Sr. e a Sra. Gardiner regressaram alarmados, supondo, pelo relato do empregado, que a sua sobrinha ficara de repente acamada. Foram imediatamente tranquilizados sobre essa suposição, e Elizabeth comunicou avidamente a causa da sua convocação, lendo as duas cartas em voz alta, e reforçando o pós-escrito do último, com energia trêmula. Embora a Lydia nunca tivesse sido a favorita deles, o Sr. e a Sra. Gardiner não podiam deixar de estar profundamente afetados. Não apenas com Lydia, mas se preocupavam com tudo que estava relacionado a esse assunto. E depois das primeiras exclamações de surpresa e horror, o Sr. Gardiner prontamente prometeu toda a assistência em seu poder. Elizabeth, embora não esperando menos, agradeceu-lhe com lágrimas de gratidão, e todos os três, movidos pela mesma angústia, acertaram cada detalhe relativo à sua viagem rapidamente. Eles decidiram sair o mais rápido possível.

— Mas o que deve ser feito sobre Pemberley? — gritou a Sra. Gardiner — John nos disse que o Sr. Darcy estava aqui quando você nos chamou. É verdade?

— Sim. Eu disse a ele que não conseguiremos honrar nosso compromisso. *Isso* está resolvido.

— O que está resolvido? — repetiu a outra, enquanto ela corria para o quarto para se preparar. — Será que estão em tais termos que ela possa lhes revelar a verdade toda? Oh, é isso que desejava saber.

Mas os desejos eram vãos, ou, na melhor das hipóteses, serviam apenas para distraí-la na pressa e confusão da hora seguinte. Se Elizabeth tivesse tempo para ficar ociosa, qualquer distração lhe seria impossível em sua infelicidade. Mas ela, bem como sua tia, também tinha sua cota de preparativos para fazer, e, entre outras coisas, precisavam escrever para todos os seus amigos em Lambton, com falsas desculpas para a sua súbita partida. Em uma hora, no entanto, tudo isso foi concluído, e, tendo o Sr. Gardiner pagado a conta da pousada, nada restava a ser feito exceto partir. E Elizabeth, depois de toda a miséria da manhã, encontrou-se, em menos tempo do que ela esperava, sentada na carruagem a caminho de Longbourn.

XLVII

— Estive pensando novamente sobre o assunto, Elizabeth — disse seu tio, enquanto eles saíam da cidade —, e de fato, após refletir bem, estou muito mais inclinado do que estava a julgar o assunto do mesmo modo que sua irmã mais velha. Parece-me tão improvável que um jovem possa formar tal desígnio contra uma moça que não está de forma alguma desprotegida ou sem amigos, e que estava na verdade vivendo na família do seu próprio coronel, que estou fortemente inclinado a esperar o melhor. Ele esperava que seus amigos não intercederiam? Esperava ser admitido novamente pelo regimento depois de tal afronta ao Coronel Forster? Sua tentação não valia o risco.

— Você realmente pensa isso? — exclamou Elizabeth, se animando por um momento.

— Tem minha palavra — disse a Sra. Gardiner. — Começo a compartilhar da opinião de seu tio. É realmente uma grande violação da decência, honra e interesse, ser culpado disso. Não posso pensar tão mal de Wickham. Você mesmo, Lizzy, mudou tão completamente de opinião a respeito dele a ponto de acreditar que ele seja capaz disso?

— Não acredito, talvez, que ele seja capaz de negligenciar o seu próprio interesse. Mas, no que diz respeito aos outros, acredito, sim, que ele seja capaz de tudo. Isso se, de fato, for assim como vocês estão dizendo! Mas não ouso nutrir esperanças, pois, se assim fosse, por que razão não iriam para a Escócia?

— Em primeiro lugar — respondeu o Sr. Gardiner —, não há prova absoluta de que eles não foram para a Escócia.

— Oh! Mas sua partida em uma carruagem alugada para Londres é uma forte pista disso! E, ademais, nenhum traço deles foi encontrado na estrada de Barnet.

— Bem, então suponhamos que eles estejam em Londres. Eles podem estar lá para se esconder e nada mais. Não é provável que o dinheiro seja abundante para algum deles, e pode ter ocorrido que seria mais econômico, embora mais demorado, casar-se em Londres do que na Escócia.

— Mas por que todo este segredo? Por que tanto medo de serem achados? Por que seu casamento seria confidencial? Oh! Não, não, isso não é provável. Seu amigo mais íntimo, como pode ver pelo relato de Jane, está convencido de que nunca se casaria com ela. Wickham nunca se casará com uma mulher sem algum dinheiro. Ele não tem como sustentar. E que encantos tem Lydia, que atrações além da juventude, saúde e bom humor, que poderia fazê-lo renunciar a todas as chances de se beneficiar casando-se bem? Quanto ao medo de cair em desgraça no regimento por causa de uma fuga desonrosa com uma moça, eu não sou capaz de julgar, pois não sei nada dos efeitos que tal passo poderia produzir. Mas quanto à sua outra objeção, temo que dificilmente será válida. Lydia não tem irmãos para defendê-la. E ele pode imaginar, a partir do comportamento de meu pai, de sua indolência e da pouca atenção que ele já parecia dar ao que estava acontecendo em sua família, que *ele* faria e pensaria sobre esse assunto bem menos do que qualquer outro pai.

— Mas você pode pensar que Lydia, por causa de sua paixão, esteja tão alheia a tudo, para consentir em viver com ele em quaisquer outros termos além do casamento?

— Parece, e é realmente muito chocante — respondeu Elizabeth, com lágrimas nos olhos —, que o senso de decência e virtude de uma irmã seja colocado em dúvida. Mas, realmente, não sei o que dizer. Talvez eu não esteja fazendo justiça a ela. Mas ela é muito jovem, nunca foi ensinada a pensar em assuntos sérios, e durante o último semestre, ou melhor, durante o último ano, ela entregou-se a nada mais do que diversão e vaidade. Foi-lhe permitido dispor do seu tempo da maneira mais ociosa e frívola, e adotar quaisquer opiniões que lhe apresentavam. Desde que o regimento ficou aquartelado em Meryton, nada além de amor, flerte e oficiais havia em sua cabeça. Ela fez tudo que estava ao seu alcance, seja pensando ou falando sobre o assunto, para dar maior... como devo chamar? Susceptibilidade aos seus sentimentos, que são naturalmente muito inflamáveis. E sabemos que Wickham tem todos os encantos pessoais que podem cativar uma mulher.

— Mas veja que Jane — disse sua tia — não pensa tão mal de Wickham para acreditar que ele seja capaz de fazer isso.

— E de quem Jane pensa mal? E quem é que, seja qual for a sua conduta anterior, ela acreditaria ser capaz de tal tentativa, até que fosse provado o contrário? Mas Jane sabe, bem como eu, quem Wickham realmente é. Nós duas sabemos que ele tem sido libertino em todos os sentidos da palavra. Que ele não tem nem integridade, nem honra. Que ele é tão falso e enganoso, como insinuante.

— E você realmente sabe de tudo isso? — exclamou a Sra. Gardiner, cuja curiosidade fora despertada pelo modo como Elizabeth afirmou ter plena ciência de tudo.

— Eu sei, de fato — respondeu Elizabeth, enrubescendo. — Eu lhe disse outro dia de seu infame comportamento para com o Sr. Darcy. E a senhora, quando esteve em Longbourn, ouviu de que maneira ele falou do homem que se comportou com tanta paciência e generosidade para com ele. E há outras circunstâncias que tenho autorização para... que não vale a pena relatar. Mas suas mentiras sobre toda a família Pemberley são infinitas. Pelo que ele disse da senhorita Darcy, eu estava completamente preparada para ver uma menina orgulhosa, reservada, desagradável. No entanto, ele sabia que era o contrário. Ele deve saber que ela seria tão amável e despretensiosa como a encontramos.

— Mas Lydia não sabe de nada disso? Ela desconhece o que você e Jane parecem tão bem entender?

— Oh, sim! Isso é o pior de tudo. Até que estive Kent, e visse um pouco mais do Sr. Darcy e seu parente, o coronel Fitzwilliam, eu mesma era ignorante da verdade. E quando voltei para casa, soube que o regimento deixaria Meryton em uma semana ou duas. Como esse foi o caso, nem Jane, a quem relatei tudo, nem eu, pensamos que seria necessário tornar público o nosso conhecimento. Com que finalidade mancharíamos a boa opinião que todo o bairro tinha dele? E mesmo quando ficou decidido que Lydia partisse com a Sra. Forster, a necessidade de abrir os olhos para o caráter dele nunca me ocorreu. Que *ela* pudesse estar em qualquer perigo de ser enganada nunca passou pela minha cabeça. Que tal consequência se seguiria, vocês devem imaginar que nem de longe estava em meus pensamentos.

— Quando todos eles foram para Brighton, portanto, você não tinha motivos, eu suponho, para acreditar que eles gostassem um do outro.

— Nem um sequer. Não me lembro de nenhum sintoma de paixão de nenhum dos lados. E se algo desse tipo fosse evidente, vocês bem sabem que o fato não passaria despercebido. Quando ele entrou pela primeira vez na corporação, ela estava pronta o suficiente para admirá-lo, mas assim todas nós estávamos. Cada moça de Meryton e adjacências estava fora de si por causa dele nos primeiros dois meses. Mas ele nunca a distinguiu com qualquer atenção particular, e, consequentemente, após um curto período de admiração extravagante e selvagem, sua fantasia com ele se acalmou, e outros do regimento, que a tratavam com mais distinção, tornaram-se novamente seus favoritos.

Pode-se facilmente compreender que, embora nenhuma novidade pudesse ser adicionada aos seus medos, esperanças e conjecturas, nenhum outro assunto satélite os desviava do assunto principal. Elizabeth nunca o fez ausente de seus pensamentos. Absorta na mais dura de todas as angústias, o remorso, ela não encontrava um minuto de sossego e esquecimento.

Eles viajaram o mais rapidamente possível e, dormindo uma noite na estrada, chegaram a Longbourn pela hora do jantar no dia seguinte. Foi um conforto para Elizabeth considerar que Jane não fizera uma longa espera.

Os pequenos Gardiners, atraídos pela visão de uma carruagem, estavam de pé sobre os degraus da casa, enquanto entravam pelo portão. E quando a carruagem parou perto da porta, a surpresa que lhes iluminou o rosto e manifestou-se em seus corpos por meio de saltos e piruetas foram as primeiras demonstrações de boas-vindas.

Elizabeth pulou para fora e, depois de dar a cada um deles um beijo precipitado, correu para o vestíbulo, onde Jane, que desceu correndo escadas do quarto de sua mãe, imediatamente a encontrou.

Ambas, lacrimejantes, abraçaram-se afetuosamente. Elizabeth não perdeu um segundo sequer e perguntou se tinham alguma notícia dos fugitivos.

— Ainda não — respondeu Jane. — Mas agora que meu querido tio está aqui, espero que as coisas fiquem bem.

— Papai está em Londres?

— Sim, foi na terça-feira, como lhe escrevi.

— E ouviu dele com frequência?

— Apenas uma vez. Ele me escreveu algumas linhas na quarta-feira para dizer que chegou em segurança e para me dar direcionamentos, os quais eu particularmente o implorei para me dar. Ele apenas acrescentou que não deve escrever novamente até que tenha alguma notícia importante para enviar.

— E mamãe, como está? Como todas estão?

— Mamãe está toleravelmente bem, eu creio, embora seus nervos estejam extremamente abalados. Está lá em cima, e ficará satisfeita em ver todos vocês. Ela ainda não deixou seu quarto. Mary e Kitty, graças a Deus, estão muito bem.

— Mas e você? Como você está? — exclamou Elizabeth. — Parece pálida. Por quanta coisa você passou!

Sua irmã, no entanto, assegurou-lhe de que estava perfeitamente bem, e sua conversa, que se passava enquanto o Sr. e a Sra. Gardiner estavam ocupados com seus filhos, foi agora encerrada ao se aproximarem das meninas. Jane correu para seu tio e tia, deu as boas-vindas e agradeceu a ambos, alternadamente entre sorrisos e lágrimas.

Quando eles estavam todos na sala de estar, as perguntas que Elizabeth já tinha feito foram, naturalmente, repetidas pelos outros, e eles logo descobriram que Jane não tinha notícias para dar. As esperanças, no entanto, que a benevolência de seu coração sugeria, ainda não a abandonaram. Ela ainda esperava que tudo terminasse bem, e que em alguma manhã trariam alguma carta, seja de Lydia ou de seu pai, para explicar os procedimentos dos fugitivos, e talvez anunciar o casamento.

A Sra. Bennet, para cujo quarto todos foram, após alguns minutos de conversa, recebeu-os exatamente como era de esperar: com lágrimas, lamentações, invectivas contra a conduta vilanesca de Wickham e reclamações de seus próprios sofrimentos e aflições. Culpou todos, menos a pessoa a quem a imprudente complacência era a principal causa dos erros da filha.

— Se tivessem me permitido — disse ela — ir para Brighton, com toda a minha família, *isso* não teria acontecido. Mas minha pobre querida Lydia não tinha ninguém para cuidar dela. Por que os Forster a deixaram sair da vista deles? Tenho certeza de que houve alguma grande negligência da parte deles, pois ela não é o tipo de garota para fazer tal coisa se ela tivesse sido bem cuidada. Eu sempre pensei que eles eram muito impróprios para tomar conta dela, mas eu estava de mãos atadas, como sempre estou. Pobre criança querida! E agora o Sr. Bennet se foi, e sei que vai lutar com Wickham, onde quer que o encontre, e depois será morto, e o que será de todos nós? Os Collins nos expulsarão, antes que ele esfrie em seu túmulo. E se você não for gentil conosco, irmão, não sei o que faremos.

Todos eles discordaram dessas ideias terríveis e o Sr. Gardiner, após garantias gerais de seu afeto por ela e toda a sua família, disse-lhe que pretendia estar em Londres no dia seguinte e ajudaria o Sr. Bennet em todos os esforços para recuperar Lydia.

— Não dê lugar a preocupações desnecessárias — acrescentou —, embora seja preciso estar preparada para o pior, não há ocasião para encarar isso como certo. Ainda não se passou nem uma semana desde que saíram de Brighton. Daqui a alguns dias devemos ter notícias deles, e até saber que eles não estão casados, e não têm nenhum plano de se casar, não vamos dar tudo como perdido. Assim que chegar à cidade, irei até meu cunhado, e o convencerei a vir comigo para minha casa na Rua Gracechurch, e depois podemos deliberar sobre o que deve ser feito.

— Oh! Meu querido irmão — respondeu a Sra. Bennet —, isso é exatamente o que eu mais desejo. E agora quando chegar na cidade, os encontre, onde quer que estejam. E se ainda não estiverem casados, *faça* com que se casem. E quanto ao enxoval de casamento, não permita que eles esperem por isso, mas diga a Lydia que ela deve ter tanto dinheiro quanto desejar para comprá-lo depois que eles se casarem. E, acima de tudo, impeça o Sr. Bennet de travar uma luta. Diga-lhe do estado terrível em que me encontro, que eu estou assustadoramente nervosa e tenho, tantos tremores e vibrações pelo corpo todo, espasmos nas laterais, dores em minha cabeça e palpitações no coração, que não tenho descanso nem de noite, nem de dia. E diga à minha querida Lydia para não tomar nenhuma atitude a respeito das roupas até que me veja, pois ela não sabe quais são as melhores lojas. Oh, irmão, como você é gentil! Eu sei que você vai resolver tudo.

Mas o Sr. Gardiner, embora lhe assegurasse novamente de seus esforços sinceros na causa, não pôde deixar de lhe recomendar moderação, tanto em suas esperanças como em seus medos. E, depois de conversar com ela até o jantar estar na mesa, deixaram-na desabafar todos os seus sentimentos sobre a criada, que cuidava dela, na ausência de suas filhas.

Embora o Sr. e a Sra. Gardiner estivessem certos de que não havia nenhuma razão para tal reclusão da família, eles não tentaram se opor a isso, pois sabiam que ela não tinha a prudência suficiente para conter sua língua diante dos empregados, enquanto eles esperavam à mesa, e julgaram melhor que apenas uma criada da família, e aquela em quem eles mais poderiam confiar, ficasse sabendo de todos os seus medos e receios sobre o assunto.

Na sala de jantar, eles logo se juntaram a Mary e Kitty, que estavam ocupadas demais, cada uma em seu quarto, para aparecerem mais cedo. Uma vinha dos seus livros e a outra, dos seus cuidados de beleza. Os rostos de ambas, no entanto, estavam bem calmos e nenhuma mudança era visível em qualquer um deles. Kitty, no entanto, demonstrava certa irritabilidade, seja porque perdeu sua irmã favorita ou pela raiva que sentia por estar envolvida no caso. Quanto a Mary, ela era dona de si mesma o suficiente para sussurrar a Elizabeth com um semblante de reflexão grave, logo depois que estavam sentados à mesa:

— Trata-se de um caso muito infeliz, e será provavelmente muito comentado. Mas devemos deter a maré da malícia e derramar sobre nossos corações feridos o bálsamo da consolação fraternal.

Então, percebendo que Elizabeth não tinha nenhuma intenção de responder, acrescentou:

— Infeliz como o evento deve ser para Lydia, podemos tirar disso esta lição útil. Que a perda de virtude em uma mulher é irrecuperável, que um passo falso a envolve em ruína sem fim, que sua reputação não é menos frágil do que sua beleza, e que nunca há reservas demais para com pessoas do sexo oposto, principalmente as que não merecem.

Elizabeth ergueu os olhos em espanto, mas estava oprimida demais para responder. Mary, no entanto, continuou a consolar-se com esse tipo de máximas morais sobre o mal diante deles.

Na parte da tarde, as duas senhoritas Bennets mais velhas foram capazes de ficar por meia hora a sós, e Elizabeth imediatamente aproveitou a oportunidade de fazer muitas perguntas, que Jane estava igualmente ansiosa para responder. Depois de se juntar em gerais lamentações sobre a terrível sequela deste evento, que Elizabeth considerou tudo como certo, e Jane não podia negar serem completamente possíveis, a primeira continuou o assunto, dizendo:

— Mas me diga tudo de cada coisa sobre isso, que ainda não ouvi. Dê-me mais detalhes. O que o coronel Forster disse? Eles não tinham nenhuma apreensão de nada antes da fuga acontecer? Devem tê-los visto juntos sempre.

— O coronel Forster disse que suspeitava muitas vezes de alguma paixão, especialmente da parte de Lydia, mas nada que o alarmasse. Estou tão triste por ele. Seu comportamento foi atencioso e gentil ao máximo. Ele veio até nós para nos comunicar sobre sua preocupação, antes que tivesse qualquer ideia de que eles não tinham ido para a Escócia. Quando essa apreensão começou a se espalhar, apressou sua jornada.

— E Denny estava convencido de que Wickham não se casaria? Ele sabia de sua intenção de fugir? Coronel Forster falou pessoalmente com Denny?

— Sim, mas quando questionado por *ele*, Denny negou saber qualquer coisa de seu plano e não quis opinar sobre isso. Ele não repetiu sua convicção de que eles não se casariam, e por causa *disso*, tenho esperanças de que ele possa ter sido mal interpretado antes.

— E até que o Coronel Forster viesse pessoalmente, nenhum de vocês suspeitou de que eles não estivessem realmente casados?

— Como era possível que tal ideia passasse por nossas cabeças! Eu me senti um pouco desconfortável, um pouco receosa pela felicidade da minha irmã com ele no casamento, porque sabia que sua conduta não tinha sido sempre muito certa. Papai e mamãe de nada sabiam e apenas sentiram a imprudência daquela união. Kitty então confessou, com um naturalidade triunfante, que sabia mais do que o resto de nós, e que, na última carta de Lydia, soube que ela estava se preparando para tal passo. Ela sabia, ao que parece, que estavam apaixonados há muitas semanas.

— Mas não antes de irem para Brighton?

— Não, creio que não.

— E o coronel Forster pareceu pensar mal do próprio Wickham? Ele conhece o seu verdadeiro caráter?

— Devo confessar que ele não falava tão bem de Wickham como antes. Ele acreditava que ele era imprudente e extravagante. E desde que este caso triste ocorreu, diz-se que ele deixou Meryton muito endividado, mas espero que isso possa ser falso.

— Oh, Jane, se tivéssemos sido menos discretas, se tivéssemos dito o que sabíamos dele, isto não teria acontecido!

— Talvez isso tivesse sido melhor — respondeu sua irmã. — Mas expor as antigas falhas de qualquer pessoa, sem saber quais eram seus sentimentos presentes, parecia injustificável. Agimos com as melhores intenções.

— O coronel Forster conseguiu reproduzir os detalhes do bilhete da Lydia à sua mulher?

— Ele o trouxe para vermos.

Jane, em seguida, tirou a carta de seu caderno e deu a Elizabeth. Este era o conteúdo:

Minha cara Harriet,

Você vai rir quando souber aonde estou indo, e não posso deixar de rir de sua surpresa amanhã de manhã, assim que sentir minha falta. Estarei indo para Gretna Green, e se não conseguir adivinhar com quem, pensarei que é uma tola, porque só há um homem no mundo que eu amo, e ele é um anjo. Nunca seria feliz sem ele, por isso não julgue errada minha partida. Você não precisa enviar avisos a Longbourn sobre ela, se não quiser, pois fará da surpresa maior, quando eu escrever para eles, e assinar o meu nome como Lydia Wickham. Que boa piada será! Mal posso escrever de tanto rir.

Dê minhas desculpas a Pratt por não manter o meu compromisso e dançar com ele esta noite. Diga-lhe que espero que ele me perdoe quando souber de tudo, e diga-lhe que dançarei com ele no próximo baile que nos encontrarmos, com grande prazer. Mandarei buscar as minhas roupas quando chegar a Longbourn, mas gostaria que dissesse a Sally para costurar uma grande fenda no meu vestido de musselina, antes de empacotar. Adeus. Mande cumprimentos ao coronel Forster, espero que brindem nossa boa viagem.

Sua sincera amiga,
Lydia Bennet.

— Oh! Imprudente, imprudente Lydia! — exclamou Elizabeth quando havia terminado. — Escrever uma carta dessas em tal momento. Mas pelo menos mostra que *ela* estava séria no objetivo de sua viagem. Seja o que for que ele possa mais tarde tê-la persuadido a fazer, não foi da parte dela um *plano* infame. Meu pobre pai! Como ele deve ter sentido isso!

— Eu nunca vi ninguém tão chocado. Ele não pôde falar uma palavra por dez minutos. Mamãe adoeceu imediatamente, e toda a casa ficou um caos!

— Oh! Jane — exclamou Elizabeth —, você acha que houve um empregado sequer desta casa que não tenha ficado sabendo de toda essa história antes do fim do dia?

— Eu não sei. Espero que sim. Mas ser reservado em tal momento é muito difícil. Mamãe estava histérica, e apesar de ter me esforçado para lhe dar toda a assistência ao meu alcance, receio que não tenha feito tanto quanto poderia ter feito! Mas o horror do que poderia acontecer quase me tirou as faculdades.

— Seus cuidados com ela foram demasiados. Você não parece bem. Oh! Queria ter estado com você, você suportou todas as preocupações e ansiedades sozinha.

— Mary e Kitty foram muito amáveis, e teriam compartilhado toda a fadiga comigo, tenho a certeza, mas não achei certo para nenhuma delas. Kitty é leve e delicada, e Mary estuda tanto, que suas horas de repouso não devem ser interrompidas. Titia Phillips veio a Longbourn na terça-feira, depois que papai partiu. E foi tão boa a ponto de ficar até quinta-feira comigo. Ela foi de grande utilidade e conforto para todos nós e Lady Lucas tem sido muito gentil. Ela caminhou até aqui na quarta-feira de manhã para prestar condolências a nós, e ofereceu seus serviços, ou qualquer uma de suas filhas, se precisássemos.

— Era melhor que ela tivesse ficado em casa — exclamou Elizabeth. — Talvez ela *tivesse* boas intenções, mas, sob tal infortúnio como este, deve-se ver o menos possível os vizinhos. A assistência é impossível, as condolências, insuportáveis. Que triunfem sobre nós a distância, e se deem por satisfeitos.

Elizabeth então passou a investigar as medidas que seu pai tinha a intenção de tomar em Londres para recuperar sua filha.

— Ele pretendia, creio eu — respondeu Jane —, ir para Epsom, o lugar onde eles trocaram os cavalos pela última vez, falar com os postilhões e ver o que poderia ser feito a partir disso. Seu objetivo principal deve ser descobrir o número da carruagem que os levou de Clapham. Tinha sido tarifada em Londres. E, como pensou que a circunstância de um cavalheiro e uma senhora mudando de carruagem pudesse ser percebido, pretendia fazer inquéritos em Clapham. Se ele pudesse descobrir em que casa o cocheiro estava ao tarifar a carruagem, faria perguntas lá, e esperava que não fosse impossível descobrir o posto e o número da carruagem. Eu não sei de nenhum outro desígnio que ele tivesse em mente, pois estava com tanta pressa de ir embora, e seu temperamento tão fortemente abalado, que eu tive dificuldade em descobrir até mesmo isso.

XLVIII

O grupo todo esperava uma carta do Sr. Bennet na manhã seguinte, mas o correio chegou sem trazer uma única linha dele. Sua família sabia que ele era, em todas as ocasiões comuns, um correspondente muito negligente e dilatório, mas em tal momento, esperavam esforço. Foram forçados a concluir que ele não tinha notícias agradáveis para enviar, mas mesmo com isso eles teriam ficado felizes em ter certeza. O Sr. Gardiner esperou apenas pelo correio antes de partir.

Quando ele se foi, estavam certos, pelo menos, de receber informações constantes do que estava acontecendo, e seu tio prometeu, na separação, convencer o Sr. Bennet de retornar a Longbourn, assim que ele pudesse, para o grande consolo de sua irmã, que considerava ser a única segurança para que o marido não fosse morto num duelo.

A Sra. Gardiner e as crianças deveriam permanecer em Hertfordshire por mais alguns dias, já que a primeira achava que sua presença poderia ser útil para suas sobrinhas. Ela ajudava a tomar conta da Sra. Bennet e era um grande conforto para elas, em suas horas de liberdade. Sua outra tia também as visitava com frequência, e sempre, como ela dizia, com o desígnio de animá-las e dar-lhes esperança, embora como nunca viesse sem relatar algum exemplo da extravagância ou irregularidade de Wickham, e raramente ia embora sem deixá-las mais desanimadas do que as encontrou.

Toda Meryton parecia se esforçar para difamar o homem, que, apenas três meses antes, era quase um anjo de luz. Diziam que ele tinha dívidas com todos os comerciantes do lugar, e suas aventuras, todas honradas com o título de sedução, estendiam-se para a família de vários comerciantes. Todos declaravam que era o mancebo mais perverso do mundo, e todos começaram a descobrir que sempre tinha desconfiado de sua aparente bondade. Elizabeth, embora não acreditasse em metade do que era dito, acreditava o suficiente para cada vez mais dar como certa a ruína de sua irmã. E até mesmo Jane, que ainda menos acreditava nisso, ficou quase sem esperança, principalmente com o passar do tempo, pois, se tinham ido para a Escócia, o que ela nunca antes tinha descreditado completamente, já deveriam ter tido alguma notícia deles.

O Sr. Gardiner deixou Longbourn no domingo. Na terça-feira, sua esposa recebeu uma carta dele, que lhes disse que em sua chegada ele imediatamente encontrou seu cunhado e o persuadiu a ir para a rua Gracechurch. O Sr. Bennet tinha estado em Epsom e Clapham, antes de sua chegada, mas sem obter qualquer informação satisfatória, e ele estava agora determinado a inquirir em todos os principais hotéis da cidade, pois o Sr. Bennet pensou que seria possível que eles tivessem ido para algum deles, ao chegar a Londres, antes de adquirirem alguma outra acomodação. O próprio Sr. Gardiner não esperava qualquer sucesso a partir desta medida, mas como seu cunhado estava ansioso, estava disposto a ajudá-lo. Acrescentou que o Sr. Bennet parecia totalmente inclinado no momento a deixar Londres, e prometeu escrever novamente muito em breve. Havia também um pós-escrito com o seguinte:

"Escrevi ao coronel Forster para pedir que ele descobrisse, se possível, a partir de alguns dos amigos mais próximos do jovem no regimento, se Wickham tinha quaisquer parentes ou conexões que saberiam dizer em que parte da cidade ele estava escondido. Se houvesse qualquer um, que pudesse fornecer alguma pista, poderia ser decisivo para a resolução do caso. No momento não temos nada para nos guiar. Coronel Forster, ouso dizer, fará tudo em seu poder para nos ajudar. Mas, pensando melhor, talvez Lizzy possa nos dizer melhor do que ninguém se ele ainda tem algum parente vivo."

Elizabeth não teve problema em compreender de onde procedia essa deferência por sua autoridade, contudo não tinha nenhuma informação que justificasse a consideração.

Ela nunca tinha ouvido falar sobre ele ter quaisquer parentes, exceto um pai e uma mãe, ambos os quais estavam mortos há muitos anos. Era possível, no entanto, que alguns de seus companheiros no regimento pudessem ser capazes de dar mais informações. E, embora ela não estivesse muito otimista com essa medida, sua aplicação era algo a se considerar.

Cada dia em Longbourn era agora um dia de ansiedade, mas a parte mais esperada do dia era a chegada do correio. As cartas eram aguardadas com impaciência toda manhã. Por meio delas, o que quer que acontecesse de bom ou de mau seria comunicado, e cada dia ansiavam por alguma notícia importante.

Mas antes de ouvirem novamente do Sr. Gardiner, chegou uma carta para o Sr. Bennet da parte do Sr. Collins. E como Jane tinha recebido instruções para abrir tudo o que chegasse para ele em sua ausência, ela leu a carta. E Elizabeth, que sabia das peculiaridades que as cartas do Sr. Collins continham, olhou por cima e leu junto. Era a seguinte:

Meu caro senhor,

    Sinto-me impelido, pela nossa relação e pela minha situação na vida, a manifestar-lhe as minhas condolências pela grave aflição que lhe aflige, da qual fomos ontem informados por uma carta de Hertfordshire. Tenha certeza, meu caro senhor, que a Sra. Collins e eu sinceramente nos solidarizamos com o senhor, e com toda a sua respeitável família, por sua angústia presente, que deve ser do tipo mais amargo, porque procede de uma causa que nenhum tempo pode remover.

    Não faltarão argumentos da minha parte para lhe aliviar de tão grande infortúnio, ou que possam confortá-lo nessa circunstância que deve ser dentre todas a que mais aflige a mente de um pai. A morte da sua filha teria sido uma bênção em comparação com isto. E é ainda mais lamentável, porque há razão para supor, como minha querida Charlotte me informa, que esta licenciosidade de comportamento na sua filha procedeu de um grau defeituoso de indulgência, embora, ao mesmo tempo, para o consolo de si mesmo e da Sra. Bennet, estou inclinado a pensar que o próprio caráter dela deve ser naturalmente ruim, ou ela não poderia ser culpada de tal crime em uma idade tão precoce. Seja como for, o senhor merece nossa comiseração, e eu não só estou com a Sra. Collins, mas também com Lady Catherine e sua filha, a quem relatei o caso. Elas concordam comigo que este passo em falso de uma das suas filhas será prejudicial para a sorte de todas as outras, pois quem, conforme a própria Lady Catherine condescendentemente se pergunta, gostaria de se ligar a tal família?

    E esta consideração leva-me, além disso, a refletir com maior satisfação sobre um certo acontecimento de novembro passado, porque, se tivesse acontecido o que não aconteceu, eu estaria envolvido em toda a sua tristeza e desgraça. Deixe-me aconselhá-lo, então, meu caro senhor, a consolar a si próprio o máximo que for possível, a tornar sua filha indigna de sua afeição para sempre, e deixá-la colhendo os frutos de sua própria ofensa hedionda.

    Sinceramente seu, caro senhor, etc.

O Sr. Gardiner não escreveu novamente até que recebesse uma resposta do coronel Forster, e então não tinha nada de natureza agradável para enviar. Não se sabia se Wickham tinha um único parente distante com quem ele mantivesse qualquer conexão, e estava certo de que ele não tinha nenhum parente próximo vivo. Seus antigos conhecidos tinham sido numerosos, mas desde que ele entrou na milícia, não parecia estar em termos de amizade particular com qualquer um deles. Não havia ninguém, portanto, que indicasse poder ser uma fonte da qual se pudesse extrair qualquer notícia dele. E no estado miserável de suas próprias finanças, havia um bom motivo para manter o sigilo, além de seu medo de ser descoberto pelos parentes de Lydia. Parece que deixara grandes dívidas de jogo para trás. O coronel Forster acreditava que mais de mil libras seriam necessárias para limpar as suas despesas em Brighton. Ele devia bastante na cidade, mas suas dívidas de honra eram ainda maiores. O Sr. Gardiner não tentou esconder esses detalhes da família de Longbourn. Jane os ouviu com horror.

— Um apostador! — gritou. — Isso é totalmente inesperado. Eu não tinha ideia disso.

O Sr. Gardiner acrescentou em sua carta que elas poderiam esperar ver seu pai em casa no dia seguinte, que era sábado. Desprovido de ânimo pelo mal sucesso de todos os seus esforços, ele tinha se rendido ao pedido de seu cunhado para que voltasse para sua família, e o deixasse fazer o que fosse aconselhável a fim de continuar a sua busca. Quando a Sra. Bennet foi informada disso, não expressou tanta satisfação quanto suas filhas esperavam, tendo em vista a ansiedade que demonstrara antes pela vida do marido.

— O quê? Ele está voltando para casa, e sem a pobre Lydia! — gritou. — Claro que ele não vai deixar Londres antes de encontrá-los. Quem vai lutar com Wickham, e fazê-lo casar-se com ela, se ele for embora?

Como a Sra. Gardiner começou a desejar voltar para casa, ficou estabelecido que ela e seus filhos deveriam ir para Londres, ao mesmo tempo em que o Sr. Bennet voltasse dela. O cocheiro, portanto, levou-os até a primeira etapa de sua jornada e trouxe seu mestre de volta para Longbourn.

A Sra. Gardiner foi embora perplexa com Elizabeth e seu amigo de Derbyshire, que tão bem a havia recebido lá. Sua sobrinha não mencionara voluntariamente seu nome nem sequer uma vez, e a expectativa, que a Sra. Gardiner alimentara, de que uma carta de Darcy chegaria, não resultou em nada. Elizabeth não recebeu nenhuma carta de Pemberley desde o seu regresso.

O presente estado infeliz da família tornou desnecessária qualquer outra desculpa para o seu desânimo. Nada, portanto, poderia ser razoavelmente conjecturado a partir *disso*, embora Elizabeth, que estava a esta altura toleravelmente bem familiarizada com seus próprios sentimentos, estivesse perfeitamente ciente de que, se ela não houvesse retomado suas relações com Darcy, poderia ter suportado o horror da infâmia de Lydia um pouco melhor. Ter-lhe-ia poupado, pensou ela, uma noite insone a cada dois dias.

Quando o Sr. Bennet chegou, tinha toda a aparência de sua habitual compostura filosófica. Ele conversou tão pouco quanto já era do seu habitual. Não fez menção de falar sobre o que o tinha levado embora, e levou algum tempo antes que suas filhas tivessem coragem de tocar no assunto.

Somente à tarde, quando ele se juntou a elas no chá, que Elizabeth se aventurou a introduzir o assunto, e então, ao exprimir seu pesar pelo que o pai devia ter enfrentado, ele respondeu:

— Não diga mais nada sobre isso. Quem deveria sofrer além de mim mesmo? Foi minha a decisão, e eu devo arcar com ela.

— Não deve ser tão severo consigo — respondeu Elizabeth.

— É bom que me alerte deste mal. A natureza humana é tão propensa a cair nele! Não, Lizzy, deixe-me uma vez na minha vida sentir o quanto sou culpado. Eu não tenho medo de ser esmagado por esse sentimento. Isso passará em breve.

— O senhor acha que estão em Londres?

— Sim. Onde mais estariam tão bem escondidos?

— E Lydia sempre quis ir à Londres — adicionou Kitty.

— Ela está feliz, então — disse seu pai, ríspido. — E provavelmente ficará lá por muito tempo.

Então, depois de um breve silêncio, ele continuou:

— Lizzy, não estou com raiva de você pelo conselho que me deu maio passado. Na verdade, considerando os acontecimentos, isso mostra sua grandeza de espírito.

Foram interrompidos pela senhorita Bennet, que veio buscar o chá da mãe.

— Isto é um conforto — exclamou ele— para nós! Dá uma, uma elegância ao infortúnio! Outro dia eu farei o mesmo. Sentar-me-ei em minha biblioteca, com minha touca de dormir e roupão, e darei o máximo de trabalho que eu puder ou, talvez, possa adiá-lo, até Kitty fugir.

— Não fugirei, papai — disse Kitty, irritadamente. — Se *eu* fosse para Brighton, me comportaria melhor do que Lydia.

— *Você* ir para Brighton? Não confio em você nem para ir a East Bourne! Nem por 50 libras! Não, Kitty, eu finalmente aprendi a ser cauteloso, e você vai sentir as consequências disso. Nenhum oficial deve entrar na minha casa novamente, nem mesmo para atravessar o vilarejo. Bailes serão absolutamente proibidos, a menos que você vá com uma de suas irmãs. E você nunca deve sair de casa, até que possa provar que passou dez minutos de cada dia de uma maneira racional.

Kitty, que tomou todas essas ameaças a sério, começou a chorar.

— Bem, bem — disse ele — não fique triste. Se for uma boa garota pelos próximos dez anos, farei uma revisão desses termos ao final deles.

XLIX

Dois dias depois do regresso do Sr. Bennet, quando Jane e Elizabeth caminhavam juntas no pequeno jardim atrás da casa, viram a criada vindo em sua direção, e, concluindo que ela vinha chamá-las para sua mãe, foram ao seu encontro. Mas, em vez da convocação esperada, quando se encontraram, a criada disse:

— Peço desculpa, senhoritas, por interrompê-las, mas creio que chegaram boas notícias da cidade, por isso tomei a liberdade de vir chamá-las.

— O que quer dizer, Hill? Não temos nenhuma notícia da cidade.

— Cara senhorita — exclamou a Sra. Hill, em grande surpresa —, então não sabe que chegou um mensageiro expresso do Sr. Gardiner? Ele está aqui há meia hora, e trouxe uma carta.

As meninas correram, muito ansiosas para sequer responderem. Elas correram através do vestíbulo para a sala de café da manhã, de lá para a biblioteca. Seu pai não estava em nenhuma delas, e estavam a ponto de procurá-lo, escada acima, no quarto de sua mãe, quando foram recebidas pelo mordomo, que disse:

— Se está à procura do meu mestre, minha senhora, ele está caminhando em direção ao pequeno bosque.

Após esta informação, passaram pelo salão mais uma vez e correram pelo gramado em busca de seu pai, que estava deliberadamente seguindo em direção a um pequeno bosque do outro lado do cercado.

Jane, que não era tão leve, nem tinha tanto o hábito de correr como Elizabeth, logo ficou para trás, enquanto sua irmã, ofegante, o alcançou, e ansiosamente gritou:

— Oh, papai quais são as notícias? Quais são as notícias? Tem notícias do tio?

— Sim, recebi uma carta dele pelo expresso.

— Bem, e que notícias traz? Boas ou ruins?

— O que há de bom para se esperar? — disse ele, pegando a carta de seu bolso. — Mas talvez você queira ler.

Elizabeth impacientemente a pegou de sua mão. Jane agora havia chegado.

— Leia em voz alta — disse seu pai —, pois eu mal consigo entender sobre o que é.

Rua Gracechurch, segunda-feira,
2 de agosto.

Meu caro cunhado,

Finalmente posso enviar-lhe notícias de minha sobrinha, e espero que, no geral, elas lhe deem alguma satisfação. Logo depois que me deixou no sábado, tive a sorte de descobrir em que parte de Londres eles estavam. Os detalhes reservo até nos encontrarmos. É suficiente saber que eles foram encontrados, e estive com os dois...

— Aí está, como eu esperava — gritou Jane. — Estão casados!

Elizabeth continuou a leitura:

Estive com os dois. Não estão casados, nem posso afirmar que houve qualquer intenção de estarem. Mas se estiver disposto a cumprir os compromissos que ousei assumir por sua parte, espero que não demore muito para que eles estejam. Tudo o que é exigido de você é garantir à sua filha, por contrato, a parte igual das cinco mil libras asseguradas às suas filhas após a sua própria morte e a morte de minha irmã. E, além disso, se comprometer de enviar a ela, pelo tempo em que você viver, cem libras por ano. Estas são condições que, considerando tudo, não tive qualquer hesitação em concordar, tanto quanto me julguei autorizado a fazê-lo.

Enviarei isto por correio expresso, para que não se perca tempo em trazer-me sua resposta. Compreenderá facilmente, a partir destes pormenores, que a situação do Sr. Wickham não é tão ruim como se acreditava. O falatório enganou-se a respeito disso e fico feliz em dizer que restará um pouco de dinheiro, mesmo quando todas as dívidas de

Wickham forem quitadas a fim de instalar minha sobrinha, isso sem contar com o próprio dinheiro de Lydia. Se, como concluo, me enviar plenos poderes para agir em seu nome, durante todo este negócio, darei imediatamente instruções a Haggerston para preparar um contrato adequado. Não haverá a menor necessidade de que venha à cidade novamente.

Portanto, fique tranquilo em Longbourn e confie em minha diligência e cuidado. Envie sua resposta assim que puder, e tome cuidado para escrever explicitamente. Nós julgamos melhor que minha sobrinha deva sair casada desta casa, o que eu espero que você aprove. Ela vem até nós hoje. Escreverei novamente assim que qualquer coisa mais for determinada. Seu, etc.

Edw. Gardiner.

— É possível? — gritou Elizabeth, quando terminou. — É possível que ele se case com ela?

— Wickham não é tão indigno, então, como pensamos que era — disse sua irmã. — Meu querido pai, eu o felicito.

— E já respondeu a carta? — perguntou Elizabeth.

— Não, mas devo fazer logo.

Ela seriamente, em seguida, pediu-lhe que não perdesse mais tempo antes de escrever.

— Oh! Meu querido pai — gritou —, volte e escreva imediatamente. Considere quão importante é cada momento, em tal caso.

— Deixe-me escrever por você — disse Jane —, se lhe desagrada essa tarefa.

— Desagrada-me muito — respondeu ele —, mas deve ser feita.

E assim dizendo, voltou com elas, em direção à casa.

— E posso saber a resposta? — disse Elizabeth. — Suponho que as exigências devam ser atendidas.

— Atendidas? Na verdade, estou envergonhado por ele ter pedido tão pouco.

— E eles *devem* se casar! Ainda assim ele é *tão* desprezível!

— Sim, sim, eles devem se casar. Não há nada a se fazer. Mas há duas coisas que quero muito saber: uma delas é quanto dinheiro seu tio depositou para realizá-lo, e a outra é como lhe pagarei.

— Dinheiro?! Meu tio?! — exclamou Jane. — O que quer dizer, senhor?

— Quero dizer que nenhum homem em plenas capacidades do seu juízo se casaria com Lydia por um dote tão baixo como cem por ano durante a minha vida, e cinquenta depois que eu me for.

— Isso é verdade — disse Elizabeth —, embora não me ocorresse antes. Suas dívidas serão liquidadas, e ainda restará um pouco! Oh! Deve ser feito do meu tio! Generoso, bom homem, temo que ele tenha se angustiado. Uma pequena soma não poderia fazer tudo isso.

— Não — disse seu pai. — Wickham é um tolo se a levar por menos de dez mil libras. Eu lamentaria pensar tão mal dele, no início da nossa relação.

— Dez mil libras! Deus me livre! Como tal quantia poderia ser paga?

O Sr. Bennet não respondeu, e cada um deles, profundamente em pensamento, continuou em silêncio até chegar a casa. Seu pai então foi para a biblioteca para escrever, e as meninas entraram na sala de café da manhã.

— E eles realmente se casarão! — gritou Elizabeth, assim que ficaram a sós. — Como isso é estranho! E o pior de tudo é que devemos estar gratas por isso. E embora sejam pequenas as chances de serem felizes e o caráter dele seja tão baixo, mesmo assim precisamos nos alegrar com este casamento! Oh, Lydia!

— Eu me consolo com o pensamento — respondeu Jane —, de que ele certamente não se casaria com Lydia, se ele não tivesse uma verdadeira afeição por ela. Embora o nosso gentil tio tenha feito algo para o ilibar, não acredito que tenha pagado dez mil libras, ou qualquer quantia assim. Ele tem seus próprios filhos, e pode ter mais. Como poderia poupar sequer metade de dez mil libras?

— Se alguma vez formos capazes de saber quanto eram as dívidas de Wickham — disse Elizabeth —, e qual foi o dote de nossa irmã, saberemos exatamente o que o Sr. Gardiner fez por eles, porque Wickham não tem nenhum centavo. A bondade de nossos tios nunca poderá ser recompensada. Levá-la para casa e dar-lhe proteção e apoio é um sacrifício feito pelo bem-estar dela que anos de gratidão não podem pagar. A esta altura ela já deve estar com eles! Se tal bondade não a faz miserável agora, ela nunca merecerá ser feliz! Que encontro será para ela, quando vir nossa tia pela primeira vez!

— Devemos nos esforçar para esquecer tudo o que passou de ambos os lados — disse Jane. — Espero e confio que eles ainda serão felizes. Sua decisão de se casar com ela é uma prova, acredito, de que ele está pensando mais ajuizadamente. A afeição mútua lhes dará estabilidade, e eu creio que eles resolverão tudo tão discretamente, e viverão de forma tão racional, que podem com o tempo fazer com que sua imprudência seja esquecida.

— O comportamento deles foi de tal maneira — respondeu Elizabeth — que nem você, nem eu, nem qualquer um, nunca poderá esquecer. É inútil falar disso.

Agora ocorreu às meninas que sua mãe estava, provavelmente, sem saber de nada do que tinha acontecido. Elas foram para a biblioteca, portanto, e perguntaram a seu pai, se ele não gostaria que elas fossem contar para sua mãe a notícia. Ele estava escrevendo e, sem levantar a cabeça, respondeu friamente:

— Como quiserem.

— Podemos pegar a carta de titio para lermos para ela?

— Peguem o que quiserem e saiam.

Elizabeth pegou a carta de sua escrivaninha, e subiram as escadas juntas. Mary e Kitty estavam ambas com a Sra. Bennet, de uma única vez, portanto comunicariam todas. Depois de uma ligeira preparação para boas notícias, a carta foi lida em voz alta. A Sra. Bennet mal conseguia se conter. Assim que Jane leu sobre a expectativa do Sr. Gardiner de que Lydia se casasse logo, sua alegria irrompeu, e cada frase seguinte aumentava sua exuberância. Seu deleite era tão expansivo e violento quanto anteriormente fora sua preocupação e desespero. Saber que a filha estaria casada era o suficiente. Ela não se perturbava pela incerteza da felicidade de Lydia nem se incomodava mais com qualquer lembrança de sua má conduta.

— Minha querida, querida Lydia! — gritou. — Isto é encantador de fato! Ela vai se casar! Eu a verei novamente! Ela vai se casar aos dezesseis anos! Meu bom, bom irmão! Eu sabia que isso aconteceria. Eu sabia que ele gerenciaria tudo. Como eu desejo vê-la! E ver o querido Wickham também! Mas o enxoval, o enxoval de casamento! Vou escrever para minha irmã Gardiner imediatamente. Lizzy, minha querida, corra até seu pai, e pergunte-lhe quanto ele lhe dará. Não, fique, fique, eu irei. Toque a campainha, Kitty, para Hill. Em um segundo estarei vestida. Minha querida, querida Lydia! Como será feliz quando nos encontrarmos!

Sua filha mais velha se esforçou para abrandar o ímpeto dessas ordens, direcionando o pensamento da mãe para as obrigações que o ato bondoso do Sr. Gardiner colocou sob todos.

— Pois devemos atribuir essa feliz conclusão — acrescentou — em grande medida, à sua bondade. Estamos convencidos de que ele prometeu ajudar o Sr. Wickham com dinheiro.

— Bem — gritou sua mãe —, é tudo muito certo. Quem deveria fazê-lo além de seu próprio tio? Se ele não tivesse tido uma família própria, nós que herdaríamos todo o seu dinheiro, e é a primeira vez que recebemos alguma coisa dele, exceto alguns presentes. Bem! Estou tão feliz. Em pouco tempo, terei uma filha casada. Sra. Wickham! Como soa bem. E ela só fez dezesseis em junho. Minha querida Jane, estou em tal agitação, que tenho certeza de que não posso escrever, então ditarei e você escreverá para mim. Vamos resolver com seu pai sobre o dinheiro depois, mas as coisas devem ser providenciadas imediatamente.

Então começou a listar todas as peças de tecido: chita, musselina e cambraia, e logo teria encomendado muito mais, se Jane não tivesse, embora com alguma dificuldade, a convencido a esperar até que seu pai estivesse livre para ser consultado. O atraso de um dia, ela observou, seria de pequena importância, e sua mãe estava extasiada demais para ser tão obstinada como de costume. Outros planos também lhe vieram à cabeça.

— Irei a Meryton — disse — assim que estiver vestida, e contarei as ótimas notícias à minha irmã Phillips. E quando voltar, posso visitar Lady Lucas e a Sra. Long. Kitty, vá e peça a carruagem. Um ar fresco me faria muito bem, tenho certeza. Meninas, posso fazer alguma coisa por vocês em Meryton? Oh! Aí vem Hill. Minha querida Hill, você já ouviu a boa notícia? Senhorita Lydia vai se casar, e todos vocês devem ter um jarro de ponche para deixarem o casamento mais feliz.

A Sra. Hill começou instantaneamente a expressar a sua alegria. Elizabeth recebeu seus parabéns entre os demais, e então, cansada dessa loucura, refugiou-se em seu próprio quarto para que pudesse pensar com liberdade.

A situação da pobre Lydia continua, mesmo assim, bem ruim, mas ela deveria ser grata por não estar pior. Ela assim sentia. E, embora, olhando para o futuro, não conseguisse ver felicidade nem prosperidade para sua irmã, ao olhar para trás, para o que eles temiam apenas duas horas atrás, ela sentiu todas as vantagens do que tinham ganhado.

L

O Sr. Bennet tinha muitas vezes desejado, antes deste período de sua vida, que, em vez de gastar toda a sua renda, tivesse poupado uma quantia anual para melhor salvaguardar suas filhas e sua esposa, se ele morresse antes. Agora desejava isso mais do que nunca. Se ele tivesse cumprido o seu dever a esse respeito,

Lydia não precisaria de estar em dívida para com o seu tio, pois qualquer honra ou crédito poderiam agora ser-lhe comprados. A satisfação de persuadir um dos jovens mais inúteis da Grã-Bretanha a ser seu marido poderia lhe ser garantida sem nenhum problema.

Ele estava seriamente preocupado que uma causa de tão pouca vantagem para qualquer um ficasse apenas às custas de seu cunhado, e estava determinado, se possível, a descobrir o valor de sua ajuda para, logo que pudesse, cumprir com a obrigação de pagá-lo de volta.

Quando o Sr. Bennet se casou, pensou que era inútil economizar, pois, claro, eles deveriam ter um filho. Este filho deveria herdar a propriedade assim que ele fosse maior de idade, e a viúva e as crianças mais novas estariam, desse modo, assistidas. Cinco filhas entraram sucessivamente no mundo, enquanto o filho estava para vir, e a Sra. Bennet, mesmo muitos anos após o nascimento de Lydia, ainda tinha plena convicção de que ele viria. Eles finalmente perderam as esperanças, mas já era tarde demais. A Sra. Bennet não era uma pessoa econômica, e a moderação do marido foi a única coisa que, na verdade, impediu que gastassem além do que tinham.

Foi previsto no contrato de casamento que cinco mil libras deveriam ser legadas para a Sra. Bennet e as crianças. Mas como a quantia deveria ser dividida era o que precisava agora ser resolvido, e o Sr. Bennet não poderia ter qualquer hesitação em aceitar a proposta diante dele. Em termos de muita gratidão pela bondade de seu cunhado, embora expressos concisamente, ele colocou no papel a sua perfeita aprovação de tudo o que foi feito, e sua determinação de cumprir os compromissos que tinham sido feitos por ele. Ele nunca poderia imaginar que convencer Wickham a se casar com sua filha poderia ser feito com tão pouco inconveniente para si próprio como nesse presente acordo. As cem libras que deveria pagar todo ano não representavam uma perda de mais de dez libras, pois não era quantia menor o que gastava com as despesas de Lydia, com sua mesada e com os presentes que chegavam ininterruptamente por intermédio da Sra. Bennet.

Que o problema fora resolvido com relativa facilidade foi outra surpresa muito bem-vinda. Pois o seu principal desejo no momento era ter o mínimo de problemas possíveis a respeito disso. Quando seus acessos de fúria, que o fizeram ir à procura de Lydia, acabaram, ele naturalmente voltou à sua antiga indolência. Sua carta foi logo despachada, pois embora fosse lento para tomar uma decisão, era rápido em sua execução. Instou a seu cunhado o detalhamento dos gastos que devia, mas estava muito irritado com Lydia para enviar qualquer mensagem para ela.

A boa notícia rapidamente se espalhou pela casa, e com velocidade proporcional pela vizinhança. Foi recebida na última filosoficamente. Pois com certeza teria sido tópicos mais interessantes para conversação se a senhorita Lydia Bennet voltasse para a cidade, ou, como a alternativa mais feliz, ficasse isolada do mundo, em alguma fazenda distante. Mas havia muito a ser comentado sobre o casamento, e os votos de boa sorte eram dados pelas velhas maldosas de Meryton com alguma surpresa, embora conservassem sua essência maliciosa, pois mesmo após essa reviravolta, um casamento com tal marido só poderia trazer infelicidade.

Fazia quinze dias que a Sra. Bennet não descia as escadas, mas nesse dia feliz, ela novamente sentou-se à cabeceira da sua mesa, e extremamente animada. Nenhum sentimento de vergonha abafava o seu triunfo. O casamento de uma filha, fato que tinha sido seu maior desejo, desde que Jane tinha dezesseis anos, estava agora a ponto de se realizar, e seus pensamentos e suas palavras corriam inteiramente sobre acessórios nupciais elegantes, tais como, belas musselinas, novas carruagens e criados. Ela estava ocupada procurando pela vizinhança por uma casa adequada para sua filha, e, sem saber qual seria a renda do casal, rejeitou muitas por serem pequenas e simples demais.

— Haye-Park poderia servir — disse ela —, se os Gouldings saíssem, ou a grande casa em Stoke, se a sala de estar fosse maior. Mas Ashworth é muito longe! Eu não poderia suportar tê-la a quinze quilômetros de mim! Quanto a Purvis Lodge, os sótãos são terríveis.

Seu marido permitiu que ela falasse sem interrupção, enquanto os empregados estavam presentes. Mas quando eles se retiraram, disse a ela:

— Sra. Bennet, antes de você tomar qualquer uma, ou todas essas casas, para a sua filha, deixe-nos chegar a um entendimento certo. Em *qualquer* casa neste bairro, eles nunca serão admitidos. Não encorajarei a imprudência daqueles dois, recebendo-os em Longbourn.

Uma longa briga se seguiu a essa declaração, mas o Sr. Bennet foi firme. Esta logo levou a outra, e a Sra. Bennet descobriu, com espanto e horror, que seu marido não adiantaria um tostão para comprar roupas para sua filha. Ele respondeu que não concederia a ela nenhuma demonstração de afeto por causa deste casamento. A Sra. Bennet não conseguia compreendê-lo. Que sua raiva se tornasse um impassível ressentimento, a ponto de recusar a sua filha um privilégio, sem o qual o casamento de Lydia mal pareceria válido, excedeu tudo o que ela poderia acreditar ser possível. Ela se achava mais desgraçada agora pela falta de roupas novas para o casamento da filha do que quando sentia vergonha por ela ter fugido e vivido com Wickham durante quinze dias sem ser casada.

Elizabeth estava agora profundamente arrependida de ter, por causa da angústia do momento, sido levada a revelar ao Sr. Darcy seus medos para com a vida de Lydia. Pois uma vez que o seu casamento se realizasse, talvez pudessem esconder a fuga vergonhosa de todos que não soubessem do assunto.

Ela não tinha medo de que se espalhasse mais por meio do Sr. Darcy. Havia poucas pessoas em cuja discrição confiasse mais. Contudo, ao mesmo tempo, não havia ninguém cujo conhecimento da imoralidade de uma irmã teria mortificado tanto. Não havia, entretanto, nenhuma desvantagem a temer para si própria. Pois, em todo o caso, parecia haver um abismo intransponível entre eles. Mesmo que o casamento de Lydia tivesse acontecido de forma mais honrosa, era muito improvável que o Sr. Darcy quisesse estabelecer algum vínculo com uma família contra a qual, dentre tantas objeções, havia agora mais outra: uma aliança e uma profunda relação com o homem que ele com toda a razão desprezava.

Não é de se estranhar que ele se afastasse de tal vínculo. O desejo de obter sua consideração, sentimento que Elizabeth sentiu emanar dele em *Derbyshire*, não poderia, em expectativa racional sobreviver a um golpe como este. Ela se sentia humilhada, triste e arrependida, embora não soubesse ao certo de quê. Invejava sua estima quando já não podia mais esperar ser beneficiada por isso. Ela queria ter notícias dele quando já não havia a menor chance de que lhe escrevesse. Estava convencida de que poderia ter sido feliz com ele, agora que provavelmente nunca mais o encontrasse de novo.

Que triunfo para ele, como ela muitas vezes pensava, seria saber que as propostas, que ela tão orgulhosamente rejeitara há apenas quatro meses, agora seriam recebidas com alegria e gratidão! Ele era tão generoso, ela não duvidava, como o mais generoso de seu sexo. Mas, enquanto ele fosse mortal, seria impossível que não se sentisse triunfando.

Ela começou agora a compreender que ele era exatamente o homem, que, em disposição e talentos, seria mais adequado para ela. Sua compreensão e temperamento, embora diferentes do dela, teriam correspondido a todos os seus desejos. Era uma união que teria sido vantajosa para ambos. Pela tranquilidade e vivacidade de Elizabeth, o espírito dele poderia ter sido suavizado, suas maneiras, melhoradas, enquanto Elizabeth se beneficiaria ainda mais pelo julgamento, informação e conhecimento de mundo do Sr. Darcy.

Mas nenhum casamento tão feliz poderia agora ensinar à multidão admirada o que a felicidade conjugal realmente era. Uma união de um tipo diferente, e que excluiria a possibilidade do outro, logo seria formada em sua família.

Como Wickham e Lydia poderiam se sustentar com relativa independência, ela não podia imaginar. Mas quão pouco de felicidade permanente poderia haver a um casal que só se uniu porque suas paixões foram mais fortes do que sua virtude.

O Sr. Gardiner logo escreveu novamente para seu cunhado. Com relação aos pedidos de detalhamento do Sr. Bennet, ele respondeu brevemente, garantindo que sua vontade era promover o bem-estar de qualquer um de sua família, e concluiu com súplicas que o assunto nunca fosse mencionado a ele novamente. A intenção principal de sua carta era informar que o Sr. Wickham tinha resolvido sair do regimento.

"Era meu desejo que ele fizesse isso", acrescentou, "assim que seu casamento fosse marcado. E acho que concordará comigo, ao considerar sua remoção do regimento como altamente aconselhável, tanto para ele quanto para minha sobrinha. É intenção do Sr. Wickham entrar no exército regular e, entre seus antigos amigos, ainda há alguns que podem e estão dispostos a ajudá-lo e lhe prometeram um posto no regimento de um general que está agora aquartelado no Norte. É uma vantagem tê-lo tão longe desta parte do reino.

Ele promete ser alguma coisa, e espero que entre pessoas diferentes, onde os dois tenham um caráter para preservar, ambos sejam mais prudentes. Escrevi ao coronel Forster para informá-lo dos nossos acordos atuais e para pedir que tranquilize os vários credores do Sr. Wickham, tanto em Brighton como em seus arredores, com garantias de pagamento rápido, pelos quais me comprometi. E peço, por favor, para levar garantias semelhantes aos seus credores em Meryton, os quais lhe mandarei com as informações que ele mesmo passou. Ele me revelou todas as suas dívidas.

Espero que pelo menos não tenha nos enganado. Haggerston tem as nossas instruções, e tudo será concluído em uma semana. Eles então partirão para seu regimento, a menos que sejam convidados para Longbourn. E eu soube pela Sra. Gardiner que minha sobrinha está muito ansiosa para ver todos vocês antes de deixar o Sul. Ela está bem e pede que envie suas lembranças a você e à minha irmã.

De seu, etc.
E. GARDINER."

O Sr. Bennet e suas filhas viram todas as vantagens da remoção de Wickham do regimento do condado, tão claramente quanto o Sr. Gardiner. Mas a Sra. Bennet não ficou muito satisfeita. Lydia se estabelecendo no Norte, justamente quando ela esperava obter mais prazer e orgulho em sua companhia, pois não tinha de forma alguma desistido de seu plano de sua residência em Hertfordshire. Sua decepção foi imensa. Além disso, era uma pena que Lydia fosse afastada de um regimento no qual ela estava familiarizada com todos e tinha tantos favoritos.

— Ela gosta tanto da Sra. Forster — disse —, será muito chocante afastá-las! E há muitos jovens, também, dos quais ela gosta muito. Os oficiais podem não ser tão agradáveis no regimento do novo general.

O pedido de sua filha, pois podia ser assim chamado, de ser recebida pela sua família novamente, antes de partir para o Norte, a princípio foi terminantemente negado pelo Sr. Bennet. Mas Jane e Elizabeth, que tinham o mesmo pensamento, desejavam, em consideração aos sentimentos de sua irmã, que seus pais lhe dessem a benção para o casamento. Por isso, pediram de forma sincera, ainda que racional e suavemente, ao seu pai que os recebessem em Longbourn assim que se casassem, e ele foi levado a pensar como elas pensavam, e agir como desejavam. E sua mãe teve a satisfação de saber que ela poderia exibir a sua filha casada para a vizinhança, antes que ela fosse banida para o Norte. Quando o Sr. Bennet escreveu novamente para seu irmão, portanto, enviou sua permissão para que eles viessem, e ficou resolvido que assim que a cerimônia acabasse, eles deveriam prosseguir para Longbourn. Elizabeth ficou surpresa, no entanto, que Wickham concordasse com tal plano, e, se ela tivesse consultado apenas sua própria inclinação, qualquer encontro com ele teria sido o último objeto de seus desejos.

LI

O dia do casamento de sua irmã chegou, e Jane e Elizabeth estavam mais sensibilizadas do que a própria Lydia. A carruagem foi enviada para encontrá-los, e chegariam nela próximo à hora do jantar. Sua chegada foi temida pelas senhoritas Bennets mais velhas, e Jane mais especialmente, que pensava que Lydia se sentia do mesmo modo que ela se sentiria caso estivesse em seu lugar, e estava infeliz pelo que sua irmã enfrentaria.

Eles chegaram. A família estava reunida na sala de café da manhã para recebê-los. Sorrisos enfeitaram o rosto da Sra. Bennet, enquanto a carruagem parava na porta. Seu marido estava sério e impenetrável. Suas filhas, alarmadas, ansiosas, inquietas.

A voz de Lydia foi ouvida no vestíbulo. A porta foi aberta, e ela correu para sala. Sua mãe deu um passo à frente e a abraçou e a acolheu com euforia, deu sua mão com um sorriso afetuoso para Wickham, que havia seguido Lydia, e os desejou alegria, com um entusiasmo que não mostrou nenhuma dúvida de sua felicidade.

A recepção do Sr. Bennet, a quem eles se voltaram, não foi tão cordial. Seu semblante tinha um ar austero, e mal abriu os lábios. A despreocupação do jovem casal, de fato, foi suficiente para provocá-lo. Elizabeth ficou enojada, e até mesmo Jane ficou chocada. Lydia ainda era Lydia. Indomada, descarada, selvagem, barulhenta e destemida. Ela se virou de irmã para irmã, exigindo os seus parabéns, e quando finalmente todos se sentaram, olhou avidamente em volta da sala, tomou conhecimento de alguma pequena alteração nela e observou, com uma risada, que fazia muito tempo desde que tinha estado lá.

Wickham estava tão despreocupado quanto ela e seus modos

estavam tão agradáveis como sempre, e, se fosse bom caráter e se o casamento houvesse sido realizado da maneira certa, seus sorrisos e sua fala mansa teriam encantado toda a família. Elizabeth nunca antes poderia ter acreditado que ele pudesse ser objeto de tal afirmação, mas se sentou, resolvendo dentro de si a não desafiar, no futuro, os limites para a impudência de um homem impudente. *Ela* corou, e Jane corou, mas as faces dos dois que causaram tal rubor não sofreram nenhuma variação de cor.

Não houve falta de discurso. A noiva e sua mãe não podiam falar rápido o suficiente, e Wickham, que calhou de se sentar perto de Elizabeth, começou a perguntar sobre os seus conhecidos da vizinhança, com tanta tranquilidade e bom humor, que ela se sentiu extremamente incapaz de responder de tal maneira. Tanto Lydia quanto ele pareciam ter apenas recordações. Nada do passado era lembrado com dor, e Lydia falava voluntariamente sobre assuntos que suas irmãs não aludiriam por nada nesse mundo.

— E pensar que se passaram apenas três meses — exclamou ela — desde que fui embora, parece que foi só uma quinzena, e ainda assim se passaram tantas coisas nesse tempo. Meu Deus! Quando fui embora, não tinha a menor ideia de que voltaria casada! Embora achasse que seria muito divertido se voltasse.

Seu pai levantou os olhos. Jane ficou angustiada. Elizabeth olhou expressivamente para Lydia, mas ela, que nunca ouvia nem via nada do que ela não queria, continuou alegremente:

— Oh, mamãe! As pessoas aqui perto sabem que estou casada? Estava com medo de que não soubessem. Nós passamos por William Goulding em sua carruagem, então, para que ficasse sabendo, abaixei o vidro lateral ao lado do dele, e tirei minha luva, deixando minha mão apenas repousar sobre a janela aberta para que ele pudesse ver o anel, e então me curvei e sorri como de costume.

Elizabeth já não podia suportar mais. Levantou-se, correu para fora da sala e não voltou até que os ouviu passando pelo corredor para a sala de jantar. Ela então se juntou a eles rápido o suficiente para ver Lydia, com desfile ansioso, caminhar até o lugar à direita de sua mãe, e ouvi-la dizer a sua irmã mais velha:

— Ah! Jane, eu tomo o seu lugar agora, e você deve ir mais para baixo, porque eu sou uma mulher casada.

Não era de se supor que o tempo proporcionasse à Lydia o constrangimento do qual ela desde o início parecia estar completamente destituída. Pelo contrário, sua tranquilidade e bom humor aumentaram. Ela ansiava ver a Sra. Phillips, as Lucas, e todos os seus outros vizinhos, ter o prazer de ser chamada de "Sra. Wickham" por cada um deles, e, enquanto isso não acontecia, saiu depois do jantar a fim de mostrar sua aliança para a Sra. Hill e duas empregadas.

— Bem, mamãe — disse ela, quando todos estavam de volta à sala de café da manhã —, e o que você acha do meu marido? Ele não é um homem encantador? Tenho certeza de que minhas irmãs devem todas me invejar. Só espero que elas tenham metade da minha boa sorte. Todas devem ir para Brighton. Esse é o lugar para obter maridos. Que pena, mamãe, que não fomos todas.

— É verdade. E se tivessem feito minha vontade, teríamos ido. Mas minha querida Lydia, eu não gosto nada de você ir para tão longe. Tem que ser assim?

— Oh, céus! Sim. Não há nada com isso. Eu gostarei de ir. Você e papai, e minhas irmãs, devem ir nos ver. Estaremos em Newcastle todo o inverno, e ouso dizer que haverá alguns bailes, e terei o cuidado de conseguir bons parceiros para todas elas.

— Eu gostaria disso mais do que qualquer coisa! — disse sua mãe.

— E então quando for embora, pode deixar uma ou duas de minhas irmãs comigo, e ouso dizer que arrumarei maridos para elas antes que o inverno acabe.

— Eu agradeço por sua gentileza comigo — disse Elizabeth —, mas particularmente não gosto da sua forma de arrumar maridos.

Seus visitantes não deviam permanecer mais de dez dias com eles. O Sr. Wickham recebeu seu posto antes de deixar Londres, e se juntaria ao seu regimento no final de uma quinzena.

Ninguém, exceto a Sra. Bennet, lamentou que sua estadia fosse tão curta, e ela passava a maior parte do tempo visitando os vizinhos com sua filha, e recebendo com frequência conhecidos em casa. Essas reuniões eram agradáveis a todos. Evitar uma reunião familiar era ainda mais desejável para aqueles que pensavam, do que para aqueles que não o faziam.

A afeição de Wickham por Lydia era exatamente o que Elizabeth esperava encontrar. Não era igual à de Lydia por ele. Ela mal precisava observá-los para constatar que a sua fuga tinha sido provocada pela força do amor de sua irmã, e não pela dele. E se Elizabeth não estivesse certa de que a fuga de Wickham se deveu ao seu desespero com a situação, se questionaria por que ele escolheu raptar Lydia sem estar apaixonado. E se foi esse o caso, ele não era o jovem a resistir a uma oportunidade de ter uma companheira.

Lydia gostava muito dele. Ele era seu querido Wickham em todas as ocasiões. Ninguém devia competir com ele. Ele fez tudo o que havia de melhor no mundo, e ela tinha certeza de que ele mataria mais pássaros no primeiro dia de setembro do que qualquer outro no país.

Uma manhã, pouco depois da sua chegada, quando estava sentada com suas duas irmãs mais velhas, disse à Elizabeth:

— Lizzy, eu nunca contei a *você* sobre meu casamento, acredito. Você não estava quando contei à mamãe, e aos outros, tudo sobre ele. Não está curiosa para saber como foi gerido?

— Na verdade, não — respondeu Elizabeth. — Acho que quanto menos se falar no assunto, melhor.

— Ora! Você é tão estranha! Mas vou lhe contar como as coisas aconteceram. Nos casamos em St. Clement, porque o alojamento de Wickham ficava naquela paróquia. E ficou decidido que estaríamos lá às onze horas. Titio, titia e eu íamos juntos, e os outros nos encontrariam na igreja. Bem, chegou segunda-feira de manhã, e eu estava muito ansiosa! Tinha tanto medo, sabe, que algo acontecesse para adiar, que me distraí bastante. E lá estava titia, o tempo todo enquanto estava me vestindo, pregando e falando como se estivesse lendo um sermão. No entanto, eu não ouvia mais do que uma palavra em dez, pois estava pensando, você pode supor, em meu querido Wickham. Ansiava saber se ele se casaria de casaco azul.

"Bem, e assim nós tomamos café às dez, como sempre, e pensei que nunca acabaria, porque, agora você deve compreender, titio e titia foram terrivelmente desagradáveis todo o tempo em que estive com eles. Se acredita, eu não coloquei uma vez meu pé para fora das portas, embora tenha ficado lá por uma quinzena. Nem uma festa, ou passeio, ou qualquer coisa. Com certeza Londres estava um pouco escassa, mas o pequeno teatro estava aberto. Bem, quando a carruagem chegou à porta, titio foi chamado para tratar de negócios com aquele homem horrível, o Sr. Stone. E então, você sabe, quando eles se juntam, não acaba nunca. Bem, eu estava tão assustada que não sabia o que fazer, pois titio que me levaria até o altar, e se nos atrasássemos, não poderíamos nos casar mais naquele dia. Mas, por sorte, ele voltou em dez minutos, e depois partimos todos. No entanto, lembrei-me depois que, se titio não pudesse ir, o casamento não precisaria ser adiado, pois o Sr. Darcy poderia muito bem me conduzir até o altar."

— O Sr. Darcy?! — repetiu Elizabeth, em total espanto.

— Oh, sim! Ele estava lá para acompanhar Wickham, você sabe. Mas céus! Eu esqueci! Não deveria ter dito uma palavra sobre isso. Eu lhes prometi tão fielmente! O que Wickham dirá? Era para ser um segredo!

— Se era para ser segredo — disse Jane —, não diga mais nada sobre o assunto. Não falaremos mais sobre isso.

— Oh! Certamente — disse Elizabeth, embora estivesse queimando de curiosidade. — Não faremos mais perguntas.

— Obrigada — disse Lydia —, pois, se fizessem, eu lhes contaria tudo, e então Wickham ficaria bravo.

Diante de tal encorajamento para perguntar, Elizabeth foi

forçada a resistir à tentação, fugindo.

Mas viver na ignorância sobre tal coisa era impossível, ou pelo menos era impossível não tentar buscar alguma informação a respeito. O Sr. Darcy esteve no casamento de sua irmã. Era um cenário particular, e entre pessoas específicas, ao qual ele não teria a menor obrigação ou interesse em ir. Conjecturas quanto à razão disso, rápidas e insanas, turbilhonavam em seu cérebro, mas ela não ficava satisfeita com nenhuma delas. Aquelas que mais a agradavam eram as que colocavam sua conduta sob a mais nobre luz, mas estas pareciam ser as mais improváveis. Não poderia suportar tal suspense, e apressadamente pegou uma folha de papel, escreveu uma carta curta para sua tia, solicitando uma explicação do que Lydia tinha dito, caso não ferisse o sigilo prometido.

A senhora deve compreender que minha curiosidade foi aguçada ao saber que uma pessoa sem relação alguma conosco, e que, relativamente falando, seja um estranho à nossa família, esteve presente em um momento como esse. Por favor, escreva-me imediatamente para que eu possa entender, exceto se houver motivos de força maior que obriguem a manter isso em segredo, como Lydia parece achar necessário. E então tentarei me satisfazer com a ignorância.

— Isso não quer dizer que eu vá conseguir — pensou consigo mesma e acrescentou isto à carta:

"*E minha querida tia, se não me disser de uma forma honrosa, eu certamente recorrerei a truques e estratagemas para descobrir.*"

O delicado senso de honra de Jane não permitia que ela falasse com Elizabeth em particular do que Lydia tinha deixado escapar. Era até melhor assim. Enquanto suas perguntas não fossem respondidas, preferia não ter confidente.

LII

Elizabeth teve a satisfação de receber uma resposta à sua carta, assim que foi possível. Mal a tomou em suas mãos, saiu correndo para o jardim, onde estava menos propensa a ser interrompida, sentou-se em um dos bancos e preparou-se para se alegrar, pois a extensão da carta a fez pensar que não receberia uma negativa.

Rua Gracechurch, 6 de setembro.
Minha querida sobrinha,
"Acabo de receber sua carta, e dedicarei toda a manhã a respondê-la, pois prevejo que uma pequena carta não dará conta do que tenho a lhe dizer. Devo confessar-me surpreendida com seu interesse. Eu não o esperava de sua parte. Não pense que estou com raiva, mas só quero que saiba que eu apenas não tinha imaginado tais inquéritos de sua parte. Se não quiser me entender, perdoe minha impertinência. Seu tio está tão surpreso quanto eu, e não fosse pela crença de que você estivesse envolvida, nada teria permitido que ele agisse como agiu. Mas se é realmente inocente e ignorante, devo ser mais explícita.

No dia do meu regresso de Longbourn, o seu tio teve uma visita inesperada. O Sr. Darcy apareceu e ficou trancado com ele por várias horas. Já tinham acabado antes que eu chegasse, portanto, minha curiosidade não ficou tão terrivelmente aguçada como a sua parece estar. Ele veio dizer ao Sr. Gardiner que tinha descoberto onde a sua irmã e o Sr. Wickham estavam, e que tinha visto e falado com ambos, com Wickham várias vezes, com Lydia uma vez.

Pelo que pude entender, ele deixou Derbyshire apenas um dia depois de nós, e veio a Londres com o propósito de encontrá-los. O motivo alegado foi que ele acreditava ser sua culpa não ter revelado à sociedade o mau-caratismo de Wickham a fim de impedir que uma boa moça amasse e confiasse nele. Ele generosamente imputou tudo ao seu orgulho equivocado e confessou que tinha antes pensado não haver necessidade de expor suas ações privadas para o mundo.

Seu caráter falava por si mesmo. Desse modo ele assumiu o dever de se posicionar, e se esforçar para remediar um mal que julgava ele mesmo ter provocado. Se ele tivesse outro motivo, tenho certeza de que nunca o desonraria.

Ele ficou alguns dias na cidade, antes de ser capaz de encontrá-los, mas tinha algo para direcionar sua busca que nós não tínhamos. E essa era a outra razão para nos seguir. Há uma senhora, ao que parece chamada Sra. Younge, que foi há algum tempo governanta da senhorita Darcy, mas foi demitida do cargo por algum motivo, embora ele não tenha dito qual. Em seguida, ela conseguiu uma grande casa na rua Edward, e desde então se mantinha alugando quartos. Esta Sra. Younge estava, ele sabia, intimamente ligada com Wickham, e ele foi até ela para averiguar se sabia do paradeiro de seu conhecido. Mas levou dois ou três dias para conseguir extrair dela o que queria. Ela não trairia a confiança de Wickham, suponho, sem suborno e corrupção, pois realmente sabia onde seu amigo seria encontrado. Wickham de fato a havia procurado quando chegou em Londres, e se ela tivesse quartos disponíveis, eles teriam se instalado lá.

Finalmente, contudo, o nosso amigo amável adquiriu a direção desejada. Estavam na rua..., e lá ele se encontrou com Wickham, e depois insistiu em ver Lydia. Seu primeiro objetivo com ela, ele reconheceu, era persuadi-la a sair de sua desonrosa situação e voltar para seus amigos assim que pudessem recebê-la, oferecendo a sua assistência, tanto quanto fosse necessário. Mas ele viu que Lydia estava absolutamente decidida a permanecer onde estava. Ela não se importava com nenhum de seus amigos, ela não queria sua ajuda, ela não queria ouvir sobre deixar Wickham. Ela tinha certeza de que eles fossem se casar uma hora ou outra, e não importava muito quando.

Uma vez que tais eram seus sentimentos, só restava, pensou, garantir e agilizar um casamento, que, em sua primeira conversa com Wickham, compreendeu nunca ter sido desejo dele. Ele confessou que fora obrigado a deixar o regimento, por conta de algumas dívidas de honra que eram muito prementes. E não hesitou em colocar todas as consequências da fuga de Lydia em sua própria loucura. Ele pretendia renunciar à comissão imediatamente, e quanto à sua situação futura, poderia conjecturar muito pouco sobre, pois não tinha ideia de como seria. Deveria ir para algum lugar, mas não sabia para onde nem como se sustentaria.

O Sr. Darcy perguntou por que não se tinha casado logo com Lydia. Embora o Sr. Bennet não fosse muito rico, ele teria sido capaz de fazer algo por ele, e sua situação melhoraria com o casamento. Mas ele descobriu, em resposta a esta pergunta, que Wickham ainda alimentava a esperança de fazer mais fortuna pelo casamento, em algum outro país. Com tais esperanças, portanto, não cederia à tentação de alívio imediato. Eles se encontraram várias vezes, pois havia muito a ser discutido. Wickham naturalmente quis mais do que poderia obter, mas finalmente foi convencido a aceitar uma quantia razoável.

Estando tudo resolvido entre eles, o próximo passo do Sr. Darcy era deixar seu tio a par de tudo isso. Foi quando apareceu pela primeira vez na rua Gracechurch na noite antes de eu voltar para casa. Mas não encontrou o Sr. Gardiner, então, após investigar mais, o Sr. Darcy descobriu que o seu pai ainda estava com ele, mas que deixaria a cidade na manhã seguinte. Ele julgou melhor acertar as coisas com seu tio do que com seu pai, e, portanto, prontamente adiou seu encontro, até depois da partida do primeiro. Ele não deixou seu nome, e até o dia seguinte, só se sabia que um cavalheiro tinha procurado seu tio a negócios. No sábado ele voltou. Seu pai havia partido e seu tio estava em casa, e, como disse antes, tiveram uma longa conversa. Se reuniram novamente no domingo, e então eu o vi também. E as coisas só ficaram resolvidas na segunda-feira.

Logo tudo foi acertado e o expresso foi enviado para Longbourn. Mas o nosso visitante estava muito obstinado. Imagino, Lizzy, que a obstinação seja o verdadeiro defeito do seu caráter. Por muito tempo foi acusado de muitas falhas, mas esta é a verdadeira. Queria fazer tudo por conta própria, embora eu tenha certeza (e eu não falo isso para receber agradecimentos, portanto, não fale a ninguém) de que seu tio teria resolvido tudo muito facilmente. Eles disputaram esse papel *por muito tempo, o que era mais do que o cavalheiro ou a senhora em questão mereciam. Mas, finalmente, seu tio foi forçado a ceder, e em vez de lhe ser permitido realmente ser útil à sua sobrinha, foi forçado a levar apenas os méritos, o que foi muito contra os princípios de seu tio. E eu realmente acredito que sua carta esta manhã deu-lhe grande prazer, porque exigia uma explicação que lhe retirasse as plumas falsas, e desse louvor onde era devido.*

Mas, Lizzy, esse segredo não pode vazar para mais ninguém, talvez Jane, no máximo. Creio que você saiba muito bem o que tem sido feito pelos jovens: as dívidas de Wickham, que devem ser pagas, totalizam mais de mil libras; outras mil para o dote de Lydia e para comprar seu posto. A razão pela qual o Sr. Darcy fez tudo isso foi tal como dei acima. Por achar-se culpado de ter tido uma reserva excessiva e falta de consideração, fato que levou muita gente ao erro sobre o caráter de Wickham, consequentemente fazendo com que essas pessoas confiassem nele mesmo sendo do jeito que era. Talvez houvesse alguma verdade nisso, embora eu duvide que a reserva dele, ou a de qualquer um, possa ser responsável pelos acontecimentos.

Mas apesar de todas essas belas palavras, minha querida Lizzy, você pode ficar perfeitamente segura de que seu tio nunca teria cedido se não julgasse que o Sr. Darcy tinha outro interesse no caso. Quando tudo isso foi resolvido, ele voltou novamente para seus amigos, que ainda estavam hospedados em Pemberley, mas ficou acordado que ele deveria estar em Londres mais uma vez quando o casamento fosse ocorrer para acertar as últimas questões financeiras.

Acredito que já lhe disse tudo. É uma relação que creio que lhe causará grande surpresa. Espero que pelo menos não lhe dê qualquer desagrado. Lydia veio conosco e Wickham constantemente prestava visitas. Ele estava exatamente como quando o conheci em Hertfordshire, e preferiria nem te contar como me deixou nervosa o comportamento de Lydia enquanto esteve conosco, se eu não soubesse, pela carta de Jane na última quarta-feira, que sua conduta ao voltar para casa foi exatamente a mesma, e, portanto, o que eu agora lhe digo, não pode lhe trazer uma nova dor. Falei sério com ela diversas vezes, mostrando-lhe toda a maldade do que ela tinha feito, e toda a infelicidade que ela tinha trazido sobre sua família. Se entendeu alguma coisa do que lhe falei, foi por acaso, pois tenho certeza de que não me escutava. Às vezes quase me tirava do sério, mas depois lembrava-me de minhas queridas Elizabeth e Jane, e por consideração a vocês duas fui bastante paciente com Lydia.

O Sr. Darcy foi pontual em seu retorno, e como Lydia a informou, compareceu ao casamento. Ele jantou conosco no dia seguinte e planejava deixar a cidade novamente na quarta ou quinta-feira. Você vai ficar com muita raiva de mim, minha querida Lizzy, se eu aproveitar esta oportunidade para dizer (o que eu nunca fui ousada o suficiente para dizer antes) o quanto eu gosto dele? O seu comportamento para conosco tem sido, em todos os aspectos, tão agradável como quando estávamos em Derbyshire.

Sua visão de mundo e suas opiniões me agradam. Não lhe falta nada, exceto um pouco mais de vivacidade, e isso, se ele se casar com prudência, sua esposa pode lhe ensinar. Eu o achei muito astuto. Ele quase nunca mencionou o seu nome. Mas a astúcia parece estar na moda. Por favor, perdoe-me se fui muito ousada, ou pelo menos não me puna a ponto de excluir-me de P. Eu nunca ficarei completamente satisfeita, a menos que tenha percorrido o parque todo. Uma pequena carruagem puxada por uma parelha de encantadores pôneis seria o suficiente. Devo encerrar por aqui, as crianças estão me esperando há meia hora.

Sua, muito sinceramente,
M. Gardiner.

O conteúdo desta carta lançou Elizabeth em um turbilhão de emoções no qual era difícil determinar se o prazer ou a dor se sobressaía. As suspeitas vagas e incertas sobre o que o Sr. Darcy poderia ter feito para encaminhar o casamento de sua irmã — suspeitas as quais ela temia encorajar, pois demonstravam uma bondade grande demais para ser verdade, e as quais temia se confirmarem, pois produziriam um certo sentimento de dependência — provaram-se ser mais verdadeiras do que poderia imaginar! Ele tinha os seguido propositadamente para Londres, tinha tomado para si mesmo todos os problemas e mortificações características de tal busca, na qual foi necessário suplicar a uma mulher que ele deve abominar e desprezar, e na qual ele se sujeitou a encontrar (inclusive várias vezes), argumentar, persuadir, e finalmente subornar o homem que mais desejava evitar, e cujo próprio nome era-lhe um castigo pronunciar. Ele tinha feito tudo isso por uma menina que ele não podia ter nem afeto nem estima. Seu coração sugeria que ele tinha feito isso por ela. Mas essa esperança logo dava lugar a outras considerações, e ela logo sentiu que mesmo sua vaidade era insuficiente para a fazer pensar que o Sr. Darcy mantinha alguma afeição por ela, uma mulher que já havia lhe recusado, e que seria capaz de superar um sentimento tão natural como a aversão que nutria contra Wickham. Mas ser cunhado de Wickham! Todo o tipo do orgulho devia se revoltar contra estabelecer tal relação. Certamente já tinha feito muito. Elizabeth até se envergonhava de pensar o quanto! Contudo, o Sr. Darcy tinha dado uma razão para a sua interferência, que não dava margem para interpretações. Era razoável que ele se sentisse culpado. Ele tinha generosidade e meios para ajudar, e embora Elizabeth não se considerasse como a principal causa de tal gesto, acreditava que poderia talvez ter restado no Sr. Darcy algum sentimento por ela que teria contribuído para fazê-lo se esforçar para resolver um problema que afetaria a paz de espírito dela. Foi doloroso, extremamente doloroso, saber que eles estavam de tal modo em débito com uma pessoa a qual nunca poderiam pagar. Eles deviam o retorno de Lydia e o restabelecimento de sua reputação ao Sr. Darcy. Oh! Como ela se entristeceu de coração por todo sentimento negativo que nutriu por ele, por cada palavra atrevida que lhe dirigiu. Quanto mais se sentia humilhada consigo mesma, mais orgulhosa ficava dele. Orgulhosa de que em uma causa de compaixão e honra, ele tinha sido capaz de fazer o que de melhor havia para ser feito. Ela leu outras tantas vezes sobre os elogios que sua tia fez a ele. E isso não era o suficiente, mas já lhe agradava. Até mesmo sentia algum prazer, embora misturado com arrependimento, ao descobrir quão firmemente seus tios acreditavam que o Sr. Darcy continuava a sentir afeto e confiança por Elizabeth.

Foi arrebatada de seu assento e de suas reflexões pela aproximação de alguém. E antes que pudesse tomar outro caminho, foi alcançada por Wickham.

— Temo ter interrompido seu passeio solitário, minha querida cunhada? — disse ele, quando se juntou a ela.

— Com certeza o fez — respondeu ela com um sorriso —, mas isso não quer dizer que a interrupção tenha sido indesejável.

— Eu realmente lamentaria muito se tivesse sido. Nós sempre fomos bons amigos, e agora somos mais que isso.

— Verdade. Os outros estão vindo?

— Não sei. A Sra. Bennet e Lydia estão indo de carruagem a Meryton. Então, minha querida cunhada, descobri pelos seus tios que você visitou Pemberley.

Ela respondeu afirmativamente.

— Eu quase invejo o prazer, mas acredito que seria demais para mim. Caso não fosse, iria até lá a caminho de Newcastle. E você viu a velha governanta, imagino. Pobre Sra. Reynolds, ela sempre gostou muito de mim. Mas é claro que ela não mencionou meu nome para você.

— Sim, ela mencionou.

— E o que ela disse?

— Que você se alistou no exército, e que ela temia que... não tivesse tido sucesso. A uma distância como *aquela*, você sabe, as coisas ficam estranhamente distorcidas.

— Certamente — respondeu ele, mordendo os lábios. Elizabeth esperava que tivesse o silenciado, mas ele logo acrescentou:

— Fiquei surpreso ao ver Darcy em Londres no mês passado. Passamos um pelo outro várias vezes. Eu me pergunto o que ele poderia estar fazendo lá.

— Talvez preparando seu casamento com a senhorita de Bourgh — disse Elizabeth. — Deve ter sido algo muito especial para o ter levado até lá nesta época do ano.

— Sem dúvida. Você o viu enquanto esteve em Lambton? Creio que os Gardiners disseram-me algo a respeito.

— Sim, ele nos apresentou à sua irmã.

— E você gostou dela?

— Muito.

— Ouvi, de fato, que ela melhorou incomumente nestes dois anos. Quando a vi pela última vez, não era muito promissora. Estou muito feliz que você gostou dela. Espero que ela fique bem.

— Atrevo-me a dizer que ela ficará. Já ultrapassou a idade mais difícil.

— Vocês passaram pela vila de Kympton?

— Não me recordo de termos passado.

— Menciono-a porque é a vila para qual eu deveria ter ido. Um lugar deslumbrante! Excelente casa paroquial! Teria me servido bem em todos os aspectos.

— Você gostaria de dar sermões?

— Extremamente. Eu teria considerado como parte do meu dever, e logo o esforço não seria tão grande. Não se deve lamentar, mas, com certeza, teria sido ótimo para mim! O silêncio e a tranquilidade de tal vida teriam correspondido perfeitamente a todas as minhas ideias de felicidade! Mas não era para ser. Alguma vez ouviu Darcy mencionar o caso quando estava em Kent?

— Eu *ouvi* de uma fonte tão segura quanto ele que a paróquia só lhe foi deixada condicionalmente e conforme a vontade do atual dono.

— Você ouviu. Sim, há alguma verdade *nisso*. Eu lhe contei a respeito no início, você deve se lembrar.

— Eu *também* ouvi que houve um tempo, quando a pregação não era tão palatável a você como parece ser agora, que havia até mesmo decidido não se ordenar, e que houve um acordo a respeito disso.

— Você ouviu! E não foi totalmente sem fundamento. Deve se lembrar do que eu lhe disse sobre esse ponto, quando falamos disso antes.

Eles estavam agora quase à porta da casa, pois ela andou rápido para se livrar dele, e não querendo, por causa de sua irmã, provocá-lo, disse em resposta, com um sorriso bem-humorado:

— Vamos, Sr. Wickham, nós somos irmão e irmã, você sabe. Não vamos brigar sobre o passado. No futuro, espero que tenhamos sempre as mesmas lembranças.

Ela estendeu sua mão, ele a beijou com afetada galhardia, embora meio desconcertado. Então eles entraram na casa.

LIII

O Sr. Wickham ficou perfeitamente satisfeito com esta conversa, que nunca mais se angustiou, ou provocou sua querida cunhada Elizabeth, introduzindo o assunto. E ela ficou satisfeita em descobrir que dissera o suficiente para mantê-lo calado.

O dia de sua partida e de Lydia logo veio, e a Sra. Bennet foi forçada a submeter-se a uma separação de pelo menos um ano, já que seu esquema para fazê-los todo irem juntos a Newcastle não funcionou com o Sr. Bennet.

— Oh! Minha querida Lydia — gritou —, quando nos veremos novamente?

— Oh, céus! Eu não sei. Daqui dois ou três anos, talvez.

— Escreva com mais frequência, meu bem.

— Tanto quanto puder. Mas você sabe que mulheres casadas

nunca têm muito tempo para escrever. Minhas irmãs podem escrever para *mim,* uma vez que não terão nada para fazer.

O adeus do Sr. Wickham foi muito mais afetuoso do que o da esposa. Ele sorria, fazia pose e dizia belas palavras.

— Ele é um bom rapaz — disse o Sr. Bennet, assim que saíram de casa —, dá risadinhas, faz gestos afetados e galanteia todo mundo. Oh, como me orgulho dele! Desafio até o próprio Sir William Lucas a me apresentar um genro mais valioso.

A perda da filha deixou a Sra. Bennet muito aborrecida durante vários dias.

— Eu frequentemente penso — disse ela — que não há nada tão ruim quanto nos separar dos amigos. Parece tão triste sem eles.

— Essa é a consequência, mamãe, de casar uma filha — disse Elizabeth. — Deve ficar satisfeita que quatro de nós ainda estejamos solteiras.

— Claro que não. Lydia não me deixou porque ela está casada, mas só porque o regimento de seu marido é muito distante. Se fosse mais perto, ela não precisaria ir tão cedo.

Mas ficou abatida por esse acontecimento por pouco tempo, pois logo foi insuflada de esperança por causa de uma notícia que então começou a circular. A governanta em Netherfield tinha recebido ordens para se preparar para a chegada de seu mestre, que estava voltando em um dia ou dois, e que ficaria lá por várias semanas. A Sra. Bennet estava muito inquieta. Olhava para Jane, sorria e balançava a cabeça. Havia sido a Sra. Phillips que trouxera a novidade.

— Ora, ora, então o Sr. Bingley está voltando, irmã. Bem, tanto melhor. Não que eu me importe com isso. Ele não é nada para nós, você sabe, e, quanto a *mim*, não quero vê-lo nunca mais. Contudo, ele é muito bem-vindo para vir para Netherfield, se quiser. E quem sabe o que *pode* acontecer? Mas, de verdade, isso nos é indiferente. Você sabe, irmã, nós concordamos há muito tempo em nunca mencionar nem uma palavra sequer sobre isso... mas, diga-me, é bastante certo que ele está vindo?

— Pode apostar nisso — respondeu a outra —, pois a Sra. Nicholls estava em Meryton na noite passada. Eu a vi passando, e saí de propósito para descobrir alguma coisa, e ela me disse que era verdade. Ele vem na quinta-feira o mais tardar, ou até mesmo na quarta-feira. Ela ia ao açougueiro, me disse, com o propósito de encomendar carne para quarta-feira, e ela tem três pares de patos prontos para seres mortos.

Jane não fora capaz de ouvir sobre sua vinda sem empalidecer. Passaram-se muitos meses desde que ela havia mencionado seu nome para Elizabeth, mas agora, assim que elas ficaram sozinhas, ela disse:

— Eu vi como olhou para mim hoje, Lizzy, quando titia nos contou sobre os rumores. E eu sei que parecia angustiada. Mas não pense que foi por qualquer causa boba. Eu só fiquei envergonhada no momento, porque eu senti que *estava* sendo olhada. Asseguro-lhe de que as notícias não me afetam nem com prazer, nem com dor. Apenas uma coisa me agrada: que ele venha sozinho, porque assim o veremos menos. Não que eu tema por *mim*, mas odeio os comentários das outras pessoas.

Elizabeth não sabia o que pensar disso. Se ela não o tivesse visto em *Derbyshire*, poderia tê-lo imaginado capaz de ir até lá pelo motivo que diziam. Mas ainda achava que ele gostava de Jane, apenas não sabia dizer se tinha ido à Netherfield *com* a permissão de seu amigo, ou se era ousado o suficiente para vir sem.

"No entanto, é horrível", às vezes pensava, "que este pobre homem não possa vir para uma casa, que ele alugou regularmente, sem levantar toda essa especulação! Devo parar de pensar nele."

Apesar do que sua irmã declarara sobre a chegada de Bingley, e, de fato, acreditava que ela tinha sido sincera, Elizabeth pôde facilmente perceber que ficou afetada. Jane ficou perturbada e desestabilizada como nunca vira antes.

O assunto que tinha sido tão calorosamente discutido entre seus pais, cerca de um ano atrás, era agora apresentado novamente.

— Assim que o Sr. Bingley vier, meu querido — disse a Sra.

Bennet —, você o visitará, é claro.

— Não, não. Você me forçou a visitá-lo ano passado e prometeu que, se fosse vê-lo, ele se casaria com uma de nossas filhas. Mas não deu em nada, e eu não farei papel de tolo novamente.

Sua esposa argumentou que esse era um gesto cortês que todos os cavalheiros da vizinhança deviam lhe prestar quando retornasse a Netherfield.

— Esta é uma etiqueta a qual eu desprezo — disse ele. — Se ele quiser nossa companhia, deixe que a procure. Ele sabe onde moramos. Não gastarei *minhas* horas correndo atrás de meus vizinhos sempre que eles forem embora e voltarem novamente.

— Bem, tudo o que sei é que vai ser muito rude se você não o visitar. Todavia, isso não vai impedir que eu o convide para jantar aqui, estou certa. Devemos ter a Sra. Long e os Gouldings em breve. Contando conosco, então haverá treze pessoas à mesa, sobrando espaço apenas para ele.

Consolada por esta resolução, ela era a mais capaz de suportar a incivilidade de seu marido, embora fosse muito mortificante saber que todos os seus vizinhos poderiam ver o Sr. Bingley primeiro, antes que *eles* o fizessem. Como o dia de sua chegada se aproximava, Jane disse à sua irmã:

— Começo a lamentar que ele venha. Não seria nada demais. Eu poderia vê-lo com perfeita indiferença, mas não suporto ficar ouvindo sem parar sobre esse assunto. Mamãe tem boas intenções, mas ela não sabe, ninguém pode saber o quanto sofro com o que ela diz. Como ficarei feliz quando a sua estadia em Netherfield acabar!

— Gostaria de dizer algo que pudesse confortá-la — respondeu Elizabeth —, mas está fora de meu poder. Você deve saber, e a satisfação habitual de pregar a paciência a um sofredor me é negada, porque você já é tão paciente.

O Sr. Bingley chegou. A Sra. Bennet, por meio dos criados, orquestrou um plano para ter as notícias antes de todo mundo, o que fazia aumentar a ansiedade e a agitação por sua parte. Ela contou os dias que transcorreriam antes que pudesse enviar o convite, pois não tinha esperança de vê-lo antes. Mas na terceira manhã após sua chegada em Hertfordshire, ela o viu da janela de sua antecâmara, passando pelo cercado a cavalo e indo em direção a casa.

Suas filhas foram ansiosamente chamadas para compartilhar de sua alegria. Jane resolutamente manteve seu lugar à mesa, mas Elizabeth, para satisfazer sua mãe, foi até a janela. Ela olhou e viu o Sr. Darcy com ele, e sentou-se novamente ao lado de sua irmã.

— Tem um cavalheiro com ele, mamãe — disse Kitty. — Quem poderia ser?

— Creio que deva ser algum amigo, meu bem, mas não consigo distinguir quem seja.

— Ah! — respondeu Kitty. — Parece com aquele homem que costumava ficar com ele antes. O senhor... qual o nome dele? Aquele alto, orgulhoso.

— Santo Deus! O Sr. Darcy! Creio que seja ele mesmo. Bem, qualquer amigo do Sr. Bingley sempre será bem-vindo aqui, com certeza. Mas devo dizer que odeio até mesmo olhar na cara deste homem.

Jane olhou para Elizabeth com surpresa e preocupação. Sabia pouco dos encontros de Elizabeth com Darcy em *Derbyshire*, e consequentemente presumiu que sua irmã estranharia ao vê-lo quase pela primeira vez após ter recebido sua carta explicativa. Ambas as irmãs estavam bem desconfortáveis. Cada uma se condoía pela outra e, claro, por si mesma. Sua mãe continuava falando sobre sua antipatia pelo Sr. Darcy e sobre sua resolução de ser cortês com ele apenas porque era amigo do Sr. Bingley, mas não era ouvida por nenhuma delas. Elizabeth tinha razões para ficar inquieta das quais Jane nem suspeitava, pois nunca teve coragem de mostrar a carta da Sra. Gardiner, ou de relatar a sua própria mudança de sentimento em relação a ele. Para Jane, ele era apenas um homem cujas propostas sua irmã havia recusado, e cujo mérito ela tinha subestimado. Mas para Elizabeth, que tinha mais informação, ele era a pessoa a quem toda a família devia um enorme favor, e por quem ela nutria uma afeição, se não tão terna quanto a que Jane dedicava a Bingley, pelo menos tão razoável e justa. Seu espanto com a sua vinda a Netherfield e com sua visita a Longbourn, aonde vinha para vê-la, foi quase tão intenso como quando presenciara sua mudança de comportamento em Derbyshire.

A cor que tinha se esvaído de seu rosto voltou com força total durante certo tempo, e um sorriso de prazer deu lustro ao brilho de seus olhos, enquanto pensava que a paixão de Darcy continuava intacta. Contudo ela não estava segura.

"Deixe-me primeiro ver como ele se comporta", disse consigo mesma, "pois é muito cedo para criar qualquer expectativa."

Ela sentou-se atentamente dando continuidade à sua ocupação e, esforçando-se para se recompor, sem se atrever a levantar os olhos, até que uma curiosidade ansiosa a fez fitar o rosto de sua irmã, enquanto o empregado se aproximava da porta. Jane parecia um pouco mais pálida do que o normal, mas mais calma do que Elizabeth esperava. Inversamente, na presença do cavalheiro, sua cor aumentou. No entanto, ela os recebeu tranquilamente, e de maneira igualmente livre de qualquer sintoma de ressentimento, ou de qualquer tentativa exacerbada de agradar.

Elizabeth dirigiu-lhes poucas palavras, mas sem ser grosseira, e sentou-se novamente com sua ocupação, dedicando-se a ela mais do que o normal. Ela tinha arriscado apenas um olhar para Darcy. Tinha o cenho fechado, como de costume, mas ela pensou que ele estava mais sério do que estava em Herfordshire e Pemberley. Talvez ele não ficasse tão confortável na presença de sua mãe do mesmo modo que ficava na presença de seus tios. Era uma dolorosa, mas não uma improvável, conjectura.

Bingley, ela também tinha visto só por um instante, e nesse curto período viu que parecia feliz e envergonhado. Ele foi recebido pela Sra. Bennet com tanta atenção que fez suas duas filhas se envergonharem, especialmente porque essa recepção se contrastava muito com a cortesia fria e cerimonial com a qual recebeu seu amigo.

Elizabeth particularmente, que sabia que sua mãe devia a este último a preservação de sua filha favorita de uma infâmia irremediável, ficou ferida e angustiada por essa distinção tão inoportuna.

Darcy, depois de perguntar a Elizabeth como o Sr. e a Sra. Gardiner estavam, uma pergunta que não poderia responder sem se sentir envergonhada, não disse quase mais nada. Ele não estava sentado próximo a ela, talvez essa fosse a razão de seu silêncio, mas não tinha sido assim em *Derbyshire*. Lá ele falava com os amigos de Elizabeth, quando ele não podia falar com ela. Mas agora vários minutos haviam transcorrido sem trazer o som de sua voz, e quando, ocasionalmente, incapaz de resistir ao impulso da curiosidade, ela levantava os olhos para o rosto dele, Elizabeth muitas vezes o encontrava olhando tanto para Jane, como para ela própria, e frequentemente para mais nada além do chão. Isso demonstrava uma ponderação maior de sua parte, em vez da ânsia por agradar que havia tido quando se encontraram pela última vez. Ela estava desapontada e zangada consigo mesma por ser assim.

"Poderia eu esperar que fosse de outra forma?", pensou. "Contudo, se é assim, por que, então, ele veio?"

Ela não estava com humor para conversar com ninguém mais além de si própria, e a ele, especialmente, mal tinha coragem de dirigir uma palavra.

Ela perguntou pela irmã dele, mas era o máximo que conseguia falar.

— Faz muito tempo, Sr. Bingley, desde que você foi embora — disse a Sra. Bennet.

Ele prontamente concordou.

— Comecei a ter medo de que nunca mais voltasse. As pessoas *dizem* que você pretende deixar o lugar inteiramente na festa de São Miguel. Todavia, eu espero que não seja verdade.

Muitas mudanças aconteceram no bairro, desde que você foi embora. A senhorita Lucas se casou e se estabeleceu. E uma de minhas filhas também. Suponho que já ouviu falar disso. De fato, deve ter visto nos jornais. Saiu no *Times* e no *Courier*, pelo que eu sei, embora não tenha sido colocado como deveria ser. Só foi dito, "Recentemente, George Wickham se casou com a senhorita Lydia Bennet", sem que haja uma sílaba escrita sobre o pai dela, sobre o lugar onde viveu, ou qualquer outra coisa. A nota foi elaborada pelo meu irmão Gardiner, e eu me pergunto como ele pôde escrever algo tão sem sal. Você viu isso?

Bingley respondeu que ele viu e deu seus parabéns. Elizabeth não se atreveu a levantar os olhos. Como se encontrava o Sr. Darcy, portanto, ela não sabia dizer.

— É uma coisa deliciosa, com certeza, ter uma filha bem casada — continuou sua mãe —, mas ao mesmo tempo, Sr. Bingley, é muito difícil suportar tal separação de uma filha. Eles estão indo para Newcastle, um lugar bastante ao norte, pelo que parece, e lá ficarão, eu não sei por quanto tempo. Seu regimento está lá, suponho que você já ouviu falar de sua saída do condado, e de sua ida para o exército regular. Graças a Deus! Ele tem *alguns* amigos, embora talvez não tantos quanto mereça.

Elizabeth, que sabia que isto se endereçava ao Sr. Darcy, estava tão envergonhada que mal conseguia se manter em seu lugar. Isso fez, no entanto, com que fizesse algum esforço para falar, e perguntou ao Sr. Bingley por quanto tempo ele pretendia ficar no interior. Ele respondeu que pensava ficar algumas semanas.

— Quando tiver caçado todas as suas aves, Sr. Bingley — disse sua mãe —, imploro que venha até aqui e cace quantas quiser, na propriedade do Sr. Bennet. Estou certa de que ele ficará muito feliz em ajudá-lo e guardará as melhores para o senhor.

A miséria de Elizabeth aumentou com tanta atenção desnecessária! Se as mesmas oportunidades de casamento que tiveram ano passado ressurgissem no presente, teriam o mesmo fim vexatório. Naquele instante, ela sentia que anos de felicidade não poderiam compensar Jane e ela própria de tantos momentos de dolorosa vergonha pelos quais estavam passando agora.

"O maior desejo do meu coração", disse para si mesma, "é nunca mais estar na companhia desses dois. O prazer que suas companhias proporcionam não compensa o constrangimento de momentos como este! Que nunca mais veja nem um dos dois!"

No entanto, a miséria, pela qual anos de felicidade não ofereceriam compensação, logo depois foi consideravelmente atenuada, pois a beleza de sua irmã reacendeu a admiração de seu ex-namorado. Quando entrou, falou pouco com Jane, mas a cada minuto dedicava-lhe mais atenção. Encontrou-a tão bela como estava no ano passado, além de continuar bondosa e natural, embora não tão falante. Jane estava ansiosa para não deixar transparecer nenhuma diferença, e estava realmente convencida de que falava tanto quanto de costume. Mas estava tão envolvida em seus pensamentos que nem percebia quando ficava em silêncio.

Quando os cavalheiros se levantaram para ir embora, a Sra. Bennet lembrou-se do convite que pretendia fazer, e eles comprometeram-se a ir jantar em Longbourn dali poucos dias.

— Você me deve uma visita, Sr. Bingley — acrescentou —, pois quando foi à cidade no inverno passado, prometeu jantar conosco, assim que voltasse. Não me esqueci, e asseguro-lhe de que fiquei muito desapontada por não ter voltado para manter o seu compromisso.

Bingley pareceu desconcertado com essa reflexão, e disse algo sobre ter sido impedido pelos negócios. Eles então foram embora.

A Sra. Bennet estivera muito inclinada a pedir que eles ficassem e jantassem naquela noite mesmo, mas, embora ela sempre mantivesse uma mesa muito boa, não achava que qualquer coisa menor que dois tipos de pratos poderia ser boa o suficiente para um homem do qual nutria grandes esperanças, ou satisfazer o apetite e o orgulho do outro que ganhava dez mil por ano.

LIV

Assim que eles se foram, Elizabeth saiu para recobrar seus ânimos, ou em outras palavras, para pensar sem interrupção sobre esses últimos eventos, a fim de suavizá-los. O comportamento do Sr. Darcy a surpreendeu e a irritou.

"Por que, se ele só veio para ser silencioso, sério e indiferente", disse ela, "ele veio, então?"

Ela não conseguia encontrar uma explicação que lhe satisfizesse.

"Ele conseguiu se manter amável e agradável com meus tios quando foi a Londres, por que não consegue se manter assim comigo? Se me teme, por que vir aqui? Se já não se importa comigo, por que o silêncio? Homem provocativo! Não pensarei mais sobre ele."

Sua resolução foi mantida involuntariamente por um curto período de tempo, pois sua irmã, que se juntou a ela com um olhar alegre, se aproximou, mostrando-se mais satisfeita com seus visitantes do que Elizabeth.

— Agora — disse ela —, que este primeiro encontro acabou, me sinto perfeitamente tranquila. Conheço minha própria força, e nunca ficarei embaraçada outra vez quando ele vier. Estou feliz que ele jantará aqui na terça-feira. Será, então, visto publicamente que, de ambas as partes, nos encontramos apenas como conhecidos comuns e indiferentes.

— Sim, muito indiferentes de fato — disse Elizabeth, rindo. — Oh, Jane, tome cuidado.

— Minha querida Lizzy, não pode pensar que eu seja tão fraca a ponto de estar correndo perigo agora.

— Eu penso que você corre o perigo de fazê-lo se apaixonar por você mais do que nunca.

Não viram os cavalheiros outra vez até terça-feira. A Sra. Bennet, entretanto, se entregava a vários planos felizes, que o humor bom e a gentileza comum de Bingley, na visita de meia hora, tinham revivido.

Na terça-feira havia um grande grupo reunido em Longbourn, e os dois mais esperados chegaram pontualmente. Quando eles entraram na sala de jantar, Elizabeth observou ansiosamente para ver se Bingley tomaria o lugar que, em todas as ocasiões anteriores, tinha pertencido a ele: o assento ao lado de sua irmã. Sua mãe prudente, tomada pelas mesmas ideias, não o chamou para se sentar próximo a ela. Ao entrar na sala, ele parecia hesitar, mas Jane casualmente olhou ao seu redor e por acaso sorriu. Foi o bastante para fazê-lo decidir-se. Ele se sentou ao seu lado.

Elizabeth, com uma sensação triunfante, olhou para o Sr. Darcy. Ele levou o gesto com nobre indiferença, e ela supôs que Bingley tinha recebido sua sanção para ser feliz, se ela não tivesse visto seus olhos igualmente irem em direção ao Sr. Darcy, com uma expressão de preocupação em meio a um sorriso.

Seu comportamento para com sua irmã foi tal durante o jantar, que mostrou uma admiração por ela, que, embora mais reservada do que anteriormente, convenceu Elizabeth que, se deixadas exclusivamente sob sua responsabilidade, a felicidade de Jane e a dele seriam rapidamente asseguradas. Embora não se atrevesse a colocar a mão no fogo, ainda assim tinha prazer em observar o seu comportamento. Deu-lhe toda a animação que seu espírito poderia sentir, pois ela não estava de bom humor. O Sr. Darcy estava quase tão longe dela quanto a mesa poderia dividi-los. Ele estava ao lado de sua mãe. Ela sabia quão pouco tal situação daria prazer a ambos. Não estava perto o suficiente para ouvir o que diziam, mas podia ver o quão raramente eles falavam um com o outro, e como formal e frio eram seus modos, sempre que o faziam. A ingratidão de sua mãe tornava mais doloroso a Elizabeth o que ela sabia que deviam ao Sr. Darcy. E, por vezes, ela daria qualquer coisa para ter o privilégio de dizer-lhe que sua bondade não era desconhecida nem passava despercebida de todos da sua família.

Ela tinha esperanças de que à noite haveria alguma oportunidade para ficarem juntos, que toda a visita não se passaria sem que pudessem conversar um com o outro mais do que meras saudações cerimoniosas. Ansiosa e inquieta, o período que passou na sala de estar, antes de os senhores virem, foi cansativo e aborrecido de tal modo que quase a tornou descortês. Ela ansiava por sua entrada a ponto de apostar qualquer chance de ter prazer durante a noite nisso.

"Se ele não vier até mim, *então*", pensou ela, "desistirei dele para sempre."

Os cavalheiros chegaram e ela pensou que suas esperanças se concretizariam. Mas, infelizmente, as senhoras estavam aglomeradas em volta da mesa, onde Jane fazia o chá, e Elizabeth servia o café, em um agrupamento tão apertado que não havia um único espaço próximo a ela que admitisse uma cadeira. E quando os cavalheiros entraram, uma das moças se aproximou mais ainda de Elizabeth e disse, num sussurro:

— Os homens não virão nos separar, estou determinada. Não queremos nenhum deles, não é?

Darcy tinha ido para outra parte da sala. Ela o seguia com os olhos, invejava cada um com quem ele falava, e mal tinha paciência para servir café a alguém. Depois de algum tempo ficou furiosa consigo mesma por ser tão tola!

"Um homem que já foi recusado! Como eu poderia ser tola o suficiente para esperar que ainda conservasse algum amor? Existe alguém de seu sexo que não protestaria contra a fraqueza que seria fazer uma segunda proposta para a mesma mulher? Não há indignidade mais abominável para os sentimentos dos homens!"

Ela animou-se um pouco, no entanto, quando ele trouxe de volta a sua xícara de café por conta própria, e aproveitou a oportunidade para dizer:

— Sua irmã ainda está em Pemberley?

— Sim, ela ficará lá até o Natal.

— E sozinha? Todos os seus amigos a deixaram?

— Sra. Annesley está com ela. Os outros foram para Scarborough para passar três semanas.

Ela não conseguia pensar em mais nada para dizer, mas se ele quisesse conversar com Elizabeth, ele poderia ter tido mais sucesso. Ele ficou ao lado dela, no entanto, por alguns minutos, em silêncio. E, finalmente, quando a moça veio sussurrar novamente nos ouvidos de Elizabeth, ele se afastou.

Após os aparelhos de chá terem sido removidos, e as mesas de cartas colocadas, todas as senhoras se levantaram, e Elizabeth estava então esperando para ser acompanhada por ele, mas suas expectativas foram frustradas quando viu sua mãe tomá-lo como parceiro de uíste, e alguns momentos depois sentou-se com o resto do grupo. Ela agora havia perdido todas as esperanças de ter algum prazer. Estavam condenados a passar o resto da noite em mesas diferentes, e não havia mais nada a esperar, exceto que frequentemente lançasse olhares para Elizabeth do outro lado da sala, fazendo-o jogar tão mal quanto ela própria.

A Sra. Bennet tinha planejado manter os dois cavalheiros de Netherfield para a ceia, mas a carruagem deles foi, infelizmente, chamada antes das outras, e ela não teve oportunidade de os deter

Bem meninas — disse ela, assim que foram deixadas a sós —, o que vocês dizem do dia? Acho que tudo se passou muito bem. O jantar estava perfeito. A carne de cervo estava no ponto e todos disseram que nunca viram uma coxa tão gorda. A sopa era cinquenta vezes melhor do que a que tivemos semana passada nos Lucas. E até mesmo o Sr. Darcy reconheceu que as perdizes estavam notavelmente bem-feitas. E eu suponho que ele tem dois ou três cozinheiros franceses, pelo menos. E você, minha querida

Jane, nunca a vi tão bela. A Sra. Long disse isso também, pois lhe perguntei o que achava de você. E sabe o que ela disse além disso? "Ah! Sra. Bennet, vamos tê-la em Netherfield, finalmente." Ela realmente disse isso. Eu acho que a Sra. Long é a melhor criatura que já viveu, e suas sobrinhas são meninas muito comportadas. Por isso gosto imensamente delas.

A Sra. Bennet, resumindo, estava muito animada. Ela tinha visto o suficiente do comportamento de Bingley com Jane para estar convencida de que finalmente ela o havia conquistado. E quando estava bem-humorada as expectativas de casamento para suas filhas ficavam muito além da razão, de modo que se decepcionava no dia seguinte quando não via o cavalheiro retornar para fazer formalmente suas propostas.

— Foi um dia muito agradável — disse Jane para Elizabeth. — O grupo foi uma ótima seleção de convidados e eles se deram muito bem. Espero que voltemos a nos encontrar.

Elizabeth sorriu.

— Lizzy, você não deve fazer isso. Não deve suspeitar de mim. Isso me mortifica. Asseguro-lhe que agora aprendi a desfrutar da sua conversa como um jovem agradável e sensato, sem ter segundas intenções. Estou perfeitamente convencida, pelo jeito que me trata agora, que ele nunca teve qualquer desejo por minha afeição. Ele apenas tem uma boa lábia e um desejo mais forte de agradar os outros do que qualquer outro homem.

— Você é muito cruel — disse sua irmã —, não me deixa sorrir, e me provoca a isso a todo momento.

— Como é difícil, em alguns casos, que acredite em mim!

— E como é impossível em outros!

— Mas por que iria querer me convencer que sinto mais do que eu admito sentir?

— Essa é uma pergunta que eu não sei como responder. Todos nós amamos instruir os outros, embora possamos ensinar apenas o que não vale a pena saber. Perdoe-me. E se você persistir na indiferença, não *me* faça sua confidente.

LV

Poucos dias depois desta visita, o Sr. Bingley apareceu novamente, e sozinho. Seu amigo partira naquela manhã para Londres, mas voltaria dentro de dez dias. Ele sentou-se com elas por mais de uma hora, e estava muito bem-humorado. A Sra. Bennet o convidou para jantar com eles, mas, escusando-se, confessou já ter outro compromisso.

— Na próxima vez que nos visitar — disse ela —, espero que tenhamos mais sorte.

Ele respondeu que ficaria particularmente feliz em comparecer um outro dia etc. etc., e se ela lhe permitisse, seria muito em breve.

— Pode vir amanhã?

Disse que sim, ele não tinha nenhum compromisso para o dia seguinte e seu convite foi aceito com entusiasmo.

Ele veio, e tão cedo que as damas ainda não estavam vestidas. A Sra. Bennet correu para o quarto de sua filha, em seu roupão, com seu penteado inacabado, gritando:

— Minha cara Jane, se apresse e desça. Ele veio. O Sr. Bingley chegou. Ele chegou, de fato. Apresse-se, apresse-se. Aqui, Sarah, venha até a senhorita Bennet agora e ajude-a com seu vestido. Esqueça o cabelo da senhorita Lizzy.

— Desceremos assim que pudermos — disse Jane. — Mas devo dizer que Kitty é a mais adiantada de nós, pois já desceu as escadas meia hora atrás.

— Oh! Esqueça Kitty! O que ela tem a ver com isso? Vamos, apresse-se, apresse-se! Onde está a sua faixa de seda, querida?

Mas quando a mãe se foi, Jane não quis descer sem alguma das irmãs.

A mesma ansiedade em deixá-los a sós ficou perceptível novamente à noite. Após o chá, o Sr. Bennet se retirou para a biblioteca, como era seu costume, e Mary subiu escadas para seu instrumento. Dois obstáculos dos cinco sendo assim removidos, a Sra. Bennet sentou-se olhando e piscando para Elizabeth e Catherine por um tempo considerável, sem causar qualquer impressão sobre elas. Elizabeth fingiu não ver, e Kitty muito inocentemente disse:

— Qual é o problema mamãe? Por que você fica piscando para mim? O que devo fazer?

— Nada criança, nada. Eu não pisquei para você. — Ela, então, sentou-se ainda cinco minutos mais. Mas incapaz de desperdiçar uma ocasião tão preciosa, ela de repente se levantou, dizendo à Kitty:

— Venha aqui, meu amor, quero falar com você. — E a tirou da sala. Jane imediatamente lançou um olhar para Elizabeth, que exprimia sua angústia em tal premeditação e suplicava para que *ela* não cedesse. Em poucos minutos, a Sra. Bennet abriu a porta e gritou:

— Lizzy, minha querida, quero falar com você.

Elizabeth foi forçada a ir.

— Precisamos deixá-los à sós, você sabe — disse sua mãe, assim que ela estava no corredor. — Kitty e eu vamos subir para nos sentarmos em minha antecâmara.

Elizabeth não quis contrariar sua mãe, mas permaneceu quieta no saguão, até que ela e Kitty estivessem fora de vista, e depois voltou para a sala de estar.

Os planos da Sra. Bennet para este dia foram ineficazes. Bingley fora encantador, mas não agiu como um pretendente. Sua simplicidade e alegria o tornaram uma companhia agradável durante a noite. Ele tolerou as cortesias afetadas da Sra. Bennet, e ouviu todas suas observações bobas com uma paciência e autocontrole que deixaram Jane especialmente grata.

Ele mal precisou de um convite para ficar para a ceia e, antes de ir embora, firmou compromisso, principalmente por intermédio da Sra. Bennet, de vir na manhã seguinte para caçar com seu marido.

Depois deste dia, Jane não disse mais nada sobre sua indiferença. Nem uma palavra foi falada entre as irmãs sobre Bingley, mas Elizabeth foi para a cama na feliz crença de que tudo viesse a ser rapidamente resolvido, a menos que o Sr. Darcy voltasse dentro do tempo indicado. Contudo, ela estava quase certa de que tudo isso acontecia com a aquiescência do cavalheiro.

Bingley foi pontual em seu compromisso, e ele e o Sr. Bennet passaram a manhã juntos, como tinha sido acordado. Este último achou o companheiro muito mais agradável do que esperava. Não havia nada de presunção ou loucura em Bingley que o expusesse ao ridículo ou fizesse o Sr. Bennet calar-se em aversão. E neste dia ele estava mais comunicativo, e menos excêntrico do que o jovem já tinha visto. Bingley, é claro, voltou com ele para o jantar, e à noite a missão da Sra. Bennet era novamente deixá-lo a sós com Jane. Elizabeth, que tinha uma carta para escrever, foi para a sala de café da manhã para esse fim logo após o chá, pois como os outros se sentariam para jogar cartas, ela não precisaria contrabalançar os esquemas de sua mãe.

Mas ao voltar à sala de visitas, quando sua carta estava terminada, ela viu, para sua infinita surpresa, que havia muitos motivos para temer que sua mãe tivesse sido mais engenhosa com ela. Ao abrir a porta, percebeu que sua irmã e Bingley estavam juntos ao lado da lareira, como se estivessem envolvidos em uma conversa séria. E se isso não fosse suspeito o bastante, os rostos de ambos, que se viraram às pressas e se afastaram um do outro, teriam contado tudo. A situação *deles* era bastante constrangedora, mas a de *Elizabeth* era ainda pior. Nem uma sílaba foi proferida por qualquer um, e Elizabeth estava a ponto de ir embora novamente, quando Bingley, que seguindo o exemplo de Jane havia se sentado, de repente se levantou, e, sussurrando algumas palavras para Jane, correu para fora da sala.

Jane não poderia ter reservas com Elizabeth, pois a confidência seria-lhe muito prazerosa. E instantaneamente abraçando-a, reconheceu, cheia de emoção, que ela era a criatura mais feliz do mundo.

— Isso é demais! — acrescentou — É realmente demais para

mim. Eu não mereço. Oh! Por que as outras pessoas não são tão felizes como eu?

Elizabeth parabenizou sua irmã com uma sinceridade, um carinho e um deleite que mal poderiam ser expressos em palavras. Cada frase era uma nova fonte de felicidade para Jane. Mas ela não podia ficar apenas com sua irmã, ou dizer metade do que havia para ser dito, por enquanto.

— Devo ir imediatamente avisar mamãe — gritou. — Eu não brincaria, de forma alguma, com sua solicitude afetuosa. Ou permitiria que ela soubesse a notícia por outra pessoa. Ele já se foi para conversar com papai. Oh! Lizzy, o que eu tenho para relatar dará tanto prazer para nossa família! Como devo suportar tanta felicidade?

Ela, então, correu para a sua mãe, que tinha propositadamente interrompido o jogo de cartas e estava sentada nas escadas com Kitty.

Elizabeth, que foi deixada sozinha, agora sorria da rapidez e da facilidade com que o caso fora finalmente resolvido, um que lhes havia dado tantos meses de suspense e aflição.

"E isso", disse para si, "é o fim de todas as preocupações e ansiedades de seu amigo! De toda a falsidade e artifício de sua irmã! O final mais feliz, mais sábio, mais razoável!".

Em poucos minutos, ela se juntou a Bingley, cuja conferência com seu pai tinha sido breve e direta ao ponto.

— Onde está sua irmã? — disse ele apressadamente, ao abrir a porta.

— Com minha mãe lá em cima. Ela estará aqui a qualquer momento, ouso dizer.

Ele então fechou a porta, e chegando até ela, solicitou a benção e o carinho de uma irmã. Elizabeth, sinceramente e de coração, expressou seu prazer na perspectiva de seu relacionamento. Eles apertaram as mãos com grande cordialidade. E então, até que sua irmã descesse, ela teve que ouvir tudo o que ele tinha a dizer de sua própria felicidade e das perfeições de Jane. E, apesar de serem as palavras de um apaixonado, Elizabeth realmente acreditava serem bem fundadas todas as suas esperanças de felicidade, porque tinham por base uma mútua compreensão e a excelente disposição de Jane, além de uma semelhança geral de sentimentos e gostos entre os dois.

Era uma noite de grande prazer a todos. A alegria de Jane deu um fulgor e uma doçura à sua face, que a deixou mais bela do que nunca. Kitty sorria e sorria, e esperava que sua vez chegasse em breve. A Sra. Bennet não conseguia expressar o seu consentimento, ou dar sua aprovação em termos afetuosos o bastante para dar conta de seus sentimentos, embora não falasse com Bingley de nada mais, por meia hora. E quando o Sr. Bennet se juntou a eles no jantar, sua voz e maneira claramente mostravam o quão feliz ele estava.

Nem uma palavra, no entanto, passou por seus lábios em alusão ao acontecimento, até que seu visitante se retirou. Mas assim que ele se foi, virou-se para sua filha e disse:

— Jane, eu te dou os parabéns. Você será uma mulher muito feliz.

Jane imediatamente foi até ele, o beijou e o agradeceu por sua bondade.

— Você é uma boa menina — respondeu ele —, e eu tenho grande prazer em ver que estará muito bem casada. Eu não tenho dúvida de que vocês se darão muito bem juntos. Seus temperamentos não são diferentes. Cada um de vocês é tão tolerante, que nada jamais será definitivo. Tão calmos, que todos os empregados os enganarão. E tão generosos, que até gastarão além da conta.

— Espero que não. Imprudência ou negligência em questões de dinheiro seriam imperdoáveis a *mim*.

— Gastar além da conta! Meu caro Sr. Bennet — gritou sua esposa —, do que você está falando? Ele ganha quatro ou cinco mil libras por ano, e muito provavelmente mais. — Em seguida, dirigindo-se a sua filha, disse: — Oh! Minha querida, querida

Jane, estou tão feliz! Tenho certeza de que eu não conseguirei nem fechar os olhos para dormir esta noite. Eu sabia que as coisas seriam assim. Eu sempre disse que seriam assim, e finalmente aconteceu. Eu tinha certeza de que você não poderia ser tão bonita por nada! Lembro-me que assim que o vi, quando ele veio pela primeira vez a Hertfordshire no ano passado, já pensei em quão provável era que vocês ficassem juntos. Oh! Ele é o jovem mais bonito que vi!

Wickham, Lydia, tudo isso havia sido esquecido. Jane era, sem ter como competir, sua filha favorita. Naquele momento, ela não se importava com nenhuma outra. Suas irmãs mais novas logo começaram a se interessar pelas vantagens e pelos prazeres que Jane seria capaz de lhes proporcionar no futuro.

Mary pediu o uso da biblioteca em Netherfield e Kitty implorou muito por alguns bailes de inverno no local.

Bingley, a partir de então, era naturalmente um visitante diário em Longbourn, vindo frequentemente antes do café da manhã e permanecendo sempre até depois do jantar. Exceto quando algum vizinho maldoso, que não poderia ser mais odioso, lhe tivesse feito um convite para jantar, o qual ele próprio se via obrigado a aceitar.

Elizabeth tinha agora pouco tempo para conversar com sua irmã. Pois enquanto ele estava presente, Jane não dava atenção a mais ninguém. Mas ela se encontrou consideravelmente útil para ambos, naquelas horas de separação que às vezes ocorriam. Na ausência de Jane, ele sempre ia até Elizabeth para ter o prazer de uma boa conversa. E quando Bingley partia, Jane constantemente procurava os mesmos meios de alívio.

— Ele me deu uma grande alegria — disse ela, uma noite —, pois me disse que não tinha a menor ideia de que eu tinha ido para Londres primavera passada! Eu não acreditava que fosse possível.

— Eu suspeitava — respondeu Elizabeth. — Mas como ele explicou isso?

— Deve ter sido por causa de suas irmãs. Elas certamente não eram favoráveis a que ele se relacionasse comigo, o que não me surpreende, uma vez que ele poderia ter escolhido alguém que lhe desse mais vantagens em vários aspectos. Mas quando elas virem, como eu espero que vejam, que o irmão delas está feliz comigo, hão de contentar-se, e voltaremos a nos dar bem. Embora nunca possamos voltar a ser o que éramos antes.

— Esse é o discurso mais severo — disse Elizabeth — que já ouvi você proferir. Boa menina! Irritar-me-ia, de fato, vê-la novamente ser enganada pela falsa amizade da senhorita Bingley.

— Você acredita, Lizzy, que quando ele foi para a cidade em novembro passado, ele realmente me amava e apenas não voltou, pois o persuadiram de que ele me era indiferente!

— Ele cometeu um pequeno erro, com certeza. Mas é mérito de sua modéstia.

Isso naturalmente deu brecha para que Jane iniciasse uma apologia da modéstia de Bingley e do pouco valor que dava a suas próprias boas qualidades.

Elizabeth ficou contente ao descobrir que ele não tinha revelado a interferência de seu amigo, pois, embora Jane tivesse o coração mais generoso e clemente do mundo, Elizabeth sabia que era uma circunstância que colocaria uma indisposição entre os dois.

— Eu sou certamente a criatura mais afortunada que já existiu! — gritou Jane. — Oh! Lizzy, por que fui a escolhida da nossa família para ser abençoada acima de todos? Se eu pudesse ver *você* assim tão feliz! Se *houvesse* outro homem igual para você!

— Se você me desse quarenta homens iguais a ele, eu nunca seria tão feliz como você. Sem ter sua disposição, sua bondade, nunca poderia ter a sua felicidade. Não, não, deixe que me arrumo para mim mesma. E, talvez, se eu tiver muita sorte, possa eventualmente encontrar algum outro Sr. Collins por aí.

A situação dos assuntos na família Longbourn não podia ser secreta por muito tempo. A Sra. Bennet teve o privilégio de sussurrar para a Sra. Phillips, e *ela* aventurou-se, sem qualquer permissão, a fazer o mesmo por todos os seus vizinhos em Meryton.

Os Bennets foram rapidamente considerados a família mais sortuda do mundo, embora apenas algumas semanas antes, quando Lydia fugira, fossem considerados marcados pelo infortúnio.

LVI

Certa manhã, cerca de uma semana após o noivado de Bingley com Jane ter sido formado, enquanto ele e as mulheres da família estavam sentados juntos na sala de jantar, sua atenção foi subitamente atraída para a janela, pelo som de uma carruagem. Indo até a janela, observaram uma carruagem e quatro cavalos entrando no gramado. Era muito cedo para visitantes, e além disso, a equipagem não correspondia à de nenhum de seus vizinhos. Os cavalos aparentavam ter sido emparelhados em algum posto de troca, e nem a carruagem nem o uniforme do cocheiro que a precedia lhes eram familiares. Como era certo, no entanto, que alguém estava vindo, Bingley imediatamente persuadiu a senhorita Bennet a evitar que ficassem fazendo sala ao intruso, e dessem uma escapadela para o jardim. Ambos partiram, e as conjecturas dos três restantes continuaram, embora com pouco sucesso, até que a porta foi aberta, e seu visitante entrou. Era Lady Catherine de Bourgh.

Elas estavam, naturalmente, todas esperando serem surpreendidas, mas esta surpresa estava além de suas expectativas. Por parte da Sra. Bennet e de Kitty foi menor do que para Elizabeth, embora Lady Catherine lhes fosse completamente desconhecida.

Ela entrou na sala com um ar mais do que normalmente desagradável, como resposta à saudação de Elizabeth não fez mais do que inclinar ligeiramente a cabeça, e sentou-se sem dizer uma palavra. Elizabeth havia mencionado seu nome à sua mãe, na entrada de sua senhoria, embora nenhum pedido de apresentação tivesse sido feito por Lady Catherine.

Toda a admiração da Sra. Bennet, embora lisonjeada por ter

um convidado de tão alta importância, a recebeu com a máxima cortesia. Depois de se sentar por um momento em silêncio, ela disse muito rigidamente a Elizabeth,

— Eu espero que esteja bem, senhorita Bennet. Aquela mulher, eu suponho que seja sua mãe.

Elizabeth concisamente respondeu que sim.

— E *aquela* eu suponho que seja uma de suas irmãs.

— Sim, senhora — disse a Sra. Bennet, encantada por dirigir uma palavra a Lady Catherine. — Ela é a filha mais nova que tenho agora. A mais nova de todas casou-se recentemente, e a mais velha está pela propriedade, passeando com um jovem, que em breve se juntará à família.

— Você tem um jardim muito pequeno aqui — retornou Lady Catherine depois de um curto silêncio.

— Não é nada comparado a Rosings, milady, ouso dizer. Mas garanto que é maior do que o de Sir William Lucas.

— Esta deve ser uma sala de estar muito inconveniente para as tardes de verão. As janelas são todas voltadas para o oeste.

A Sra. Bennet assegurou-lhe de que nunca se sentavam lá depois do jantar, e depois acrescentou:

— Permita-me que tome a liberdade de perguntar se vossa senhoria deixou o Sr. e a Sra. Collins bem.

— Sim, muito bem. Eu os vi na noite anterior à passada.

Elizabeth agora esperava que ela lhe entregasse uma carta de Charlotte, uma vez que parecia ser o único motivo provável para a sua visita. Mas nenhuma carta foi entregue, e ela continuou totalmente confusa.

A Sra. Bennet, com grande cortesia, implorou a Sua Senhoria para tomar um refresco, mas Lady Catherine de forma muito resoluta, mas não muito educada, recusou comer qualquer coisa. E, em seguida, levantando-se, disse a Elizabeth:

— Senhorita Bennet, parece-me que há um agradabilíssimo bosque deste lado do seu cercado. Ser-me-ia deveras aprazível conhecê-lo, caso me honre com sua companhia.

— Vá, minha querida — gritou sua mãe —, e mostre à vossa senhoria os vários caminhos. Acho que ela ficará satisfeita com o caramanchel.

Elizabeth obedeceu e, correndo para seu próprio quarto para buscar sua sombrinha, encontrou sua nobre convidada ao pé da escada. Quando passavam pelo corredor, Lady Catherine abriu as portas para a sala de jantar e sala de estar, após uma breve vistoria, julgou-as salas aparentemente decentes, e caminhou.

Sua carruagem permaneceu na porta, e Elizabeth viu que sua criada estava nela. Elas prosseguiram em silêncio ao longo da trilha de cascalho que levava ao bosque. Elizabeth estava determinada a não fazer nenhum esforço para conversar com uma mulher que estava sendo agora mais insolente e desagradável do que de costume.

"Como eu pude pensar que ela se parecia com o seu sobrinho?", pensou Elizabeth enquanto olhava para o rosto dela.

Assim que elas entraram no bosque, Lady Catherine começou a falar da seguinte maneira:

— Não deve estar alheia, senhorita Bennet, dos motivos que me fizeram viajar até aqui. O seu próprio coração e a sua própria consciência devem muito bem lhe dizer por que vim.

Elizabeth olhou com surpresa não afetada.

— Na verdade, a senhora está enganada, milady. Eu não sou capaz de explicar a honra de vê-la aqui.

— Senhorita Bennet — respondeu Lady Catherine em um tom irritado —, deve saber que não sou afeita a brincadeiras. Caso escolha continuar sendo insincera, certamente não me verá agindo assim. Meu caráter sempre foi celebrado por sua sinceridade e franqueza, e principalmente em um caso como este não me mostrarei de outro modo. Um relato de natureza muito alarmante chegou-me aos ouvidos há dois dias. Foi-me dito que não só a sua irmã estava prestes a fazer um belo de um vantajoso casamento, mas que *você*, senhorita Elizabeth Bennet, logo depois estaria unida ao meu sobrinho, meu próprio sobrinho, o Sr. Darcy. Embora eu *tenha certeza* de que isso não passa de uma estapafúrdia mentira, embora nunca pudesse rebaixar meu sobrinho de tal modo a ponto de acreditar que esse disparate seja verdade, eu imediatamente resolvi vir até este lugar para que pudesse lhe dizer muito claramente o que penso disso tudo.

— Se você acredita que tal coisa seja impossível — disse Elizabeth, ruborizando de espanto e desdém —, pergunto-me por que teve o trabalho de vir de tão longe. O que vossa senhoria pretende?

— Insistir que tal relato seja universalmente desmentido de uma vez por todas.

— Sua vinda a Longbourn, para ver a mim e minha família — disse Elizabeth, friamente —, será mais uma confirmação de um relato como esse. Se, de fato, tal rumor existir.

— Se! Você então finge não estar ciente dele? Então, não foi ele diligentemente divulgado pela sua própria família? Por acaso, não sabe que tal relato está circulando amplamente?

— Eu nunca ouvi tal coisa.

— E você pode, da mesma forma, declarar que não há *fundamentos* para isso?

— Eu não finjo ter a mesma franqueza que a vossa senhoria. A senhora pode muito bem fazer perguntas às quais eu opte por não responder.

— Isso não será tolerado. Senhorita Bennet, eu insisto saber. Ele, meu sobrinho, lhe fez alguma oferta de casamento?

— Vossa senhoria mesmo declarou ser impossível.

— Tem que ser assim. Deve ser assim, a menos que ele não esteja em plena posse de suas razões. Mas *suas* artes e seduções podem, em um momento de paixão, tê-lo feito se esquecer do que deve a si e a toda sua família. Você pode muito bem tê-lo seduzido.

— Se o fiz, então seria a última pessoa a confessá-lo.

— Senhorita Bennet, você sabe quem eu sou? Não estou habituada a que me falem nesse tom. Eu sou quase o parente mais próximo que ele tem no mundo, e tenho o direito de saber de tudo que mais lhe diz respeito.

— Mas você não tem o direito de saber sobre o que diz respeito a *mim*. Nem irá com tal comportamento me fazer ser mais explícita.

— Deixe-me ser mais clara. Esta união, à qual tem a presunção de aspirar, nunca poderá acontecer. Não, nunca! O Sr. Darcy está noivo de *minha filha*. O que tem a dizer?

— Apenas isto: que se ele está mesmo comprometido, a senhora não tem nenhum motivo para supor que ele fará uma oferta a mim.

Lady Catherine hesitou por um momento, então respondeu:

— O compromisso entre eles é de um tipo especial. Estão desde a infância destinados um para o outro. Era o maior desejo de sua mãe, bem como é o meu. Planejamos esta união quando ainda estavam no berço. E agora, no momento em que o desejo de ambas as irmãs seria realizado com o casamento, ele seria impedido por uma moça de classe inferior, sem nenhuma importância na sociedade e sem nenhum vínculo com a família? Não leva em conta os desejos dos amigos dele? Não considera o acordo tácito firmado com a Srta. de Bourgh? Por acaso não se presta a nenhum sentimento de decência e delicadeza? Você não me ouviu dizer que desde suas primeiras horas ele estava destinado à sua prima?

— Sim, e já tinha ouvido antes. Mas o que isso tem a ver comigo? Se não há outra objeção para que me case com o seu sobrinho, certamente não serei impedida de fazê-lo apenas porque sua mãe e sua tia desejaram que ele se casasse com a senhorita De Bourgh. Vocês duas fizeram o máximo que puderam para arranjar o casamento, mas sua realização depende de outras pessoas. Se o Sr. Darcy não está por honra nem inclinação comprometido com sua prima, por que não pode fazer outra escolha? E se eu sou essa escolha, por que não posso aceitá-lo?

— Porque honra, decoro, prudência e seu próprio bem-estar a proíbem. Sim, senhorita Bennet, pelo seu próprio bem, pois não espere ser aceita por sua família e amigos se você deliberadamente agir contra as inclinações de todos. Você será censurada, menosprezada e rejeitada por cada um de seu círculo. Seu casamento será uma desgraça, seu nome nunca será mencionado por nenhum de nós.

— Estes são infortúnios onerosos — respondeu Elizabeth. — Mas a esposa do Sr. Darcy deve ter tantas outras fontes extraordinárias de felicidade devido à sua posição privilegiada que, em última instância, não haveria de ter motivos para arrependimento.

— Menina obstinada, teimosa! Tenho vergonha de você! É esta a sua gratidão pelos cuidados que lhe dediquei na primavera passada? Acha que não me deve nada por isso? Sentemo-nos um pouco. Deve entender, senhorita Bennet, que eu vim aqui determinada a resolver essa situação e não serei dissuadida disso. Eu não estou acostumada a me submeter aos caprichos de ninguém. Nem tenho o hábito de aceitar decepções.

— *Isso* tornará a situação de vossa Senhoria ainda mais lamentável, mas não causará nenhum efeito em *mim*.

— Eu não serei interrompida. Ouça-me em silêncio. Minha filha e meu sobrinho foram feitos um para o outro. São descendentes do lado maternal, da mesma linha nobre, e, do paternal, das famílias mais respeitáveis, honoráveis e antigas, embora sem título. Sua fortuna de ambos os lados é esplêndida. Eles estão destinados um ao outro pela voz em uníssono de cada membro de suas respectivas famílias. E o que irá separá-los? As pretensões de uma moça sem família, conexões ou fortuna? Como se pode aceitar isso? Não dá, e não será! Se fosse sensata, para o seu próprio bem, não desejaria abandonar a esfera em que fora criada.

— Ao me casar com seu sobrinho, eu não deveria me considerar como deixando essa esfera. Ele é um cavalheiro, eu sou a filha de um cavalheiro, até agora somos iguais.

— Verdade. Você *é* a filha de um cavalheiro. Mas quem é sua mãe? Quem são seus tios e tias? Não pense que desconheço a situação deles.

— Qualquer que seja a situação deles — disse Elizabeth —, se seu sobrinho não tiver objeções a elas, não lhe dizem respeito, senhora.

— Diga-me de uma vez por todas, você está noiva dele?

Embora Elizabeth não quisesse responder a essa pergunta unicamente para satisfazer os anseios de Lady Catherine, após um momento de reflexão, não pôde esquivar-se de dizer:

— Não estou.

Lady Catherine parecia contente.

— E promete-me que nunca aceitará tal compromisso?

— Não farei promessas deste tipo.

— Senhorita Bennet, estou chocada e surpresa. Eu esperava encontrar uma jovem mais razoável. Mas não se engane pensando que recuo diante disso. Não irei embora até que me dê a garantia de que preciso.

— E eu certamente *nunca* a darei. Não serei intimidada por algo tão irracional. Vossa Senhoria quer que o Sr. Darcy se case com a sua filha, mas se eu lhe prometesse o que deseja, isso tornaria o casamento *deles* mais provável? Supondo que ele nutra sentimentos por mim, será que *minha* recusa a em aceitar sua mão o faria desejar concedê-la à sua prima? Permita-me que lhe diga, Lady Catherine, que os argumentos com que fundamentou esse pedido foram tão frívolos quanto o próprio pedido foi mal pensado. Enganou-se muito sobre o meu caráter, se acha que posso ser influenciada por tais artifícios. Até que ponto o seu sobrinho aprova a sua interferência nos assuntos *dele*, eu não posso dizer. Mas o que posso dizer é que certamente não tem o direito de interferir nos *meus*. Portanto, peço-lhe encarecidamente que não me importune mais sobre esse assunto.

— Não tão rápido, por gentileza. Ainda não acabei. A todas as objeções que já fiz, tenho ainda outra a acrescentar. Não sou estranha aos detalhes da infame fuga da sua irmã mais nova. Eu sei de tudo. Sei que para que o jovem se casasse com ela fora feito um belo de um remendo, às custas de seu pai e tios. E *tal* menina poderia ser irmã do meu sobrinho? O marido *dela*, o filho do mordomo de seu falecido pai, seria seu irmão? Céus e terra! No que você está pensando? As sombras do bosque de Pemberley serão poluídas de tal forma?

— A senhora *agora* já não tem mais nada a dizer — respondeu com ressentimento. — Insultou-me de todos os modos possíveis. Agora devo insistir para que me deixe voltar para casa.

E ela levantou-se enquanto falava. Lady Catherine levantou-se também, e elas voltaram. Vossa Senhoria estava muito irritada.

— Você não tem respeito, então, para a honra e o crédito do meu sobrinho! Insensível, menina egoísta! Você não considera que uma relação com você o desonraria aos olhos de todos?

— Lady Catherine, não tenho mais nada a dizer. Já sabe o que penso.

— Então está decidida a tê-lo?

— Não disse tal coisa. Só estou decidida a agir da maneira que julgar adequada para alcançar minha felicidade, sem me preocupar com o que a senhora, ou qualquer pessoa que eu não conheça, pense de mim.

— Está bem. Recusa-se, então, a me obedecer. Recusa-se a obedecer às reivindicações de dever, honra e gratidão. Está determinada a arruiná-lo na opinião de todos os seus amigos, e torná-lo desprezível para o mundo.

— Nem o dever, nem a honra, nem a gratidão — respondeu Elizabeth — têm qualquer possível reivindicação sobre mim, no presente caso. Nenhum dos princípios seria violado pelo meu casamento com o Sr. Darcy. E no que diz respeito ao ressentimento de sua família, ou a indignação do mundo, se o primeiro *estiver* contente em se casar comigo, não me daria um momento de preocupação, e o mundo em geral tem bom senso o bastante para se juntar ao desprezo.

— E esta é a sua opinião real! Esta é a sua decisão final! Muito bem. Saberei agora como agir. Não imagine, senhorita Bennet, que a sua ambição se realizará algum dia. Vim para testá-la. Esperava que você fosse mais razoável. Contudo, independentemente disso, farei o que for preciso para levar a cabo minhas intenções.

Desta forma, Lady Catherine falou, até que elas estivessem à porta da carruagem, então virou-se apressadamente e acrescentou:

— Não me despeço de você, senhorita Bennet. Não mando cumprimentos à sua mãe. Vocês não merecem tal atenção. Estou extremamente ofendida.

Elizabeth não respondeu. E sem tentar persuadir Vossa Senhoria a voltar para a casa, virou-se e entrou silenciosamente nela. Ela ouviu a carruagem indo embora enquanto subia as escadas. Sua mãe a encontrou impacientemente na porta da antecâmara, para perguntar por que Lady Catherine não voltaria para descansar.

— Ela não quis— disse a filha —, decidiu ir embora.

— Ela é uma mulher muito refinada! E sua presença aqui foi muito civilizada! Pois ela só veio, suponho, para nos dizer que os Collins estavam bem. Ela certamente está de passagem por Meryton para ir a algum lugar e resolveu que poderia muito bem parar a fim de lhe fazer uma visita. Suponho que ela não tinha nada especial para lhe dizer, Lizzy?

Elizabeth foi forçada a conceder-lhe uma explicação falsa, pois reconhecer a substância de sua conversa era impossível.

LVII

O desconforto o qual esta extraordinária visita causou na mente de Elizabeth não poderia ser facilmente superado, nem poderia, por muitas horas, fazer com que ela deixasse de pensar incessantemente nisso. Lady Catherine parecia, na verdade, ter se dado ao trabalho de fazer a viagem de Rosings até Longbourn com o único propósito de romper seu suposto noivado com o Sr. Darcy. Na verdade, não deixava de ser um plano inteligente! Mas Elizabeth não conseguia imaginar da onde teriam se originado os falatórios sobre seu noivado, até se lembrar de que o Sr. Darcy era amigo íntimo de Bingley, e que *ela* era irmã de Jane, fazendo com que a associação de um outro casamento fosse automática. Ela não ignorava que o casamento de sua irmã fosse aproximá-la mais do Sr. Darcy. E seus vizinhos em Lucas Lodge, portanto (e por conseguinte, através de sua comunicação com os Collins, o rumor tinha alcançado Lady Catherine), só tinham dado como certo e imediato o que ela apenas encarava como remota possibilidade.

Ao rememorar as palavras de Lady Catherine, no entanto, ela não podia deixar de sentir algum desconforto quanto às possíveis consequências de sua persistente interferência. Pelo que ela tinha dito sobre sua resolução de impedir o casamento, ocorreu a Elizabeth que ela planejava fazer um interrogatório ao seu sobrinho. E como *ele* poderia reagir diante de uma exposição de todos os males que decorreriam do estabelecimento de um vínculo com ela, Elizabeth não sabia dizer. Ela não sabia o grau exato da afeição do Sr. Darcy por sua tia, nem do quanto levava em consideração os julgamentos dela, mas era natural supor que ele tinha mais consideração por Lady Catherine do que por ela, Elizabeth. E era certo que, ao enumerar as misérias de um casamento com *alguém*, cujos parentes mais próximos eram tão inferiores aos seus, sua tia apelaria para o seu lado mais fraco. Com sua concepção de honra, ele provavelmente sentiria que os argumentos, que para Elizabeth pareciam fracos e ridículos, continham muito bom senso e raciocínio sólido.

Se ele já havia hesitado antes quanto ao que ele deveria fazer, o que acontecia com certa frequência, o conselho e pedido de uma parente tão próxima poderiam sanar suas dúvidas e convencê-lo de uma vez a ser tão feliz quanto fosse possível ser sem manchar a honra da família. Nesse caso, ele não voltaria mais. Lady Catherine poderia encontrá-lo quando estivesse a caminho de Londres, e seu compromisso com Bingley de voltar a Netherfield seria cancelado.

"Se, portanto, uma desculpa para não manter a sua promessa chegar a seu amigo dentro de alguns dias", pensou Elizabeth, "saberei qual é sua decisão. Então, desistirei de todas as minhas expectativas e desejos que ele seja coerente. Se ele está satisfeito apenas em lamentar minha perda, quando poderia muito bem receber meus afetos e tomar minha mão, deixarei de lamentá-lo completamente."

A surpresa do resto da família, ao ouvir quem tinha sido sua visitante, foi muito grande, mas eles passivamente se satisfizeram com o mesmo tipo de suposição que tinha apaziguado a curiosidade da Sra. Bennet, e Elizabeth foi poupada de muitos incômodos sobre o assunto.

Na manhã seguinte, enquanto descia as escadas, ela foi recebida por seu pai, que saiu de sua biblioteca com uma carta na mão.

— Lizzy — disse ele —, eu estava indo chamá-la. Venha até minha sala.

Ela o seguiu até lá, e sua curiosidade para saber o que tinha a dizer aumentou ao supor que de alguma maneira estava conectado com a carta que segurava. De repente, ocorreu-lhe que poderia ser de Lady Catherine, e ela antecipou com consternação todas as explicações que teria de dar.

Ela seguiu seu pai até a lareira, e ambos se sentaram. Ele então disse:

— Recebi uma carta esta manhã que me surpreendeu muito. Como diz respeito principalmente a você, deve saber o seu conteúdo. Eu não sabia que eu tinha *duas* filhas à beira do matrimônio. Deixe-me parabenizá-la por essa conquista muito importante.

O sangue subiu ao rosto de Elizabeth na convicção instantânea de que era uma carta do sobrinho, em vez da tia. E ela estava indecisa se estava mais satisfeita por ele se ter explicado, ou ofendida por sua carta não ter sido endereçada a ela mesma, quando seu pai continuou:

— Você parece consciente. Vocês, moças, mostram grande penetração em assuntos como estes. Mas eu penso que eu posso desafiar até mesmo *sua* sagacidade, para descobrir o nome de seu admirador. Esta carta é do Sr. Collins.

— Do Sr. Collins! E o que *ele* pode ter a dizer?

— Algo muito a propósito, claro. Ele começa com os parabéns pelas núpcias que se aproximam da minha filha mais velha, das quais parece que ele foi informado por alguns dos agradáveis fofoqueiros da família Lucas. Não vou brincar com a sua impaciência, lendo o que ele diz sobre esse ponto. O que se relaciona a você, é o seguinte. "Assim, tendo-vos oferecido as sinceras felicitações da Sra. Collins e de mim por este feliz acontecimento, permiti-me vós que acrescente agora uma pequena sugestão sobre um outro assunto do qual fomos informados pela mesma autoridade. Vossa filha Elizabeth, presume-se, não terá por muito tempo o nome de Bennet, depois que sua irmã mais velha também o renunciou, e o parceiro escolhido pode razoavelmente ser considerado como um dos homens mais ilustres deste país."

— Consegue adivinhar, Lizzy, a quem ele está se referindo? "Este jovem cavalheiro é abençoado de uma forma peculiar, com tudo que um coração mortal pode mais desejar: propriedade esplêndida, parentes nobres e ampla influência. No entanto, apesar de todas essas tentações, deixai-me alertar-vos, e também minha prima Elizabeth, de que males podem incorrer de um consentimento precipitado às propostas deste cavalheiro, que, certamente, estareis inclinados a tirar proveito imediato."

— Você tem alguma ideia, Lizzy, de quem seja este cavalheiro? Mas agora ele diz: "O meu motivo para vos avisar é o seguinte: Temos razões para imaginar que a sua tia, Lady Catherine de Bourgh, não olha para o casamento com bons olhos."

— O *Sr. Darcy*, vê, é o homem! Agora, Lizzy, *creio* que lhe surpreendi. Poderia o Sr. Collins, ou os Lucas, ter sugerido um homem, dentro do círculo de nossos conhecidos, cujo nome seria mais improvável? O Sr. Darcy, que nunca olha para qualquer mulher, exceto para apontar alguma falha, e que provavelmente nunca olhou para *você* em toda sua vida! É espantoso!

Elizabeth tentou achar a mesma graça que seu pai havia achado nessa história, mas só conseguiu forçar um sorriso relutante. Nunca o humor irônico de seu pai lhe pareceu tão pouco agradável.

— Não acha graça?

— Oh! Sim. Continue a leitura.

"Depois de mencionar a probabilidade deste casamento com Vossa senhoria ontem à noite, ela imediatamente, com sua condescendência habitual, expressou o que sentia na ocasião. Tornou-se evidente que, devido a algumas objeções a respeito de vossa família, primo, ela nunca daria o seu consentimento para o que ela chamou de 'vergonhosíssimo casamento'. Pensei que fosse meu dever tornar minha prima ciente disso o mais rápido possível, para que ela e o seu nobre admirador refletissem sobre os que eles estão fazendo, e não prosseguissem apressadamente com um casamento que não foi devidamente sancionado."

— O Sr. Collins também comenta: "Estou realmente contente que o triste caso da minha prima Lydia tenha sido tão bem abafado, e estou apenas preocupado que outros tenham ficado sabendo de que eles viveram juntos antes do casamento. Não devo, no entanto, negligenciar os deveres da minha posição, ou abster-me de declarar meu espanto, ao ouvir que vós recebestes o jovem casal em vossa casa assim que se casaram. Foi um encorajamento do vício, e se eu fosse o reitor de Longbourn, teria me oposto muito vigorosamente. Certamente deveis perdoá-los como um cristão, mas nunca os admitir em vossa vista, ou permitir que seus nomes sejam mencionados em vossa presença."

— *Essa* é a noção que ele tem do perdão cristão! O resto da carta é só sobre a situação da sua querida Charlotte, e a sua expectativa de ter um rebento. Mas, Lizzy, você parece não ter gostado. Você não vai ficar *magoada*, eu espero, nem se sentir ofendida por um rumor tão ridículo, não é? Pois, por que razão vivemos, senão para escarnecer dos atos ridículos de nossos vizinhos?

— Oh! — exclamou Elizabeth — Acho muita graça... é só que isso é tão estranho!

— Sim. *Isso* é justamente o que torna tudo engraçado. Caso tivessem escolhido outro homem, não seria nada demais. Mas a perfeita indiferença do Sr. Darcy e *sua* pungente aversão tornam tudo tão deliciosamente absurdo! Apesar de abominar escrever, não abdicaria da correspondência do Sr. Collins por nada neste mundo. Não, quando leio uma carta dele não posso deixar de dar-lhe a preferência até mesmo sobre Wickham, por mais que valorize a imprudência e a hipocrisia do meu genro. Diga-me, Lizzy, o que disse Lady Catherine sobre estes rumores? Ela veio vê-la para negar-lhe o seu consentimento?

A esta pergunta sua filha respondeu somente com um riso. E como ele havia inquirido sem suspeitar de nada, ela não se afligiu mesmo quando ele repetiu a pergunta. Elizabeth nunca havia achado tão difícil simular seus sentimentos. Era necessário rir, quando ela preferia chorar. Seu pai tinha cruelmente a mortificado pelo que disse sobre a indiferença do Sr. Darcy, e ela não podia fazer nada, exceto se espantar com aquela percepção equivocada, e temer que, em vez de seu pai ter visto pouco, ela que estava imaginando demais.

LVIII

Em vez de receber qualquer carta de desculpas de seu amigo, como Elizabeth esperava, o Sr. Bingley inclusive levou o Sr. Darcy com ele para Longbourn poucos dias depois da visita de Lady Catherine. Os cavalheiros chegaram cedo e, antes que a Sra. Bennet tivesse tempo de contar a ele que tinham visto sua tia, o que fez Elizabeth sentar-se apreensiva, Bingley, que queria ficar sozinho com Jane, propôs que todos saíssem para um passeio. A proposta foi aceita. A Sra. Bennet não tinha o hábito de andar, Mary nunca tinha tempo livre, mas os cinco restantes partiram juntos. Bingley e Jane, no entanto, logo permitiram que os outros os ultrapassassem. Eles ficaram para trás, enquanto Elizabeth, Kitty e Darcy seguiram na frente. Muito pouco foi dito por eles. Kitty tinha muito medo de Darcy para falar, Elizabeth estava secretamente formando uma resolução desesperada e talvez ele estivesse fazendo o mesmo.

Eles caminharam em direção aos Lucas, porque Kitty desejava visitar Maria. E como Elizabeth não viu nenhum motivo para ficar desconfortável, quando Kitty os deixou, ela seguiu corajosamente sozinha com ele. Agora era o momento para sua resolução ser executada, e, num assomo de coragem, prontamente lhe disse:

— Sr. Darcy, eu sou uma criatura muito egoísta. E, para dar alívio aos meus próprios sentimentos, não me importa o quanto possa estar ferindo os seus. Já não posso deixar de lhe agradecer pela sua bondade para com a minha pobre irmã. Desde que o encontrei, tenho estado muito ansiosa por reconhecer-lhe o quanto sou agradecida. Se o fato fosse conhecido pelo resto da minha família, eu não teria apenas a minha própria gratidão para expressar.

— Sinto muito, sinto muitíssimo — respondeu Darcy, em um tom de surpresa e emoção — por você ter sido informada de algo que, sob uma interpretação errada, poderia lhe causar desconforto. Não pensei que a Sra. Gardiner fosse tão pouco confiável.

— Não deve culpar minha tia. Foi por um descuido de Lydia que eu soube pela primeira vez do seu envolvimento no assunto. E, é claro, eu não podia descansar até saber os detalhes. Deixe-me agradecer-lhe mais uma vez, em nome de toda a minha família, por esse generoso ato de compaixão que o induziu a ter tantos problemas e suportar tantas mortificações, apenas para encontrá-los.

— Se *vai* me agradecer — respondeu —, agradeça apenas em seu nome. Pois não ousarei negar que o desejo de lhe dar prazer me deu forças para executar o que era preciso. Mas sua *família* não me deve nada. Por mais que os respeite, creio que foi apenas em você que eu pensei.

Elizabeth estava muito envergonhada para dizer qualquer coisa. Depois de uma breve pausa, seu companheiro acrescentou:

— Você é muito generosa para brincar com meus sentimentos. Se os seus ainda são o que eram abril passado, diga-me agora. *Minhas* afeições e desejos não mudaram, mas uma palavra sua me silenciará para sempre.

Elizabeth, sentindo a ansiedade que emanava da constrangedora situação de Darcy, esforçou-se para falar. E imediatamente, embora com alguma dificuldade, deu-lhe a entender que seus sentimentos tinham sofrido tal mudança, desde o período a que aludiu, que recebia com gratidão e prazer suas atuais declarações. A felicidade que esta resposta produziu foi tão grande que ele provavelmente nunca sentira nada igual, e expressou-se tão calorosamente como homem violentamente apaixonado pode se expressar. Se Elizabeth fosse capaz de ter olhado nos olhos dele, poderia ter visto como a expressão de prazer que lhe emanava do coração, e se difundia sobre sua face, o tornava belo. Mas, embora ela não pudesse olhar, ela podia ouvir, e ele lhe disse de sentimentos que, ao revelar quão importante ela era para ele, sua afeição tornava-se cada vez mais valiosa.

Eles caminharam, sem saber em que direção. Havia muito a ser pensado, e sentido, e dito para prestar atenção em quaisquer outros objetos. Ela logo soube que deviam o presente entendimento entre eles à tia de Darcy, que realmente, a caminho de casa, o visitou em Londres, e lá relatou sua viagem a Longbourn, os motivos que a fez ir e a conversa que teve com Elizabeth. Ressaltando cada expressão da moça, que para Lady Catherine eram atrozes e arrogantes, na esperança de que elas pudessem convencer seu sobrinho a prometer-lhe o que Elizabeth recusou-se a prometer. Mas, infelizmente para Vossa Senhoria, o seu efeito foi exatamente contrário.

— Fez-me ter esperança — disse ele —, como não tinha me permitido ter antes. Eu conheço seu caráter o suficiente para saber que se, de fato, estivesse absoluta e irrevogavelmente decidida a me recusar, teria reconhecido isso abertamente a Lady Catherine, com toda a franqueza.

Elizabeth enrubesceu e riu enquanto respondia:

— Sim, você conhece o suficiente minha *franqueza* para acreditar que sou capaz *disso*. Depois de o insultar tão abominavelmente na sua frente, não teria escrúpulos para insultá-lo perante seus familiares.

— O que você disse de mim que eu não merecesse? Porque, embora as suas acusações fossem infundadas, formadas em premissas erradas, o meu comportamento naquela época merecia a mais severa reprovação. Foi imperdoável. Não posso lembrar dele sem aversão.

— Não devemos brigar para saber quem teve mais culpa na discussão daquela noite — disse Elizabeth. — A conduta de nenhum dos dois, se estritamente examinada, será irrepreensível. Mas desde então, temos ambos, espero, melhorado em civilidade.

— Não posso me reconciliar tão facilmente comigo mesmo. A lembrança do que eu disse então, de minha conduta, meus modos, minhas expressões durante todo o tempo, é agora, e tem sido há muitos meses, inexprimivelmente dolorosa para mim. Sua reprovação, tão bem aplicada, eu nunca esquecerei: "se tivesse se comportado de uma forma mais cavalheiresca". Essas foram suas palavras. Você não sabe, você mal pode conceber, como elas me torturaram, embora tenha levado algum tempo, confesso, antes que eu lhes reconhecesse a justeza de seu sentido.

— Eu estava certamente muito longe de esperar que elas causassem uma impressão tão forte. Eu não tinha a menor ideia de que elas seriam sentidas de tal forma.

— Eu realmente acredito. Você com certeza deve ter pensado, então, que eu era desprovido de qualquer sentimento. Nunca me esquecerei de sua expressão ao dizer que me recusaria independentemente da maneira que lhe pedisse sua mão.

— Oh! Não repita o que eu disse. Essas recordações não servirão para nada. Asseguro-lhe de que há muito que me envergonho disso.

Darcy mencionou sua carta.

— Será — disse ele — que ela a fez ver-me com outros olhos? Ao lê-la, acreditou em seu conteúdo?

Ela explicou qual tinha sido o seu efeito sobre ela, e como gradualmente todos os seus preconceitos anteriores tinham sido removidos.

— Eu sabia — disse ele — que o que eu a escrevi lhe traria dor, mas era necessário. Espero que tenha destruído a carta. Havia uma parte especial, sua abertura, que eu temia que você pudesse ler novamente. Lembro-me de algumas expressões que poderiam fazer com que me odiasse.

— A carta certamente será queimada, se acreditar que é essencial para a preservação de minhas afeições. Embora tenhamos ambos razões para pensar que minhas opiniões não são totalmente inalteráveis, também não são, espero, tão voláteis como parece supor.

— Quando escrevi aquela carta — respondeu Darcy —, acreditava estar perfeitamente calmo e frio, mas estou desde então convencido de que foi escrita sob uma amargura terrível.

— A carta, talvez, começou com amargura, mas não terminou assim. A despedida foi muito caridosa. Mas não pense mais na carta. Os sentimentos da pessoa que o escreveu, e da pessoa que o recebeu, são agora tão diferentes do que eram então, que cada circunstância desagradável concernentes a ela deve ser esquecida. Você deve aprender um pouco de minha filosofia. Lembre-se apenas do que lhe dá prazer.

— Não posso lhe exaltar por nenhuma filosofia desse tipo. *Suas* lembranças devem ser tão destituídas de reprovação, que o contentamento que surge delas não é de alguma filosofia, mas de algo muito melhor: sua ausência. Porém *comigo*, não é assim. Lembranças dolorosas se colocam diante de mim e não podem, nem devem, ser repelidas. Eu tenho sido um ser egoísta toda a minha vida, na prática, embora não em princípio. Quando criança, me ensinaram o que era *certo*, mas não me ensinaram a corrigir meu temperamento. Deram-me bons princípios, mas me deixaram segui-los com orgulho e vaidade. Infelizmente, por ter sido filho único (durante muitos anos quando *criança*), fui mimado por meus pais, que embora eles mesmos fossem bons (especialmente meu pai que era muitíssimo benevolente e amável), permitiram, incentivaram e quase que me ensinaram a ser egoísta e arrogante, para não me importar com ninguém fora do meu próprio círculo familiar, para pensar com desprezo de todo o resto do mundo, para pelo menos *desejar* pensar com desprezo do bom senso e dos valores dos outros em comparação com o meu próprio. Tal eu fui, dos oito aos vinte e oito anos. E tal eu ainda poderia ter sido se não fosse você, querida, amada Elizabeth! O que eu não devo a você! Ensinou-me uma lição, dura de fato no início, mas muito vantajosa. Você me tornou humilde. Fui a ti sem dúvidas de que me aceitaria. Mostrou-me como as minhas pretensões eram insuficientes para agradar a uma mulher digna de ser agradada.

— Você, então, estava convencido de que eu ficaria lisonjeada?

— De fato, eu estava. O que você vai pensar da minha vaidade? Eu acreditava que você estaria desejando, esperando meus cortejos.

— As minhas maneiras devem tê-lo enganado, mas isso não foi de forma alguma proposital. Nunca quis enganá-lo, mas meu temperamento às vezes me leva ao erro. Como você deve ter me odiado depois daquela noite!

— Odiá-la? Talvez no início tenha sentido raiva, porém essa raiva logo guiou-me na direção certa.

— Estou quase com medo de lhe perguntar o que pensou de mim quando nos encontramos em Pemberley. Julgou que eu tinha feito mal em a aparecer?

— Na verdade, não. Não senti nada além de surpresa.

— Sua surpresa não poderia ser maior do que a *minha* ao ver que ainda nutria afeição por mim. Minha consciência me disse que eu não merecia nenhuma cortesia extraordinária, e confesso que eu não esperava receber *mais* do que me era devido.

— Meu objetivo *lá* — respondeu Darcy — era lhe mostrar,

por toda a civilidade em meu poder, que eu não era tão mau a ponto de guardar rancor do passado. E eu esperava obter o seu perdão, diminuir a sua má opinião, e lhe mostrar que suas reprovações tinham sido levadas em consideração. Quando qualquer outro desejo despertou-se em mim, não sei dizer, contudo creio que foi cerca de meia hora após a ver.

Ele então disse a ela do prazer de Georgiana ao conhecê-la, e de como ficou chateada com a súbita interrupção da visita. Isso naturalmente levou o assunto para a causa da interrupção, e Elizabeth logo soube que a resolução dele de partir de Derbyshire em busca de sua irmã foi tomada ainda na pousada. Sua seriedade e introspecção naquele momento derivavam de nada mais do que da própria reflexão sobre os desafios que tal propósito demandaria.

Ela expressou sua gratidão novamente, mas estender esse assunto causava dor a ambos.

Depois de caminhar vários quilômetros de uma maneira tranquila e muito entretidos para se preocuparem com qualquer outra coisa, eles descobriram finalmente, ao examinar seus relógios, que já era hora de voltar para casa.

"O que seria de Sr. Bingley e Jane?" foi o pensamento que introduziu a conversa sobre o relacionamento deles. Darcy ficou encantado com o noivado. Seu amigo havia lhe dado a notícia imediatamente.

— Preciso perguntar: ficou surpreso? — disse Elizabeth.

— Nem um pouco. Quando fui embora, senti que isso aconteceria em breve.

— Ou seja, você tinha dado sua permissão. Eu já imaginava. — E, embora ele tenha protestado contra esse termo, ela compreendeu que tinha sido basicamente esse o caso.

— Na noite anterior à minha ida a Londres — disse —, fiz uma confissão a ele, que eu acredito que deveria ter feito há muito tempo. Contei-lhe tudo o que tinha acontecido para me fazer compreender que minha prévia interferência em seu relacionamento havia sido absurda e impertinente. Sua surpresa foi grande. Ele nunca teve a menor suspeita. Disse a ele, além disso, que acreditava que eu estava errado em supor, como tinha feito, que Jane era-lhe indiferente. E como eu podia facilmente perceber que seus sentimentos por ela não tinham mudado, não me restava qualquer dúvida de que seriam muito felizes juntos.

Elizabeth não podia deixar de sorrir diante da facilidade com que ele influenciava seu amigo.

— Quando disse a Bingley que minha irmã o amava — disse ela —, isso partiu de sua própria observação ou meramente do que lhe informei na primavera passada?

— Foi de minha observação. Observei Jane atentamente durante as minhas duas últimas visitas aqui e fiquei plenamente convencido de que ela o amava.

— E a sua plena convicção disso, suponho, o levou a acreditar imediatamente.

— Sim. Bingley é extremamente modesto. Sua falta de confiança em seu próprio julgamento o atrapalhou em um caso tão delicado, mas sua confiança no meu tornou tudo mais fácil. Fui obrigado a confessar uma coisa que, por certo tempo, e não injustamente, o deixou magoado comigo. Não pude deixar de lhe contar que Jane esteve em Londres por três meses no inverno passado, e que eu sabia e propositalmente escondi dele. Ele ficou com raiva. Mas sua raiva, estou convencido, durou apenas enquanto ainda restava alguma dúvida acerca dos sentimentos de sua irmã. Ele me perdoou de coração agora.

Elizabeth ansiava por fazer uma observação sobre como Bingley tinha sido um amigo agradável. Sendo, assim, tão facilmente influenciável, seu valor era inestimável. Contudo ela se controlou. Lembrou-se de que ele ainda precisava aprender a ser objeto de brincadeiras, e ainda era muito cedo para começar. Ao antecipar a felicidade de Bingley, que naturalmente seria inferior apenas à sua, ele continuou a conversa até que chegassem a casa. No corredor, eles se separaram.

LIX

— Minha querida Lizzy, por onde andou? — foi a pergunta que Elizabeth recebeu de Jane assim que entrou no quarto, e de todos os outros quando se sentaram à mesa. Ela só tinha a dizer em resposta que eles tinham vagado a esmo sem que se dessem conta de que tinham ido longe demais. Ela enrubesceu enquanto falava. Mas nem isso, nem qualquer outra coisa, despertou alguma suspeita da verdade.

A noite passou calmamente sem nada de extraordinário. Os noivos oficiais conversaram e riram, os não assumidos ficaram em silêncio. Darcy não era do tipo que a felicidade extravasava em torrentes de alegria, e Elizabeth, agitada e confusa, tinha consciência de sua felicidade, mas não a sentia propriamente. Pois, além do embaraço imediato, havia outros males diante dela. Ela antecipou o que seria sentido pela família quando sua situação se tornasse conhecida. Estava ciente de que ninguém gostava dele, exceto Jane. E até temia que para os outros seria um *desgosto* tão grande que nem toda a sua fortuna e importância poderiam superar.

À noite, ela abriu seu coração para Jane. Embora a desconfiança estivesse muito longe dos hábitos gerais de Jane, ela ficou absolutamente incrédula aqui.

— Você está brincando, Lizzy. Não pode ser! Comprometida com o Sr. Darcy! Não, não, você não me engana. Eu sei que é impossível.

— Este é realmente um começo miserável! Minha única esperança era você, e agora tenho plena convicção de que ninguém mais acreditará em mim, uma vez que nem mesmo você acredita.

Contudo, eu estou sendo sincera. Eu não falo nada além da verdade. Ele ainda me ama, e estamos comprometidos.

Jane olhou para ela desconfiada.

— Oh, Lizzy! Não pode ser. Eu sei o quanto desgosta dele.

— Você não sabe nada disso. *Isso* precisa ser esquecido. Talvez eu nem sempre o tenha amado tanto como amo agora. Mas em casos como estes, uma boa memória é imperdoável. Esta é a última vez que me lembrarei disso.

A senhorita Bennet ainda parecia espantada. Elizabeth outra vez lhe assegurou seriamente de que contava a verdade.

— Céus! Como pode ser? No entanto, agora devo acreditar em você — exclamou Jane. — Minha querida, querida Lizzy, eu gostaria de felicitá-la, mas você tem certeza? Desculpe a pergunta, mas tem certeza de que pode ser feliz com ele?

— Não há a menor dúvida disso. Já está decidido entre nós que seremos o casal mais feliz do mundo. Mas você está contente, Jane? Gostaria de ter um irmão assim?

— Muito, muito. Nada poderia dar a Bingley ou a mim mesma mais prazer. Nós já até consideramos isso, falamos de como seria impossível. E você realmente o ama o bastante? Oh, Lizzy! Faça qualquer coisa, mas não se case sem amor. Tem certeza de que o ama como deve?

— Oh, sim! Você até pensará que o amo mais do que devo quando lhe contar tudo.

— O que quer dizer?

— Ora, devo confessar que o amo mais do que amo Bingley. Temo que você ficará com raiva.

— Minha querida irmã, agora *seja* séria. Eu quero falar muito a sério. Deixe-me saber tudo o que há para saber, sem demora. Diga-me, há quanto tempo o ama?

— Vem acontecendo tão gradualmente que nem sei quando começou. Mas acredito que deve ter sido na primeira vez que vi o seu belo bosque em Pemberley.

Jane suplicou-lhe novamente que falasse sério, o que produziu o efeito desejado, e ela logo satisfez Jane com suas solenes garantias de seu amor por Darcy. Jane só ficou satisfeita após ter sido convencida sobre esse ponto.

— Agora estou muito feliz — disse ela —, pois você será tão feliz quanto eu. Eu sempre o valorizei. Mesmo se ele não o amasse, eu sempre o teria estimado. Todavia, agora, como amigo de Bingley e seu marido, não haverá ninguém mais querido para mim, exceto Bingley e você. Mas, Lizzy, você foi muito dissimulada comigo, muito reservada! Contou-me pouquíssimo sobre o que aconteceu em Pemberley e Lambton! Devo tudo que sei sobre isso a outra pessoa e não a você.

Elizabeth lhe disse os motivos do seu segredo. Ela não estava disposta a mencionar Bingley e o estado instável de seus próprios sentimentos a fez igualmente evitar o nome de seu amigo. Mas agora ela não esconderia mais de Jane o papel de Darcy no casamento de Lydia. Tudo foi revelado, e passaram metade da noite conversando.

— Meu Deus do céu! — exclamou a Sra. Bennet quando se aproximou da janela na manhã seguinte. — Olha se não é aquele desagradável do Sr. Darcy vindo aí com o nosso querido Bingley! O que ele pretende nos apoquentando assim com visitas tão frequentes? Eu não sei, mas ele bem que poderia ir caçar ou algo do tipo, e não nos perturbar com a sua companhia. O que vamos fazer com ele? Lizzy, saia com ele novamente para que não fique no caminho de Bingley.

Elizabeth mal conseguia segurar o riso diante de uma proposta tão conveniente. No entanto, estava realmente irritada que sua mãe estivesse sempre dando a ele o epíteto de desagradável.

Assim que eles entraram, Bingley olhou para ela tão expressivamente e apertou suas mãos tão calorosamente que não restou dúvidas de que ele estava bem informado. E ele logo depois disse em voz alta:

— Sra. Bennet, a senhora não teria mais trilhas por aqui onde Lizzy possa perder seu caminho novamente hoje?

— Aconselho o Sr. Darcy, Lizzy e Kitty — disse a Sra. Bennet — a caminharem até Monte Oakham esta manhã. É uma bela e longa caminhada, e o Sr. Darcy nunca contemplou a vista.

— Pode fazer muito bem para os outros — respondeu o Sr. Bingley —, mas eu tenho certeza de que seria demais para Kitty. Não seria, Kitty?

Kitty assumiu que ela preferia ficar em casa. Darcy reconheceu estar bem curioso para apreciar a vista do Monte, e Elizabeth silenciosamente consentiu. Quando subia as escadas para se preparar, a Sra. Bennet a seguiu, dizendo:

— Lamento muito, Lizzy, que tenha de ser forçada a ficar sozinha com aquele homem desagradável. Mas eu espero que não se importe. É tudo por causa de Jane, você sabe. E não há nenhuma necessidade em falar com ele, exceto vez ou outra. Então, não se dê tanto ao trabalho.

Durante a caminhada, ficou decidido que pediria o consentimento do Sr. Bennet no decorrer daquela noite. Elizabeth se encarregaria de contar a novidade à sua mãe. Ela não sabia dizer como sua mãe receberia a notícia. Às vezes duvidava de que toda a riqueza e nobreza de Darcy seriam suficientes para superar sua aversão ao homem. Mas fosse ela violentamente contra o casamento, ou violentamente a favor, era certo que sua maneira de reagir seria igualmente inadequada e insensata. E Elizabeth não suportaria que o Sr. Darcy ouvisse o primeiro arroubo de sua alegria, ou a primeira veemência da sua desaprovação.

À noite, logo após o Sr. Bennet se retirar para a biblioteca, ela viu o Sr. Darcy se levantar também e o seguir, e sua agitação ao ver tal cena foi extrema. Elizabeth não temia a oposição de seu pai, mas certamente ele ficaria infeliz e o motivo dessa infelicidade teria sido causado por ela. Que Elizabeth, sua filha favorita, lhe causasse angústia pela sua escolha, fazendo com que seu pai temesse e lamentasse sua partida, era um pensamento terrível, e ela esperou na mais profunda aflição até que o Sr. Darcy aparecesse novamente, quando, olhando para ele, ela ficou um pouco aliviada ao ver seu sorriso. Em poucos minutos ele se aproximou da mesa onde ela estava sentada com Kitty. E, enquanto fingia admirar seu trabalho, disse em um sussurro:

— Vá até seu pai, ele a quer na biblioteca. — Ela foi até ele imediatamente.

Seu pai estava andando pelo quarto, parecendo sério e ansioso. — Lizzy — disse ele —, o que você está fazendo? Você está fora de seus sentidos para aceitar este homem? Não era você que sempre o odiou?

Quão sinceramente ela então desejou que suas opiniões anteriores tivessem sido mais razoáveis, suas expressões mais moderadas! Ter-lhe-ia poupado de explicações e confissões que eram extremamente estranhas de se dar, mas que agora eram necessárias. Ela, então, com certa confusão assegurou-lhe de que amava o Sr. Darcy.

— Ou, em outras palavras, você está determinada a tê-lo. Ele é rico, com certeza, e você pode ter roupas e carruagens mais finas do que Jane. Mas elas a farão feliz?

— Existe alguma outra objeção — disse Elizabeth —, além da sua crença em minha indiferença?

— Nenhuma. Todos sabemos que ele é um homem orgulhoso e desagradável. Mas isso nada significaria se você realmente o amasse.

— Eu o amo — respondeu ela, com lágrimas nos olhos. — Eu realmente o amo. Na verdade, seu orgulho não é inadequado. Ele é muito amável. Você não o conhece verdadeiramente. Então peço para que não me magoe falando dele em tais termos.

— Lizzy — disse seu pai —, eu dei a ele o meu consentimento. Ele é o tipo de homem, de fato, a quem eu nunca ousaria recusar qualquer coisa que ele condescendesse em pedir. Eu o dou agora a você, se você estiver decidida a ficar com o Sr. Darcy. Mas deixe-me aconselhá-la a pensar melhor nisso. Eu conheço bem seu temperamento, Lizzy. Eu sei que você não poderia ser feliz nem ficar satisfeita, a menos que você realmente ame seu marido, a menos que você o tenha como um homem superior. No caso de um casamento desigual, sua inteligência e intensidade a colocariam em perigo. Seria difícil se desvencilhar da má reputação e da infelicidade. Minha filha, deixe-me não ter a dor de vê-la incapaz de respeitar seu parceiro de vida. Você não sabe o que está prestes a fazer.

Elizabeth, ainda mais abalada, foi sincera e solene em sua resposta, e, finalmente, reiterando várias vezes que o Sr. Darcy era realmente o homem escolhido, ela explicou que a mudança de sua estima por ele foi gradual, garantindo certeza absoluta de que seu amor não surgiu de um dia para o outro, mas, sim, foi trabalho da reflexão de muitos meses de incerteza. E, tendo vigorosamente enumerado todas as qualidades do Sr. Darcy, acabou convencendo seu pai e o reconciliou com a proposta do casamento.

— Bem, minha querida — disse ele, quando ela parou de falar —, eu não tenho mais nada a dizer. Se este for o caso, ele a merece. Não poderia me separar de você, minha Lizzy, por alguém menos digno.

Para completar a impressão favorável, ela então disse a ele o que o Sr. Darcy tinha feito voluntariamente por Lydia. Ele a ouviu com espanto.

— Esta é uma noite de surpresas, de fato! Então Darcy fez tudo. Arranjou o casamento, deu o dinheiro, pagou as dívidas do companheiro e conseguiu seu posto! Tanto melhor. Vai poupar-me um mundo de problemas e economias. Se tivesse sido feito por seu tio, eu deveria e *teria* pagado a ele. Mas esses jovens violentamente apaixonados fazem tudo do seu próprio jeito. Vou lhe oferecer para pagá-lo amanhã. Ele protestará e alegará efusivamente o amor dele por você, e porá um fim no assunto.

Ele então se lembrou do constrangimento dela alguns dias antes, ao ler a carta do Sr. Collins. E depois de rir por algum tempo, permitiu que ela finalmente saísse, dizendo, enquanto saía da sala:

— Se algum jovem vier buscar Mary ou Kitty, mande-o entrar, pois estou livre.

A mente de Elizabeth estava agora aliviada de um fardo muito pesado. E após meia hora de reflexão tranquila em seu próprio quarto, ela foi capaz de se juntar aos outros com uma compostura tolerável. Tudo era muito recente para demonstrações exacerbadas de alegria, mas a noite passou tranquilamente. Não havia mais nada substancial a temer, e o conforto da calma e da familiaridade viria com o tempo.

Quando sua mãe subiu ao quarto à noite, ela a seguiu e fez a comunicação importante. Seu efeito foi extraordinário, pois ao ouvi-la inicialmente, a Sra. Bennet ficou quieta e incapaz de proferir uma sílaba. E não foi antes de muitos, muitos minutos, que ela pôde compreender o que ouviu, embora sempre estivesse atenta a tudo que pudesse dar algum retorno para sua família ou a qualquer rapaz que se apresentasse como noivo potencial para suas filhas. Por fim, começou a se recuperar. Mexeu-se em sua cadeira, levantou-se, sentou-se novamente e, surpresa, persignou-se.

— Bom Deus! Deus me abençoe! Imagine só! Pobre de mim! O Sr. Darcy! Quem teria imaginado uma coisa dessas! E é realmente verdade? Oh! Minha doce Lizzy! Quão rica e quão importante você será! Que dinheiro, que joias, que carruagens você terá! O casamento de Jane será fichinha perto do seu. Estou tão contente, tão feliz. Que homem encantador! Tão bonito! Tão alto! Oh, minha querida Lizzy! Peço desculpas por não ter gostado tanto dele antes. Espero que ele ignore isso. Querida, querida Lizzy. Uma casa em Londres! Tudo o que há de melhor! Três filhas casadas! Dez mil por ano! Oh, Senhor! O que será de mim. Devo estar ficando louca!

Isso foi suficiente para mostrar que não havia dúvida quanto à aprovação de sua mãe. E Elizabeth, regozijando-se que tal efusão foi ouvida apenas por ela mesma, logo foi embora. Mas antes de ela ter estado três minutos no seu próprio quarto, a mãe a seguiu.

— Minha querida criança — ela gritou —, não posso pensar

em mais nada! Dez mil por ano, e muito provavelmente mais! É tão bom quanto um lorde! E uma licença especial. Você deve e deve se casar com uma licença especial. Mas, meu amor, diga-me de que prato o Sr. Darcy gosta particularmente, para que eu possa fazê-lo amanhã.

Este era um triste presságio do que o comportamento de sua mãe para com o próprio cavalheiro seria. E Elizabeth descobriu que, embora dotada da mais calorosa afeição, e segura quanto ao consentimento de seus pais, ainda havia algo a desejar. Mas o dia passou muito melhor do que ela esperava, pois a Sra. Bennet felizmente sentia tanto respeito por seu futuro genro que não se aventurou a falar com ele, a menos que estivesse em seu poder lhe oferecer qualquer atenção, ou expressar deferência pelas suas opiniões.

Elizabeth teve a satisfação de ver seu pai se esforçando para conhecê-lo melhor, e o Sr. Bennet logo a assegurou que ele subia cada vez mais em sua estima.

— Admiro muito todos os meus três genros — disse ele. — Wickham, talvez, seja o meu favorito. Mas acho que eu vou gostar do *seu* marido tanto quanto o de Jane.

LX

Tendo os ânimos de Elizabeth voltado ao seu natural estado de vivacidade, ela queria que o Sr. Darcy explicasse como ele se apaixonou por ela.

— Como começou? — disse ela. — Eu posso compreender o seu caminho encantador, uma vez iniciado, mas o que poderia desencadear seu afeto em primeiro lugar?

— Não posso fixar a hora, ou o lugar, ou o olhar, ou as palavras, que firmaram os alicerces. Faz muito tempo. Eu já estava amando antes que me desse conta de que havia começado a amar.

— Você rejeitou minha beleza no começo. E minhas maneiras e meu comportamento sempre beiraram a falta de educação. E quase sempre lhe dirigia palavras desejando feri-lo. Agora seja sincero. Você me admirou por minha impertinência?

— Pela vivacidade da sua inteligência, com certeza.

— Você pode também chamá-la de impertinência. Foi pouco menos que isso. O fato é que você estava cansado das civilidades, das deferências, das atenções exageradas. Você estava enojado com as mulheres que estavam sempre falando e olhando, pensando e buscando apenas a *sua* aprovação. Eu despertei o seu interesse porque era muito diferente *delas*. Se você não fosse realmente amável, teria me odiado por isso. Mas, apesar do esforço que fez para disfarçar, seus sentimentos foram sempre nobres e justos, e em seu coração, desprezava completamente as pessoas que tão assiduamente o cortejavam. Eu o poupei do trabalho de arranjar alguma explicação. E realmente, considerando tudo, começo a pensar que a minha é perfeitamente razoável. Para ser sincera, você não admirava nada em mim. Mas ninguém pensa *nisso* quando se apaixona.

— Por acaso não havia nada de bom em seu comportamento afetuoso com Jane, enquanto ela estava doente em Netherfield?

— Querida Jane! Quem poderia ter feito menos por ela? Mas, caso queira, faça disso uma virtude. Minhas boas qualidades estão sob sua proteção, e você pode exagerá-las à vontade. E, em troca, cabe a mim encontrar ocasiões para o provocar e discutir com você o quanto eu desejar. E começarei perguntando-lhe diretamente o que o fez ficar tão reticente no final. O que te fez ficar tão tímido quando primeiro me visitou e depois jantou aqui? Por que, especialmente, quando visitou, parecia como se não se importasse comigo?

— Porque você estava séria e quieta, e não me encorajou.

— Mas eu estava envergonhada.
— E eu também estava.
— Poderia ter falado mais comigo quando jantou aqui.
— Um homem que estivesse menos apaixonado poderia.
— Que azar ter uma resposta razoável para dar, e que eu seja tão razoável a ponto de admiti-la! Mas eu me pergunto quanto tempo você *teria* levado se tivesse sido deixado por conta própria. Eu me pergunto quando você *falaria*, se eu não tivesse lhe perguntado nada! A minha decisão de lhe agradecer por sua bondade para com a Lydia teve certamente um grande efeito. *Até demais,* receio. O que será da moral se nós nos acertamos por meio de uma quebra de promessa? Pois, certamente, eu não deveria ter falado sobre o segredo. Isso nunca dará certo.

— Você não precisa se preocupar. A moral ficará perfeitamente bem. Os esforços injustificáveis de Lady Catherine para nos separar foram o meio de remover todas as minhas dúvidas. Eu não devo minha atual felicidade ao seu ansioso desejo de expressar gratidão. Eu não estava disposto a esperar por qualquer abertura sua. A informação passada pela minha tia me deu esperança, e eu estava determinado a saber de tudo.

— Lady Catherine tem sido de uso infinito, o que deve fazê-la feliz, pois ela adora ser útil. Mas, diga-me, por que veio até Netherfield? Foi apenas para cavalgar até Longbourn e ficar envergonhado? Ou você tinha intenção de algo mais sério?

— Meu verdadeiro propósito era ver você e avaliar, se possível, se eu poderia ter esperanças de fazer com que me amasse. Meu propósito declarado, ou pelo menos o que declarei para mim mesmo, foi para ver se sua irmã ainda gostava de Bingley, e se ela ainda gostasse, confessar a ele o que eu mais tarde, de fato, fiz.

— Teria a coragem de informar à Lady Catherine o que acontecerá?

— É mais provável que me falte tempo do que coragem, Elizabeth. Mas isso deve ser feito, e se me der uma folha de papel, será feito imediatamente.

— E se eu não tivesse uma carta para escrever eu mesma, poderia me sentar ao seu lado, e admirar a uniformidade de sua escrita, como outra jovem fez uma vez. Mas também tenho uma tia que não deve mais ser negligenciada.

Por uma falta de vontade de confessar o quanto seus tios exageraram a sua afeição pelo Sr. Darcy, Elizabeth nunca tinha respondido à longa carta da Sra. Gardiner. Mas agora, tendo *isso* para comunicar, o que sabia que seria mais do que bem-vindo, ela estava quase envergonhada de pensar que seus tios já haviam perdido três dias de felicidade, e imediatamente escreveu o seguinte:

Eu a teria agradecido antes, minha querida tia, como eu deveria ter feito, por seu longo, gentil, satisfatório e detalhado relato. Mas, para dizer a verdade, eu estava muito zangada para escrever. Você supôs mais do que realmente existia. Mas agora suponha tanto quanto quiser. Dê asas à sua fantasia, satisfaça sua imaginação em cada possível voo que o assunto possa criar, e a menos que você me imagine de fato já casada, não pode errar muito. Deve escrever novamente muito em breve, e elogiá-lo muito mais do que fez em sua última carta. Agradeço-lhe, de novo e de novo, por não ir para os Lagos. Como eu poderia ser tão boba a ponto de desejar isso! Sua ideia dos pôneis foi maravilhosa. Daremos a volta no Parque todos os dias. Eu sou a criatura mais feliz do mundo. Talvez outras pessoas tenham dito isso antes, mas não uma com tanta justiça. Eu estou mais feliz até do que Jane. Ela só sorri, eu rio. O Sr. Darcy lhe envia todo o amor do mundo que ele ainda não tenha me concedido. Vocês todos devem vir a Pemberley no Natal.

Sua, etc.

Já a carta do Sr. Darcy para Lady Catherine estava em um estilo diferente, e mais diferente ainda estava a que o Sr. Bennet enviou para o Sr. Collins, em resposta à sua última.

Caro senhor,

Devo incomodá-lo mais uma vez com agradecimentos. Elizabeth em breve será a esposa do Sr. Darcy. Console Lady Catherine tão bem quanto puder. Mas, se eu fosse você, ficaria ao lado do sobrinho. Ele tem mais para dar.

Atenciosamente, etc.

As felicitações da senhorita Bingley ao seu irmão pelo seu casamento que se aproximava era tudo o que poderia ser de mais afetado e insincero. Ela escreveu até mesmo para Jane na ocasião, para expressar seu prazer e repetir todas as suas antigas declarações de respeito. Jane não se deixou iludir, mas ficou comovida. E apesar de não sentir confiança nela, não pôde evitar de lhe escrever uma resposta muito mais gentil do que sabia que a Srta. Bingley merecia.

A alegria que a senhorita Darcy expressou ao receber informações semelhantes foi tão sincera quanto a do seu irmão ao enviá-las. Quatro folhas de papel foram insuficientes para conter todo o seu deleite e todo o seu desejo sincero de ser amada por sua irmã.

Antes que qualquer resposta pudesse chegar do Sr. Collins, ou quaisquer parabéns para Elizabeth, de sua esposa, a família de Longbourn ouviu que os Collins vieram para Lucas Lodge. A razão desta súbita remoção foi logo evidente. Lady Catherine ficou tão furiosa com o conteúdo da carta do seu sobrinho, que Charlotte, muito contente com o compromisso, estava ansiosa por fugir até que a tempestade passasse. Naquele momento, a chegada de sua amiga foi um prazer sincero para Elizabeth, embora no curso de seus encontros ela pensasse que pagava caro pelo prazer de ver Darcy bombardeado pelas obsequiosas e afetadas cortesias de seu marido. No entanto, ele o suportou com admirável calma. Ele até ouviu com bastante compostura o Sir William Lucas, quando o elogiou por levar a joia mais brilhante do país, e expressou suas esperanças de que todos se encontrassem com frequência em St. James. Se ele encolheu os ombros, não foi até Sir William estar fora de vista.

A vulgaridade da Sra. Phillips foi outra, e talvez a maior carga imposta à sua tolerância. E embora a Sra. Phillips, bem como a sua irmã, a Sra. Bennet, conservasse certo respeito com Darcy para lhe falar com a mesma familiaridade que o bom humor de Bingley encorajava, ainda assim, sempre que ela *falava*, era vulgar. Nem sequer seu respeito por ele, embora lhe tornasse mais quieta, foi o bastante para lhe conceder alguma elegância. Elizabeth fez tudo o que podia para protegê-lo da frequente atenção das duas, e estava sempre ansiosa para tê-lo para si, e para aqueles de sua família com quem ele poderia conversar sem ficar mortificado. E embora os sentimentos desconfortáveis decorrentes de tudo isso retirassem um pouco o gosto desse período de noivado, acrescentavam muitas esperanças com relação ao futuro. Ansiava pelo momento em que se afastariam de companhias tão pouco agradáveis a ambos e instalariam seu núcleo familiar no conforto e elegância de Pemberley.

LXI

Feliz a todos os seus sentimentos maternais foi o dia em que a Sra. Bennet se encontrou livre de suas duas filhas mais merecedoras. É fácil de imaginar o orgulho com que ela mais tarde visitava a Sra. Bingley e falava da Sra. Darcy. Gostaria de poder dizer, para o bem da sua família, que a realização do seus maiores desejos, casar várias de suas filhas, produziu um efeito tão feliz que a tornou uma mulher sensata, amável e bem informada para o resto da sua vida. Embora talvez tenha sido uma sorte para o marido, que poderia não ter apreciado a felicidade doméstica de uma forma tão incomum, ela continuou ocasionalmente nervosa e invariavelmente boba.

O Sr. Bennet sentia muita falta da sua segunda filha. Sua afeição por ela fez com que ele saísse de casa mais frequentemente do que qualquer outra coisa poderia fazer. Ele se deleitava em ir para Pemberley, especialmente quando era menos esperado.

O Sr. Bingley e Jane permaneceram em Netherfield apenas por um ano. Tamanha proximidade com sua mãe e conhecidos de Meryton não era desejável nem mesmo para o temperamento tranquilo de Bingley nem para o coração bondoso de Jane. O querido grande desejo das irmãs de Bingley foi então satisfeito. Ele comprou uma propriedade em um condado vizinho a *Derbyshire*, e Jane e Elizabeth, além de todas as outras fontes de felicidade, estavam a menos de cinquenta quilômetros uma da outra.

Kitty passava a maior parte do tempo com suas duas irmãs mais velhas, e isso lhe foi muito benéfico. Em uma sociedade tão superior a que ela tinha conhecido, melhorou substancialmente. Ela não tinha um temperamento tão incontrolável como o de Lydia, e, removida da influência do exemplo da irmã mais nova, ela se tornou, por atenção e gestão adequadas, menos irritável, menos ignorante e menos insípida. Naturalmente ela foi mantida fora do escopo da desvantajosa companhia de Lydia, e embora a Sra. Wickham a convidasse frequentemente para permanecer com ela, com a promessa de bailes e dos jovens, seu pai nunca consentiria que fosse.

Mary foi a única filha que permaneceu em casa. E foi impedida de continuar buscando realizar seus objetivos pelo fato de que a Sra. Bennet tinha agonia até de se sentar sozinha. Mary foi obrigada a se misturar mais com o mundo, mas ainda moralizava sobre cada visita matinal. E como não era mais submetida à mortificação de ficar sendo comparada com suas irmãs em termos de beleza, seu pai suspeitava que aceitara a mudança sem muita relutância.

Quanto a Wickham e Lydia, seus caráteres não sofreram nenhuma revolução com o casamento de suas irmãs. Ele teve que se conformar estoicamente com o fato de que, se já não lhe fossem conhecidas antes, Elizabeth agora certamente ficaria sabendo de todas as suas ingratidões e falsidades. Apesar de tudo isso, ele não estava completamente sem esperanças de que ainda Elizabeth convenceria Darcy a constituir sua fortuna. A carta de felicitações que Elizabeth recebeu de Lydia sobre seu casamento mostrou-lhe que, pelo menos por sua esposa, senão por ele mesmo, tal esperança era acalentada. A carta dizia o seguinte:

Minha querida Lizzy,

Desejo-lhe alegria. Se ama o Sr. Darcy metade do que eu amo meu caro Wickham, deve estar muito feliz. É um grande conforto vê-la tão rica, e quando você não tiver mais nada para fazer, espero que você pense em nós. Estou certa de que Wickham gostaria muito de um cargo no tribunal, e não creio que tenhamos dinheiro suficiente para viver sem alguma ajuda. Qualquer lugar seria ótimo, de cerca de trezentos ou quatrocentos por ano. Contudo, não fale com o Sr. Darcy sobre isso, a menos que queira.

Sua, etc.

Como aconteceu de Elizabeth não *querer*, ela se esforçou em sua resposta para colocar um fim a todo tipo de pedido e esperança desse tipo. Entretanto, como tinha em seu poder recursos, fornecia-lhes um alívio, pois frequentemente lhes enviava uma quantia do que economizava em suas próprias despesas pessoais. Tinha sido sempre evidente para ela que tal renda como a deles, sob a direção de duas pessoas tão extravagantes em suas necessidades, e descuidadas do futuro, deveria ser muito insuficiente para o seu sustento. E sempre que eles mudavam de casa, tanto Elizabeth como Jane sabiam que eles lhes enviariam um pedido de uma pequena ajuda para pagar as suas contas. O seu modo de vida, mesmo quando a restauração da paz os enviou para um lar definitivo, era desregrado ao extremo. Eles estavam sempre se mudando de um lugar para outro em busca de uma condição de vida barata, mas sempre gastavam mais do que deveriam. A afeição de Wickham por Lydia diminuiu para uma indiferença. A dela durou um pouco mais. E apesar de sua jovialidade e de suas maneiras, conseguiu conservar a reputação que seu casamento lhe tinha dado.

Embora Darcy nunca pudesse receber Wickham em Pemberley, mesmo assim, por causa de Elizabeth, Darcy o ajudou a crescer em sua profissão. Lydia era ocasionalmente uma visitante lá, quando seu marido ia se divertir em Londres ou Bath. Já com os Bingleys, os dois frequentemente ficavam mais tempo, de modo que até mesmo a paciência de Bingley chegava ao seu limite, fazendo com que uma vez até *comentasse* em lhes dar uma indireta para irem embora.

A senhorita Bingley ficou profundamente mortificada pelo casamento de Darcy. Mas como ela achava aconselhável manter o direito de visitar Pemberley, suprimiu todo o seu ressentimento. Estava mais afeiçoada do que nunca à Georgiana, quase tão atenciosa com Darcy como antes, e pagava com juros todas as amabilidades que devia à Elizabeth.

Pemberley era agora a casa de Georgiana, e o apego das novas irmãs era exatamente o que Darcy esperava ver. Elas foram capazes de construir um vínculo de amor mais forte do que pretendiam. Georgiana tinha a mais alta opinião do mundo sobre Elizabeth. Embora, no início, ela muitas vezes ouvia com um espanto que beirava a preocupação a maneira brincalhona e descontraída com que ela falava com seu irmão. Ele, que sempre havia inspirado nela um respeito que quase superava sua afeição, permitia-se agora, diante dos olhos dela, receber de gracejos. Começou a entender coisas que antes nunca lhe passaram pela cabeça. Por meio de Elizabeth, ela começou a compreender que uma mulher pode tomar certas liberdades com seu marido que um irmão nem sempre permitirá a uma irmã mais de dez anos mais nova do que ele.

Lady Catherine estava extremamente indignada com o casamento de seu sobrinho. E como ela deixou fluir toda a franqueza genuína de seu caráter, em sua resposta à carta que anunciou seu compromisso, enviou uma carta tão ofensiva, especialmente a Elizabeth, que durante algum tempo todas as suas relações terminaram. Mas, finalmente, pela persuasão de Elizabeth, ele concordou em relevar a ofensa, e procurar uma reconciliação. E, depois de um pouco mais de resistência por parte de sua tia, o ressentimento de Lady Catherine ou deu lugar à sua afeição por ele, ou cedeu à curiosidade de ver como sua esposa se comportava.

E concordou a visitá-los em Pemberley, apesar de achar que os bosques de lá haviam sido conspurcados não só pela presença de uma esposa como aquela, mas também pelas visitas de seus tios de Londres.

Com os Gardiner, eles mantinham sempre muita intimidade. Darcy, assim como Elizabeth, realmente os amava, e ambos sempre nutriram uma calorosa gratidão pelas pessoas que, ao trazê-la a Derbyshire, tinham sido os responsáveis por uni-los.

Curiosidades

O único retrato oficial de Jane Austen é uma aquarela feita pela sua irmã, Cassandra Austen, em 1810, quando Jane tinha trinta e cinco anos.

A autora.

Jane Austen nasceu no dia 16 de dezembro de 1775, no condado inglês de Hampshire, e morreu no ano de 1817, com 41 anos, de causas desconhecidas. Muitos acreditam que tenha sido pela doença de Addison, um problema de insuficiência hormonal nas glândulas adrenais, ou de linfoma de Hodgkin[1]. Alguns até acreditam, com base em nova evidência, que possa ter sido envenenada.[2] Fato é que Jane Austen não foi reconhecida devidamente por seus romances quando estava viva, alçando à fama apenas depois de sua morte. Publicou algumas noveletas curtas, cerca de seis romances, e o sétimo estava sendo escrito quando faleceu. Após *Orgulho e Preconceito*, as obras mais famosas de Austen são *Razão e Sensibilidade*, *Emma* e *Persuasão*.

---

[1] UPFAL A. *Jane Austen's lifelong health problems and final illness*: New evidence points to a fatal Hodgkin's disease and excludes the widely accepted Addison's. Medical Humanities, 2005. p. 31:3-11.

[2] HALLEMANN. C. *New Evidence Suggests Jane Austen Was Poisoned to Death*. Town and Country Mag. Disponível em: <https://www.townandcountrymag.com/leisure/arts-and-culture/news/a9907/jane-austen-death/>. Acesso em: 27 set. 2022.

O nome do livro era outro.

Jane Austen escreveu *Orgulho e Preconceito* entre os anos de 1796 e 1797, mas o que muitos não sabem é que a primeira versão do livro se chamava *First Impressions* (Primeiras Impressões, em tradução livre). O pai de Jane, George Austen, levou o manuscrito para o editor Thomas Cadell, da editora Cadell & Davies, o qual o rejeitou sem sequer o ler.[3] O romance foi, então, engavetado por dezesseis anos, passando por uma revisão da própria autora e pela mudança de título, que em grande parte deveu-se à publicação de um romance com o mesmo nome (*First Impressions*) pela autora Margaret Holford, em 1800. O livro com a versão final e o nome *Pride and Prejudice* (*Orgulho e Preconceito*) só foi publicado pela primeira vez em 1813, em três volumes, pela editora Thomas Egerton.[4]

---

3 DIGITAL AUSTEN. *First Impressions*. Disponível em: <https://www.digitalausten.org/node/34>. Acesso em: 27 set. 2022.

4 JASNA: JANE AUSTEN SOCIETY OF NORTH AMERICA. *Pride and Prejudice*. Disponível em: <https://jasna.org/austen/works/pride-prejudice/>. Acesso em: 27 set. 2022.

PRIDE

AND

PREJUDICE:

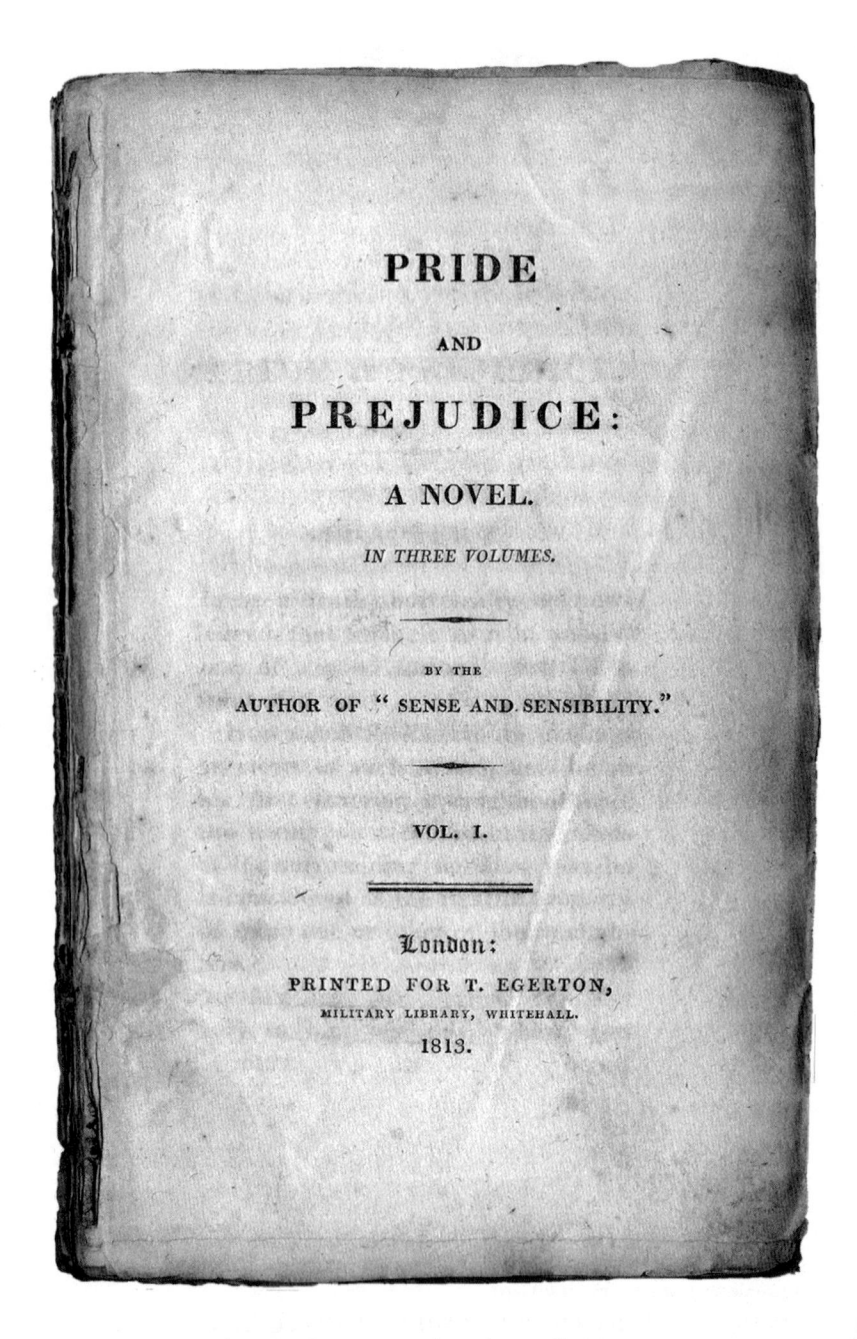

A NOVEL.

IN THREE VOLUMES.

BY THE
AUTHOR OF "SENSE AND SENSIBILITY."

VOL. I.

London:
PRINTED FOR T. EGERTON,
MILITARY LIBRARY, WHITEHALL.
1813.

Frontispício da primeira edição de Orgulho e Preconceito.

Releituras. O romance *Orgulho e Preconceito* não só rendeu várias edições nesses mais de 200 anos de existência, vendendo mais de 20 milhões de cópias ao redor do mundo, como também suscitou releituras muito diversas. A mais famosa delas é *Pride and Prejudice and Zombies* (*Orgulho e Preconceito e Zumbis*), uma paródia feita pelo autor Seth Grahame-Smith, em 2009, que mistura de forma cômica o enredo de Austen com artes marciais, mortos-vivos e canibalismo. A paródia chegou a ficar entre os três primeiros colocados na lista do *The New York Times* de títulos mais vendidos de 2009. O sucesso acabou levando a uma produção cinematográfica em 2016.[5] Uma outra releitura menos famosa, porém não menos inusitada, é o livro intitulado *Longbourn*, de Jo Baker. Nesse livro a autora conta o enredo de Austen sob o ponto de vista dos empregados de *Longbourn*, a casa em que os Bennets vivem. A protagonista agora é Sarah, a criada que é apenas brevemente citada no romance original, e os eventos todos se passam sob a perspectiva das classes econômicas menos abastadas da época.[6]

---

5 QUIRK BOOKS. *Pride and Prejudice and Zombies*. Disponível em: <https://www.quirkbooks.com/book/pride-and-prejudice-and-zombies/>. Acesso em: 27 set. 2022.

6 ELKIN. L. What Jane Austen Didn't Write in 'Pride and Prejudice'. Daily Beast. Disponível em: <https://www.thedailybeast.com/what-jane-austen-didnt-write-in-pride-and-prejudice>. Acesso em 27 set. 2022.

Filmes. Várias adaptações cinematográficas foram feitas de *Orgulho e Preconceito*, e a que mais se consagrou foi a de 2005, dirigida pelo famoso diretor britânico Joe Wright. Todavia, as primeiras adaptações datam da década de 1940, avançando sem cessar pelos anos seguintes. Até mesmo filmes como *O diário de Bridget Jones* é levemente baseado no romance, sendo que o protagonista que faz par romântico com Bridget, além de também se chamar Darcy, é interpretado pelo mesmo autor que foi o Sr. Darcy na minissérie britânica de 1995.[7]

Frame da adaptação cinematográfica de 1940.

---

7 HICKS, K. *9 Movies Based on Jane Austen's Pride & Prejudice*. Movie Web. Disponível em: <https://movieweb.com/movies-based-on-jane-austen-pride-prejudice/>. Acesso em: 27 set. 2022.

Charlotte Brontë, giz, 1850.

Críticas de peso. Embora *Orgulho e Preconceito* tenha virado um *best-seller*, sendo geralmente aclamado pela crítica literária especializada, uma das irmãs Brontë — três irmãs inglesas que também foram escritoras, embora um pouco posteriores a Jane Austen — faz uma crítica agridoce ao romance da colega de profissão. Charlotte Brontë, autora do famosíssimo romance *Jane Eyre*, escreve em uma carta de 1884 a um amigo, o crítico e editor George Henry Lewes, que *Orgulho e Preconceito* é "um cuidadoso cercado, um jardim muito bem cultivado, com limites cuidados e flores delicadas, mas sem nenhum campo aberto, nem ar fresco ou uma colina verdejante, tampouco um belo riacho."[8]

---

8 BERSON, M. *Why we can't get enough of Jane Austen and Charlotte Brontë*. Crosscut. Disponível em: <shorturl.at/BU357>. Acesso em: 27 set. 2022.

editorapandorga.com.br

/editorapandorga

@pandorgaeditora

@editorapandorga

PandorgA